인적성검사

2023

필수이론
+
모의고사

3회

고시넷 대기업

효성그룹 인적성검사 최신 기출유형 모의고사

동영상 강의 WWW.GOSINET.CO.KR

gosinet
(주)고시넷

정오표 및 학습 질의 안내

고시넷은 오류 없는 책을 만들기 위해 최선을 다합니다. 그러나 편집에서 미처 잡지 못한 실수가 뒤늦게 나오는 경우가 있습니다. 고시넷은 이런 잘못을 바로잡기 위해 정오표를 실시간으로 제공합니다. 감사하는 마음으로 끝까지 책임을 다하겠습니다.

WWW.GOSINET.CO.KR

고시넷 홈페이지 접속 ▶ 고시넷 출판-커뮤니티 ▶ 정오표

모바일폰에서 QR코드로 실시간 정오표를 확인할 수 있습니다.

학습 질의 안내

학습과 교재선택 관련 문의를 받습니다. 적절한 교재선택에 관한 조언이나 고시넷 교재 학습 중 의문 사항은 아래 주소로 메일을 주시면 성실히 답변드리겠습니다.

이메일주소

qna@gosinet.co.kr

스마트폰에서 검색

고시넷

차례

효성그룹 인적성검사 정복

파트1 영역별 빈출이론

파트2 효성그룹 기출유형모의고사

파트3 인성검사

파트4 면접가이드

책 속의 책_효성그룹 정답과 해설

파트2 효성그룹 기출유형모의고사

구성과 활용

1

효성그룹 소개

효성그룹에서 추구하는 가치체계, 미션, 핵심가치, 행동원칙, 인재상 등을 수록하였으며 효성그룹 계열사들에 대한 정보를 한눈에 파악할 수 있도록 구성하였습니다.

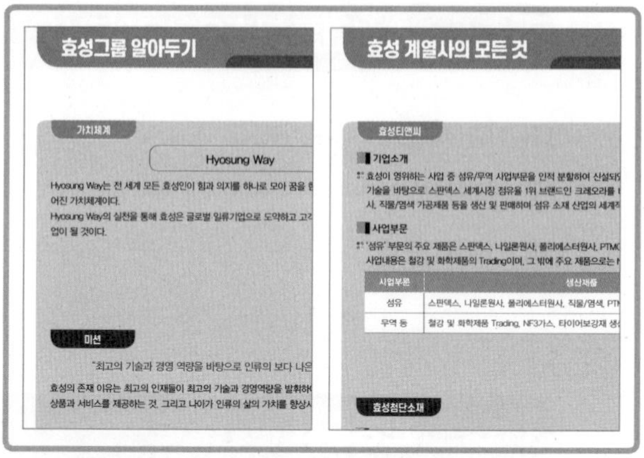

2

효성그룹 인적성 개요

효성그룹의 채용절차와 특징, 시험영역 등을 쉽고 빠르게 확인할 수 있게 구성하였습니다.

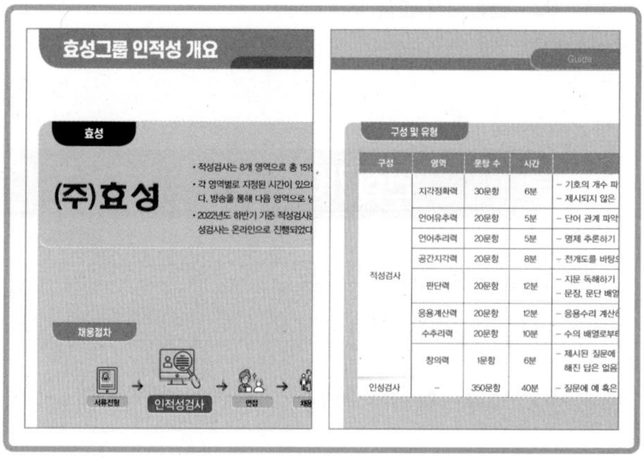

3

영역별 빈출이론

효성그룹의 출제영역과 관련된 언어능력, 수리능력, 추리능력, 공간지각능력 빈출 이론을 정리하여 주요 이론과 개념을 빠르게 학습할 수 있도록 하였습니다.

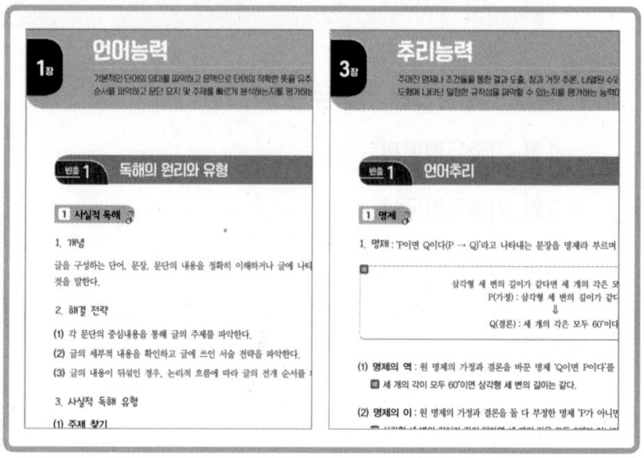

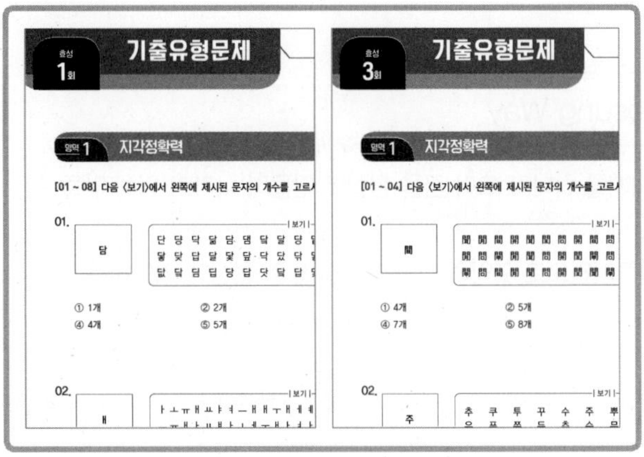

4

기출유형모의고사

최신 기출문제 유형에 맞게 구성한 총 3회분의 기출유형문제로 자신의 실력을 점검하고 완벽한 실전 준비가 가능하도록 구성하였습니다.

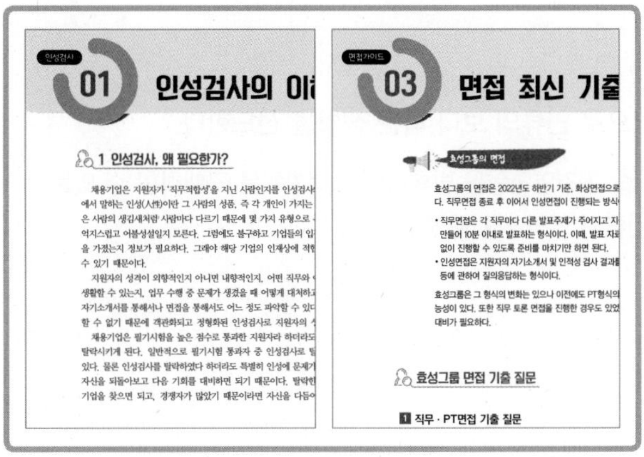

5

인성검사&면접가이드

채용 시험에서 최근 점점 중시되고 있는 인성검사와 면접 질문들을 수록하여 마무리까지 완벽하게 대비할 수 있도록 하였습니다.

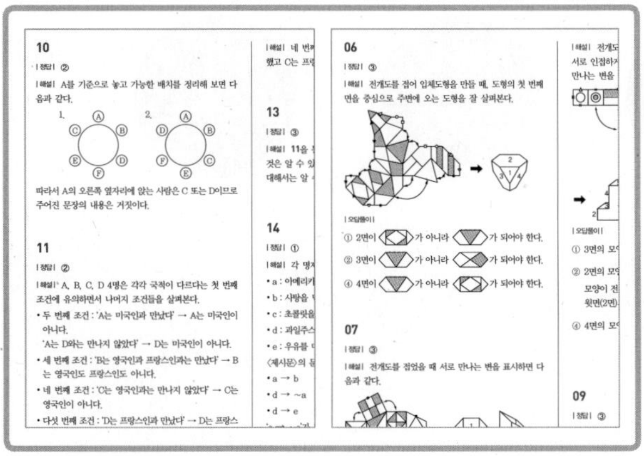

6

상세한 해설과 오답풀이가 수록된 정답과 해설

기출유형문제의 문제에 상세한 해설을 수록하였고 오답풀이 및 보충 사항들을 수록하여 문제풀이 과정에서의 학습 효과가 극대화될 수 있도록 구성하였습니다.

효성그룹 알아두기

가치체계

Hyosung Way

Hyosung Way는 전 세계 모든 효성인이 힘과 의지를 하나로 모아 꿈을 현실로 만들어 나가기 위해 만들어진 가치체계이다.
Hyosung Way의 실천을 통해 효성은 글로벌 일류기업으로 도약하고 고객의 삶의 질 향상에 기여하는 기업이 될 것이다.

미션

"최고의 기술과 경영 역량을 바탕으로 인류의 보다 나은 생활을 선도한다."

효성의 존재 이유는 최고의 인재들이 최고의 기술과 경영역량을 발휘하여 고객가치를 극대화할 수 있는 상품과 서비스를 제공하는 것. 그리고 나아가 인류의 삶의 가치를 향상시키는 것이다.

핵심가치

최고 + 혁신 + 책임 + 신뢰

행동원칙

- 끊임없이 학습하여 어떠한 상황에서도 승리할 수 있는 경쟁력을 만든다.
- 글로벌 마인드로 세계를 개척한다.
- 부가가치 없는 모든 일을 제거한다.
- 긍정의 마인드로 새로운 가능성에 도전한다
- 주인의식을 가지고 주도적으로 일한다.
- 몇 번이든 악착같이 해낸다.
- 사실과 원칙에 입각하여 투명하고 공정하게 일한다.
- 서로 존중하고 협력하여 행복한 일터를 만든다.

인재상

'최고', '혁신', '책임', '신뢰'의 4가지 핵심가치를 실천하며,
글로벌 리더로 성장할 수 있는 인재

최고 – 글로벌 경쟁력과 최고의 역량을 갖춘 인재
치열한 글로벌 시장에서 승리할 수 있는 전문성을 갖추기 위해 끊임없이 학습

혁신 – 새로운 가능성에 도전하는 인재
항상 새로운 시각으로 업무를 바라보며 효율적으로 해결하기 위해 노력. 어려운 일도 긍정적인 마인드로 도전

책임 – 주인의식을 가지고 일하는 인재
주어진 업무가 완수될 때까지 끝까지 책임감을 가지고 일하며 고객에게 차별화된 사용가치를 제공하기 위해 몇 번이든 도전. 악착같이 달성

신뢰 – 동료와 업무에 있어 신뢰를 구축해 나가는 인재
사실과 원칙에 입각하여 공정하게 일하며 고객을 존중하고 동료들과 협력. 행복한 일터를 만들기 위해 노력

효성티앤씨

기업소개

효성이 영위하는 사업 중 섬유/무역 사업부문을 인적 분할하여 신설되었다. 독자적인 연구개발력과 생산 기술을 바탕으로 스판덱스 세계시장 점유율 1위 브랜드인 크레오라를 비롯하여 나일론과 폴리에스터 원사, 직물/염색 가공제품 등을 생산 및 판매하며 섬유 소재 산업의 세계적인 선두 기업으로 성장 중이다.

사업부문

'섬유' 부문의 주요 제품은 스판덱스, 나일론원사, 폴리에스터원사, PTMG 등이 있다. '무역 등' 부문의 주요 사업내용은 철강 및 화학제품의 Trading이며, 그 밖에 주요 제품으로는 NF3가스, 타이어보강재 등이 있다.

사업부문	생산제품
섬유	스판덱스, 나일론원사, 폴리에스터원사, 직물/염색, PTMG 생산 등
무역 등	철강 및 화학제품 Trading, NF3가스, 타이어보강재 생산 등

효성첨단소재

기업소개

효성의 산업자재 부문이 인적 분할하여 신설되었다. 타이어코드, 에어백 원단, 자동차 시트벨트용 원사와 같은 제품을 생산하는 글로벌 소재 기업이다. 타이어코드의 경우 글로벌 시장에서 꾸준히 시장점유율 1위를 차지하며 독보적인 위치를 차지하고 있다. 그 밖에 탄소섬유, 아라미드 등 지속 성장을 위한 신소재의 개발 및 상업화를 통해 경쟁력을 키우는 중이다.

사업부문

'산업자재' 부문의 주요 제품은 타이어보강재, 산업용 원사, 카페트, 아라미드, 탄소섬유 등이 있다. '섬유' 부문의 주요 제품은 고부가, 고기능성 소재로서 주로 의류용으로 사용되는, 스판덱스와 폴리에스터 원사 등이 있다. '기타' 부문의 주요 제품은 나일론필름 등이 있다.

사업부문	생산제품
산업자재	타이어코드, 스틸코드, 산업용원사, 카페트, 카매트, 에어백원단 및 쿠션, 탄소섬유, 아라미드 등
섬유	스판덱스, 폴리에스터 원사
기타	나일론필름

효성화학

기업소개

연구개발력과 제조 기술력을 바탕으로 성장을 거듭해온 종합 화학회사이다. 석유화학제품(폴리프로필렌 수지, 고순도테레프탈산), 산업용 특수가스(삼불화질소), 포장 산업 · 광학 용도의 나일론 필름, 폴리에스터 필름, TAC 필름 등 다양한 산업 영역에서 활용되는 제품을 생산 및 판매하고 있다. 베트남 공장 건립을 통해 프로판 조달에서 폴리프로필렌 생산에 이르는 수직계열화 체계를 구축하며 수익을 증대 중이다. 또한 폴리케톤과 같은 친환경 소재 개발 및 생산프로세스 혁신을 통한 지속가능한 경영체계 구축을 위해 노력하고 있다.

사업부문

단일의 영업부문인 화학부문으로 이루어져 있다. 주요 제품은 PP, TPA, Nylon Film, PET Film, NF3 Gas, TAC Flim 등이다.

사업부문	생산제품
화학	PP, TPA, Nylon Film, PET Film, NF3 Gas, TAC Flim 등

효성중공업

기업소개

효성의 건설/중공업 사업부문이 인적 분할하여 신설되었다. 중전기 분야에서 세계 최고 수준의 기술력을 보유하여, 전력산업의 핵심 설비인 변압기 · 차단기와 산업 생산설비 등에 이용되는 전동기, 기어 등을 생산 및 판매하고 있다. 또한, 전력산업의 지능화 및 친환경에너지 시장에 맞추어 ESS, 스태콤, IT기반 전력설비 자산관리, 수소 충전 시스템, 액화수소사업 등 신규 사업을 꾸준히 강화하고 있다.

사업부문

'중공업' 부문의 주요 제품으로는 전력산업의 핵심 설비인 변압기, 차단기와 산업 생산설비 등에 광범위하게 이용되는 전동기, 감속기 등이 있다. '건설' 부문은 국내외에서 주택사업, 재개발 · 재건축사업, 업무 · 상업시설, 토목 · 환경, SOC(사회간접자본) 사업 등을 영위 중이다.

사업부문	생산제품
중공업	변압기, 차단기, 전동기, 감속기 등
건설	주상복합, 아파트, 오피스텔 등

효성그룹 인적성 개요

효성

(주)효성

- 적성검사는 8개 영역으로 총 151문항, 64분 동안 진행된다.
- 각 영역별로 지정된 시간이 있으며, 지정된 시간 이내에 풀어야 한다. 방송을 통해 다음 영역으로 넘어가도록 통제한다.
- 2022년도 하반기 기준 적성검사는 오프라인으로 진행되었으며, 인성검사는 온라인으로 진행되었다.

채용절차

지원방법 및 기타사항

- 지원방법 : 효성그룹 채용 홈페이지(https://hyosung.recruiter.co.kr/)에서 지원
- 「국가유공자 등 예우 및 지원에 관한 법률」에 의한 취업보호대상자를 우대
- 「장애인 고용촉진 및 직업재활법」에 의한 취업보호대상자를 우대
- 모집분야 주요 전공 외 다른 전공자도 지원 가능

구성 및 유형

구성	영역	문항 수	시간	출제유형
적성검사	지각정확력	30문항	6분	– 기호의 개수 파악하기 – 제시되지 않은 기호 파악하기
	언어유추력	20문항	5분	– 단어 관계 파악하기
	언어추리력	20문항	5분	– 명제 추론하기
	공간지각력	20문항	8분	– 전개도를 바탕으로 입체도형 파악하기
	판단력	20문항	12분	– 지문 독해하기 – 문장, 문단 배열하기
	응용계산력	20문항	12분	– 응용수리 계산하기
	수추리력	20문항	10분	– 수의 배열로부터 규칙 추론하기
	창의력	1문항	6분	– 제시된 질문에 상상력을 바탕으로 답안 작성(정해진 답은 없음)
인성검사	–	350문항	40분	– 질문에 예 혹은 아니오로 답변

합격 전략

- 각 영역이 문항 수에 비해 시간이 부족하므로 정확하게 푸는 것과 동시에 신속하게 풀어야 한다. 또한 시간 관리에 유의해야 한다.
- 대부분의 지원자가 각 영역의 모든 문항을 풀지는 못하며, 오답의 경우 감점이 있으므로, 자신이 풀 수 있다고 판단한 문제의 경우 정확하게 풀고 자신이 풀 수 없다고 판단한 문제의 경우 빠르게 넘기는 것이 좋다.
- 효성 그룹의 경우 비교적 정형화된 유형들이 꾸준하게 출제되고 있으므로, 기출유형문제 풀이 경험을 바탕으로 빠른 풀이를 위한 자신만의 전략을 세우는 것이 유리하다. 특히 '창의력' 영역의 경우 처음 접하는 응시자의 경우 생소하게 느껴질 수 있으므로 관련 문제를 미리 접해보는 것이 좋다.
- 신분증, 컴퓨터용 사인펜, 수정테이프를 지참해야 하며 그 밖의 필기구는 사용할 수 없다.

고시넷 효성그룹 인적성검사 최신기출유형모의고사

영역별 출제비중

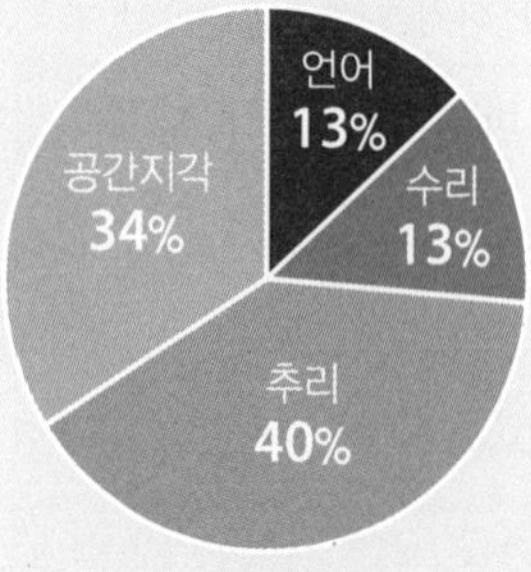

- ▶ 언어능력 : 세부 내용 · 중심 내용 파악하기, 전개방식 이해하기, 문장과 문단 배열하기, 내용 추론하기, 빈칸 추론하기
- ▶ 수리능력 : 일률, 확률, 농도, 거리 · 속력 · 시간, 방정식 세우기
- ▶ 추리능력 : 어휘 관계를 바탕으로 빈칸 추론하기, 수열로부터 규칙 추론하기, 명제 추론
- ▶ 공간지각능력 : 기호의 개수 찾기, 제시되지 않은 기호 찾기, 전개도

효성그룹은 총 8개 영역('지각정확력', '언어유추력', '언어추리력', '공간지각력', '판단력', '응용계산력', '수추리력', '창의력')을 평가한다. 이 중 '창의력' 을 제외하고, 나머지 7개 영역은 언어능력, 수리능력, 추리능력, 공간지각능력으로 범주화할 수 있다.

1. 언어능력에 해당하는 것은 '판단력' 으로, 다양한 주제를 다루는 언어 지문이 제시되며 이에 대한 정확하고 신속한 독해가 요구된다.
2. 수리능력에 해당하는 것은 '용용계산력' 으로 다양한 응용수리 문제들이 출제되므로, 이에 대한 응용수리적 지식과 문제풀이 경험이 요구된다.
3. 추리능력에 해당하는 것은 '언어유추력', '언어추리력', '수추리력' 으로 각각 어휘 추론, 명제 추론, 수열 추론에 해당하므로 정확하고 빠른 추론 능력이 필요하다.
4. 공간지각능력에 해당하는 것은 '지각정확력', '공간지각력' 으로 기호의 개수, 제시되지 않은 기호를 찾는 문제. 그리고 전개도를 바탕으로 도형을 파악하는 문제가 주로 출제되므로 꾸준한 연습을 바탕으로 공간지각능력 문제들에 익숙해질 필요가 있다.

효성그룹 인적성검사

파트 1 영역별 빈출이론

01 언어능력
02 수리능력
03 추리능력
04 공간지각능력

1장

언어능력

기본적인 단어의 의미를 파악하고 문맥으로 단어의 적확한 뜻을 유추할 수 있는지, 주어진 글의 논리적 전개 순서를 파악하고 문단 요지 및 주제를 빠르게 분석하는지를 평가하는 능력이다.

빈출 1 독해의 원리와 유형

01 언어

1 사실적 독해

1. 개념

글을 구성하는 단어, 문장, 문단의 내용을 정확히 이해하거나 글에 나타난 개념이나 문자 그대로를 이해하는 것을 말한다.

2. 해결 전략

(1) 각 문단의 중심내용을 통해 글의 주제를 파악한다.

(2) 글의 세부적 내용을 확인하고 글에 쓰인 서술 전략을 파악한다.

(3) 글의 내용이 뒤섞인 경우, 논리적 흐름에 따라 글의 전개 순서를 파악한다.

3. 사실적 독해 유형

(1) 주제 찾기

- 필자가 전달하고자 하는 글의 주제, 중심내용, 의도를 찾는 유형이다.

Step 1 제시문의 문단별 중심 문장, 핵심 소재를 파악한다.

- 중심 문장은 각 문단의 처음이나 끝에 나오는 경우가 많다.
- 각 문단의 중심 문장은 나머지 내용들을 포괄하는 문장이다.
- '따라서', '즉', '그러므로', '결국', '요컨대', '그러나', '하지만' 등 접속사 뒤의 문장이 중심 문장이 된다.
- 예가 뒷받침하는 내용이 중심 문장이 된다.
- 글쓴이의 생각, 가치 판단이 들어 있는 문장에 집중한다.
- 분류가 쓰였을 경우, 분류의 기준이 중심 문장이 된다.
- 대립적인 견해를 중심으로 설명하는 경우, 결론 부분에 유의한다.

⬇

Step 2 선택지에서 제시문의 내용에서 확인할 수 있는 선택지를 찾는다.

⬇

Step 3 중심 문장의 내용과 핵심 소재를 가장 잘 반영하는 것이나 중심 문장을 유도할 수 있는 질문을 찾는다.

(2) 내용일치

• 제시된 글에 정보, 내용을 정확하게 파악하여 선택지의 내용이 본문과 일치하는 것을 찾는다.

Step 1 글의 진술과 선택지의 진술 내용이 일치하는지를 찾기 위해서 먼저 선택지의 핵심어를 점검한다.

⬇

Step 2 선택지의 핵심어가 진술된 해당 문단을 찾는다.

⬇

Step 3 문단별 세부 내용을 비교하며 일치 여부를 파악한다.

(3) 전개방식 이해[서술 전략]

• 글에 쓰인 서술 방식이나 내용 연결 구조가 단답형이거나 글 전체의 서술 전략을 문장형으로 찾는다.

Step 1 선택지에 제시된 서술 전략을 파악하고 문장형으로 제시된 경우, 선택지의 핵심어를 정리한다.

⬇

Step 2 선택지의 서술 전략이 나온 해당 문단을 제시문에서 찾는다.

⬇

Step 3 해당 문단에서 서술 전략이 확인되는지 파악한다.

(4) 문장, 문단 배열하기

• 글의 내용이 어떤 순서로 전개되는 것이 적절한지 묻는 유형으로 문단, 문장의 논리적 배열순서, 특정 문단이나 문장이 전체 글의 어떤 부분에 들어가는 것이 적합한지를 묻는 유형이다.

Step 1 맨 처음, 중간, 끝에 배열될 문단이나 문장을 확인한다.

- 다른 문단에서 언급한 소재를 포괄적으로 언급하는 문단은 맨 처음이나 끝에 온다.
- 전체를 포괄하는 문단이 맨 처음에 올 때에는 문단의 첫 머리에 접속부사나 지시어가 오지 않고 전체에서 말한 소재 순으로 뒤의 내용이 전개된다.
- 전체를 포괄하는 문단이 맨 끝에 나올 때는 결론을 유도하는 접속부사가 쓰이고 전체에서 언급한 소재 순으로 앞의 내용이 전개된다.
- 접속부사나 지시어로 시작하는 문단이나 문장은 맨 앞에 올 수 없다.

⬇

Step 2 지시어와 접속부사에 따라 글 내용 연결이 자연스러운지 확인한다.

⬇

Step 3 내용의 논리 관계가 성립하는지 확인한다.

- 서사, 과정, 인과, 주지–예시 등의 논리 관계가 성립하는지 확인한다.

2 추론적 독해

1. 개념

글에서 생략된 내용을 추론하거나 숨겨진 필자의 의도, 목적 등을 추론하는 것으로 독자는 자신의 지식과 경험, 문맥, 글에 나타난 표지 등을 이용하여 생략된 내용을 추론하여 의미를 구성하는 것이다.

2. 해결 전략

(1) 글을 읽으면서 뒤에 이어질 내용이나 접속어, 결론 등을 추론해 보고 다른 상황에 적용할 수 있는지를 유추해 본다.

(2) 생략된 내용을 추론할 때는 빈칸 앞과 뒤의 문장에 주목한다.

(3) 글쓴이의 의도를 파악할 때는 문맥에 유의하여 글 전체의 분위기와 논조를 파악한다.

3. 글의 추론 유형

(1) 논리 추론

- 글에 언급된 내용을 이해한 뒤 글쓴이의 의도, 관점, 전제, 드러나지 않은 정보나 생략된 내용을 어떻게 추론할 수 있는지를 검토한다.

Step 1 제시문에 언급된 글쓴이의 전제, 의도, 관점, 태도 내용 등을 파악한다.

⬇

Step 2 선택지의 내용을 기반으로 제시문에 추론의 근거가 있는지 파악한다.

⬇

Step 3 추론에 예외가 없는지, 추론 방식에 모순은 없는지 확인한다.

(2) 문맥적 의미 추론

- 글 전체의 맥락에 따라 주제를 파악한 뒤 소재, 단어, 문장의 문맥적 의미를 파악한다.

Step 1 제시문 전체의 주제나 대립적인 관점을 찾는다.

⬇

Step 2 밑줄 친 부분이 앞뒤 맥락에 따라 주제와 관련된 관점이나 대립적인 관점 중 어디에 속하는지 파악한다.

⬇

Step 3 소재나 단어의 의미가 주제나 관점과 일치하는지, 밑줄 친 부분의 의미가 주제나 관점에서 벗어나지 않는지 점검한다.

(3) 빈칸 추론

• 글을 읽으면서 뒤에 이어질 내용이나 접속어, 결론 등을 추리해 보고 다른 상황에 적용할 수 있는지를 유추하며, 글쓴이의 입장 등을 생각하며 읽는다.

Step 1 제시문 전체의 주제나 관점을 파악한다.

⬇

Step 2 빈칸 앞뒤에 단서가 될 내용이나 단어를 파악한다.

⬇

Step 3 선택지의 단어나 문장이 주제나 관점과 일치하는지 점검한다.

3 글의 비판적 이해

1. 개념

글의 사실적인 이해와 추론적인 이해를 넘어서 글의 내용에 대해 판단하여 읽는 것으로 글에 나타난 주제, 글의 구성, 자료의 정확성과 적절성 등을 비판적으로 읽는다.

2. 해결 전략

(1) 글의 논리상 오류가 무엇인지 파악한다.

(2) 글의 주제와 관련되지 않은 내용이 글에 제시되지 않았는지 판단, 평가한다.

3. 유형

(1) 비판하기

• 글에 나타난 글쓴이의 주장에 대해 반론, 자료의 정확성과 적절성 등을 판단할 수 있어야 하고 논증의 사례, 논리적 오류 등을 파악할 수 있어야 한다.

Step 1 글의 주장과 근거를 찾고, 논리적 오류가 없는지 파악한다.

• 제시문에 드러난 사고 과정의 오류를 점검해야 한다.

⬇

Step 2 선택지에서 주장의 근거를 반박할 수 있는 내용을 찾는다.

• 주장에 대해 단순한 반대를 위한 비판은 타당하지 않다.

⬇

Step 3 근거의 타당성과 적절성을 판단한다.

빈출 2 글의 전개방식

01 언어

1 비교

둘 이상의 사물이나 현상 등을 견주어 공통점이나 유사점을 설명하는 방법

예 영화는 스크린이라는 공간 위에 시간적으로 흐르는 예술이며, 연극은 무대라는 공간 위에 시간적으로 흐르는 예술이다.

2 대조

둘 이상의 사물이나 현상 등을 견주어 상대되는 성질이나 차이점을 설명하는 방법

예 고려는 숭불정책을 지향한 데 비해 조선은 억불정책을 취하였다.

3 분류

작은 것(부분, 종개념)들을 일정한 기준에 따라 큰 것(전체, 유개념)으로 묶는 방법

예 서정시, 서사시, 극시는 시의 내용을 기준으로 나눈 것이다.

4 분석

하나의 대상이나 관념을 그 구성 요소나 부분들로 나누어 설명하는 방법

예 물고기는 머리, 몸통, 꼬리, 지느러미 등으로 되어 있다.

5 정의

시간의 흐름과 관련이 없는 정태적 전개방식으로 어떤 대상의 본질이나 속성을 설명할 때 쓰이는 전개방식. '종차+유개념'의 구조를 지니는 논리적 정의와 추상적이거나 매우 복잡한 개념을 정의할 때 쓰이는 확장적 정의가 있음.

6 유추

생소한 개념이나 복잡한 주제를 보다 친숙하고 단순한 것과 비교하여 설명하는 방법. 서로 다른 범주에 속하는 사물 간의 유사성을 드러내어 간접적으로 설명하는 방법이기 때문에 유추에 의해 진술된 내용은 사실성이 떨어질 가능성이 있음.

7 논증

논리적인 근거를 내세워 어느 하나의 결론이 참이라는 것을 증명하는 방법

1. **명제** : 사고 내용 및 판단을 단적으로 진술한 주제문, 완결된 평서형 문장 형식

(1) **사실 명제** : 진실성과 신빙성에 근거하여 존재의 진위를 판별할 수 있는 명제

예 '홍길동전'은 김만중이 지은 한문 소설이다.

(2) **정책 명제** : 타당성에 근거하여 어떤 대상에 대한 의견을 내세운 명제

예 농촌 경제를 위하여 농축산물의 수입은 억제되어야 한다.

(3) **가치 명제** : 공정성에 근거하여 주관적 가치 판단을 내린 명제

예 인간의 본성은 선하다.

(4) **논거** : 명제를 뒷받침하는 논리적 근거, 즉 주장의 타당함을 밝히기 위해 선택된 자료

① 사실 논거 : 객관적 사실로써 증명될 수 있는 논거로 객관적 지식이나 역사적 사실, 통계적 정보 등이 해당된다.

② 소견 논거 : 권위자의 말을 인용하거나 일반적인 여론을 근거로 삼는 논거

8 묘사

묘사란 대상을 그림 그리듯이 글로써 생생하게 표현해내는 진술방식

(1) **객관적(과학적, 설명적) 묘사** : 대상의 세부적 사실을 객관적으로 표현하는 진술방식으로, 정확하고 사실적인 정보 전달이 목적

(2) **주관적(인상적, 문학적) 묘사** : 글쓴이의 대상에 대한 주관적인 인상이나 느낌을 그려내는 것으로, 상징적인 언어를 사용하며 주로 문학 작품에 많이 쓰임

9 서사

행동이나 상태가 진행되는 움직임을 시간의 경과에 따라 표현하는 진술방식으로 '무엇이 발생하였는가?'에 관한 질문에 답하는 것

10 과정

어떤 특정한 목표나 결말을 가져오게 하는 일련의 행동, 변화, 기능, 단계, 작용 등에 초점을 두고 글을 전개하는 방법

11 인과

어떤 결과를 가져오게 한 원인 또는 그 원인에 의해 결과적으로 초래된 현상에 초점을 두고 글을 전개하는 방법

빈출 3 글의 유형

1 논설문

1. **정의** : 문제에 대한 자신의 주장이나 의견을 논리정연하게 펼쳐서 정당성을 증명하거나 자기가 원하는 방향으로 독자의 생각이나 태도를 변화시키기 위해 쓰는 글이다.

2. **요건** : 명제의 명료성과 공정성, 논거의 확실성, 추론의 논리성, 용어의 정확성

3. **논설문의 유형**

구분 \ 유형	설득적 논설문	논증적 논설문
목적	상대편을 글쓴이의 의견에 공감하도록 유도	글쓴이의 사고, 의견을 정확한 근거로 증명
방법	지적인 면과 감정적인 부분에 호소	지적인 면과 논리적인 부분에 호소
언어 사용	지시적인 언어를 주로 사용하지만 때로는 함축적 언어도 사용	지시적인 언어만 사용
주제	정책 명제	가치 명제, 사실 명제
용례	신문의 사설, 칼럼	학술 논문

4. **독해 요령**

(1) 사용된 어휘가 지시적 의미임을 파악하며 주관적인 해석이 생기지 않도록 한다.

(2) 주장 부분과 증명 부분을 구분하여 필자가 주장하는 바를 올바로 파악해야 한다.

(3) 필자의 견해에 오류가 없는지를 살피는 비판적인 자세가 필요하다.

(4) 지시어, 접속어 사용에 유의하여 필자의 논리 전개의 흐름을 올바로 파악한다.

(5) 필자의 주장, 반대 의견을 구분하여 이해하도록 한다.

(6) 논리적 사고를 통해 읽음으로써 필자의 주장한 바를 이해하고 나아가 비판적 자세를 통해 자기의 의견을 세울 수 있어야 한다.

2 설명문

1. 정의

어떤 사물이나 사실을 쉽게 일러주는 진술방식으로 독자의 이해를 돕는 글이다.

2. 요건

(1) **논리성** : 내용이 정확하고 명료해야 한다.

(2) **객관성** : 주관적인 의견이나 주장이 배제된 보편적인 내용이어야 한다.

(3) **평이성** : 문장이나 용어가 쉬워야 한다.

(4) **정확성** : 함축적 의미의 언어를 배제하고 지시적 의미의 언어로 기술해야 한다.

3. 독해 요령

추상적 진술과 구체적 진술을 구분해 가면서 주요 단락과 보조 단락을 나누고 배경지식을 적극적으로 활용하며 단락의 통일성과 일관성을 확인한다. 또한 글의 설명 방법과 전개 순서를 파악하며 읽는다.

3 기사문

1. 정의

생활 주변에서 일어나는 사건을 발생 순서에 따라 객관적으로 쓰는 글로 육하원칙에 입각하여 작성한다.

2. 특징

객관성, 신속성, 간결성, 보도성, 정확성

3. 형식

(1) **표제** : 내용을 요약하여 몇 글자로 표현한 것이다.

(2) **전문** : 표제 다음에 나오는 한 문단 정도로 쓰인 부분으로 본문의 내용을 육하원칙에 의해 간략하게 요약한 것이다.

(3) **본문** : 기사 내용을 구체적으로 서술한 부분이다.

(4) **해설** : 보충사항 등을 본문 뒤에 덧붙이는 것으로 생략 가능하다.

4. 독해 요령

사실의 객관적 전달에 주관적 해설이 첨부되므로 사실과 의견을 구분하여 읽어야 하며 비판적이고 주체적인 태도로 정보를 선별하는 것이 필요하다. 평소에 신문 기사를 읽고 그 정보를 실생활에서 재조직하여 활용하는 자세가 필요하다.

4 보고문

1. 정의

조사 · 연구 등의 과정이나 결과를 보고하기 위하여 쓰는 글이다.

2. 특징

객관성, 체계성, 정확성, 논리성

3. 작성 요령

독자를 정확히 파악, 본래 목적과 범위에서 벗어나지 않도록 하며 조사한 시간과 장소를 정확히 밝히고 조사자와 보고 연 · 월 · 일을 분명히 밝힌다.

5 공문서

1. 정의

행정기관에서 공무원이 작성한 문서로 행정상의 일반적인 문서이다.

2. 작성 요령

간단명료하게 작성하되 연 · 월 · 일을 꼭 밝혀야 하며 중복되는 내용이나 복잡한 부분이 없어야 한다.

3. 기능

(1) **의사 전달의 기능** : 조직체의 의사를 내부나 외부로 전달해 준다.

(2) **의사 보존의 기능** : 업무 처리 결과의 증거 자료로써 문서가 필요할 때나 업무 처리의 결과를 일정 기간 보존할 필요가 있을 때 활용한다.

(3) **자료 제공의 기능** : 문서 처리가 완료되어 보존된 문서는 필요할 때 언제든지 다시 활용되어 행정 활동을 촉진한다.

6 기획서

아이디어를 내고 기획한 하나의 프로젝트를 문서 형태로 만들어 상대방에게 전달하고 시행하도록 설득하는 문서이다.

7 기안서

회사의 업무에 대한 협조를 구하거나 의견을 전달할 때 작성하며, 흔히 사내 공문서로 불린다.

8 보도자료

정부기관이나 기업체, 각종 단체 등이 언론을 대상으로 자신의 정보가 기사로 보도되도록 하기 위해 보내는 자료이다.

9 자기소개서

개인의 가정환경과 성장과정, 입사동기와 근무 자세 등을 구체적으로 기술하여 자신을 소개하는 문서이다.

10 비즈니스 레터(E - mail)

사업상 고객이나 단체를 대상으로 쓰는 편지로 업무나 개인 간의 연락 또는 직접 방문하기 어려운 고객 관리 등을 위해 사용되는 비공식적인 문서이나, 제안서나 보고서 등 공식문서 전달 시에도 사용된다.

11 비즈니스 메모

업무상 중요한 일이나 체크해야 할 일이 있을 때 필요한 내용을 메모 형식으로 작성하여 전달하는 글이다.

종류	내용
전화 메모	업무적인 내용부터 개인적인 전화의 전달사항 등을 간단히 작성하여 당사자에게 전달하는 메모
회의 메모	회의에 참석하지 못한 상사나 동료에게 회의 내용을 간략하게 적어 전달하거나, 회의 내용 자체를 기록하여 참고자료로 남기기 위해 작성한 메모로써 월말이나 연말에 업무 상황을 파악하거나 업무 추진에 대한 궁금증이 있을 때 핵심적인 자료 역할을 함.
업무 메모	개인이 추진하는 업무나 상대의 업무 추진 상황을 적은 메모

빈출 4 다양한 분야의 글

1 인문

1. 정의

인간의 조건에 관해 탐구하는 학문으로 경험적인 접근보다는 분석적이고 비판적이며 사변적인 방법을 폭넓게 사용한다. 인문학의 분야로는 철학과 문학, 역사학, 고고학, 언어학, 종교학, 여성학, 미학, 예술, 음악, 신학 등이 있다.

2. 출제 분야

역사	시대에 따른 사회의 변화양상을 밝히거나 특정한 분야의 변화양상을 중심으로 기술되는 경우가 있음. 또한 역사를 보는 관점이나 가치관, 역사 기술의 방법 등을 내용으로 하는 경우도 있음.
철학	인생관이나 세계관을 묻는 문제가 많음. 인간의 기본이 되는 건전한 도덕성과 올바른 가치관의 함양을 통한 인간됨을 목표로 함.
종교 및 기타	종교, 전통, 사상 등 다양한 종류의 지문이 출제됨. 생소한 내용의 지문이 출제되더라도 연구의 대상이 무엇인지 명확히 파악하면 쉽게 접근할 수 있음. 추상적 개념이나 어려운 용어의 객관적인 뜻에 얽매이지 말고 문맥을 통해 이해해야함.

3. 출제 경향

(1) 인문 제재의 글은 가치관의 문제를 다룬 글이 많으므로 추상적인 개념을 이해하는 능력이 필요하다.

(2) 어려운 용어가 많이 등장하므로 단어의 객관적인 뜻에 얽매이지 말고 문맥을 통해 이해하도록 한다.

(3) 지문을 읽을 때에는 연구의 대상이 무엇인지를 명확히 해야 한다. 자주 반복되는 어휘에 주목하고 단락별 핵심어를 찾아 연결하며 읽는 것이 효과적인 방법이다. 이러한 방법은 전체적인 흐름을 이해하고 주제를 찾는 데 도움이 된다.

(4) 인문 분야의 지문에서는 단어의 문맥적 의미를 묻는 문제가 자주 나옴에 유의하는 것이 좋다.

2 사회

1. 정의

일정한 경계가 설정된 영토에서 종교·가치관·규범·언어·문화 등을 상호 공유하고 특정한 제도와 조직을 형성하여 질서를 유지하는 인간집단에 관한 글이다.

2. 출제 분야

정치	정치학의 지식을 이용함으로써 정치 체계를 이해함. 다양한 정치 이론과 사상, 정치 제도, 정당 집단 및 여론의 역할, 국제 정치의 움직임 등에 관심을 갖고 이에 대한 비판적인 인식을 길러야 함.
경제	재화와 용역을 생산, 분배, 소비하는 활동 및 그와 직접 관련되는 질서와 행위의 총체로서 우리 생활에 매우 큰 영향을 미치는 사회 활동. 경제 교육의 중요성이 대두되고 있는 시점에서 출제 빈도도 높으므로 이론적인 것만이 아닌 실생활과 결부된 경제 지식이 요구됨.
문화	문화 일반에 관한 설명과 더불어 영화, 연극, 음악, 미술 등 문화의 구체적인 분야에 대한 이해, 전통문화와 외래문화, 혹은 대중문화와의 관계에 대한 논의 등이 폭넓게 다루어지고 있음.
국제/여성	국제적인 사건이나 변동의 추세를 평소에 잘 파악해두고 거시적인 안목으로 접근해야 함. 사회에서 여성의 지위나 역할 등에 대한 이해와 글쓴이의 견해 파악이 중요함.

3. 출제 경향

(1) 시사성이 강하고 논리적이면서 많은 사람들이 관심을 갖고 쉽게 이해할 수 있는 사회 현상들이 다루어진다.

(2) 지문들은 대체로 시사적인 문제에 대해 필자의 견해를 내세우고 이를 입증해 가는 논리적인 성격을 지니고 있다. 따라서 필자의 견해를 이해하는 사고 능력, 필자의 의도를 추리하는 능력, 필자의 견해를 내·외적 준거에 따라 비판하는 능력 등이 주된 평가 요소이다.

(3) 어휘력과 논리적 사고력을 측정하는 문제도 출제되며, 필자의 견해에 근거 또는 새로운 정보를 구성할 수 있는 능력과 견해에 대해 비판적으로 반론을 펼 수 있는 능력을 묻는 문제가 출제된다.

3 과학 · 기술

1. 정의

과학이란 자연에서 보편적 진리나 법칙의 발견을 목적으로 하는 체계적 지식을 의미하며 생물학이나 수학과 관련된 지문들이 주로 출제된다. 또한 과학사의 중요한 이론이나 가설 등에 대한 설명이 출제되며, 경우에 따라 현재 사회적 문제가 되고 있는 과학적 현상에 대한 지문도 출제될 수 있다.

2. 출제 분야

천체 · 물리	우주 및 일반 물리 현상에 관한 설명이나 천문 연구의 역사 등을 내용으로 함. 우리나라 역사에 나타난 천문 연구에 대한 글들도 많이 제시되고 있음. 천체/물리 제재는 기초 이론에 대한 설명 위주의 글이 주로 제시되며, 낯선 개념을 접하게 되므로 지문의 내용을 파악하는 문제가 주로 출제됨.
생물 · 화학	생물은 생물의 구조와 기능을, 화학은 물질의 화학 현상과 그 법칙성을 실험 관찰에 의하여 밝혀내는 학문. 최근 유전자 연구가 활발히 진행됨에 따라 윤리의식과 그에 관한 시사적 내용이 다루어질 가능성이 크며, 실생활과 관련하여 기초 과학의 이론도 충분히 검토해야 함.
컴퓨터	계산, 데이터 처리, 언어나 영상 정보 처리 등에 광범위하게 이용되고 있으므로 컴퓨터를 활용한 다른 분야와의 관계를 다룬 통합형 지문이 출제될 수 있음에 주의를 기울여야 함.
환경	일상생활에 직접 영향을 미치는 환경오염문제를 비롯해 생태계 파괴나 지구환경문제 등을 내용으로 함. 환경 관련 지문은 주로 문제 현상에 대한 설명을 통해 경각심을 불러일으키고자 하는 의도나 환경문제의 회복을 위한 여러 대책에 관한 설명이 위주가 되므로 제시된 글의 정보를 정확하게 파악하는 것이 중요함.

4 예술

1. 정의

예술 제재는 일반적 예술론을 다루는 원론적 성격이 강한 글과 구체적인 예술 갈래나 작품 또는 인물에 대한 비평이나 해석을 다룬 각론적이고 실제적인 성격의 글이 번갈아 출제된다.

2. 출제 분야

음악	현대 생활과 연관된 음악의 역할은 물론 동·서양의 음악, 한국 전통 음악에 대한 관심도 필요함.
미술·건축	건축, 조각, 회화 및 여러 시각적 요소들을 포함한 다양한 장르와 기법이 있음을 염두에 두고 관심을 둘 필요가 있음. 미술은 시대정신의 표현이며, 인간의 개인적·집단적 행위를 반영하고 있음을 상기해야 함.
연극·영화	사회의 변화를 민감하게 반영하며, 대중과의 공감을 유도한다는 측면에 관심을 갖고 매체의 특징을 살펴보는 작업이 중요함.
스포츠·무용	스포츠나 무용 모두 원시시대에는 종교의식이나 무속 행사의 형태로 존재하다가 점차 전문적이고 세부적인 분야로 나뉘게 됨. 따라서 다양한 예술 분야의 원시적 형태와 그에 포함된 의식은 물론 보다 세련된 형태로 발전된 예술 분야의 전문성 및 현대적 의미와 가치에 대해 고찰해볼 필요가 있음.
미학	근래에는 미적 현상의 해명에 사회학적 방법을 적용시키거나 언어분석 방법을 미학에 적용하는 등 다채로운 연구 분야가 개척되고 있으므로 고정된 시각이 아니라 현대의 다양한 관점에서 미를 해석하고 적용할 수 있어야 함.

2장 수리능력

사칙연산과 계산방법을 활용하여 연산 결과의 오류를 판단하고, 직무와 관련이 있는 각종 자료를 분석하여 요구하는 값을 구하거나, 주어진 자료를 활용하여 결과를 도표로 작성할 수 있는지를 평가하는 능력이다.

빈출 1 응용수리

02 수리

1 덧셈의 비교

1. 숫자 각각의 대소를 비교한다.

1,865>1,859

$327+1,865 \square 321+1,859$

327>321

1,258>1,226

$264+1,258 \square 1,226+260$

264>260

→ 숫자 각각의 대소를 비교했을 때 좌변이 더 큰 수이므로 계산 결과도 좌변이 더 크다.

2. 숫자 각각의 증감을 비교한다.

−16

$327+1,865 \square 309+1,881$

+18

→ 숫자 각각의 증감을 비교했을 때 18−16=2이므로 계산 결과는 좌변이 더 크다.

2 뺄셈의 비교

1. 빼어지는 수와 빼는 수의 증감을 파악한다.

감소

$1,865-327 \square 1,871-325$

증가

→ 빼어지는 수(1,865와 1,871)는 증가, 빼는 수(327과 325)는 감소했으므로 계산 결과는 우변이 더 크다.

2. 숫자 각각의 증감을 비교한다.

+48

$1,865-327$ □ $1,927-375$

+62

➜ 숫자 각각의 증감을 비교했을 때 $62-48=14$이므로 계산 결과는 우변이 더 크다.

−245

$1,865-327$ □ $1,627-82$

−238

➜ 숫자 각각의 증감을 비교했을 때 $-238-(-245)=7$이므로 계산 결과는 우변이 더 크다.

3 곱셈의 비교

1. 숫자 각각의 대소를 비교한다.

86.5>85.4

32.7×86.5 □ 85.4×31.9

32.7>31.9

➜ 숫자 각각의 대소를 비교했을 때 좌변이 더 큰 수이므로 계산 결과도 좌변이 더 크다.

2. 비교하기 쉽게 숫자를 조정한다.

300×0.1 □ $1,400\times0.02$

$5\times300\times0.1$ □ $1,400\times0.02\times5$

$1,500\times0.1$ □ $1,400\times0.1$

1,500>1,400

➜ 숫자를 조정한 후, 숫자 각각의 대소를 비교했을 때 좌변이 더 큰 수이므로 계산 결과도 좌변이 더 크다.

3. 숫자 각각의 증가율을 비교한다.

5% 증가

$300 \times 103 \ \square \ 315 \times 100$

3% 증가

→ 숫자 각각의 증가율을 비교했을 때 5%>3%이므로 계산 결과는 우변이 더 크다.

4 분수의 비교

1. 곱셈을 사용

$\frac{b}{a}$와 $\frac{d}{c}$의 비교(단, a, b, c, $d > 0$) $bc > ad$이면 $\frac{b}{a} > \frac{d}{c}$

2. 어림셈과 곱셈을 사용

$\frac{47}{140}$과 $\frac{88}{265}$의 비교 → $\frac{47}{140}$은 $\frac{1}{3}$보다 크고 $\frac{88}{265}$은 $\frac{1}{3}$보다 작으므로 $\frac{47}{140} > \frac{88}{265}$

3. 분모와 분자의 배율을 비교

$\frac{351}{127}$과 $\frac{3,429}{1,301}$의 비교

3,429는 351의 10배보다 작고 1,301은 127의 10배보다 크므로 $\frac{351}{127} > \frac{3,429}{1,301}$

4. 분모와 분자의 차이를 파악

$\frac{b}{a}$와 $\frac{b+d}{a+c}$의 비교(단, a, b, c, $d > 0$)

$\frac{b}{a} > \frac{d}{c}$이면 $\frac{b}{a} > \frac{b+d}{a+c}$ $\frac{b}{a} < \frac{d}{c}$이면 $\frac{b}{a} < \frac{b+d}{a+c}$

5 단위환산

단위	단위환산		
길이	• 1cm=10mm • 1in=2.54cm	• 1m=100cm • 1mile=1,609.344m	• 1km=1,000m
넓이	• $1cm^2=100mm^2$	• $1m^2=10,000cm^2$	• $1km^2=1,000,000m^2$
부피	• $1cm^3=1,000mm^3$	• $1m^3=1,000,000cm^3$	• $1km^3=1,000,000,000m^3$
들이	• $1m\ell=1cm^3$	• $1d\ell=100cm^3=100m\ell$	• $1\ell=1,000cm^3=10d\ell$
무게	• 1kg=1,000g	• 1t=1,000kg=1,000,000g	• 1근=600g
시간	• 1분=60초	• 1시간=60분=3,600초	
할푼리	• 1푼=0.1할	• 1리=0.01할	• 1모=0.001할
데이터 양	• 1KB=1,024B • 1TB=1,024GB	• 1MB=1,024KB • 1PB=1,024TB	• 1GB=1,024MB • 1EB=1,024PB

6 거리 · 속력 · 시간

1. 공식

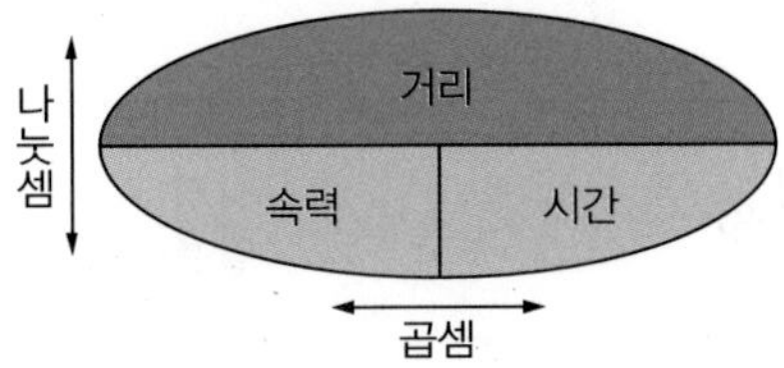

• 거리=속력×시간

• 속력=$\frac{거리}{시간}$

• 시간=$\frac{거리}{속력}$

2. 풀이 방법

거리, 속력, 시간 중 무엇을 구하는 것인지를 파악하여 공식을 적용하고 방정식을 세운다.

• 단위 변환에 주의한다.

• 1km=1,000m • 1m=$\frac{1}{1,000}$km

• 1시간=60분 • 1분=$\frac{1}{60}$시간

7 농도

1. 공식

$$농도(\%)=\frac{용질(소금)의\ 질량}{용질(소금물)의\ 질량}\times 100=\frac{용질의\ 질량}{용매의\ 질량+용질의\ 질량}\times 100$$

2. 풀이 방법

두 소금물 A, B를 하나로 섞었을 때 ➜

(1) (A+B) 소금의 양=A 소금의 양+B 소금의 양

(2) (A+B) 소금물의 양=A 소금물의 양+B 소금물의 양

(3) $(A+B)\ 농도=\frac{(A+B)\ 소금의\ 양}{(A+B)\ 소금물의\ 양}\times 100$

8 일의 양

1. 공식

- $일률=\frac{일량}{시간}$
- $일량=시간\times 일률$
- $시간=\frac{일량}{일률}$

2. 풀이 방법

(1) 전체 일을 1로 둔다.

(2) 단위시간당 일의 양을 분수로 나타낸다.

9 약·배수

1. **공약수** : 두 정수의 공통 약수가 되는 정수, 즉 두 정수가 모두 나누어떨어지는 정수를 말한다.

2. **최대공약수** : 공약수 중에서 가장 큰 수로, 공약수는 그 최대공약수의 약수이다.

3. **서로소** : 공약수가 1뿐인 두 자연수이다.

4. **공배수** : 두 정수의 공통 배수가 되는 정수를 말한다.

5. **최소공배수** : 공배수 중에서 가장 작은 수로, 공배수는 그 최소공배수의 배수이다.

6. **최대공약수와 최소공배수의 관계**

$G\overline{)\,A\quad B\,}$ $\quad a \quad b$	두 자연수 A, B의 최대공약수가 G이고 최소공배수가 L일 때 ➜ $A=a\times G$, $B=b\times G$(a, b는 서로소)라 하면 $L=a\times b\times G$가 성립한다.

7. **약수의 개수**

자연수 n이 $p_1^{e_1}p_2^{e_2}\cdots p_k^{e_k}$로 소인수분해될 때, n의 약수의 개수는 $(e_1+1)(e_2+1)\cdots(e_k+1)$개이다.

10 손익계산

1. **공식**

- $\text{정가}=\text{원가}\times\left(1+\dfrac{\text{이익률}}{100}\right)$
- $\text{정가}=\text{원가}+\text{이익}$
- $\text{할인율}(\%)=\dfrac{\text{정가}-\text{할인가(판매가)}}{\text{정가}}\times 100$
- $\text{할인가}=\text{정가}\times\left(1-\dfrac{\text{할인율}}{100}\right)=\text{정가}-\text{할인액}$
- $\text{이익}=\text{원가}\times\dfrac{\text{이익률}}{100}$

2. **풀이 방법**

(1) 정가가 원가보다 a원 비싸다. → 정가=원가$+a$

(2) 정가가 원가보다 $b\%$ 비싸다. → 정가=원가$\times\left(1+\dfrac{b}{100}\right)$

(3) 판매가가 정가보다 c원 싸다. → 판매가=정가$-c$

(4) 판매가가 정가보다 $d\%$ 싸다. → 판매가=정가$\times\left(1-\dfrac{d}{100}\right)$

11 원리합계

1. 정기예금

(1) 단리 : 원금에 대해서만 이자를 붙이는 방식이다.

$$S=A(1+rn)$$

**S : 원리합계, A : 원금, r : 연이율, n : 기간(년)

예

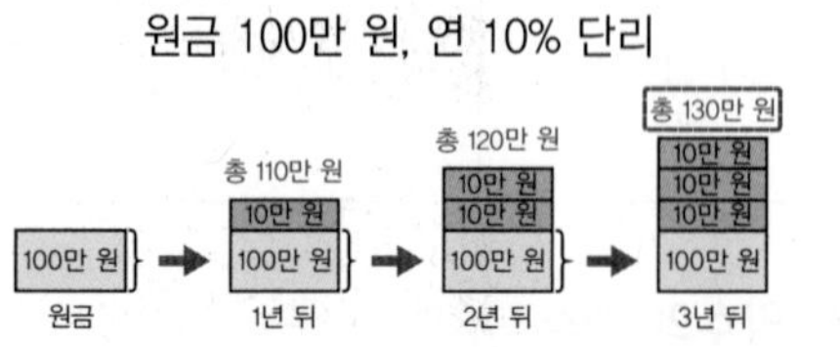

(2) 복리 : 원금뿐만 아니라 원금에서 생기는 이자에도 이자를 붙이는 방식이다.

$$S=A(1+r)^n$$

**S : 원리합계, A : 원금, r : 연이율, n : 기간(년)

예

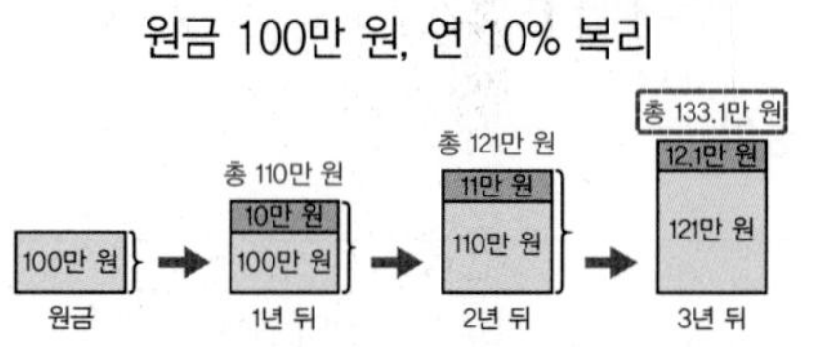

2. 정기적금

(1) 기수불 : 각 단위기간의 첫날에 적립하는 방식으로 마지막에 적립한 예금도 단위기간 동안의 이자가 발생한다.

예

- 단리 : $S=An+A\times r\times\dfrac{n(n+1)}{2}$
- 복리 : $S=\dfrac{A(1+r)\{(1+r)^n-1\}}{r}$

➜ **S : 원리합계, A : 원금, r : 연이율, n : 기간(년)

(2) 기말불 : 각 단위기간의 마지막 날에 적립하는 방식으로 마지막에 적립한 예금은 이자가 발생하지 않는다.

예

- 단리 : $S=An+A\times r\times\dfrac{n(n-1)}{2}$
- 복리 : $S=\dfrac{A\{(1+r)^n-1\}}{r}$

➜ **S : 원리합계, A : 원금, r : 연이율, n : 기간(년)

3. 72의 법칙

이자율을 복리로 적용할 때 투자한 돈이 2배가 되는 시간을 계산하는 방법이다.

$$\text{원금이 2배가 되기까지 걸리는 시간(년)} = \frac{72}{\text{이자율(\%)}}$$

12 간격

1. 직선상에 심는 경우

구분	양쪽 끝에도 심는 경우	양쪽 끝에는 심지 않는 경우	한쪽 끝에만 심는 경우
필요한 나무 수	$\frac{\text{직선 길이}}{\text{간격 길이}}+1=\text{간격의 수}+1$	$\frac{\text{직선 길이}}{\text{간격 길이}}-1=\text{간격의 수}-1$	$\frac{\text{직선 길이}}{\text{간격 길이}}=\text{간격의 수}$
직선 길이	간격 길이×(나무 수−1)	간격 길이×(나무 수+1)	간격 길이×나무 수

2. 원 둘레상에 심는 경우

(1) 공식

- 필요한 나무 수 : $\frac{\text{둘레 길이}}{\text{간격 길이}}=\text{간격의 수}$
- 둘레 길이 : 간격 길이×나무 수

(2) 원형에 나무를 심을 때 특징

간격의 수와 나무의 수가 같다. ➜

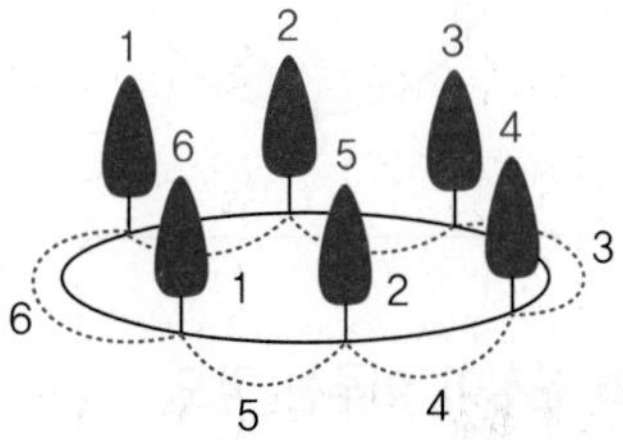

간격의 수가 6이면, 나무의 수=6그루

(3) 풀이 순서

① 일직선상에 심는 경우인지 원형상에 심는 경우인지 구분한다.

② 공식을 적용하여 풀이한다.

13 나이 · 시계각도

1. 나이

(1) x년이 흐른 뒤에는 모든 사람이 x살씩 나이를 먹는다.

(2) 시간이 흘러도 객체 간의 나이 차이는 동일하다.

2. 시침의 각도

예

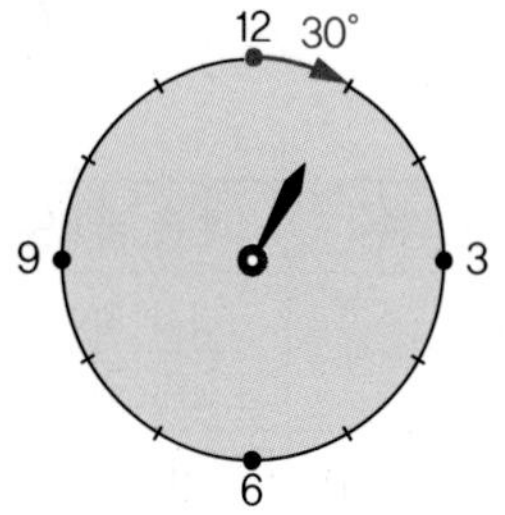

→

- 12시간 동안 회전한 각도 : 360°
- 1시간 동안 회전한 각도 : 360°÷12=30°
- 1분 동안 회전한 각도 : 30°÷60=0.5°
  ↳ X시 Y분일 때 시침의 각도 : $30°X+0.5°Y$

3. 분침의 각도

예

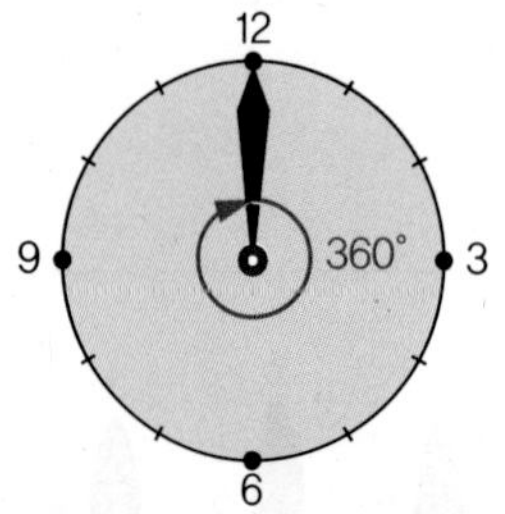

→

- 1시간 동안 회전한 각도 : 360°
- 1분 동안 회전한 각도 : 360°÷60=6°
  ↳ X시 Y분일 때 분침의 각도 : $6°Y$

4. 시침과 분침이 이루는 각도

예

X시 Y분일 때 시침과 분침이 이루는 각도

→

예

$|(30°X+0.5°Y)-6°Y|=|30°X-5.5°Y|$
(단, 각도 A가 180°보다 클 경우 $360°-A$를 한다)

14 곱셈공식

- $(a \pm b)^2 = a^2 \pm 2ab + b^2$
- $(a \pm b)^3 = a^3 \pm 3a^2b + 3ab^2 \pm b^3$
- $(ax+b)(cx+d) = acx^2 + (ad+bc)x + bd$
- $(a+b+c)^2 = a^2 + b^2 + c^2 + 2ab + 2bc + 2ca$
- $a^2 + b^2 = (a \pm b)^2 \mp 2ab$
- $(a+b)(a-b) = a^2 - b^2$
- $(x+a)(x+b) = x^2 + (a+b)x + ab$
- $(a \pm b)^2 = (a \mp b)^2 \pm 4ab$
- $(a \pm b)(a^2 \mp ab + b^2) = a^3 \pm b^3$
- $a^2 + \frac{1}{a^2} = \left(a \pm \frac{1}{a}\right)^2 \mp 2$ (단, $a \neq 0$)

15 집합

1. **집합** : 주어진 조건에 의하여 그 대상을 명확하게 구분할 수 있는 모임이다.
2. **부분집합** : 두 집합 A, B에 대하여 집합 A의 모든 원소가 집합 B에 속할 때, 집합 A는 집합 B의 부분집합(A⊂B)이라 한다.
3. **집합의 포함 관계에 대한 성질**

임의의 집합 A, B, C에 대하여
- $\varnothing \subset A$, $A \subset A$
- $A \subset B$이고 $B \subset A$이면 $A = B$
- $A \subset B$이고 $B \subset C$이면 $A \subset C$

4. **합집합, 교집합, 여집합, 차집합**

합집합	교집합
$A \cup B = \{x \mid x \in A$ 또는 $x \in B\}$ 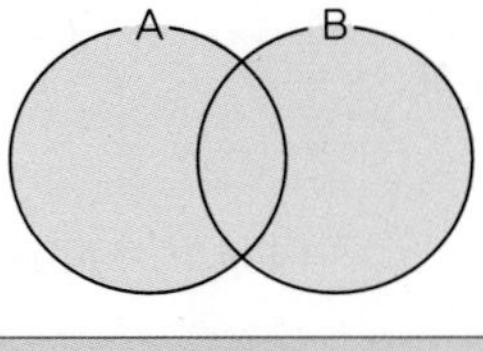	$A \cap B = \{x \mid x \in A$이고 $x \in B\}$ 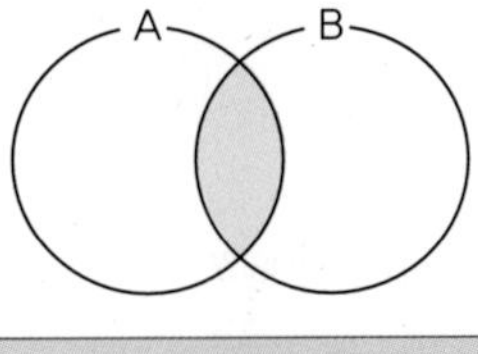
여집합	**차집합**
$A^c = \{x \mid x \in U$이고 $x \notin A\}$ 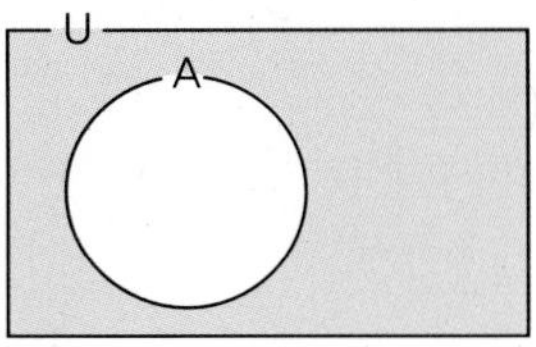	$A - B = \{x \mid x \in A$이고 $x \notin B\}$ 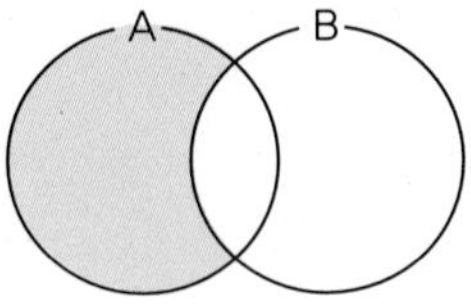

5. 집합의 연산법칙

• 교환법칙	$A \cup B = B \cup A$, $A \cap B = B \cap A$
• 결합법칙	$(A \cup B) \cup C = A \cup (B \cup C)$, $(A \cap B) \cap C = A \cap (B \cap C)$
• 분배법칙	$A \cup (B \cap C) = (A \cup B) \cap (A \cup C)$, $A \cap (B \cup C) = (A \cap B) \cup (A \cap C)$
• 드모르간의 법칙	$(A \cup B)^c = A^c \cap B^c$, $(A \cap B)^c = A^c \cup B^c$
• 차집합의 성질	$A - B = A \cap B^c$
• 여집합의 성질	$A \cup A^c = U$, $A \cap A^c = \varnothing$

16 지수와 로그법칙

1. 지수법칙

$a > 0$, $b > 0$이고 m, n이 임의의 실수일 때

• $a^m \times a^n = a^{m+n}$

• $a^m \div a^n = a^{m-n}$

• $(a^m)^n = a^{mn}$

• $(ab)^m = a^m b^m$

• $\left(\frac{a}{b}\right)^m = \frac{a^m}{b^m}$ (단, $b \neq 0$)

• $a^0 = 1$

• $a^{-n} = \frac{1}{a^n}$ (단, $a \neq 0$)

2. 로그법칙

• 로그의 정의 : $b = a^x \Leftrightarrow \log_a b = x$ (단, $a > 0$, $a \neq 1$, $b > 0$)

$a > 0$, $a \neq 1$, $x > 0$, $y > 0$일 때

• $\log_a xy = \log_a x + \log_a y$

• $\log_a \frac{x}{y} = \log_a x - \log_a y$

• $\log_a x^p = p \log_a x$

• $\log_a \sqrt[p]{x} = \frac{\log_a x}{p}$

• $\log_a x = \frac{\log_b x}{\log_b a}$ (단, $b > 0$, $b \neq 1$)

17 제곱근

1. 제곱근

어떤 수 x를 제곱하여 a가 되었을 때, x를 a의 제곱근이라 한다.

➜ 예

$x^2=a \Leftrightarrow x=\pm\sqrt{a}$ (단, $a \geq 0$)

2. 제곱근의 연산

$a>0$, $b>0$일 때

- $m\sqrt{a}+n\sqrt{a}=(m+n)\sqrt{a}$
- $m\sqrt{a}-n\sqrt{a}=(m-n)\sqrt{a}$
- $\sqrt{a}\sqrt{b}=\sqrt{ab}$
- $\sqrt{a^2b}=a\sqrt{b}$
- $\dfrac{\sqrt{a}}{\sqrt{b}}=\sqrt{\dfrac{a}{b}}$

3. 분모의 유리화 : 분수의 분모가 근호를 포함한 무리수일 때 분모, 분자에 0이 아닌 같은 수를 곱하여 분모를 유리수로 고치는 것이다.

$a>0$, $b>0$일 때

- $\dfrac{a}{\sqrt{b}}=\dfrac{a\sqrt{b}}{\sqrt{b}\sqrt{b}}=\dfrac{a\sqrt{b}}{b}$
- $\dfrac{\sqrt{a}}{\sqrt{b}}=\dfrac{\sqrt{a}\sqrt{b}}{\sqrt{b}\sqrt{b}}=\dfrac{\sqrt{ab}}{b}$
- $\dfrac{1}{\sqrt{a}+\sqrt{b}}=\dfrac{\sqrt{a}-\sqrt{b}}{(\sqrt{a}+\sqrt{b})(\sqrt{a}-\sqrt{b})}=\dfrac{\sqrt{a}-\sqrt{b}}{a-b}$ (단, $a \neq b$)
- $\dfrac{1}{\sqrt{a}-\sqrt{b}}=\dfrac{\sqrt{a}+\sqrt{b}}{(\sqrt{a}-\sqrt{b})(\sqrt{a}+\sqrt{b})}=\dfrac{\sqrt{a}+\sqrt{b}}{a-b}$ (단, $a \neq b$)

18 방정식

1. 이차방정식의 근의 공식

$ax^2+bx+c=0$일 때(단, $a \neq 0$) $x=\dfrac{-b\pm\sqrt{b^2-4ac}}{2a}$

2. 이차방정식의 근과 계수와의 관계 공식

- $ax^2+bx+c=0$(단, $a \neq 0$)의 두 근이 α, β일 때 → $\alpha+\beta=-\dfrac{b}{a}$ $\alpha\beta=\dfrac{c}{a}$
- $x=\alpha$, $x=\beta$를 두 근으로 하는 이차방정식 → $a(x-\alpha)(x-\beta)=0$

3. 연립일차방정식의 풀이 방법

(1) **계수가 소수인 경우** : 양변에 10, 100, …을 곱하여 계수가 모두 정수가 되도록 한다.

(2) **계수가 분수인 경우** : 양변에 분모의 최소공배수를 곱하여 계수가 모두 정수가 되도록 한다.

(3) **괄호가 있는 경우** : 괄호를 풀고 동류항을 간단히 한다.

(4) **$A=B=C$의 꼴인 경우** : ($A=B$, $A=C$), ($B=A$, $B=C$), ($C=A$, $C=B$)의 3가지 중 어느 하나를 택하여 푼다.

4. 이차방정식의 풀이 방법

(1) **$AB=0$의 성질을 이용한 풀이**

$AB=0$이면 $A=0$ 또는 $B=0$ → $(x-a)(x-b)=0$이면 $x=a$ 또는 $x=b$

(2) **인수분해를 이용한 풀이**

주어진 방정식을 (일차식)×(일차식)=0의 꼴로 인수분해하여 푼다.

$ax^2+bx+c=0 \xrightarrow[\text{인수분해}]{} a(x-p)(x-q)=0 \longrightarrow x=p$ 또는 $x=q$

(3) 제곱근을 이용한 풀이

- $x^2 = a$(단, $a \geq 0$)이면 $x = \pm\sqrt{a}$
- $ax^2 = b\left(\text{단, } \dfrac{b}{a} \geq 0\right)$이면 $x = \pm\sqrt{\dfrac{b}{a}}$
- $(x-a)^2 = b$(단, $b \geq 0$)이면 $x - a = \pm\sqrt{b}$에서 $x = a \pm \sqrt{b}$

(4) 완전제곱식을 이용한 풀이

이차방정식 $ax^2 + bx + c = 0$(단, $a \neq 0$)의 해는 다음과 같이 고쳐서 구할 수 있다.

- $a=1$일 때, $x^2 + bx + c = 0$ → $(x+p)^2 = q$의 꼴로 변형
- $a \neq 1$일 때, $ax^2 + bx + c = 0$ → $x^2 + \dfrac{b}{a}x + \dfrac{c}{a} = 0$
  $(x+p)^2 = q$의 꼴로 변형

19 부등식

1. 성질

- $a < b$일 때, $a+c < b+c$, $a-c < b-c$
- $a < b$, $c > 0$일 때, $ac < bc$, $\dfrac{a}{c} < \dfrac{b}{c}$
- $a < b$, $c < 0$일 때, $ac > bc$, $\dfrac{a}{c} > \dfrac{b}{c}$

2. 일차부등식의 풀이 순서

(1) 미지수 x를 포함한 항은 좌변으로, 상수항은 우변으로 이항한다.

(2) $ax > b$, $ax < b$, $ax \geq b$, $ax \leq b$의 꼴로 정리한다(단, $a \neq 0$).

(3) 양변을 x의 계수 a로 나눈다.

20 비와 비율

1. **비** : 두 수의 양을 기호 ' : '을 사용하여 나타내는 것

비례식에서 외항의 곱과 내항의 곱은 항상 같다.	➜	$A : B = C : D$일 때, $A \times D = B \times C$

2. **비율** : 비교하는 양이 원래의 양(기준량)의 얼마만큼에 해당하는지를 나타낸 것

• 비율 $= \dfrac{\text{비교하는 양}}{\text{기준량}}$　　• 비교하는 양 = 비율 × 기준량　　• 기준량 = 비교하는 양 ÷ 비율

소수	분수	백분율	할푼리
0.1	$\frac{1}{10}$	10%	1할
0.01	$\frac{1}{100}$	1%	1푼
0.25	$\frac{25}{100} = \frac{1}{4}$	25%	2할 5푼
0.375	$\frac{375}{1,000} = \frac{3}{8}$	37.5%	3할 7푼 5리

* 백분율(%) : 기준량이 100일 때의 비율
* 할푼리 : 비율을 소수로 나타내었을 때 소수 첫째 자리, 소수 둘째 자리, 소수 셋째 자리를 이르는 말

21 도형

1. **둘레**

원의 둘레(원주)	부채꼴의 둘레
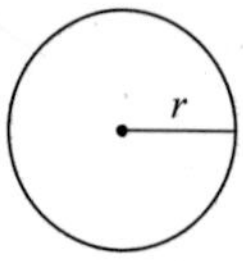 $l = 2\pi r$	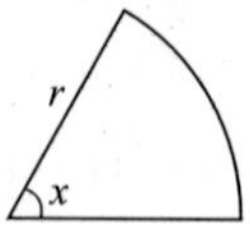 $l = 2\pi r \times \frac{x}{360} + 2r$

2. 사각형의 넓이

정사각형의 넓이	직사각형의 넓이	마름모의 넓이
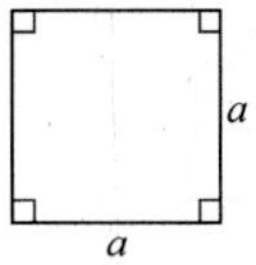 $S=a^2$	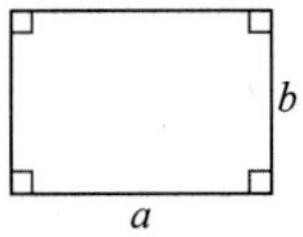 $S=ab$	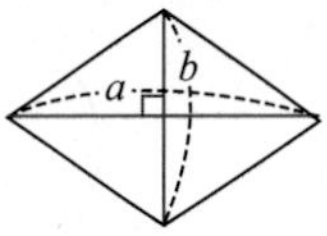 $S=\frac{1}{2}ab$
사다리꼴의 넓이	**평행사변형의 넓이**	
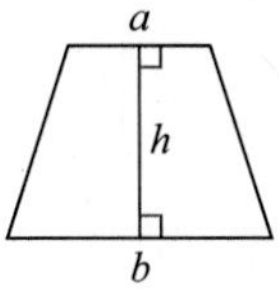 $S=\frac{1}{2}(a+b)h$	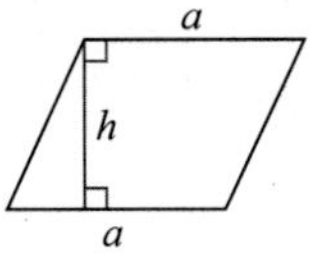 $S=ah$	

3. 삼각형의 넓이

삼각형의 넓이	정삼각형의 넓이
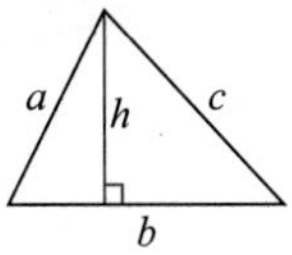 $S=\frac{1}{2}bh$	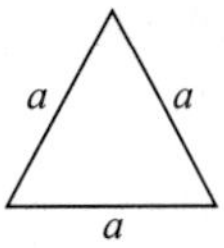 $S=\frac{\sqrt{3}}{4}a^2$
직각삼각형의 넓이	**이등변삼각형의 넓이**
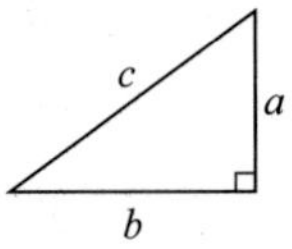 $S=\frac{1}{2}ab$	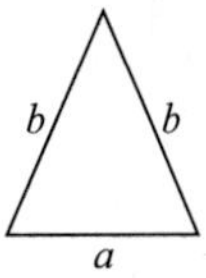 $S=\frac{a}{4}\sqrt{4b^2-a^2}$

4. 원과 부채꼴의 넓이

원의 넓이	부채꼴의 넓이
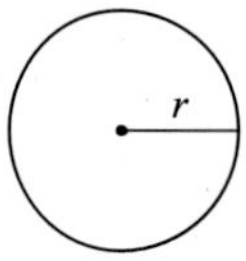 $S=\pi r^2$	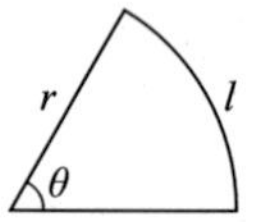 $S=\frac{1}{2}r^2\theta=\frac{1}{2}rl$ (θ는 중심각(라디안))

5. 피타고라스의 정리

직각삼각형에서 직각을 끼고 있는 두 변의 길이의 제곱을 합하면 빗변의 길이의 제곱과 같다.

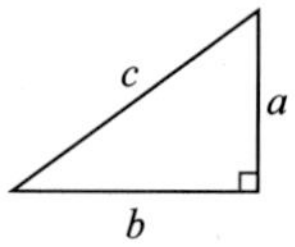

$a^2+b^2=c^2$

6. 입체도형의 겉넓이와 부피

구	원기둥	원뿔
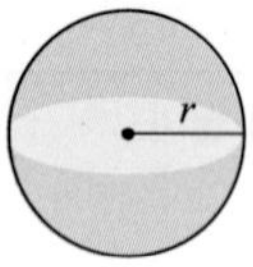 $S=4\pi r^2$ $V=\frac{4}{3}\pi r^3$	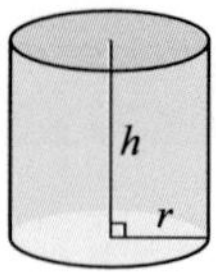 $S=2\pi rh+2\pi r^2$ $V=\pi r^2 h$	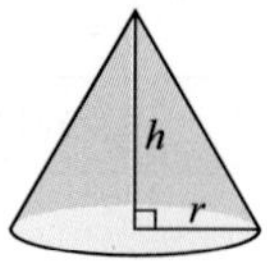 $S=\pi r\sqrt{r^2+h^2}+\pi r^2$ $V=\frac{1}{3}\pi r^2 h$
정육면체	**직육면체**	**정사면체**
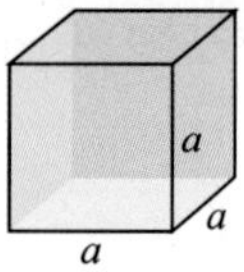 $S=6a^2$ $V=a^3$	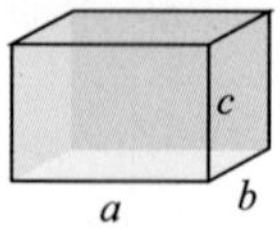 $S=2(ab+bc+ca)$ $V=abc$	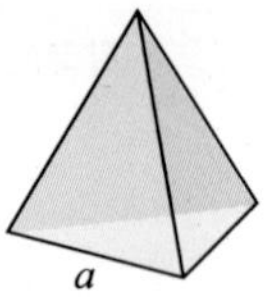 $S=\sqrt{3}a^2$ $V=\frac{\sqrt{2}}{12}a^3$

빈출 2 자료해석

1 기초 통계

종류	내용
백분율	• 전체의 수량을 100으로 하여, 나타내려는 수량이 그중 몇이 되는가를 가리키는 수 • 기호는 %(퍼센트)이며, $\frac{1}{100}$이 1%에 해당된다. • 오래전부터 실용계산의 기준으로 널리 사용되고 있으며, 원그래프 등을 이용하면 이해하기 쉽다.
범위	• 관찰값의 흩어진 정도를 나타내는 도구로서 최곳값과 최젓값을 가지고 파악하며, 최곳값에서 최젓값을 뺀 값에 1을 더한 값을 의미한다. • 계산이 용이한 장점이 있으나 극단적인 끝 값에 의해 좌우되는 단점이 있다.
평균	• 관찰값 전부에 대한 정보를 담고 있어 대상집단의 성격을 함축적으로 나타낼 수 있는 값이다. • 자료에 대해 일종의 무게중심으로 볼 수 있다. • 모든 자료의 자료값을 합한 후 자료값의 개수로 나눈 값 $\text{평균}=\frac{\text{자료의 총합}}{\text{자료의 총 개수}}$ • 평균의 종류 – 산술평균 : 전체 관찰값을 모두 더한 후 관찰값의 개수로 나눈 값 – 가중평균 : 각 관찰값에 자료의 상대적 중요도(가중치)를 곱하여 모두 더한 값을 가중치의 합계로 나눈 값
분산	• 자료의 퍼져있는 정도를 구체적인 수치로 알려주는 도구 • 각 관찰값과 평균값의 차이의 제곱을 모두 합한 값을 개체의 수로 나눈 값을 의미한다. $\text{분산}=\frac{(\text{편차})^2\text{의 총합}}{\text{변량의 개수}}$
표준편차	• 분산값의 제곱근 값을 의미한다(표준편차 = $\sqrt{\text{분산}}$). • 평균으로부터 얼마나 떨어져 있는가를 나타내는 개념으로, 평균편차의 개념과 개념적으로는 동일하다. • 표준편차가 크면 자료들이 넓게 퍼져있고 이질성이 큰 것을 의미하고 작으면 자료들이 집중하여 있고 동질성이 커지게 된다.

2 다섯숫자요약

평균과 표준편차만으로는 원 자료의 전체적인 형태를 파악하기 어렵기 때문에 최솟값, 하위 25%값(Q_1, 제1사분위수), 중앙값(Q_2), 상위 25%값(Q_3, 제3사분위수), 최댓값 등을 활용하며, 이를 다섯숫자요약이라고 부른다.

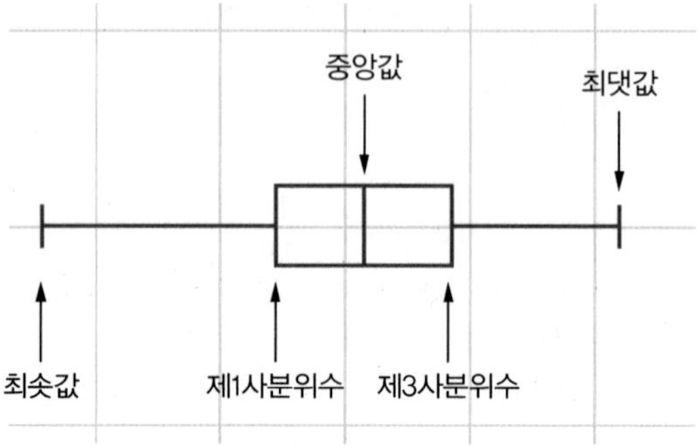

1. **최솟값** : 원 자료 중 값의 크기가 가장 작은 값이다.

2. **최댓값** : 원 자료 중 값의 크기가 가장 큰 값이다.

3. **중앙값** : 관찰값을 최솟값부터 최댓값까지 크기순으로 배열하였을 때 순서상 중앙에 위치하는 값으로 평균값과는 다르다. 관찰값 중 어느 하나가 너무 크거나 작을 때 자료의 특성을 잘 나타낸다.

자료의 개수(n)가 홀수인 경우	➜	예 • 중앙에 있는 값 • 중앙값 $= \frac{n+1}{2}$ 번째의 변량
자료의 개수(n)가 짝수인 경우	➜	예 • 중앙에 있는 두 값의 평균 • 중앙값 $= \frac{n}{2}$ 번째와 $\left(\frac{n}{2}+1\right)$ 번째 변량의 산술평균

4. **하위 25%값과 상위 25%값** : 원 자료를 크기순으로 배열하여 4등분한 값을 의미한다. 백분위수의 관점에서 제25백분위수, 제75백분위수로 표기할 수도 있다.

3 도수분포표

1. **도수분포표** : 자료를 몇 개의 계급으로 나누고, 각 계급에 속하는 도수를 조사하여 나타낸 표이다.

몸무게(kg)	계급값	도수
30 이상 ~ 35 미만	32.5	3
35 ~ 40	37.5	5
40 ~ 45	42.5	9
45 ~ 50	47.5	13
50 ~ 55	52.5	7
55 ~ 60	57.5	3

- 변량 : 자료를 수량으로 나타낸 것
- 계급 : 변량을 일정한 간격으로 나눈 구간
- 계급의 크기 : 구간의 너비
- 계급값 : 계급을 대표하는 값으로 계급의 중앙값
- 도수 : 각 계급에 속하는 자료의 개수

2. 도수분포표에서의 평균, 분산, 표준편차

- $\text{평균} = \dfrac{\{(\text{계급값}) \times (\text{도수})\}\text{의 총합}}{(\text{도수})\text{의 총합}}$
- $\text{분산} = \dfrac{\{(\text{편차})^2 \times (\text{도수})\}\text{의 총합}}{(\text{도수})\text{의 총합}}$
- $\text{표준편차} = \sqrt{\text{분산}} = \sqrt{\dfrac{\{(\text{편차})^2 \times (\text{도수})\}\text{의 총합}}{(\text{도수})\text{의 총합}}}$

3. 상대도수

(1) 도수분포표에서 도수의 총합에 대한 각 계급의 도수의 비율이다.

(2) 상대도수의 총합은 반드시 1이다.

→ $\text{계급의 상대도수} = \dfrac{\text{각 계급의 도수}}{\text{도수의 총합}}$

4. 누적도수

(1) 도수분포표에서 처음 계급의 도수부터 어느 계급의 도수까지 차례로 더한 도수의 합이다.

- 각 계급의 누적도수=앞 계급까지의 누적도수+그 계급의 도수

(2) 처음 계급의 누적도수는 그 계급의 도수와 같다.

(3) 마지막 계급의 누적도수는 도수의 총합과 같다.

4 경우의 수

1. **합의 법칙** : 두 사건 A, B가 동시에 일어나지 않을 때, 사건 A, B가 일어날 경우의 수를 각각 m, n이라고 하면, 사건 A 또는 B가 일어날 경우의 수는 $(m+n)$가지이다.

2. **곱의 법칙** : 사건 A, B가 일어날 경우의 수를 각각 m, n이라고 하면, 사건 A, B가 동시에 일어날 경우의 수는 $(m\times n)$가지이다.

3. 순열

서로 다른 n개에서 중복을 허용하지 않고 r개를 골라 순서를 고려해 나열하는 경우의 수 ➜

예
$$_{n}P_{r}=n(n-1)(n-2)\cdots(n-r+1)=\frac{n!}{(n-r)!}\ (\text{단, } r\le n)$$

4. 조합

서로 다른 n개에서 순서를 고려하지 않고 r개를 택하는 경우의 수 ➜

예
$$_{n}C_{r}=\frac{n(n-1)(n-2)\cdots(n-r+1)}{r!}=\frac{n!}{r!(n-r)!}\ (\text{단, } r\le n)$$

5. 중복순열

서로 다른 n개에서 중복을 허용하여 r개를 골라 순서를 고려해 나열하는 경우의 수 ➜

예
$$_{n}\Pi_{r}=n^{r}$$

6. 중복조합

서로 다른 n개에서 순서를 고려하지 않고 중복을 허용하여 r개를 택하는 경우의 수 ➜

예
$$_{n}H_{r}={}_{n+r-1}C_{r}$$

7. 같은 것이 있는 순열

n개 중에 같은 것이 각각 p개, q개, r개일 때 n개의 원소를 모두 택하여 만든 순열의 수 ➜

예
$$\frac{n!}{p!q!r!}\ (\text{단, } p+q+r=n)$$

8. 원순열

서로 다른 n개를 원형으로 배열하는 경우 ➜

예 $\frac{{}_nP_n}{n}=(n-1)!$

5 확률

1. 일어날 수 있는 모든 경우의 수를 n가지, 사건 A가 일어날 경우의 수를 a가지라고 하면 사건 A가 일어날 확률 $P=\frac{a}{n}$, 사건 A가 일어나지 않을 확률 $P'=1-P$이다.

2. **두 사건 A, B가 배반사건(동시에 일어나지 않을 때)일 경우** $P(A\cup B)=P(A)+P(B)$

3. **두 사건 A, B가 독립(두 사건이 서로 영향을 주지 않을 때)일 경우** $P(A\cap B)=P(A)P(B)$

4. **조건부확률** : 확률이 0이 아닌 두 사건 A, B에 대하여 사건 A가 일어났다고 가정할 때, 사건 B가 일어날 확률 $P(B|A)=\frac{P(A\cap B)}{P(A)}$ (단, P(A) > 0)

6 변동률(증감률)

1. 공식

- 변동률 또는 증감률(%)$=\frac{\text{비교시점 수치}-\text{기준시점 수치}}{\text{기준시점 수치}}\times 100$
- 기준시점 수치를 X, 비교시점 수치를 Y, 변동률(증감률)을 g%라 하면

$g=\frac{Y-X}{X}\times 100$ $\quad Y-X=\frac{g}{100}\times X$ $\quad Y=\left(1+\frac{g}{100}\right)X$

2. 계산 방법

값이 a에서 b로 변화하였을 때 $\frac{b-a}{a}\times 100$ 또는 $\left(\frac{b}{a}-1\right)\times 100$으로 계산한다.

예

값이 256에서 312로 변화하였을 때 증감률은 $\frac{312-256}{256}\times 100 ≒ 22(\%)$이다. 이와 같이 계산을 해도 되지만 번거로운 계산을 해야 한다. 312는 256의 약 1.22배인데 이는 256을 1로 하면 312는 약 1.22라는 의미이다. 따라서 0.22만 늘어났으므로 증감률은 22%임을 알 수 있다.

3. 변동률과 변동량의 관계

변동률이 크다고 해서 변동량(증가량, 변화량, 증감량)이 많은 것은 아니다.

예

A의 연봉은 1억 원에서 2억 원으로, B의 연봉은 2,000만 원에서 8,000만 원으로 인상되었다. A의 연봉증가액은 1억 원이고 B의 연봉증가액은 6,000만 원이며, A의 연봉증가율은 $\frac{2-1}{1}\times 100=100(\%)$이고, B의 연봉증가율은 $\frac{8,000-2,000}{2,000}\times 100=300(\%)$이다. 따라서 연봉증가액은 A가 B보다 많지만, 연봉증가율은 A가 B보다 작다.

7 증가율과 구성비의 관계

전체량을 A, 부분량을 B라고 하면 부분량의 구성비는 $\frac{B}{A}$이다. 만약 어느 기간에 전체량이 a, 부분량이 b 증가했다고 하면 증가 후의 구성비는 $\frac{B(1+b)}{A(1+a)}$이다(단, a, b는 증가율이다). 여기서 $a>b$이면 $\frac{B}{A}>\frac{B(1+b)}{A(1+a)}$, $a<b$이면 $\frac{B}{A}<\frac{B(1+b)}{A(1+a)}$가 된다.

- 전체량의 증가율 > 부분량의 증가율 ⇨ 구성비 감소
- 전체량의 증가율 < 부분량의 증가율 ⇨ 구성비 증가

8 지수

- 지수란 구체적인 숫자 자체의 크기보다는 시간의 흐름에 따라 수량이나 가격 등 해당 수치가 어떻게 변화되었는지를 쉽게 파악할 수 있도록 만든 것으로 통상 비교의 기준이 되는 시점(기준시점)을 100으로 하여 산출한다.
- 기준 데이터를 X, 비교 데이터를 Y라 하면, 지수$=\frac{Y}{X}\times 100$
- 데이터 1의 실수를 X, 데이터 2의 실수를 Y, 데이터 1의 지수를 k, 데이터 2의 지수를 g라 하면 다음과 같은 비례식이 성립한다. $X : Y=k : g$
- 비례식에서 외항의 곱과 내항의 곱은 같으므로 $Xg=Yk$이다. 따라서 $Y=\frac{g}{k}\times X$, $X=\frac{k}{g}\times Y$

9 퍼센트(%)와 퍼센트 포인트(%p)

퍼센트는 백분비라고도 하는데 전체의 수량을 100으로 하여 해당 수량이 그중 몇이 되는가를 가리키는 수로 나타낸다. 퍼센트포인트는 이러한 퍼센트 간의 차이를 표현한 것으로 실업률이나 이자율 등의 변화가 여기에 해당된다.

예

실업률이 작년 3%에서 올해 6%로 상승하였다.

➜ 실업률이 작년에 비해 100% 상승 또는 3%p 상승했다.

여기서 퍼센트는 $\frac{\text{현재 실업률}-\text{기존 실업률}}{\text{기존 실업률}}\times 100$을 하여 '100'으로 산출됐고,

퍼센트포인트는 퍼센트의 차이이므로 6−3을 해서 '3'이란 수치가 나온 것이다.

10 가중평균

• 중요도나 영향도에 해당하는 각각의 가중치를 곱하여 구한 평균값을 가중평균이라 한다.

• 주어진 값 x_1, x_2, …, x_n에 대한 가중치가 각각 w_1, w_2, …, w_n이라 하면

$$\text{가중평균}=\frac{x_1w_1+x_2w_2+\cdots+x_nw_n}{w_1+w_2+\cdots+w_n}$$

11 단위당 양

1. 자동차 천 대당 교통사고 발생건수, 단위면적당 인구수 등과 같이 정해진 단위량에 대한 상대치이다. 따라서 기준이 되는 단위량에 대응하는 실수(위의 예에서는 자동차 대수, 면적)가 주어져 있지 않으면 단위당 양에만 기초해서 실수 그 자체(위의 예에서는 교통사고 발생건수, 인구수)를 비교하는 것은 불가능하다.

2. 계산 방법

• X, Y를 바탕으로 X 당 Y를 구하는 경우 ➜ $(X\text{당 }Y)=\frac{Y}{X}$

• X당 Y, X를 바탕으로 Y를 구하는 경우 ➜ $Y=X\times(X\text{당 }Y)$

• X당 Y, Y를 바탕으로 X를 구하는 경우 ➜ $X=Y\div(X\text{당 }Y)$

3장

추리능력

주어진 명제나 조건들을 통한 결과 도출, 참과 거짓 추론, 나열된 수와 문자의 규칙을 파악하는 능력, 도식과 도형에 나타난 일정한 규칙성을 파악할 수 있는지를 평가하는 능력이다.

빈출 1 언어추리

03 추리

1 명제

1. **명제** : 'P이면 Q이다(P → Q)'라고 나타내는 문장을 명제라 부르며 P는 가정, Q는 결론이다.

예

삼각형 세 변의 길이가 같다면 세 개의 각은 모두 60°이다.
P(가정) : 삼각형 세 변의 길이가 같다.
⇓
Q(결론) : 세 개의 각은 모두 60°이다.

(1) **명제의 역** : 원 명제의 가정과 결론을 바꾼 명제 'Q이면 P이다'를 말한다(Q → P).

예 세 개의 각이 모두 60°이면 삼각형 세 변의 길이는 같다.

(2) **명제의 이** : 원 명제의 가정과 결론을 둘 다 부정한 명제 'P가 아니면 Q가 아니다'를 말한다(~P → ~Q).

예 삼각형 세 변의 길이가 같지 않다면 세 개의 각은 모두 60°가 아니다.

(3) **명제의 대우** : 원 명제의 역의 이, 즉 'Q가 아니면 P가 아니다'를 말한다(~Q → ~P).

예 세 개의 각이 모두 60°가 아니면 삼각형 세 변의 길이는 같지 않다.

(4) **역 · 이 · 대우의 관계** : 원 명제가 옳을(참) 때 그 역과 이도 반드시 옳다고 할 수 없으나 그 대우는 반드시 참이다. 즉 원 명제와 대우의 진위는 반드시 일치한다.

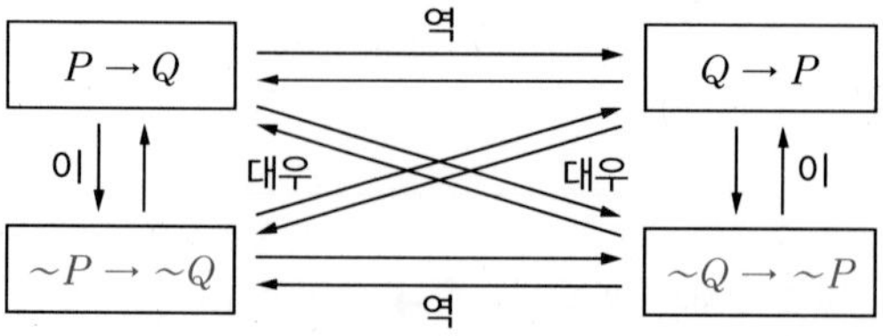

2. 삼단논법

(1) 두 개의 명제를 전제로 하여 하나의 새로운 명제를 도출해 내는 것을 말한다.

예

[명제 1] P이면 Q이다(P → Q).
[명제 2] Q이면 R이다(Q → R).
⇓
P이면 R이다(P → R).

(2) 여기서 'P → Q'가 참이고 'Q → R'이 참일 경우, 'P → R' 또한 참이다.

예

테니스를 좋아하는 사람은 축구를 좋아한다.
축구를 좋아하는 사람은 야구를 싫어한다.
⇓
테니스를 좋아하는 사람은 야구를 싫어한다.

2 논증

1. 연역추론

전제에서 시작하여 논리적인 주장을 통해 특정 결론에 도달한다. →

예

사람은 음식을 먹어야 살 수 있다.
나는 사람이다.
나는 음식을 먹어야 살 수 있다.

2. 귀납추론

관찰이나 경험에서 시작하여 일반적인 결론에 도달한다. →

예

소크라테스는 죽었다. 플라톤도 죽었다.
아리스토텔레스도 죽었다.
이들은 모두 사람이다.
그러므로 모든 사람은 죽는다.

3 참 · 거짓[진위]

1. **의미** : 여러 인물의 발언 중에서 거짓을 말하는 사람과 진실을 말하는 사람이 있는 문제이다. 이런 문제를 해결하는 기본 원리는 참인 진술과 거짓인 진술 사이에 모순이 발생한다는 점이다.

2. **직접 추론** : 제시된 조건에 따른 경우의 수를 하나씩 고려하면서 다른 진술과의 모순 여부를 확인하여 참 · 거짓을 판단한다.

(1) 가정을 통해 모순을 고려하는 방법

① 한 명이 거짓을 말하거나 진실을 말하고 있다고 가정한다.

② 가정에 따라 조건을 적용하고 정리한다.

③ 모순이 없는지 확인한다.

예

네 사람 중에서 진실을 말하는 사람이 3명, 거짓을 말하는 사람이 1명 있다고 할 때, 네 명 중 한 사람이 거짓말을 하고 있다고 가정한다. 그리고 네 가지 경우를 하나씩 검토하면서 다른 진술과 제시된 조건과의 모순 여부를 확인하여 거짓을 말한 사람을 찾는다. 거짓을 말한 사람이 확정되면 나머지는 진실을 말한 것이므로 다시 모순이 없는지 확인한 후 이를 근거로 하여 문제에서 요구하는 사항을 추론할 수 있다.

(2) 그룹으로 나누어 고려하는 방법

① 진술에 따라 그룹으로 나누어 가정한다.

② 나눈 가정에 따라 조건을 반영하여 정리한다.

③ 모순이 없는지 확인한다.

A의 발언 중에 'B는 거짓말을 하고 있다'라는 것이 있다.	A와 B는 다른 그룹
A의 발언과 B의 발언 내용이 대립한다.	
A의 발언 중에 'B는 옳다'라는 것이 있다.	A와 B는 같은 그룹
A의 발언과 B의 발언 내용이 일치한다.	

※ 모든 조건의 경우를 고려하는 것도 방법이지만 그룹을 나누어 분석하는 것이 더 효율적일 때 사용하는 방법이다.

- 거짓을 말하는 한 명을 찾는 문제에서 진술하는 사람 A～E 중 A, B, C가 A에 대해 말하고 있고 D에 대해 D, E가 말하고 있다면 적어도 A, B, C 중 두 사람은 정직한 사람이므로 A와 B, B와 C, C와 A를 각각 정직한 사람이라고 가정하고 분석하여 다른 진술의 모순을 살핀다.

4 자리 추론과 순위 변동

1. 자리 추론

(1) 기준이 되는 사람을 찾아 고정한 후 위치관계를 파악한다.

(2) 다른 사람과의 위치관계 정보가 가장 많은 사람을 주목한다.

(3) 정면에 앉은 사람들의 자리를 고정한다.

(4) 떨어져 있는 것들의 위치관계를 먼저 정한다.

(5) 좌우의 위치에 주의한다.

자리추론

• A의 정면에는 D가 있다.

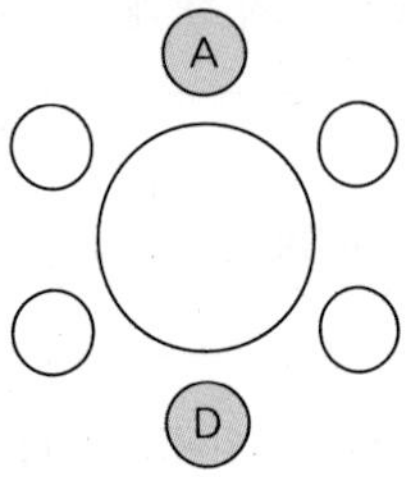

• A의 오른편에 B가 앉아있고,
왼편에 C가 앉아있다.

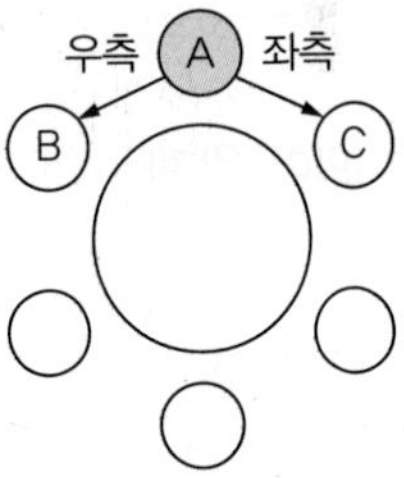

2. 순위 변동

마라톤과 같은 경기에서 경기 도중의 순서와 최종 순위로 답을 추론하는 문제이다.

(1) 가장 많은 조건이 주어진 것을 고정한 후 분석한다.

(2) '어느 지점을 먼저 통과했다' 등으로 순위를 확실하게 알 수 있는 경우에는 부등호를 사용한다.

예 A는 B보다 먼저 신호를 통과했다. A > B

(3) 순위를 알 수 없는 부분은 ㅁ, ㅇ 등을 사용하여 사이 수를 표시한다.

예 B와 D 사이에는 2대가 통과하고 있다. B○○D, D○○B

(4) 생각할 수 있는 경우의 수를 전부 정리한다.

예 A의 양옆에는 B와 D가 있다. BAD, DAB

(5) 'B와 C 사이에 2명이 있다', 'B와 C는 붙어 있지 않다' 등 떨어져 있는 조건에 주목하여 추론한다. 선택지에 있는 값을 넣어 보면 더 쉽게 찾을 수 있다.

5 단어 관계

1. 유의 관계 : 의미가 같거나 비슷한 단어들의 의미 관계

특징
• 의미가 비슷하지만 똑같지 않다는 점에 유의한다.
• 가리키는 대상의 범위가 다르거나 미묘한 느낌의 차이가 있어 서로 바꾸어 쓸 수 없다.

➜

예
곱다－아름답다 / 말－언사(言辭) / 지금－당금(當今) 등

2. 반의 관계 : 서로 반대의 뜻을 지닌 단어들의 의미 관계

특징
- 대상에 대한 막연한 의미를 대조적인 방법으로 명확하게 부각시켜 준다.
- 반의 관계에 있는 두 단어는 서로 공통되는 의미 요소 중 오직 한 개의 의미요소만 달라야 한다.

→ 예
낮－밤 / 가다－오다 / 덥다－춥다 등

3. 상하 관계 : 두 단어 중 한쪽이 의미상 다른 쪽을 포함하거나 포함되는 의미 관계

특징
- 상위어와 하위어의 관계는 상대적이다.
- 상위어는 일반적이고 포괄적인 의미를 가진다.
- 하위어일수록 개별적이고 한정적인 의미를 지닌다.

→ 예
나무－소나무, 감나무, 사과나무 /
동물－코끼리, 판다, 토끼 등

4. 동음이의어 관계 : 단어의 소리가 같을 뿐 의미의 유사성은 없는 관계

특징
- 사전에 서로 독립된 별개의 단어로 취급된다.
- 상황과 문맥에 따라 의미를 파악해야 한다.

→ 예
배(선박)－배(배수)－배(신체)－배(과일)

5. 다의 관계 : 의미적으로 유사성을 갖는 관계

특징
- 의미들 중에는 기본적인 '중심 의미'와 확장된 '주변 의미'가 있다.
- 사전에서 하나의 단어로 취급한다.

예
다리
1. 사람이나 동물의 몸통 아래 붙어 있는 신체의 부분. 서고 걷고 뛰는 일 따위를 맡아 한다.
   예 다리에 쥐가 나다.
2. 물체의 아래쪽에 붙어서 그 물체를 받치거나 직접 땅에 닿지 아니하게 하거나 높이 있도록 버티어 놓은 부분. 예 책상 다리
3. 안경의 테에 붙어서 귀에 걸게 된 부분
   예 안경다리를 새것으로 교체했다.
4. 오징어나 문어 따위 동물의 머리에 여러 개 달려 있어, 헤엄을 치거나 먹이를 잡거나 촉각을 가지는 기관
   예 그는 술안주로 오징어 다리를 씹었다.

빈출 2 수적추리

1 수 추리

1. **등차수열** : 첫째항부터 차례로 일정한 수를 더하여 만들어지는 수열, 각 항에 더하는 일정한 수, 즉 뒤의 항에서 앞의 항을 뺀 수를 등차수열의 공차라고 한다.

등차수열$\{a_n\}$에서
$a_2 - a_1 = a_3 - a_2 = \cdots = a_{n+1} - a_n = d$(공차)

➜

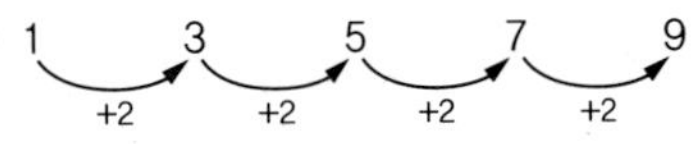

2. **등비수열** : 첫째항부터 차례로 일정한 수를 곱하여 만들어지는 수열

각 항에 곱하는 일정한 수, 즉 뒤의 항을 앞의 항으로 나눈 수를 등비수열의 공비라고 한다.
등비수열 $\{a_n\}$에서

$$\frac{a_2}{a_1} = \frac{a_3}{a_2} = \cdots = \frac{a_{n+1}}{a_n} = r(\text{공비})$$

➜

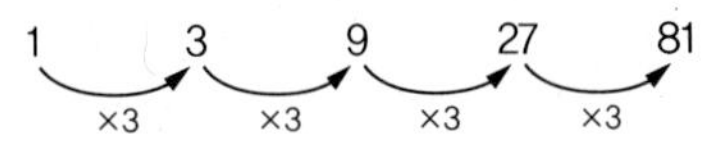

3. **등차계차수열**

앞의 항과의 차가 등차를 이루는 수열

➜

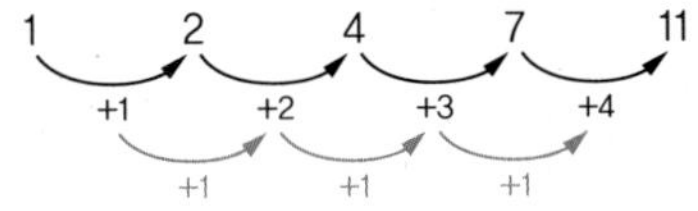

4. **등비계차수열**

앞의 항과의 차가 등비를 이루는 수열

➜

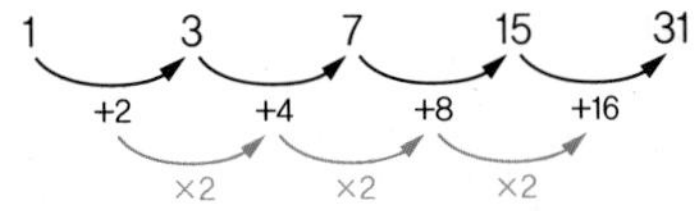

5. **피보나치수열**

앞의 두 항의 합이 그 다음 항이 되는 수열 ➜ 1, 1, 2, 3, 5, 8, 13, 21, 34, …

2 문자 추리

1. 일반 자음

ㄱ	ㄴ	ㄷ	ㄹ	ㅁ	ㅂ	ㅅ
1	2	3	4	5	6	7
ㅇ	ㅈ	ㅊ	ㅋ	ㅌ	ㅍ	ㅎ
8	9	10	11	12	13	14

2. 쌍자음이 포함된 자음(사전에 실리는 순서)

ㄱ	ㄲ	ㄴ	ㄷ	ㄸ	ㄹ	ㅁ	ㅂ	ㅃ	ㅅ
1	2	3	4	5	6	7	8	9	10
ㅆ	ㅇ	ㅈ	ㅉ	ㅊ	ㅋ	ㅌ	ㅍ	ㅎ	
11	12	13	14	15	16	17	18	19	

3. 일반 모음

ㅏ	ㅑ	ㅓ	ㅕ	ㅗ	ㅛ	ㅜ	ㅠ	ㅡ	ㅣ
1	2	3	4	5	6	7	8	9	10

4. 이중모음이 포함된 모음 순서(사전에 실리는 순서)

ㅏ	ㅐ	ㅑ	ㅒ	ㅓ	ㅔ	ㅕ
1	2	3	4	5	6	7
ㅖ	ㅗ	ㅘ	ㅙ	ㅚ	ㅛ	ㅜ
8	9	10	11	12	13	14
ㅝ	ㅞ	ㅟ	ㅠ	ㅡ	ㅢ	ㅣ
15	16	17	18	19	20	21

5. 알파벳

A	B	C	D	E	F	G	H	I
1	2	3	4	5	6	7	8	9
J	K	L	M	N	O	P	Q	R
10	11	12	13	14	15	16	17	18
S	T	U	V	W	X	Y	Z	
19	20	21	22	23	24	25	26	

빈출 3 도형추리

03 추리

- 도형의 규칙성을 찾아 이어지는 도형의 모양을 고르는 문제이다.
- 도형에서 발견되는 움직임을 파악한 정리한 조건으로 시뮬레이션을 해보고 도형을 도출한다.

규칙성의 종류

1 선의 수가 상단은 1 → 2 → 3 → 2 → 1로, 하단은 3 → 2 → 1 → 2 → 3으로 변화한다.

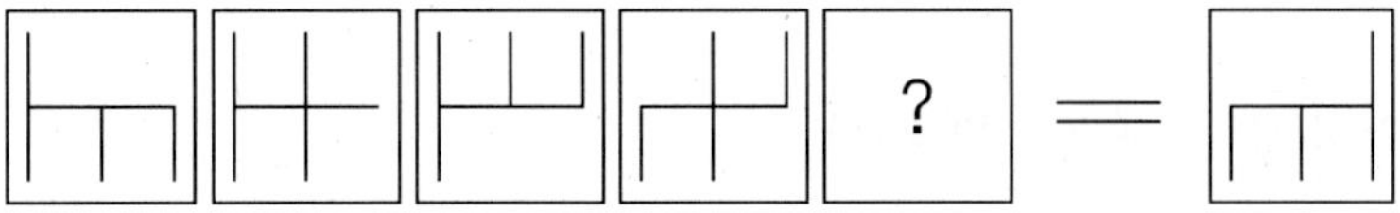

2 화살표가 45도씩 시계 방향으로 회전하고, ○의 색이 번갈아 가면서 바뀐다.

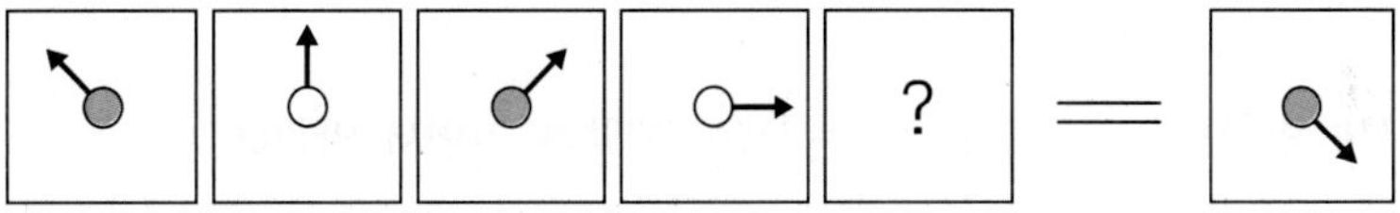

3 색칠된 부분이 왼쪽부터 첫 번째, 두 번째로 이동하고 네 번째 이후 왼쪽으로 돌아온다.

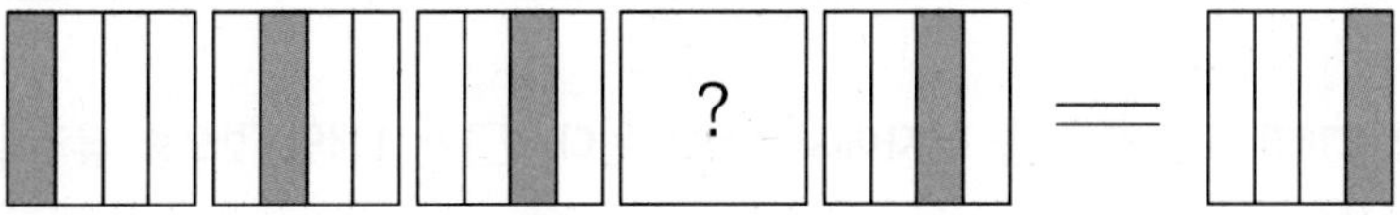

4 가운데 세로선이 위, 아래로 이동을 반복하고, ●가 반시계 방향으로 회전한다.

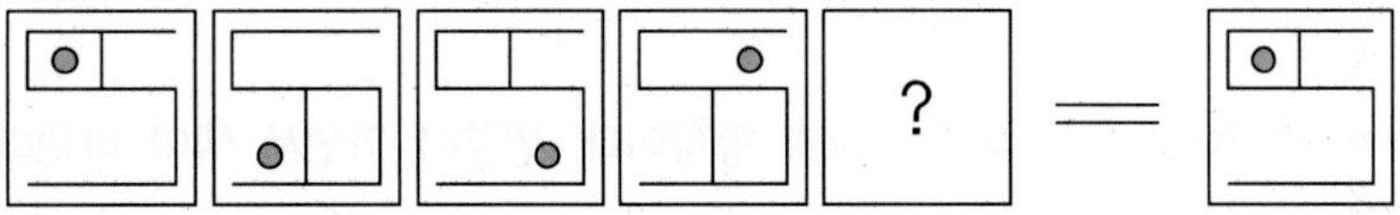

5 ☆이 시계 방향으로 90도씩 회전하고 꼭짓점의 색은 번갈아 가면서 바뀐다.

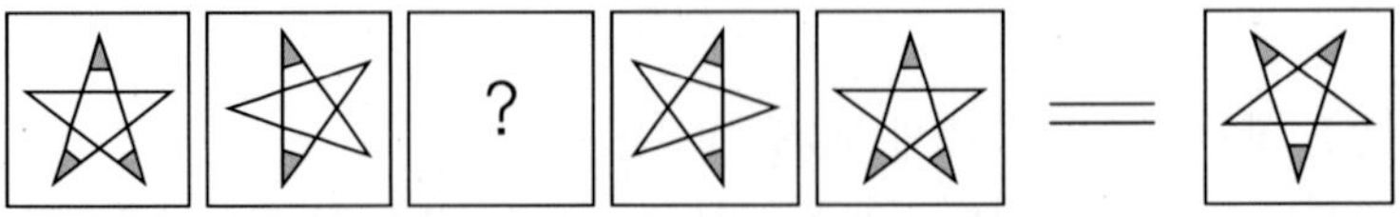

6 ▷가 오른쪽과 왼쪽 방향으로 2회씩, 색 또한 2회씩 번갈아 나타난다. 답을 찾을 때 예상할 수 있는 변화로부터 선택지에 있는 것을 고른다.

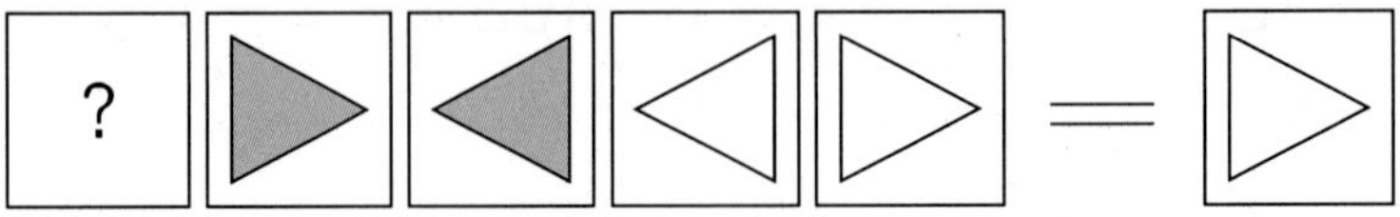

7 4시간 후와 2시간 전 순서로 반복된다.

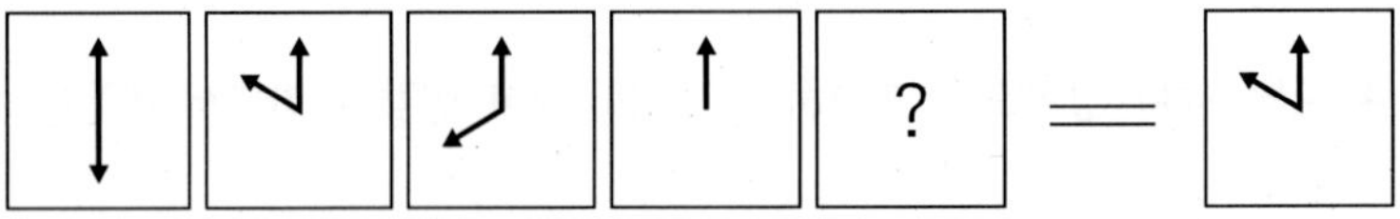

8 □는 반시계 방향으로 회전하고, ○는 색이 번갈아 가면서 바뀐다.

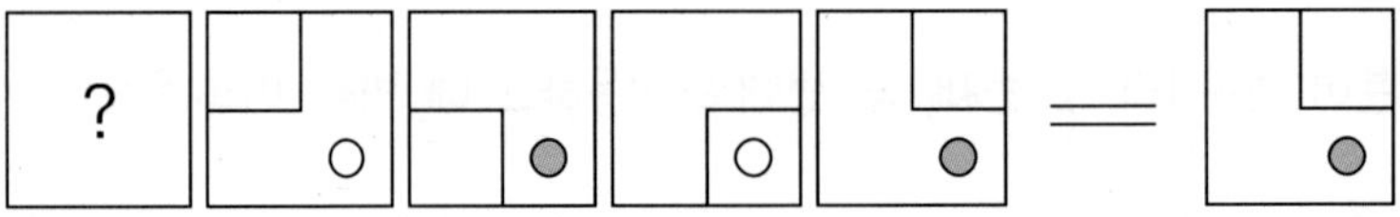

9 같은 도형 2개가 모이면 다음 상자에서 1개가 된다. □가 1개인 것으로 유추할 수 있다.

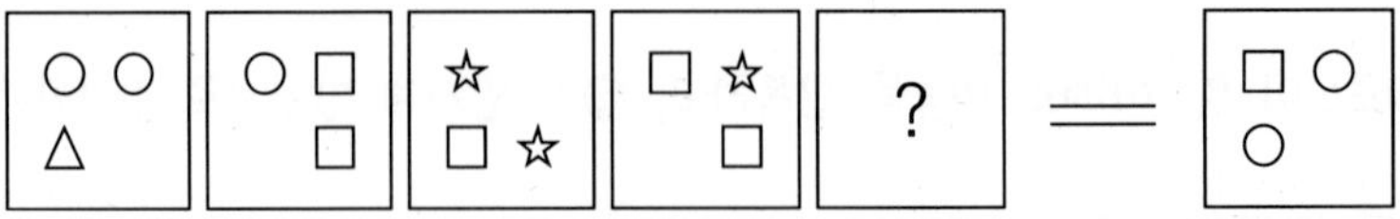

10 △는 반시계 방향이고, 직사각형은 시계 방향이다. 번갈아 가면서 색이 바뀐다.

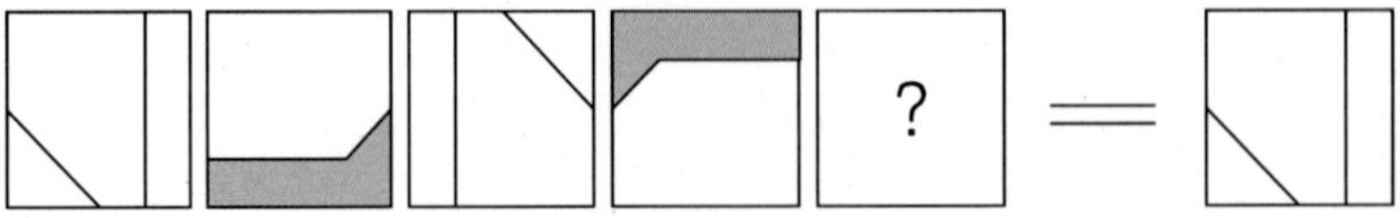

11 같은 도형 3개가 모인 도형은 다음 상자에서 없어진다. 그러므로 □를 포함하지 않는 것을 유추할 수 있다. 도형의 색이나 형태에 헷갈리지 않도록 한다.

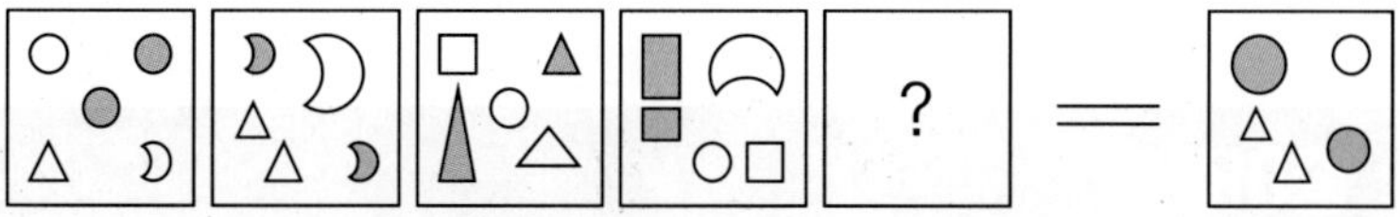

12 홀수 번째 도형에 ┌ 를 제외한 선의 개수 변화를 주목한다. 선의 개수는 2 → 1 → 0으로 줄어든다.

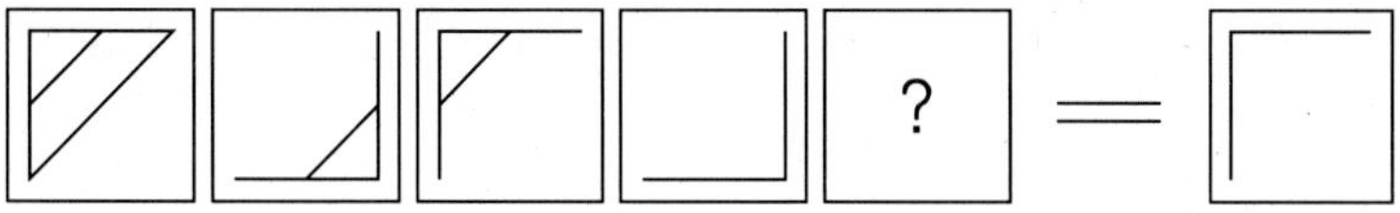

13 반원이 홀수 번째 상자에서 45도 회전을 하고, 짝수 번째 상자에서는 90도 회전을 한다.

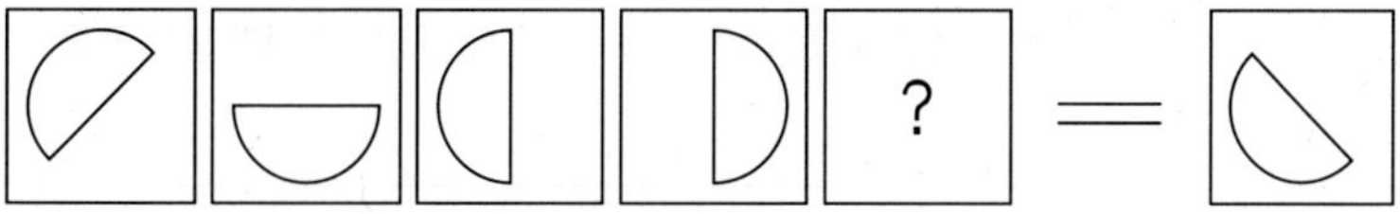

14 □가 오른쪽 위 → 왼쪽 아래 → 오른쪽 아래 → 왼쪽 위로 색이 번갈아 가면서 바뀐다. 이러한 경우 다섯 번째부터 처음으로 돌아온다고 유추할 수 있다.

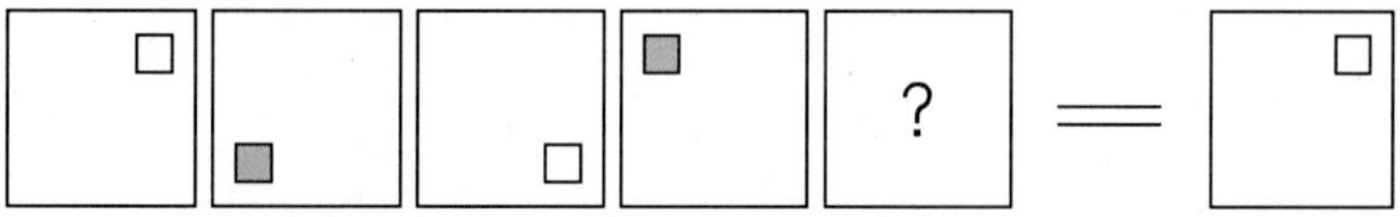

15 ●가 시계 방향으로 회전하고 선은 90도씩 회전한다. (혹은 번갈아 가면서 보아도 동일)

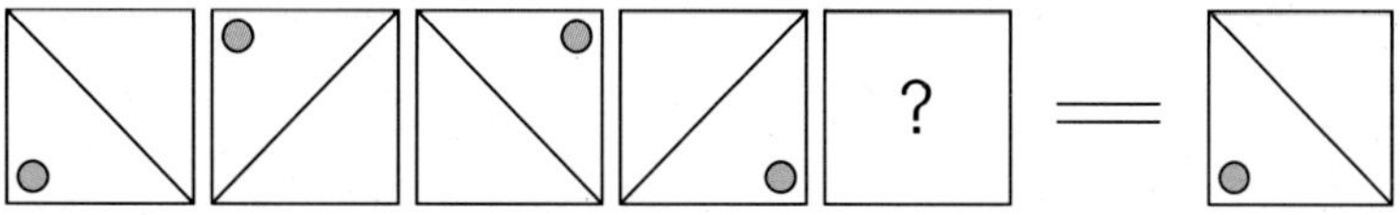

4장 공간지각능력

입체도형의 모양을 통한 전개도, 투상도, 여러 개로 분할된 도형 조각들을 조합하였을 때의 형태를 추론하여 도형 조각의 공간관계와 공간위치를 이해하는지를 평가하는 능력이다.

빈출 1 종이접기

04 공간지각

• 종이를 점선에 따라 접고 빗금 친 부분을 잘라내어, 펼쳤을 때 모양 구하기

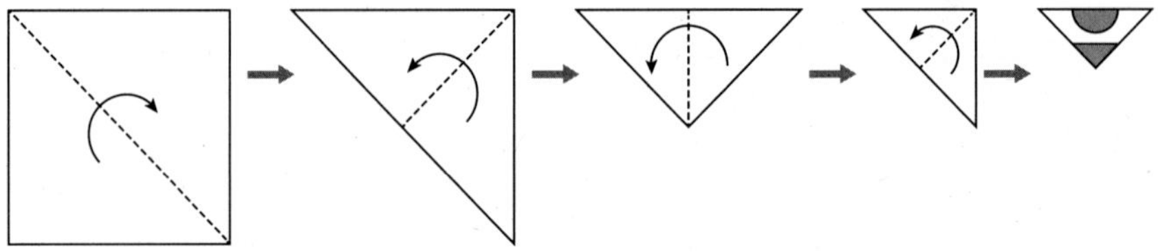

풀이방법

위와 같은 패턴의 문제는 제일 마지막 그림이 처음 종이의 어느 위치에 해당하는지를 보는 것으로 간단히 풀 수 있다.

종이를 펼치면서 접은 부분을 표시하면 오른쪽과 같다.

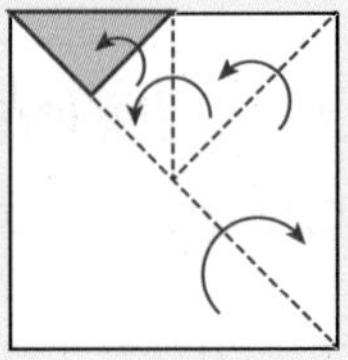

1.

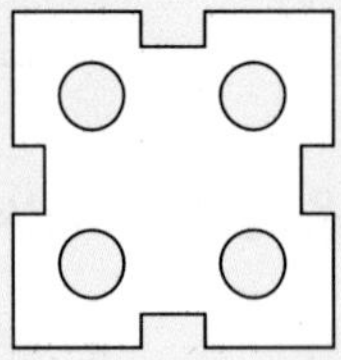

1.

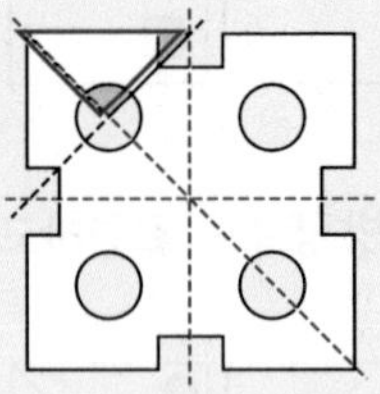

2.

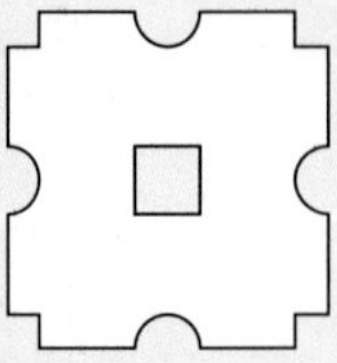

2.

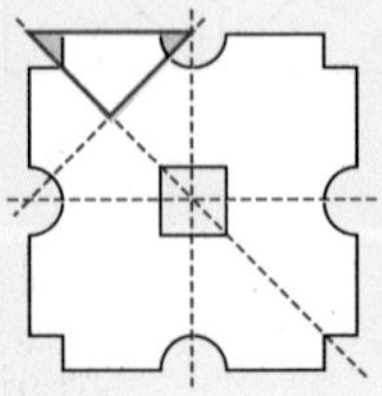

3. 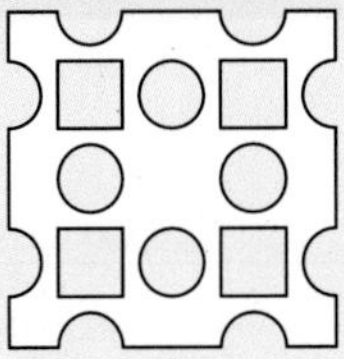	3. 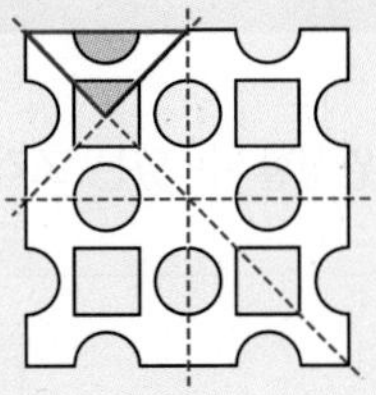
4. 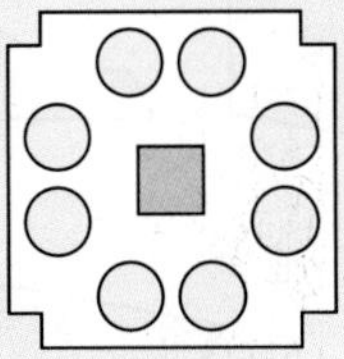	4. 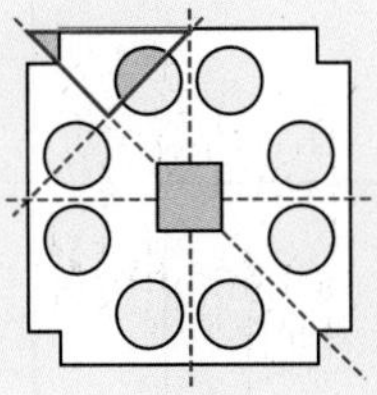
5. 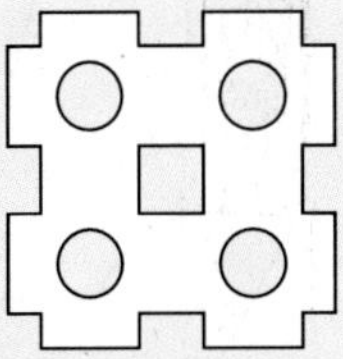	5. 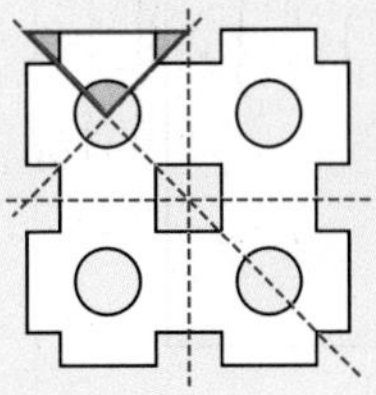

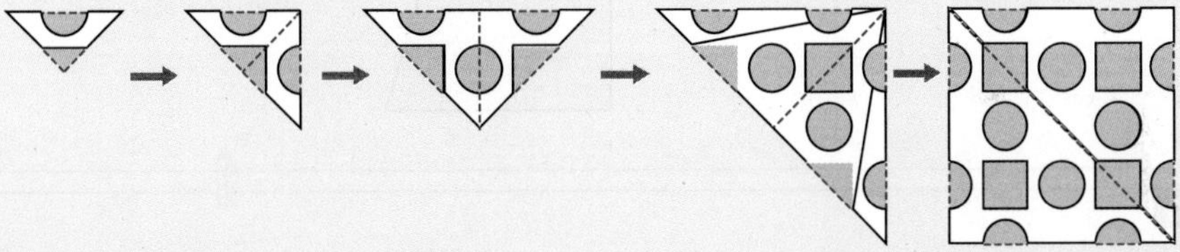

위의 그림처럼 보조선을 그리면서 잘려나간 부분이 일치하는지를 파악한다. 이와 같은 방법으로 답을 찾으면 3번임을 알 수 있다.

빈출 2 조각모음

04 공간지각

• 주어진 도형을 완성할 수 있는 조각 고르기

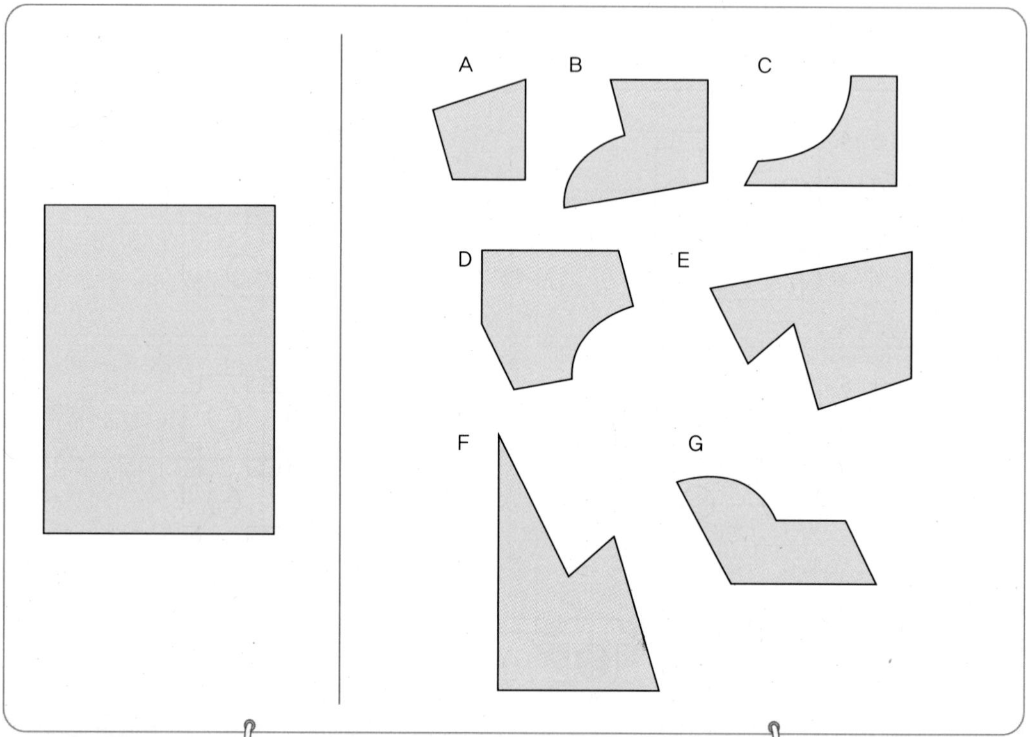

풀이방법

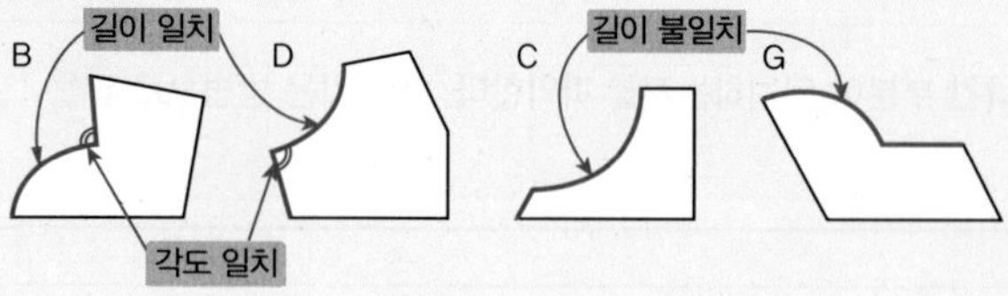

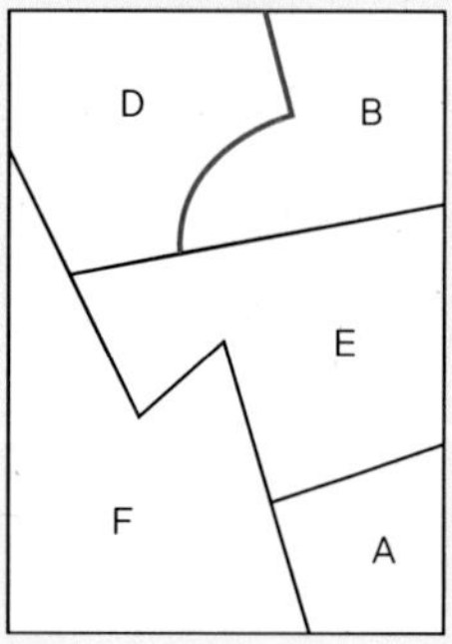

직사각형을 만들 때 필요한 도형을 찾는 유형의 문제는 특징을 빨리 알아차리는 것이 중요하다. 7개의 도형 중 곡선을 포함한 B, C, D, G에 주목한다. 곡선 부분의 길이나 그 주변의 형태로 보았을 때, B와 D는 곡선 부분이 일치한다. 하지만 남은 C와 G는 곡선 부분의 길이가 일치하지 않는다.

빈출 3 궤적

04 공간지각

• 궤적을 통해 회전시킨 도형 구하기

그림 1

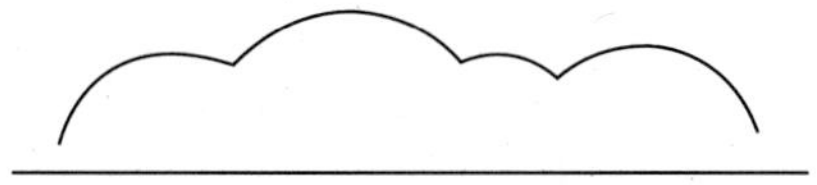

그림 2

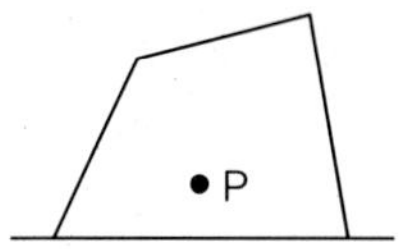

풀이방법

그림 1 처럼 미끄러지지 않게 도형을 1회전 시켰을 때의 궤적모양을 통해 회전시킨 도형을 찾는 유형의 문제는 회전의 중심, 외각, 반지름에 주목하는 것이 핵심이다. 하나씩 순서대로 앞으로 나아가며 정확하게 도형이 미끄러지는 과정을 부채꼴 모양을 활용하여 그리면 그림 2 와 같은 도형이 된다.

빈출 4 전개도

04 공간지각

• 전개도 구하기

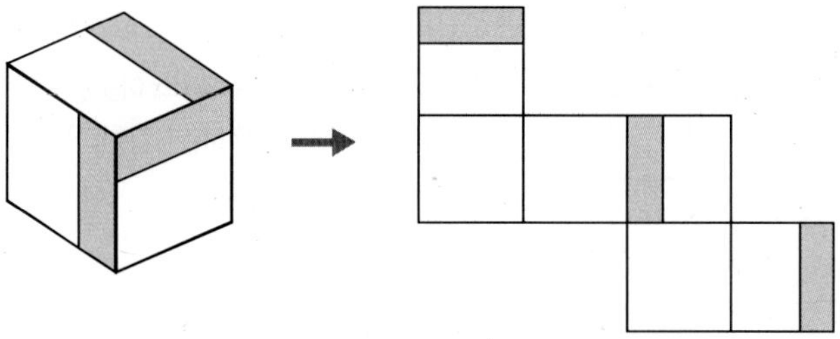

풀이방법

정육면체의 전개도를 고르는 유형의 문제는 특징이 되는 면을 찾아서 문제를 푼다.

1. 정육면체의 전개도

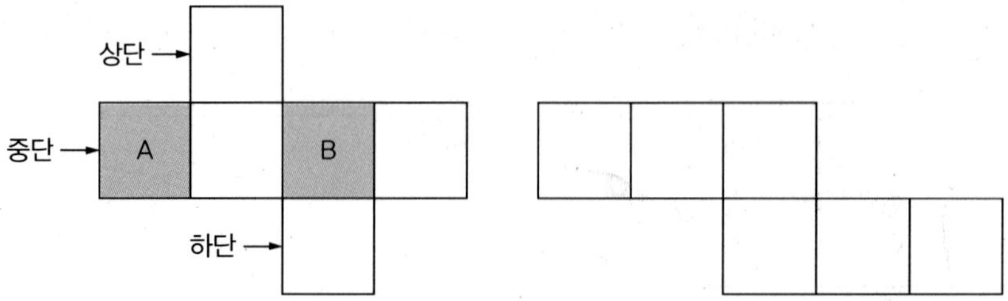

정육면체의 전개도는 총 11종류의 모양이 존재한다. 하지만 대개 상단 1면, 중단 4면, 하단 1면의 구조가 되면 정육면체의 전개도가 성립한다고 암기하면 된다.
조립했을 때 서로 마주 보는 면, 그림의 A와 B는 한 면을 가운데에 끼운 위치관계가 된다.

그림 1

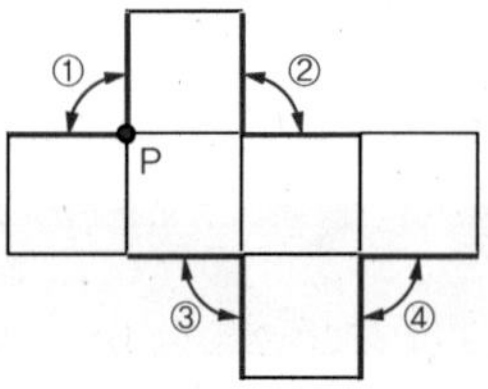

Step 1

90°를 이루는 변은 겹친다.

그림 2

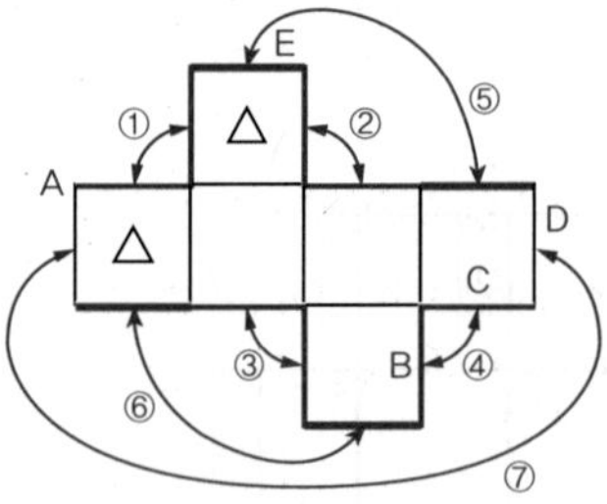

Step 2

90°를 이루는 변의 이웃한 변은 겹친다(단, 한 변은 한 개의 변끼리만 겹친다).

그림 3

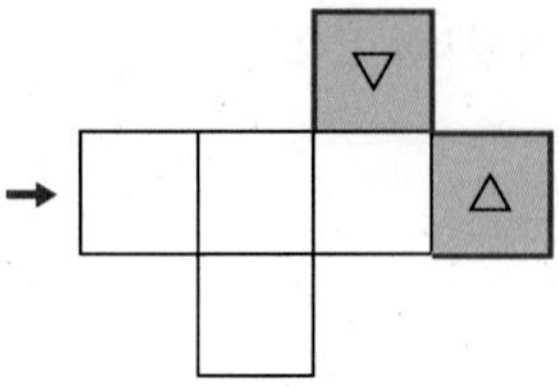

Step 3

이렇게 겹치는 변을 알아보면, 면을 이동할 수 있다.

2. 정팔면체의 전개도

그림 1

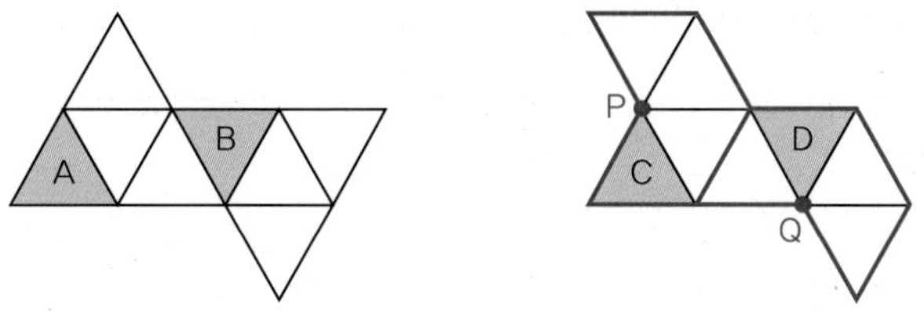

풀이방법

정팔면체의 전개도는 그림 1과 같다. 상단 1면, 중단 6면(△과 ▽을 번갈아 배열), 하단 1면이 되거나, 오른쪽 처럼 한 꼭짓점(P, Q) 주변에 4장의 정삼각형이 모이는 그림이 되면 정팔면체의 전개도이다. 조립했을 때 서로 마주 보는 면은 A와 B, C와 D이다.

그림 2

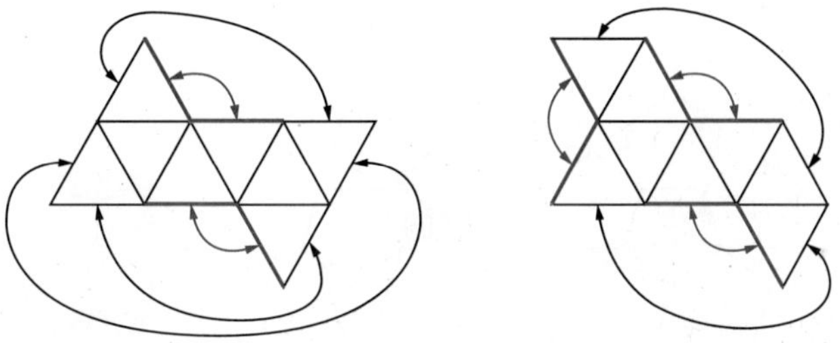

풀이방법

조립했을 때 겹치는 면은 처음에 120°를 이루는 변 (그림 2의 색선으로 이어진 변)이며, 이어서 그 이웃한 변이 겹친다. 정육면체와 마찬가지로 면을 이동시켜 전개도를 변형할 수 있다.

3. 정다면체의 전개도

Step 1 최소의 각을 이루는 변은 겹친다.

Step 2 최소의 각을 이루는 변과 이웃한 변은 겹친다.

(1) 정사면체

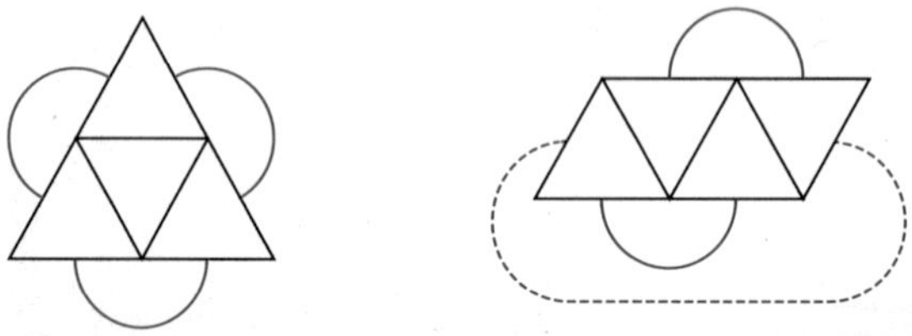

풀이방법

정사면체의 전개도는 두 가지뿐이다. 평행 관계에 위치한 면은 없다.

(2) 정십이면체

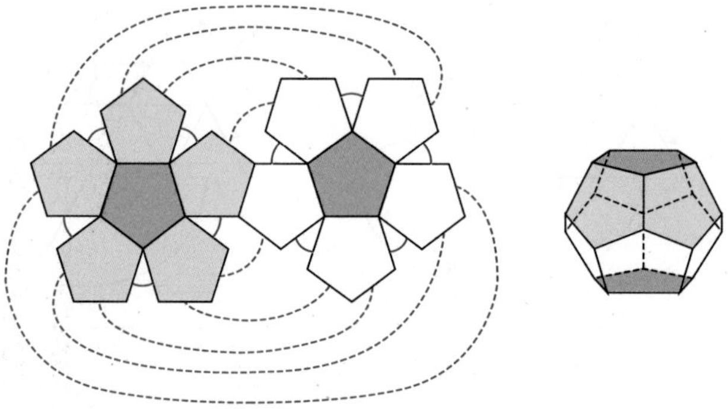

풀이방법

1개의 면을 5개의 면이 감싸며, 꽃이 핀 듯한 그림 두 개로 구성되어 있다. 각각 오른쪽 입체도형의 위쪽과 아래쪽의 절반에 해당한다.

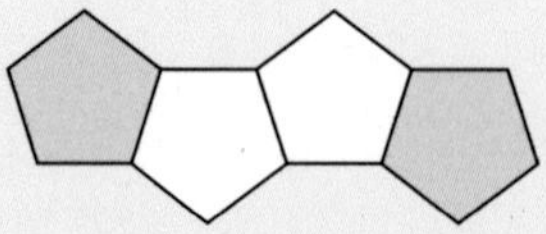

서로 마주 보는 면(평행한 면)의 위치는 정오각형을 똑바로 세운 것과 뒤집은 것을 교대로 4개 배열했을 때, 양 끝의 두 면이다.

(3) 정이십면체

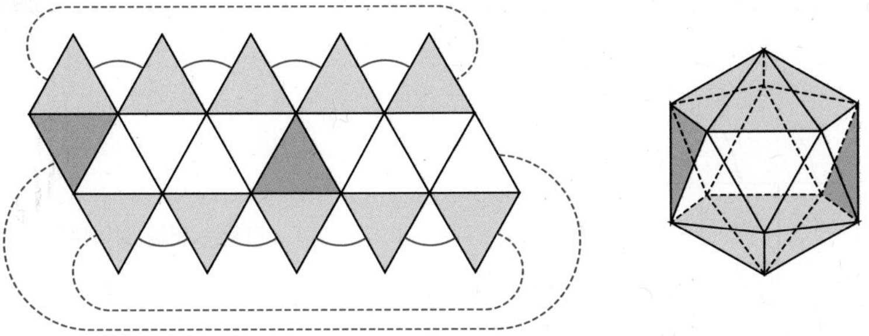

풀이방법

전개도와 입체도형을 각각 그림처럼 상단, 중단, 하단으로 나누어보면 이해하기 쉽다.

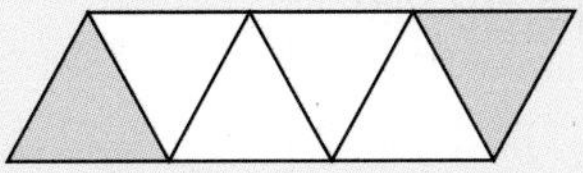

마주 보는 면(평행한 면)의 위치관계는 정삼각형 △와▽를 교대로 6개 배열했을 때, 양 끝의 두 면이다.

• 전개도를 접었을 때의 입체도형 구하기

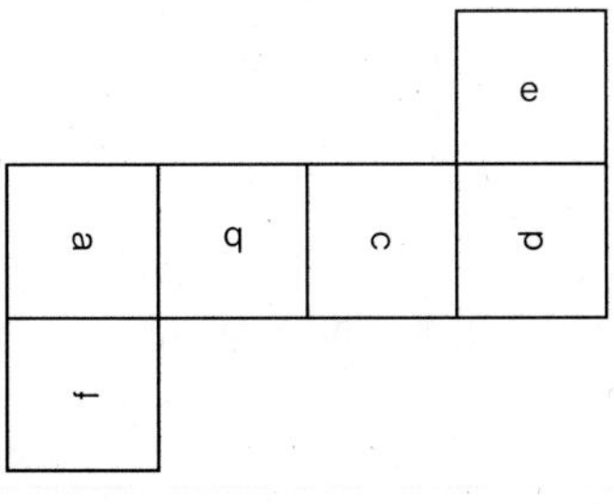

?

전개도	접었을 때

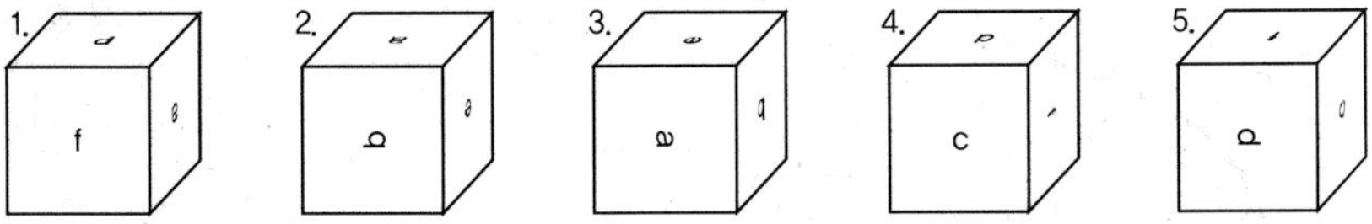

풀이방법

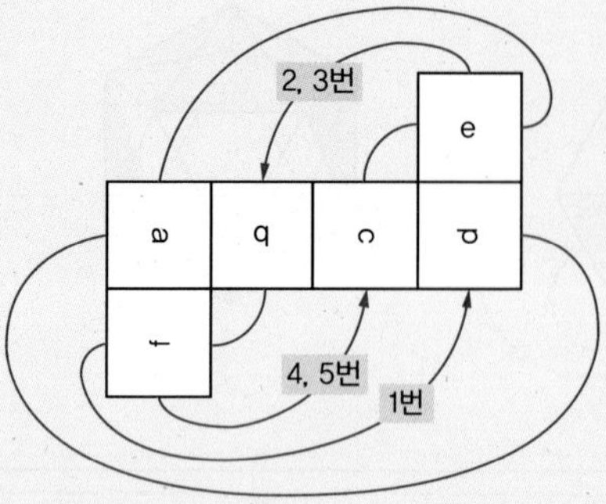

겹치는 면을 알아본다.

1번
f의 면을 이동시키면 f와 d의 문자의 방향은 일치하지 않는다.

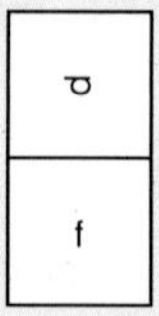

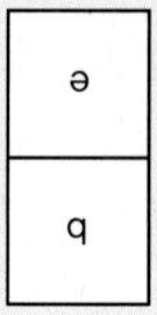

2번, 3번
e의 면을 이동시키면 b와 e의 문자의 방향과 일치하지 않는다.

4번, 5번
f의 면을 이동시키면 c, d, f의 문자의 방향은 4번은 일치하지 않지만 5번은 일치한다.

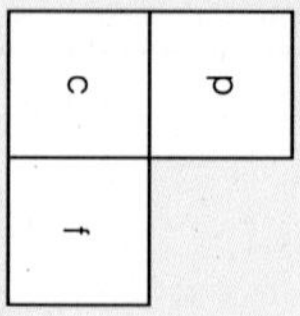

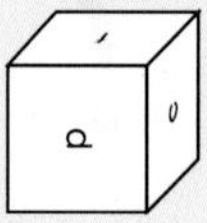

왼쪽과 같은 입체도형이 완성된다.

빈출 5 투상도

• 투상도를 통해 입체도형 추측하기

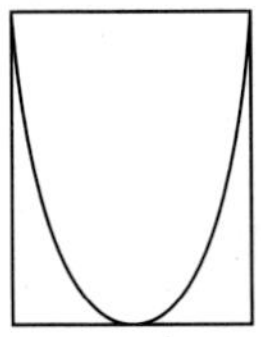		?
정면에서 봤을 때	위에서 봤을 때	왼쪽에서 봤을 때

풀이방법

2차원 도면에서 3차원 입체도형을 추측할 수 있어야 한다. 보이지 않는 부분을 이미지화하는 것이 중요하다.

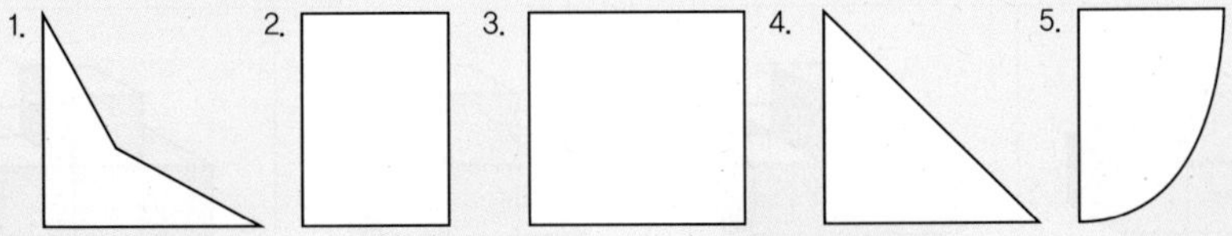

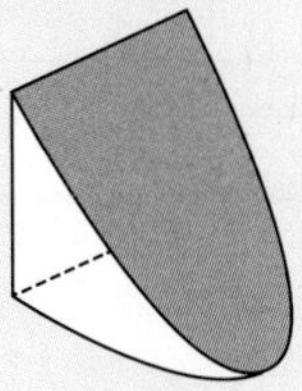	**Step 1** 투상도를 통해 입체도형을 생각한다. 왼쪽과 같은 입체도형을 생각할 수 있다.
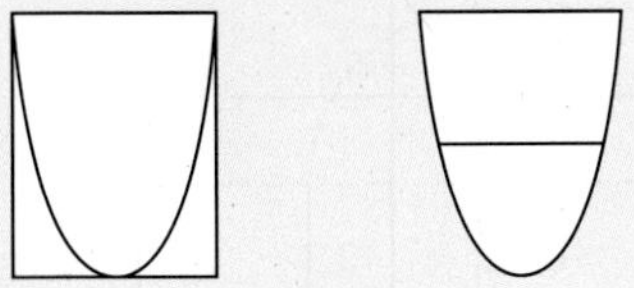	**Step 2** 선택지를 소거한다. 1번의 경우 정면도와 평면도는 왼쪽과 같이 된다.
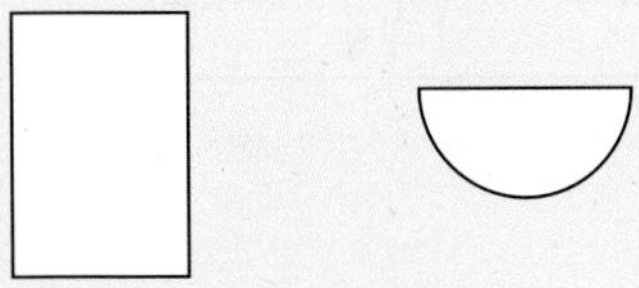	2번, 3번의 경우 정면도, 평면도는 왼쪽과 같이 된다.

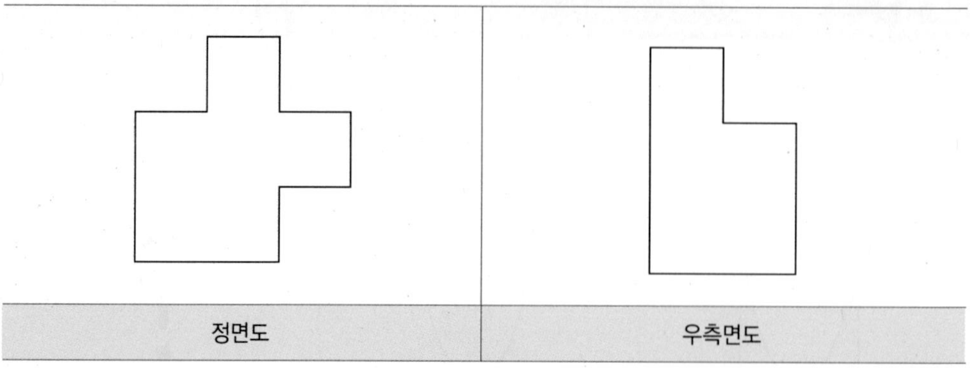

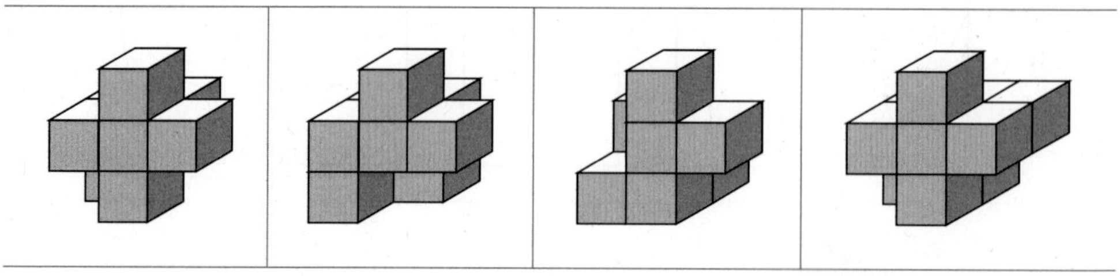

예

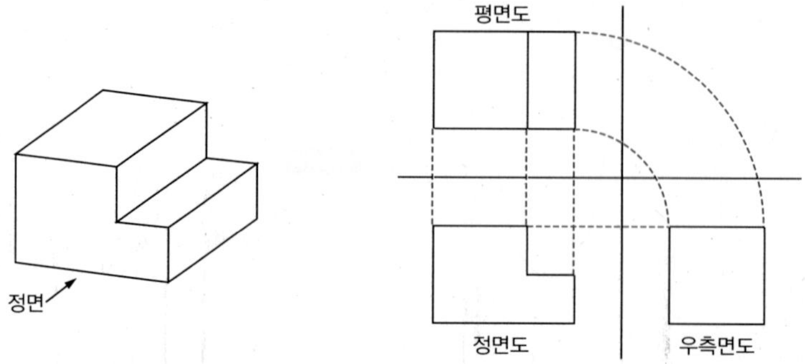

• 절단면 그리기

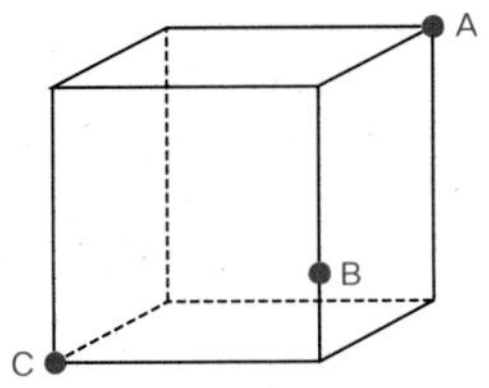

정육면체를 A, B, C 세 점을 통과하여 절단한다.

Step 1

동일 면 위의 두 점은 그대로 잇는다.

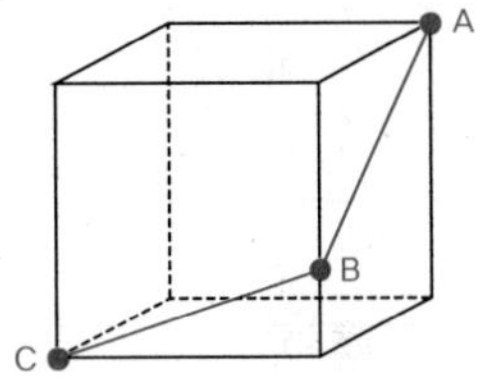

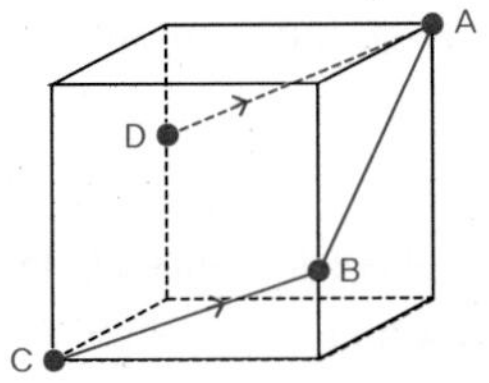

절단선은 같은 면 위에만 들어갈 수 있다(A와 C는 같은 면 위에 있지 않기 때문에, 직접 이을 수 없다).

Step 2

평행한 면에 들어가는 절단선은 평행이 되도록 잇는다.

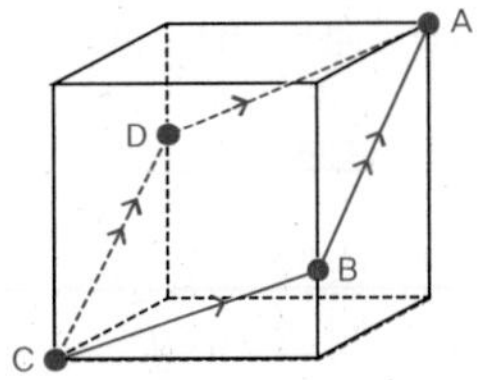

• 투상도를 통해 최소한의 정육면체의 개수 구하기

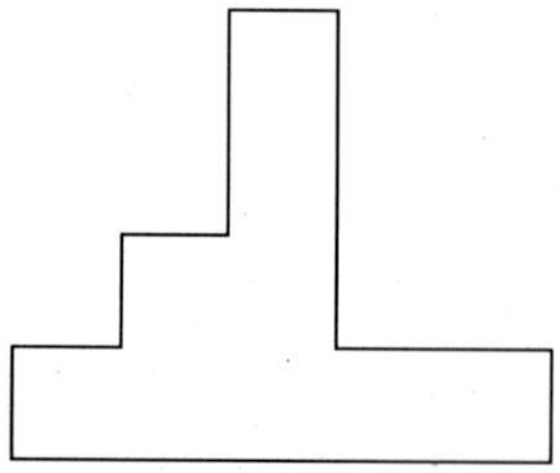

정면도

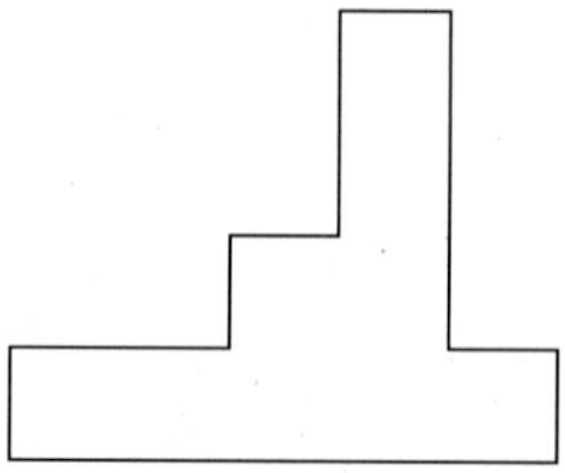

우측면도

풀이방법

정면 1	정면 2	정면 3	정면 4	정면 5	우측면
1	1	1	1	1	1단 ①
1	2	4	1	1	4단 ②
1	2	2	1	1	2단 ③
1	1	1	1	1	1단 ④
1	1	1	1	1	1단 ⑤
1단	2단	4단	1단	1단	

Step 1

정육면체를 최대한 쌓으면 왼쪽 표 안의 숫자가 된다. 3－②가 교차하는 곳에서만 4단이다.

Step 2

2단인 곳은 정면에서도 측면에서도 보이는 2－③이 교차하는 곳이다.

Step 3

정면에서도 측면에서도 1단이 되는 곳을 고른다. 다른 1단인 곳은 정육면체가 없어도 괜찮기 때문에, 4+2+1+1+1=9개이다.

빈출 6 정육면체의 개수

• 수직으로 구멍을 뚫었을 때, 구멍이 뚫리지 않은 정육면체의 개수 구하기

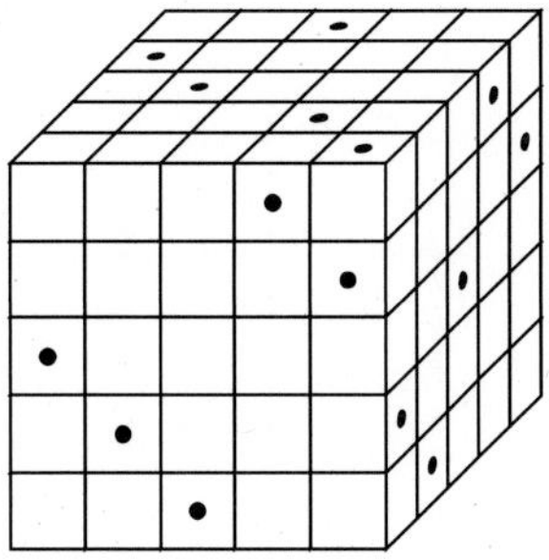

풀이방법

1단 슬라이스 방법을 사용한다.

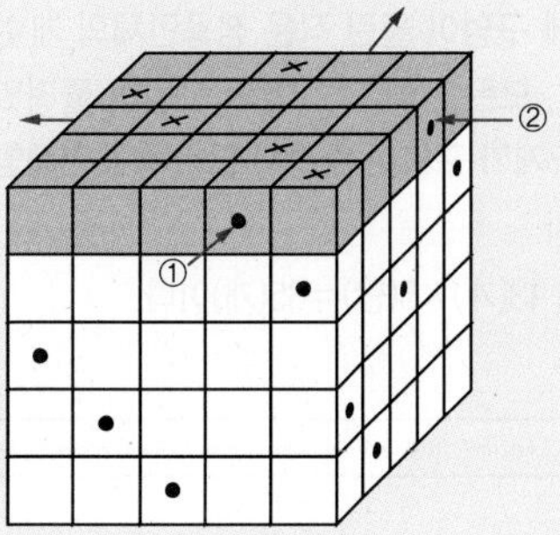

큰 정육면체를 위에서부터 1단씩 5단으로 슬라이스하여, 각 단마다 위에서 본 평면도에 구멍이 뚫린 모습을 그린다.

윗면의 5개의 점에서는 바닥까지 구멍이 뚫려 5단 모두 구멍이 생기기 때문에, 모든 평면도에 X자를 적어 넣는다.

1단

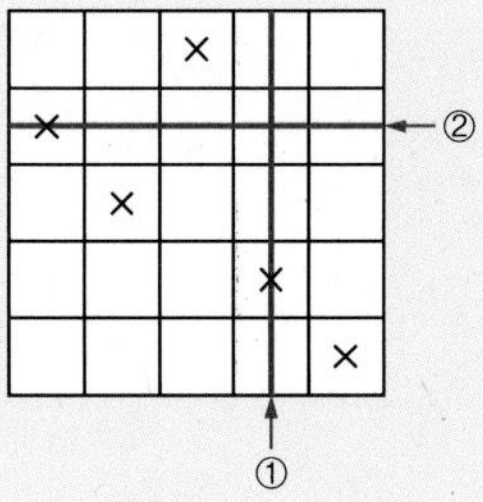

2단

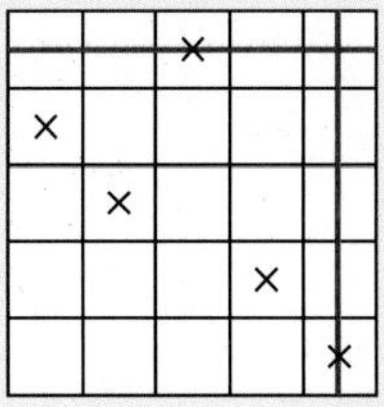

1단

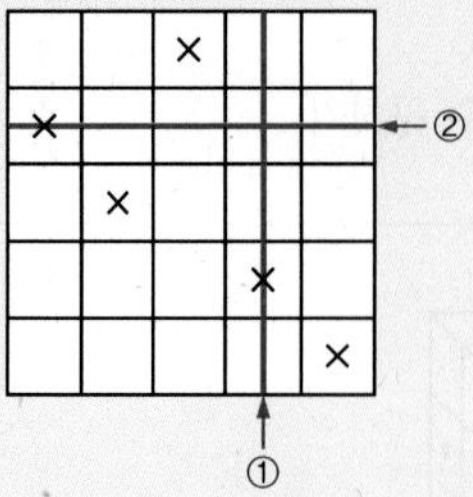

2단

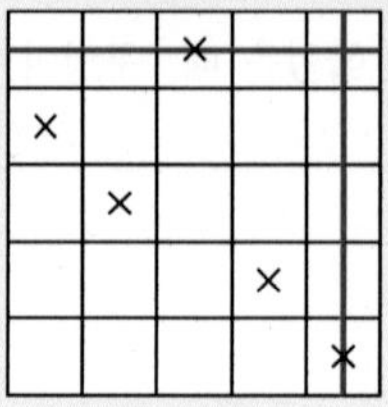

3단

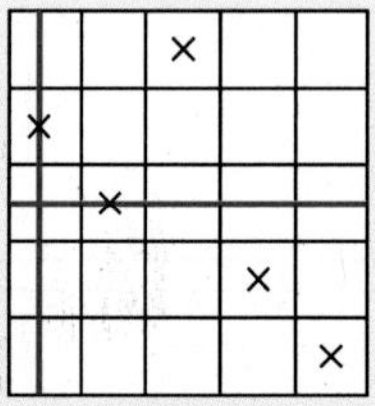

4단

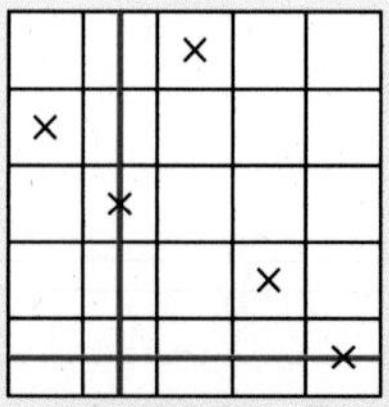

5단

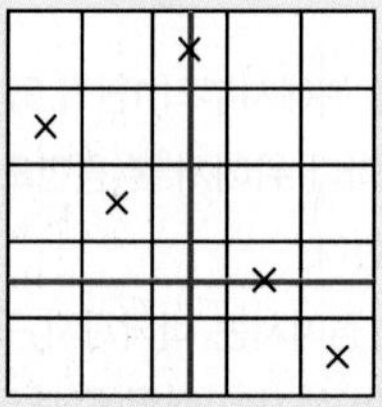

각 단에 구멍이 뚫린 작은 정육면체의 개수를 확인하면, 모든 단에 각 12개의 구멍이 뚫려있으며, 남은 13개가 구멍이 뚫리지 않은 정육면체임을 알 수 있다.

따라서 13(개)×5(단)=65(개)이다.

• 작은 색깔 정육면체가 정육면체의 한 면에서 반대편까지 일직선으로 배열되어 있을 때, 흰 정육면체의 개수 구하기

풀이방법

1. 색깔 정육면체가 더 세기 쉬우므로 전체에서 색깔 정육면체의 수만큼 뺀다.
2. 정육면체는 대칭 구조로 뒤집어도 똑같은 모양이기 때문에, 1단과 7단, 2단과 6단, 3단과 5단은 같다. 1단의 작은 색깔 정육면체는 눈에 보이는 9개뿐(7단도 마찬가지)이므로 굳이 평면도를 그리지 않아도 된다.

2단

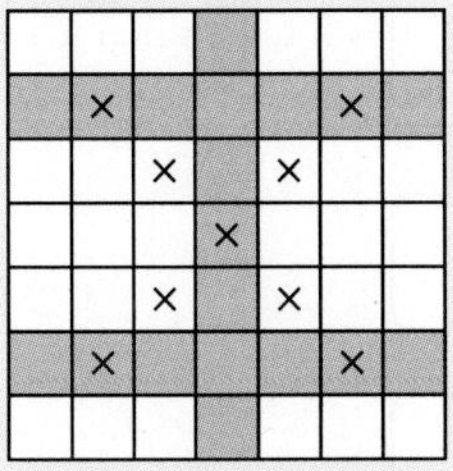

3단

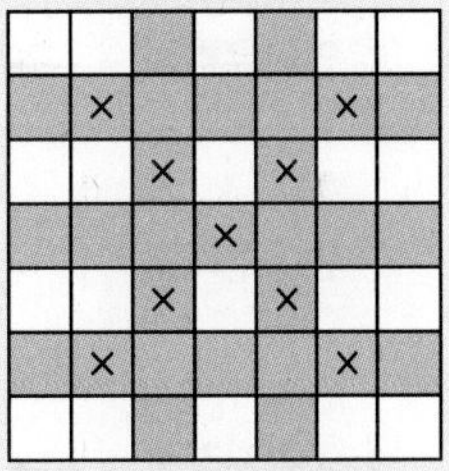

4단

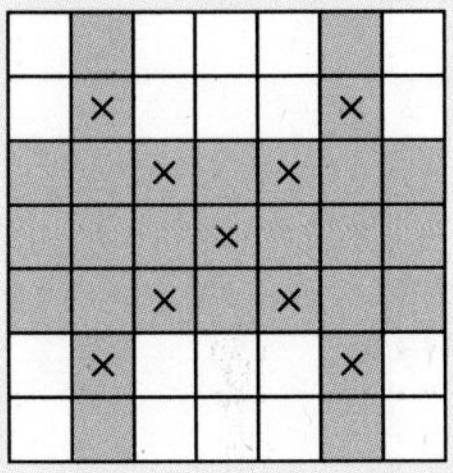

색깔 정육면체 개수는 9+23+29+29+29+23+9=151(개)이므로 흰 정육면체의 개수는 343−151=192(개)이다.

영역별 문항 수 · 시험 시간

지각정확력	30문항	6분
언어유추력	20문항	5분
언어추리력	20문항	5분
공간지각력	20문항	8분
판단력	20문항	12분
응용계산력	20문항	12분
수추리력	20문항	10분
창의력	1문항	6분

효성그룹 인적성검사

파트 2 기출유형모의고사

효성 **1회**

기출유형문제

문항수	151문항
시험시간	64분

▸ 정답과 해설 2쪽

영역 1 지각정확력

30문항/6분

[01 ~ 08] 다음 〈보기〉에서 왼쪽에 제시된 문자의 개수를 고르시오.

01.

담

| 보기 |

단 댱 닥 닯 담 댐 댝 달 댱 닽 답 닷 닻 단 닾 닯 딤
닿 닷 답 달 닻 닾 닥 닸 닦 닿 닥 단 답 닯 댬 닽 닫
닶 댝 딤 딥 당 답 닷 댝 답 닻 닷 닫 닽 닺 담 닮 당

① 1개 ② 2개 ③ 3개
④ 4개 ⑤ 5개

02.

ㅐ

| 보기 |

ㅏ ㅗ ㅠ ㅐ ㅛ ㅑ ㅕ ㅡ ㅐ ㅐ ㅜ ㅐ ㅔ ㅖ ㅠ ㅣ ㅠ ㅡ ㅓ ㅐ ㅕ ㅛ ㅏ ㅓ ㅑ
ㅡ ㅠ ㅐ ㅏ ㅛ ㅒ ㅏ ㅗ ㅔ ㅜ ㅐ ㅏ ㅕ ㅏ ㅛ ㅡ ㅜ ㅐ ㅗ ㅓ ㅡ ㅗ ㅔ ㅠ ㅖ
ㅔ ㅑ ㅏ ㅏ ㅜ ㅡ ㅓ ㅏ ㅕ ㅔ ㅕ ㅛ ㅐ ㅒ ㅐ ㅓ ㅛ ㅖ ㅗ ㅔ ㅒ ㅐ ㅖ ㅑ ㅠ
ㅑ ㅜ ㅖ ㅏ ㅕ ㅣ ㅏ ㅕ ㅣ ㅕ ㅔ ㅜ ㅐ ㅏ ㅠ ㅔ ㅕ ㅠ ㅐ ㅗ ㅡ ㅛ ㅡ ㅠ ㅑ

① 13개 ② 14개 ③ 15개
④ 16개 ⑤ 17개

03.

東

| 보기 |

海 技 術 火 庚 申 壬 癸 水 今 土 日 方 畜 儀 之 國 大 民 畜 東 西 韓
南 北 甲 美 丁 木 伍 月 西 仔 武 禮 畜 印 東 苗 士 伍 申 諭 今 乙 技
仔 韓 社 姻 海 乙 進 丙 美 妙 川 地 運 棟 進 相 念 快 親 文 現 太 産

① 1개 ② 2개 ③ 3개
④ 4개 ⑤ 5개

04.

L

보기
N B Z A Q W D R U O E F L F I R B K U N O
L G V H J I C W G C Y H A C E P J Z C E P
I T Y C Q K M S X M V D S B M U W N V M S

① 1개　② 2개　③ 3개
④ 4개　⑤ 5개

05.

몁

보기
맙 뮴 먵 맥 멤 몀 묩 맞 몝 뮾 몊 멤 먑 먼 멸 망 맵 몹 밉 몁
몥 먭 밈 맫 맢 믑 몧 몝 몁 멉 맥 멒 멎 몇 멷 몉 맵 맾 몥 먭
몁 멱 몍 몰 몊 몇 멱 맵 먶 멑 뮬 맙 믐 먹 몁 멸 맬 멀 먱 맾

① 3개　② 4개　③ 5개
④ 6개　⑤ 7개

06.

KF

보기
FKFPGKDHMFBGMRI WJHSHVJDTP
POEJFFKFDLSITUVNDFKDMVNPK
DKJFJROTYQXZMNBLFOGJDOTWO

① 1개　② 2개　③ 3개
④ 4개　⑤ 5개

07.

ONG

| 보기 |

GOE	EHB	PLD	BIL	VMX	ODP	ANX	IEU	WSD	PSO
TYI	QMX	OWZ	IGO	WPB	PBI	IVZ	BNS	QPO	AOV
BIW	PRO	SUI	BNX	ONG	QDP	GIE	ONG	WOQ	ZLD
OPW	BID	QNG	UOA	DIX	BXP	WSO	EVP	SIR	XNF
ONG	VZR	PNG	EDO	XLG	WIC	QMU	ZPI	GNO	WOP

① 1개 ② 2개 ③ 3개
④ 4개 ⑤ 5개

08.

غ

| 보기 |

ي	ش	ف	د	خ	ظ	ج	ك	م	ظ	ت	غ	ة	ب	ش	ز	ڹ
ؤ	ص	ط	س	غ	ش	م	ظ	ت	ح	ف	ط	ك	ح	د	ب	
ط	ض	ي	ڢ	خ	ة	ى	و	ش	ن	م	ڛ	ڽ	ث	ؤ	ع	ظ

① 1개 ② 2개 ③ 3개
④ 4개 ⑤ 5개

[09 ~ 13] 다음 〈보기〉에서 왼쪽에 제시된 기호의 개수를 고르시오.

09.

≫

| 보기 |

≇	≪	∩	∨	∆	≑	≫	⌗	⌘	⌧	≫
⋤	⋒	≫	≽	▽	⌕	⌧	⌥	⌕	^	⋘
⋣	≫	⌧	⌕	▽	⌗	⌖	⋓	∪	≽	≑

① 2개　　② 3개　　③ 4개
④ 5개　　⑤ 6개

10.

$x+y+z^4$

| 보기 |

$x+y+z$	$x+y^2-z$	$x\div y-z$	$x^2\times y-z$
$x-y^2\div z$	$x\times y^4\div z$	$x+y+z^4$	$x\times y\times z$
$x+y^2-z$	$x\div y-z$	$x-y^2-z^3$	$x^5\div y+z$

① 1개　　② 2개　　③ 3개
④ 4개　　⑤ 5개

11.

ℇ

| 보기 |

℃	℄	℟	ℏ	ℷ	ℎ	ℳ	ℇ	Ⅎ	ℱ	ℶ	℉	ℊ	℞	Ω	ℨ	℥
ℸ	ℳ	ℱ	℔	ℚ	Ж	Ф	℔	№	ℐ	ℏ	И	Я	Ю	У	Ⅎ	ℰ
℧	℥	K	N	ℵ	ℇ	L	℣	ℤ	ℎ	ℝ	ℒ	ℑ	ℍ	ℐ	ℕ	ℐ
ℶ	ℇ	Э	Å	Ⅎ	X	ℙ	ℵ	℔	℟	ℏ	ℇ	℧	ℒ	ℑ	ℂ	Э

① 2개　　② 3개　　③ 4개
④ 5개　　⑤ 6개

12.

Ⅸ

| 보기 |

Ⅱ Ⅵ Ⅺ Ⅸ Ⅶ Ⅲ Ⅵ Ⅻ Ⅹ Ⅶ Ⅳ Ⅰ Ⅶ Ⅴ Ⅲ Ⅱ Ⅴ Ⅺ Ⅵ Ⅲ
Ⅸ Ⅶ Ⅴ Ⅵ Ⅲ Ⅰ Ⅺ Ⅸ Ⅻ Ⅵ Ⅲ Ⅴ Ⅷ Ⅺ Ⅱ Ⅻ Ⅹ Ⅲ Ⅳ Ⅸ
Ⅶ Ⅻ Ⅶ Ⅱ Ⅷ Ⅹ Ⅵ Ⅶ Ⅳ Ⅸ Ⅴ Ⅷ Ⅶ Ⅲ Ⅹ Ⅰ Ⅸ Ⅺ Ⅳ Ⅻ

① 2개 ② 3개 ③ 4개
④ 5개 ⑤ 6개

13.

♤

| 보기 |

♤◐◉△☆◎♧▷◁♡◎★♣▨▦▩▤※◎◇♥▣♧♤▦◐◈▫≒▤◐▣∀
▩∈∽

♣▨▲※▦∑£△♤◆◉∋Å∬˜◁℉¢¿◑♨¢∑☎∵◇▽≡⇔○℉‰▩♨
♠¥§

① 2개 ② 3개 ③ 4개
④ 5개 ⑤ 6개

[14 ~ 15] 다음 〈보기〉에서 왼쪽에 제시된 숫자의 개수를 고르시오.

14.

6

| 보기 |

1851344795148764782674814271042274688149536368517218268
2651254163705292068797239311288153813858152324674315783

① 8개 ② 9개 ③ 10개
④ 11개 ⑤ 13개

15.

385

| 보기 |

386	305	085	385	935	853	358	385	386	385	306	396
385	395	378	583	358	396	365	368	380	388	305	355
364	391	382	380	368	349	335	345	385	398	356	385

① 4개 ② 5개 ③ 6개
④ 7개 ⑤ 8개

[16 ~ 22] 다음 〈보기〉에서 찾을 수 없는 기호를 고르시오.

16.

보기											
〔 」	『 〕	〈 〉	《 》	「 」	『 』	【 】	《 】	〔 」	『 』	【 】	〔 〉
《 》	「 』	【 〕	〈 】	〔 〕	〈 〉	《 》	「 》	「 」	『 」	『 』	【 】
〔 〕	〈 〉	《 》	「 』	【 〕	《 》	「 」	『 』	【 】	〈 〉	《 』	【 》

① 〔 〕 ② 「 》 ③ 『 」
④ 【 』 ⑤ 〔 〉

17.

보기										
Γ7a	Δ8h	Θ9s	Λ7z	Ξ8m	Π9f	Σ2d	Φ3q	Ψ4h	Ω6p	Ω7j
Θ8e	Δ9a	Γ0k	Σ1s	Π3d	Λ5a	Θ6k	Ψ1d	Φ5d	Σ1l	Γ7f
Ω2c	Ψ3g	Φ1v	Σ3h	Γ4d	Π7e	Ξ6e	Λ2p	Θ3k	Δ5i	Ψ0z

① Λ5b ② Θ3k ③ Γ7f
④ Δ8h ⑤ Γ4d

18.

보기								
ƧTƯ	ṄTƯ	ƼŬT	KȒÊ	ΣŰǢ	ɯHɥĘ	ɣYƷ	ƏƱÂ	ǪṢȞ
ƁGĞ	ȄØǞ	ȤṬȞ	ŰǨǴ	ƬǢǨ	ƤṢȞ	ƬNjǨ	ƵƤhʋ	ƓʃFƠ
ĐƆƎ	KƷŰ	ǴǮŎ	ƤǤǨ	ɈƓɑ	ʃɑǤ	ƧǸǞ	ƤŰǞ	HɥĂĘ
ɖɈNƠ	ƤƓƊ	ΣTƯ	ṄǨŰ	KĐƇ	ƧƩǸ	ƬɈƏ	ƲÂȖ	ÂǞƵ

① ƤǤǨ ② HɥĂĘ ③ KĐƇ
④ ṄƮƓ ⑤ ɣYƷ

19.

| 보기 |

○ ∈ ∀ ▼ ∞ ▷ ∮ ◈ ※ ¥ ℃ □ Π § ‰ ◉ ∴ Å ⊛ ⊡ € × ≒ △ ⇔ ▤ ∀ ∧ ◎ £

① ◉ ∴　　② ∀ ∧　　③ ¥ ℃
④ ▷ ∮　　⑤ × ≒

20.

| 보기 |

☆ ◑ ▩ ▤ ▥ ★ ○ ● △ ▼ ◁ ♥ ♧ ◀ ♤ ♠ ◎
◆ □ ▩ ♡ ♣ ◉ ◈ ◐ ▨ ☞ ▧ ♨ ☏ ▲ ▽ ☎ ☜

① ▨　　② ○　　③ ♠
④ ▣　　⑤ ♡

21.

| 보기 |

✂ 👎 ⌛ 🖱 ✡ ✞ ✌ 🔔 ⌨ ♒ ✝ 👌
☺ 👇 🖭 ⌨ ☯ ☝ ☠ ☸ ☺ ⌖ 😐 ❄
☜ ✌ ✈ ✞ ✡ 💣 ● 🔔 ⌛ 👎 ❄ ✈

① ✂　　② ☹　　③ ❄
④ 🔔　　⑤ ☝

22.

| 보기 |

▓ □ ▨ ▩ ▦ ▩ ▤ ⊠ ▥ ▧ ◈ ⊞ □
⊟ ▨ ▓ ▧ ◈ ▤ ▧ ▦ ▤ ⊠ ▩ ⊟ ⊞
▧ ◇ □ ▤ ▥ ⊠ ▥ ▩ ▓ ▨ ▣ ■ ▓

① ⊟　　② ▨　　③ ◫
④ ◇　　⑤ ▧

[23 ~ 28] 다음 〈보기〉에서 찾을 수 없는 문자를 고르시오.

23.

| 보기 |

시테	은이	다란	석며	아시	시정	영고	근담	음리	설로
마하	도기	주회	양고	타니	부오	상의	망어	와여	간달
그수	수한	진와	을도	수장	피려	부언	인더	사투	해내

① 아시　　② 망어　　③ 설로
④ 티니　　⑤ 도기

24.

| 보기 |

궮	뭴	앏	뷈	쾀	줻	헨	쌩	퉥	뷋
췧	옓	뱁	튶	옘	왯	캑	췍	캿	샙
퇌	벨	컌	쉣	먯	눳	뤰	웸	홴	턥

① 캑　　② 벨　　③ 옓
④ 홴　　⑤ 앎

25.

| 보기 |

p a n o q p g w k g u s h d f k b u f r w e j f p w q o d k s h u v
e h r d j s k n j d h e h r f s n a u y n f k s c j f b s k a u t b f h s k

① t　　② v　　③ y
④ i　　⑤ c

26.

| 보기 |

운하	살림	치환	달력	운동	원서	가방	미화	수업	유리	탄성
종강	지반	갈림	연필	유화	동상	출석	창문	학교	사업	지붕
수력	풍화	통학	책상	사회	공책	시험	우산	그림	인사	청소
특강	날짜	문화	증진	설전	역진	고립	진화	정보	대립	소통

① 설전 ② 우산 ③ 풍화
④ 언사 ⑤ 유리

27.

| 보기 |

WE	IU	FE	GE	SG	YK	QD	JC	NJ	KG	KM	GM
VO	EI	KL	LO	OW	IE	UN	KJ	MQ	LP	DN	FJ
RO	IL	EN	MH	DS	KM	KO	FK	FJ	SL	HG	NC
MF	CE	CA	HI	EK	UF	YF	GF	KJ	CB	NJ	HE

① EK ② SD ③ HG
④ KL ⑤ MQ

28.

| 보기 |

상	표	붙	인	저	깡	통	은	깐	깡	통	인	가
신	진	샹	숑	가	수	의	신	춘	샹	숑	쇼	우
금	년	에	온	솥	장	수	는	헌	솥	장	수	다

① 는 ② 진 ③ 깐
④ 큰 ⑤ 저

[29 ~ 30] 다음 〈보기〉에서 찾을 수 없는 숫자를 고르시오.

29.

보기											
32	73	26	35	44	58	43	45	16	17	12	69
19	68	31	52	85	64	70	65	67	41	34	14
72	13	25	46	48	74	53	42	33	20	89	57

① 89 ② 68 ③ 36
④ 25 ⑤ 14

30.

보기														
12	38	15	69	47	55	48	32	20	18	65	79	82	41	52
86	29	53	46	88	56	99	71	11	30	27	64	80	75	66
61	97	46	80	77	42	89	33	10	57	63	43	93	26	19

① 64 ② 73 ③ 42
④ 18 ⑤ 29

영역 2 언어유추력

20문항 / 5분

[01 ~ 10] 다음 두 단어 쌍이 같은 관계가 되도록 빈칸에 알맞은 단어를 고르시오.

01.

모니터 : (　　　) = 부엌 : 집

① 마우스　② 책상　③ 안경　④ 컴퓨터　⑤ 화면

02.

예산(豫算) : 결산(決算) = 근해(近海) : (　　　)

① 연해(沿海)　② 앞바다　③ 원양(遠洋)　④ 연안(沿岸)　⑤ 호수(湖水)

03.

손 : 노동력 = 길 : (　　　)

① 자동차　② 도로　③ 방향　④ 나침반　⑤ 솜씨

04.

풍월(風月) : 개 = 맹인(盲人) : (　　　)

① 소　② 코끼리　③ 개구리　④ 토끼　⑤ 호랑이

05.

러시아 : 사라판 = 베트남 : (　　　)

① 메콩캉　② 아오자이　③ 하노이
④ 쌀국수　⑤ 태국

06.

(　　　) : 징역 = 주거 : 아파트

① 생명형　② 금고　③ 사형
④ 형벌　⑤ 교도관

07.

노동 : ILO = 보건의료 : (　　　)

① WTO　② OECD　③ WHO
④ IAEA　⑤ IMF

08.

급등 : 급락 = 곤궁 : (　　　)

① 호화　② 부유　③ 부호
④ 사치　⑤ 궁핍

09.

나비 : 매미 = 토끼 : (   )

① 공룡　　② 당근　　③ 자라　　④ 사자　　⑤ 공작

10.

문방사우 : 벼루 = (   ) : 매화나무

① 사시사철　　② 엄동설한　　③ 세한삼우　　④ 관포지교　　⑤ 백해무익

[11 ~ 20] 다음 제시된 단어의 대응관계로 볼 때, A와 B에 들어가기 알맞은 것을 짝지어 고르시오.

11.

고행 : (A) = (B) : 사투리

A : ① 등산　　② 곤혹　　③ 가시밭길　　④ 오르막길　　⑤ 난제
B : ① 표준어　　② 서울말　　③ 첨언　　④ 방언　　⑤ 지역

12.

(A) : 방년(芳年) = 억설(臆說) : (B)

A : ① 여인　　② 젊은이　　③ 묘령　　④ 나이　　⑤ 파과
B : ① 논리　　② 정의　　③ 역설　　④ 궤변　　⑤ 이치

13.

(A) : 침소봉대(針小棒大) = 소문 : (B)

A : ① 도구 ② 과장 ③ 비밀
④ 말 ⑤ 인격

B : ① 사고무친(四顧無親) ② 가담항설(街談巷說) ③ 견마지로(犬馬之勞)
④ 금과옥조(金科玉條) ⑤ 입이착심(入耳着心)

14.

섬유 : 실크 = (A) : (B)

A : ① 수도 ② 돈 ③ 영화 ④ 증권 ⑤ 서울

B : ① 드라마 ② 금고 ③ 은행 ④ 도쿄 ⑤ 도시

15.

뉴질랜드 : (A) = (B) : 아시아

A : ① 프랑스 ② 로마 ③ 오세아니아 ④ 웰링턴 ⑤ 태평양

B : ① 대륙 ② 바다 ③ 대한민국 ④ 아프리카 ⑤ 한강

16.

(A) : 팔팔 = 꼬리 : (B)

A : ① 의태어 ② 펄펄 ③ 물 ④ 생생 ⑤ 불

B : ① 의성어 ② 살랑살랑 ③ 흔들다 ④ 방긋방긋 ⑤ 설렁설렁

17.

검약(儉約) : (A) = (B) : 산재(散在)

A : ① 절약(節約) ② 검소(儉素) ③ 낭비(浪費) ④ 걸출(傑出) ⑤ 절의(絕義)
B : ① 밀집(密集) ② 인재(人才) ③ 산업(産業) ④ 손상(損傷) ⑤ 신의(信義)

18.

염분 : (A) = (B) : 코끼리

A : ① 짜다 ② 나트륨 ③ 바닷물 ④ 조미료 ⑤ 산소
B : ① 풀 ② 사자 ③ 점보 ④ 코 ⑤ 기린

19.

칼 : 절단 = (A) : (B)

A : ① 냉장고 ② 가위 ③ 코트 ④ 종이컵 ⑤ 모니터
B : ① 얼음 ② 문구 ③ 방한 ④ 나무 ⑤ 물

20.

나일론 : 석유 = (A) : (B)

A : ① 된장 ② 콩 ③ 페니실린 ④ 모기 ⑤ 카카오
B : ① 국 ② 팥 ③ 모기향 ④ 푸른곰팡이 ⑤ 시럽

영역 3 언어추리력

20문항/5분

[01 ~ 10] 다음 〈제시문〉을 읽고 주어진 문장이 참이면 ①, 거짓이면 ②, 참 · 거짓을 알 수 없으면 ③을 고르시오.

01.

| 제시문 |

- A는 비가 오면 신촌에 간다.
- B는 기분이 좋으면 이태원에 간다.
- B는 비가 오지 않으면 기분이 좋다.

A가 기분이 나쁘면 B는 이태원에 간다.

① 참　② 거짓　③ 알 수 없음

02.

| 제시문 |

- A, B, C, D, E는 나란히 서 있다.
- B는 가운데에 서 있다.
- C, D는 이웃해 있다.
- A는 맨 끝에 서 있다.

A와 E는 이웃해 있다.

① 참　② 거짓　③ 알 수 없음

03.

| 제시문 |

- 요리를 잘하는 사람은 반드시 청소도 잘한다.
- 청소를 잘하는 사람은 반드시 키가 크다.
- 나는 요리를 잘한다.

키가 작으면 청소를 잘한다.

① 참　　② 거짓　　③ 알 수 없음

04.

| 제시문 |

- 서로 강도가 다른 단풍나무, 은행나무, 소나무, 오동나무로 만들어진 A, B, C, D 4개의 목재가 있다.
- C 목재는 소나무로 만들었고, A 목재는 은행나무로 만들었다.
- 은행나무로 만든 목재의 강도는 오동나무로 만든 목재와 단풍나무로 만든 목재의 중간이다.
- D 목재의 강도가 가장 약하다.
- C 목재는 단풍나무로 만든 목재보다 강도가 세지만 4개의 목재 중 가장 강도가 세지는 않다.

은행나무로 만든 목재의 강도는 2번째로 약하다.

① 참　　② 거짓　　③ 알 수 없음

05.

| 제시문 |

- 우유는 커피보다 100원 비싸다.
- 팥빵과 우유를 세트로 구매하면 300원이 할인된다.
- 모카빵은 팥빵보다 300원이 저렴하다.
- 팥빵, 우유 세트를 제외한 세트메뉴는 단품 가격의 합에 판매한다.

모카빵, 우유 세트와 팥빵, 우유 세트의 가격은 동일하다.

① 참　　② 거짓　　③ 알 수 없음

06.

| 제시문 |

- A, B, C, D 네 사람의 직업은 작가, 영화감독, 스턴트맨 중 하나이다.
- B는 영화감독이다.
- D와 B의 직업은 다르다.
- B, C, D 중 A와 직업이 같은 사람은 없다.
- 영화감독은 두 명이다.

C는 영화감독이다.

① 참　　② 거짓　　③ 알 수 없음

07.

| 제시문 |

- 4명의 사원(A, B, C, D)이 함께 점심을 먹었는데, 이 중 A와 D만 식중독에 걸렸다.
- A는 시금치, 계란말이, 오징어볶음을 먹었다.
- B는 콩나물, 배추김치, 소시지를 먹었다.
- C는 배추김치, 콩나물, 계란말이를 먹었다.
- D는 계란말이, 오징어볶음, 콩나물을 먹었다.
- 서로 중복되는 음식은 동일한 것이며, 식중독균에 오염된 음식을 먹은 사람은 반드시 식중독에 걸린다.

A와 D는 오징어볶음 때문에 식중독에 걸렸다.

① 참 ② 거짓 ③ 알 수 없음

08.

| 제시문 |

- A가 가진 모든 옷의 색깔은 파란색 아니면 보라색이다.
- A는 B에게 가끔 자기의 옷을 빌려준다.
- B는 보라색 옷을 즐겨 입는다.
- A는 C에게만 가끔 옷을 빌려 입는다.
- C가 가진 옷 중에 파란색이나 보라색은 없다.

A와 B가 입은 옷의 색깔은 항상 파란색이거나 보라색이다.

① 참 ② 거짓 ③ 알 수 없음

09.

| 제시문 |

- 제주도에 가본 적이 있는 사람은 부산에 가본 적이 없다.
- 전주에 가본 적이 있는 사람은 경주에 가본 적이 없다.
- 경주에 가본 적이 없는 사람은 제주도에 가본 적이 있다.

부산에 가본 적이 있는 사람은 전주에 가본 적이 없다.

① 참　② 거짓　③ 알 수 없음

10.

| 제시문 |

- A ~ F는 원형 테이블에 앉아 식사를 한다.
- A는 B의 오른쪽 옆자리에 앉는다.
- C는 D와 마주 보고 앉는다.
- E는 D의 옆자리에 앉지 않는다.

A의 오른쪽 옆자리에 앉는 사람은 F이다.

① 참　② 거짓　③ 알 수 없음

[11 ~ 13] 다음 〈제시문〉을 읽고 문제의 내용이 참이면 ①, 거짓이면 ②, 참 · 거짓을 알 수 없으면 ③을 고르시오.

| 제시문 |

- A, B, C, D 4명은 한 대학의 유학생이며 각각 미국인, 영국인, 프랑스인, 독일인으로 국적이 다르다.
- A는 미국인과는 만났지만 D와는 만나지 않았다.
- B는 영국인과 프랑스인과는 만났다.
- C는 영국인과는 만나지 않았다.
- D는 프랑스인과 만났다.

11. D는 영국인이다.

① 참 ② 거짓 ③ 알 수 없음

12. 영국인과 프랑스인은 만나지 않았다.

① 참 ② 거짓 ③ 알 수 없음

13. 미국인은 독일인과 만났다.

① 참 ② 거짓 ③ 알 수 없음

[14 ~ 15] 다음 〈제시문〉을 읽고 문제의 내용이 참이면 ①, 거짓이면 ②, 참 · 거짓을 알 수 없으면 ③을 고르시오.

| 제시문 |

- 아메리카노를 마시는 사람은 사탕을 먹는다.
- 초콜릿을 먹는 사람은 우유를 마시지 않는다.
- 과일주스를 마시는 사람은 아메리카노를 마시지 않는다.
- 초콜릿을 먹지 않는 사람은 사탕을 먹지 않는다.
- 과일주스를 마시는 사람은 우유를 마신다.

14.

우유를 마시는 사람은 아메리카노를 마시지 않는다.

① 참　　② 거짓　　③ 알 수 없음

15.

아메리카노를 마시는 사람은 초콜릿을 먹고 과일주스를 마신다.

① 참　　② 거짓　　③ 알 수 없음

[16 ~ 18] 다음 〈제시문〉을 읽고 문제의 내용이 참이면 ①, 거짓이면 ②, 참 · 거짓을 알 수 없으면 ③을 고르시오.

| 제시문 |

- 학생들은 모두 이과 또는 문과에 간다.
- 소설책 읽는 것을 좋아하는 학생은 국어 시험 성적이 높다.
- 이과에 간 학생은 국어 시험 성적이 낮다.
- 문과에 간 학생은 수다 떠는 것을 좋아한다.
- 수다 떠는 것을 좋아하지 않는 학생은 소설책 읽는 것을 좋아하지 않는다.

16. 수다 떠는 것을 좋아하지 않는 학생은 이과에 간다.

① 참 ② 거짓 ③ 알 수 없음

17. 문과에 간 학생은 소설책 읽는 것을 좋아한다.

① 참 ② 거짓 ③ 알 수 없음

18. 국어 시험 성적이 높은 학생은 수다 떠는 것을 좋아한다.

① 참 ② 거짓 ③ 알 수 없음

[19 ~ 20] 다음 〈제시문〉을 읽고 문제의 내용이 참이면 ①, 거짓이면 ②, 참 · 거짓을 알 수 없으면 ③을 고르시오.

| 제시문 |

- 지연이와 소연이는 자매이다.
- 지연이와 소연이는 아침에 학교를 갔으며, 집에서 학교까지는 30분이 걸린다.
- 지연이는 7시에, 소연이는 7시 30분에 일어났다.
- 수업은 9시부터 시작되는데 지연이는 지각을 했다.

19.

소연이보다 지연이가 먼저 학교에 도착했다.

① 참 ② 거짓 ③ 알 수 없음

20.

소연이는 지각을 했다.

① 참 ② 거짓 ③ 알 수 없음

영역 4 공간지각력

20문항/8분

[01 ~ 20] 다음 전개도를 접었을 때 나타날 수 있는 입체도형을 고르시오.

01.

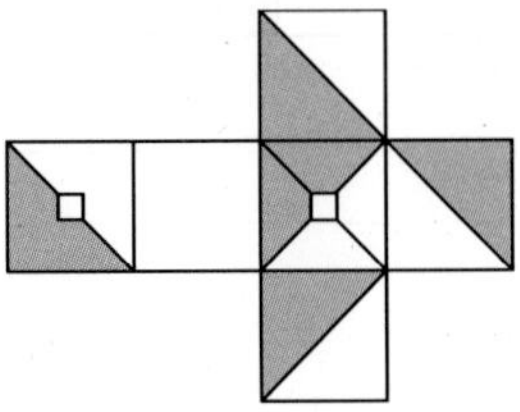

①
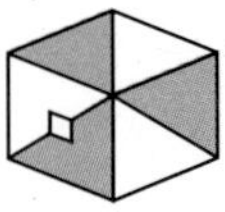
②
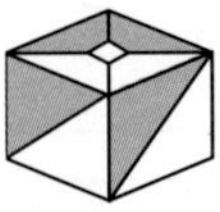
③
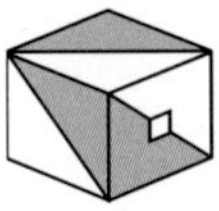
④
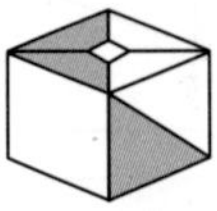

02.

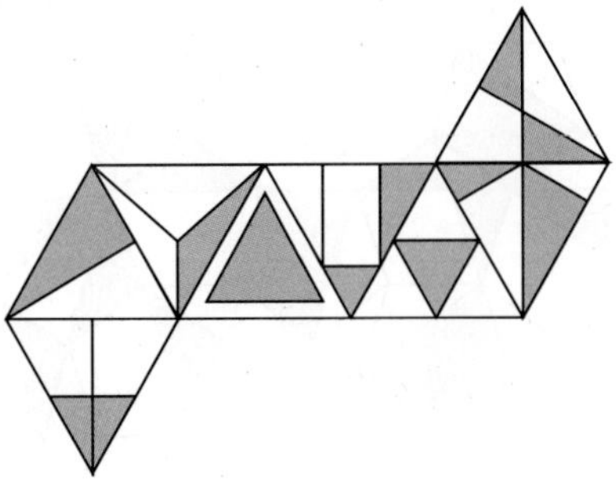

①
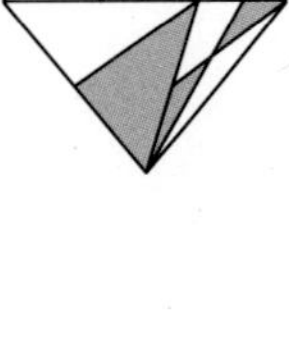
②
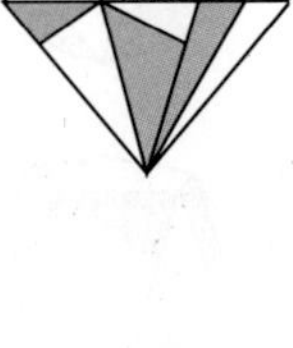
③
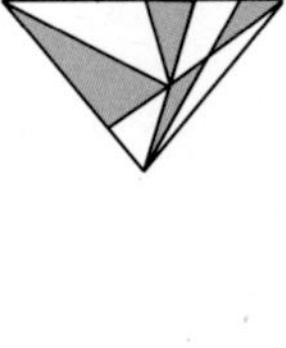
④
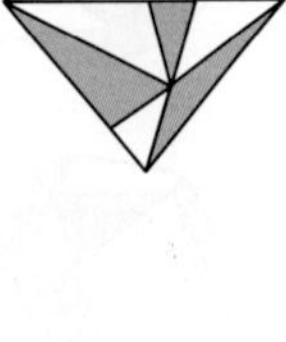

03.

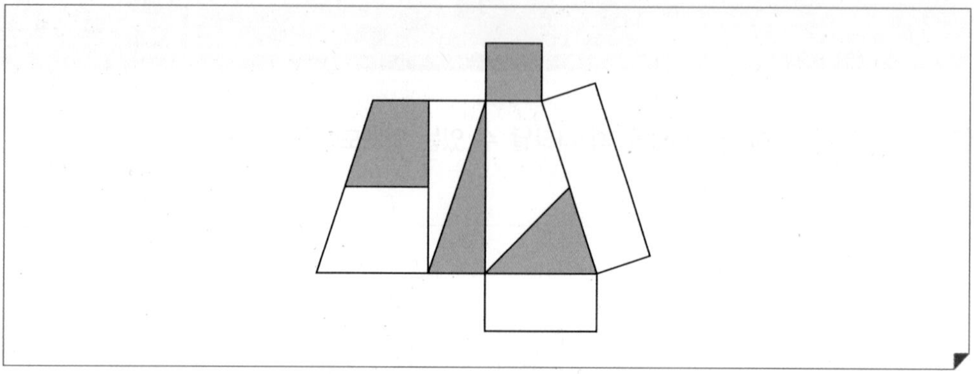

①

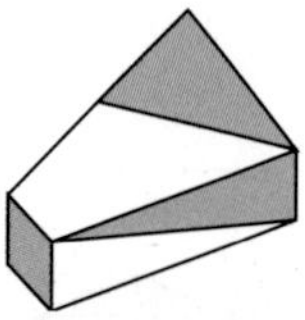

②

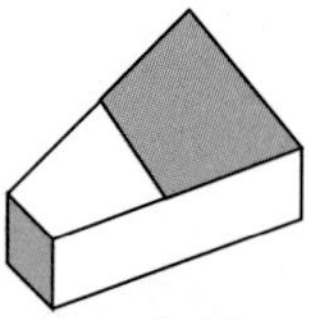

③

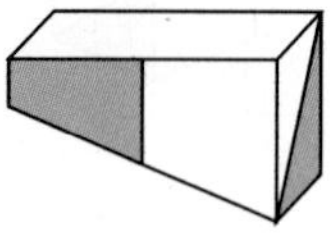

④

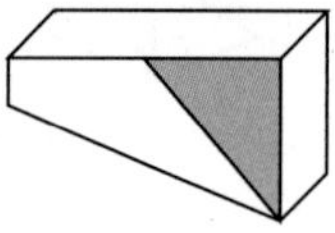

04.

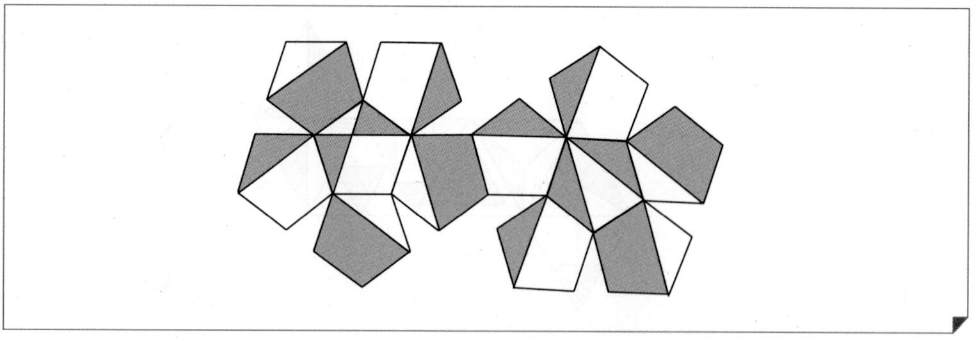

①

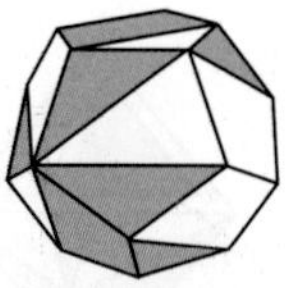

②

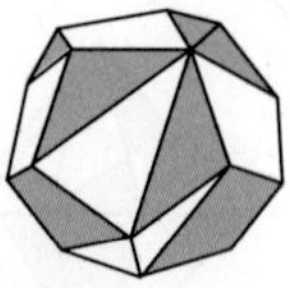

③

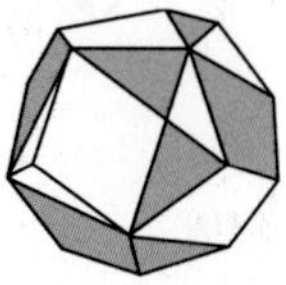

④

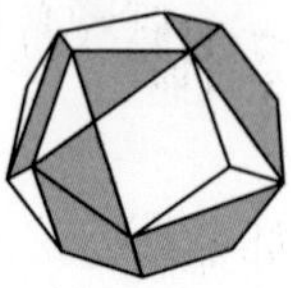

05.

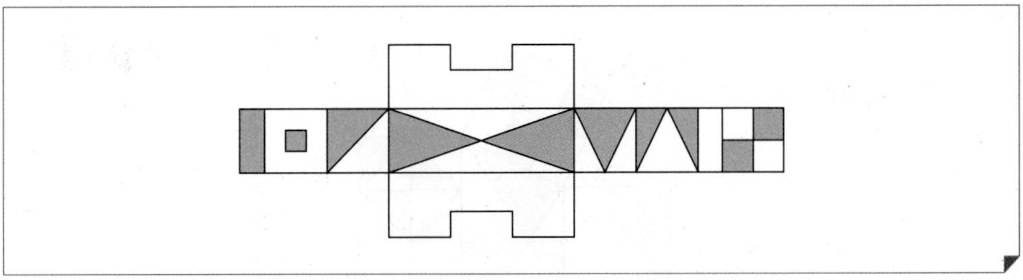

① 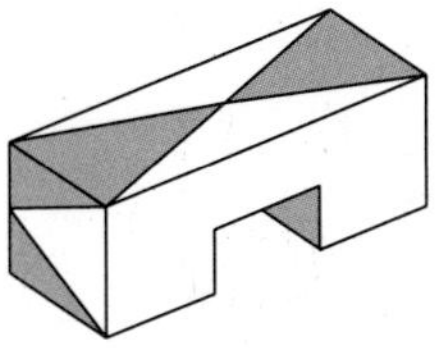

② 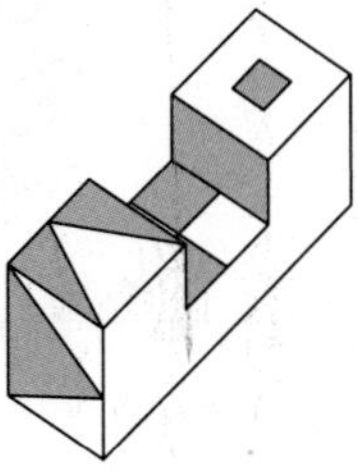

③ 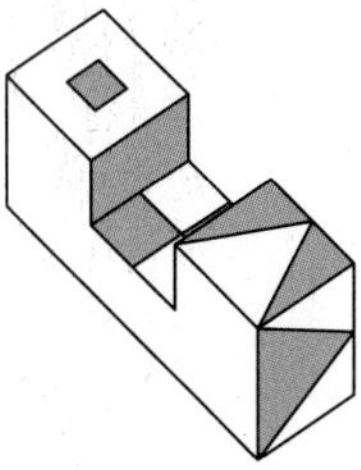

④ 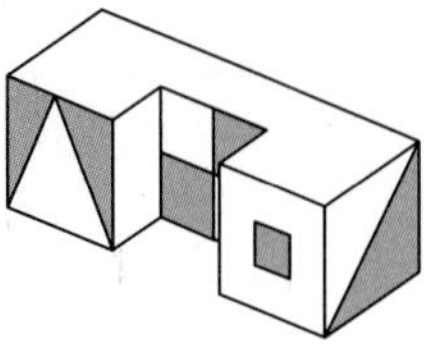

06.

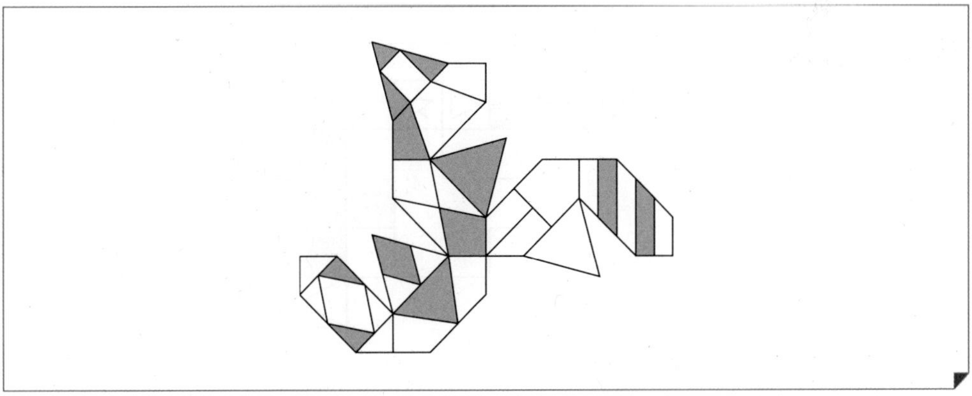

① 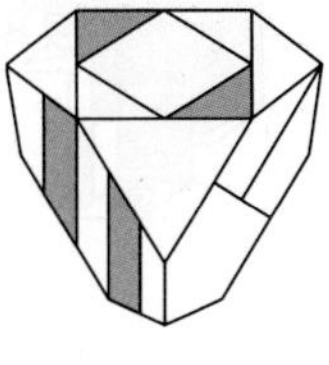

② 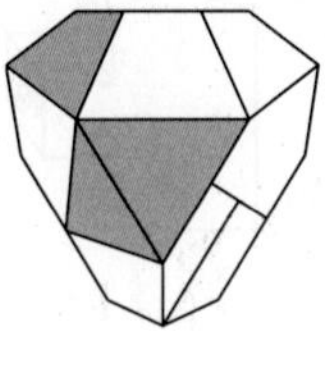

③ 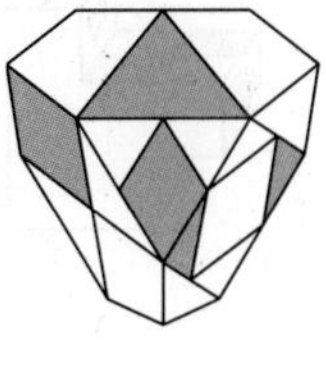

④ 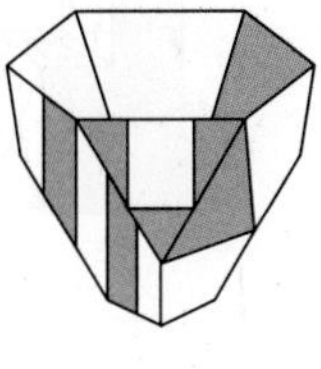

07.

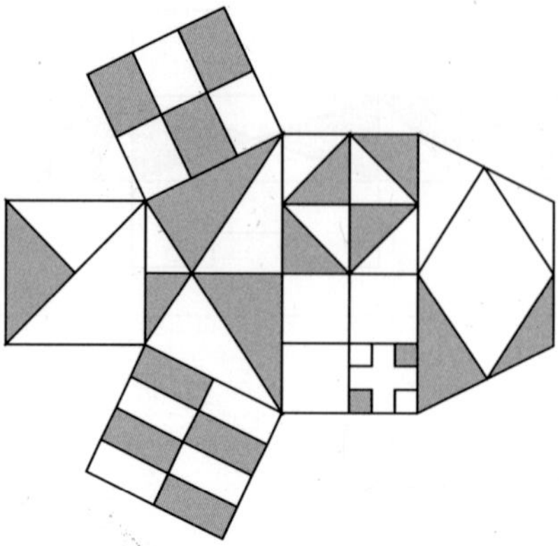

① 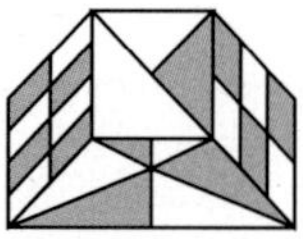

② 

③ 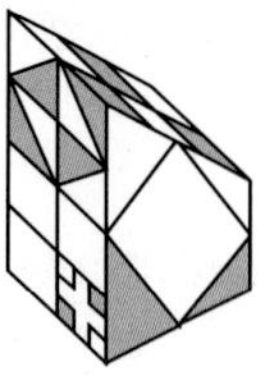

④ 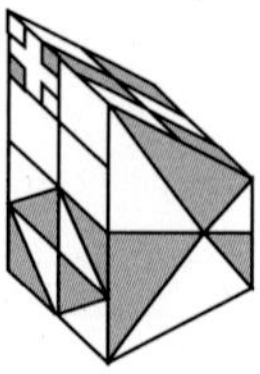

08.

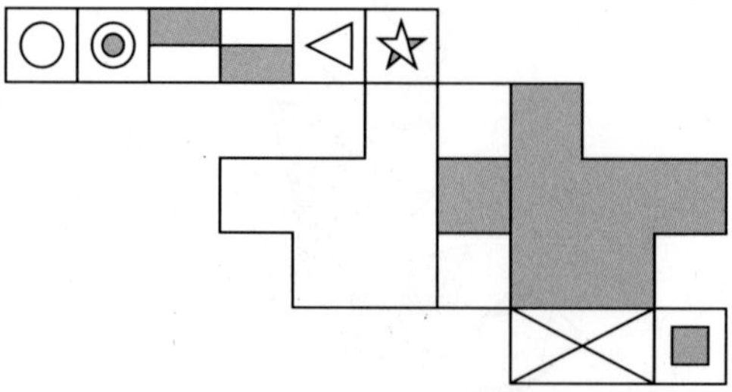

① 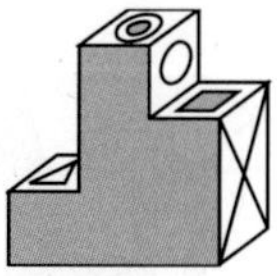

② 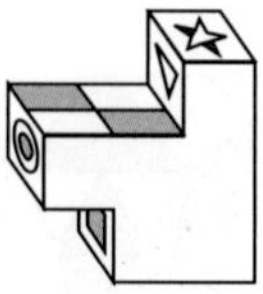

③ 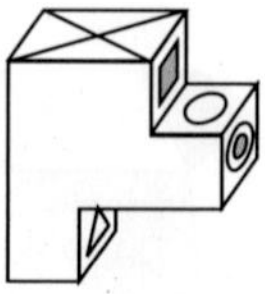

④ 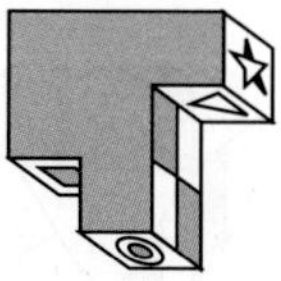

09.

①

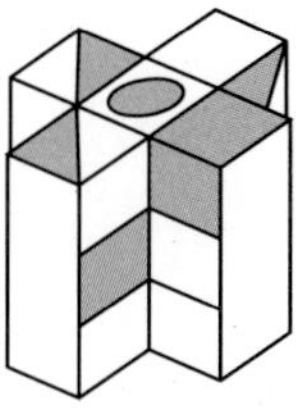

②

③

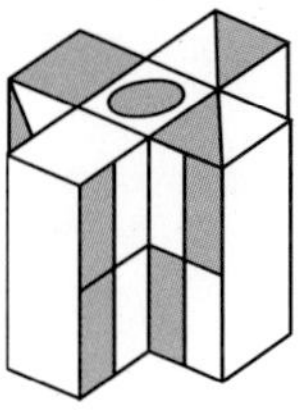

④

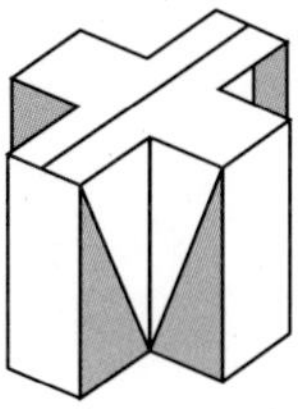

10.

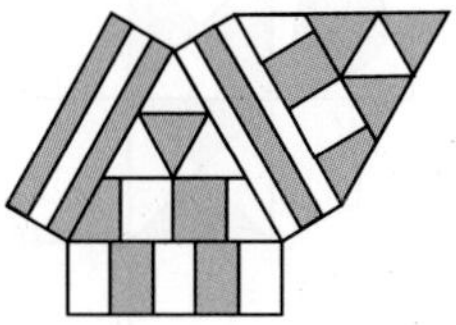

①

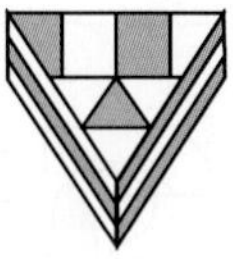

②

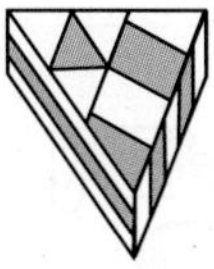

③

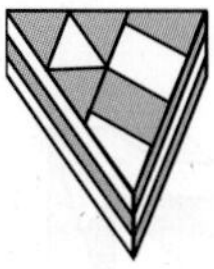

④

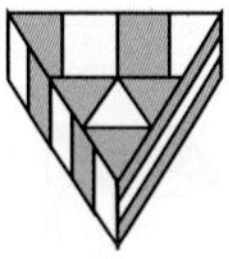

11.

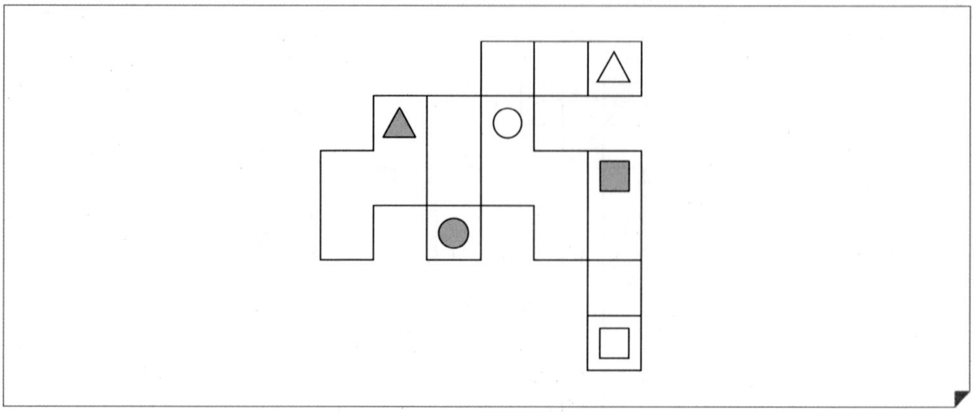

① 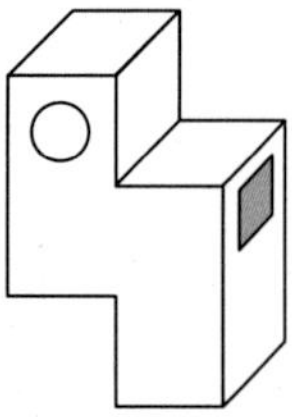

② 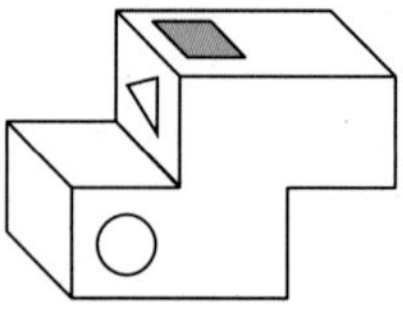

③ 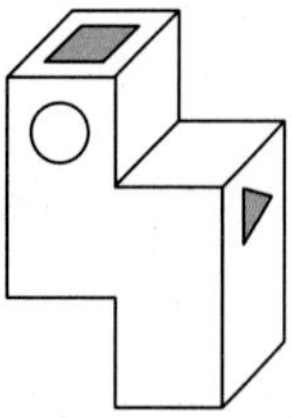

④ 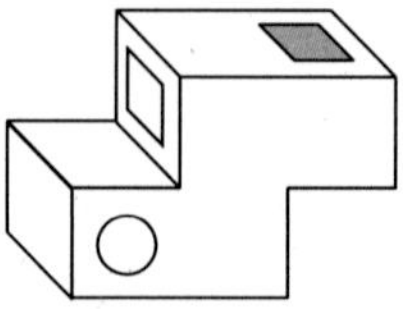

12.

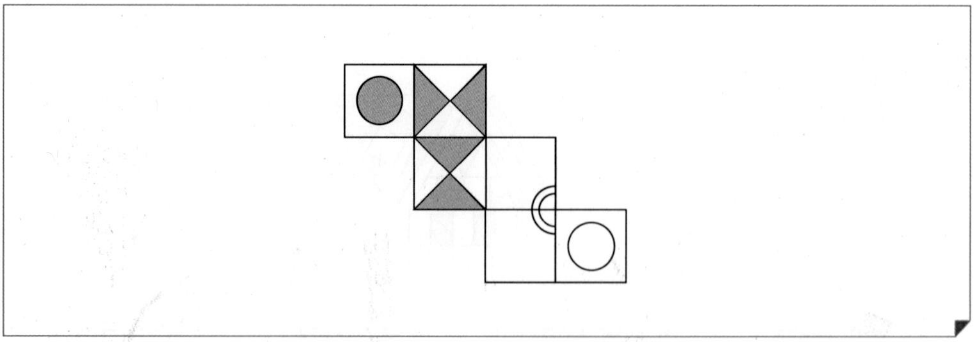

① 

② 

③ 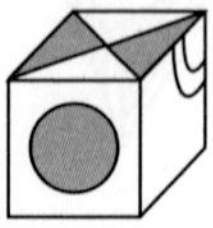

④ 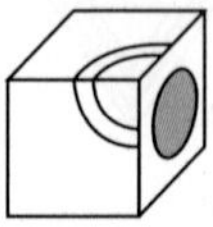

13.

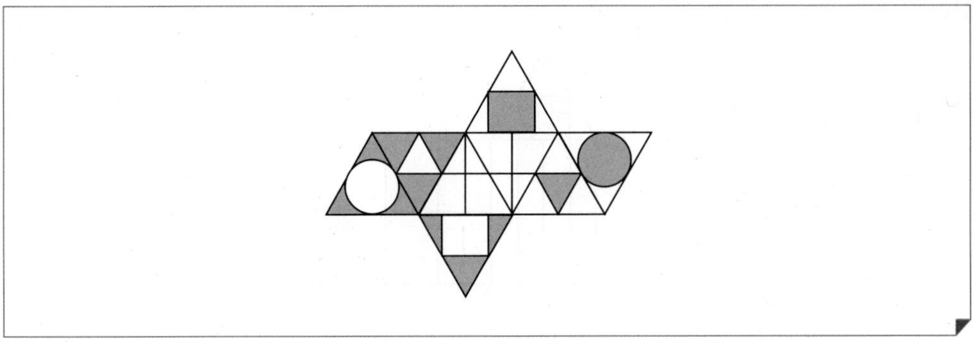

①
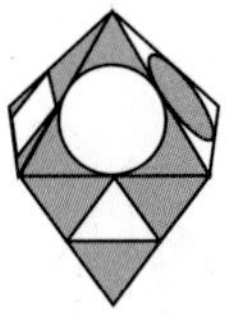

②
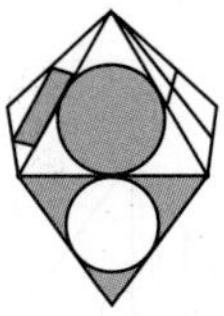

③
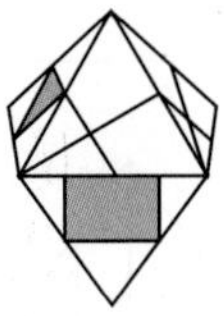

④
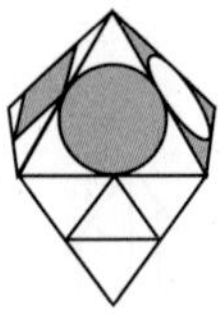

14.

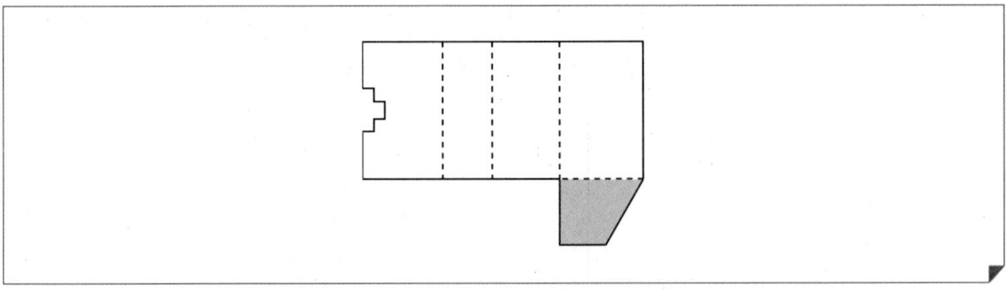

①
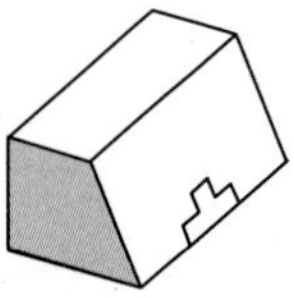

②
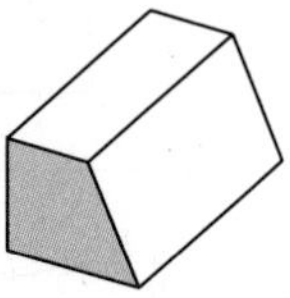

③
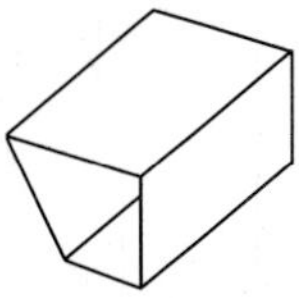

④
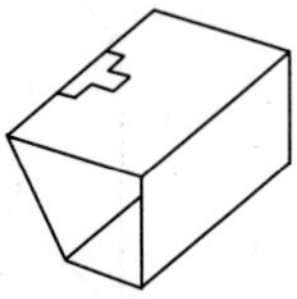

15.

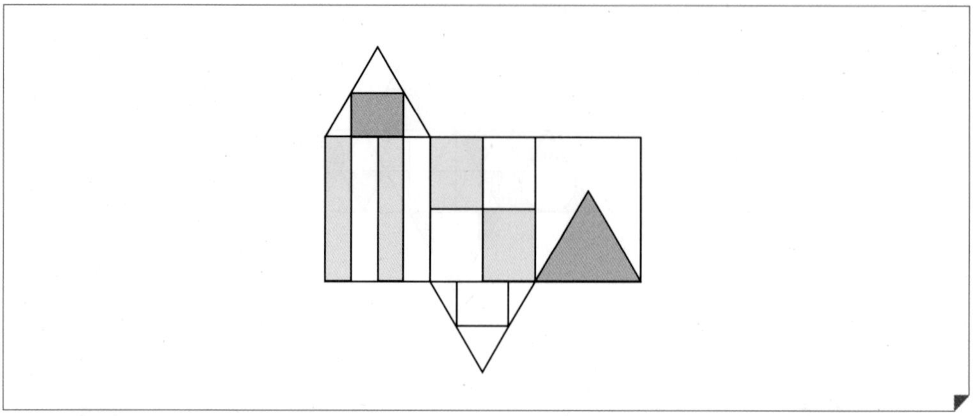

①

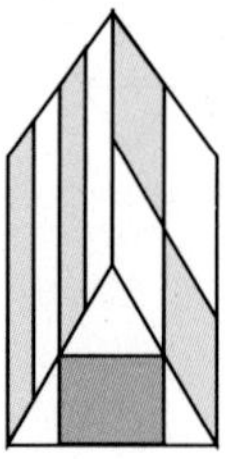

②

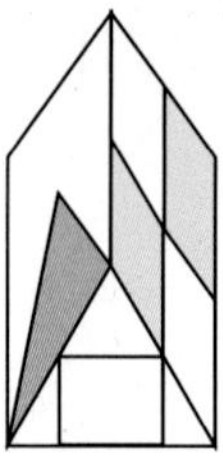

③

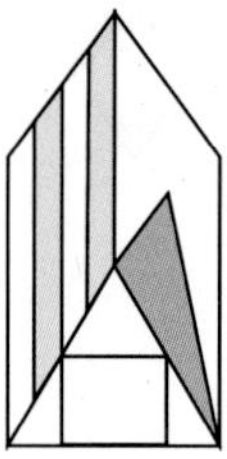

④

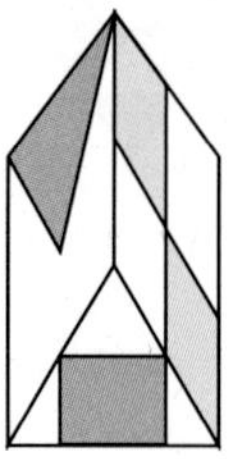

16.

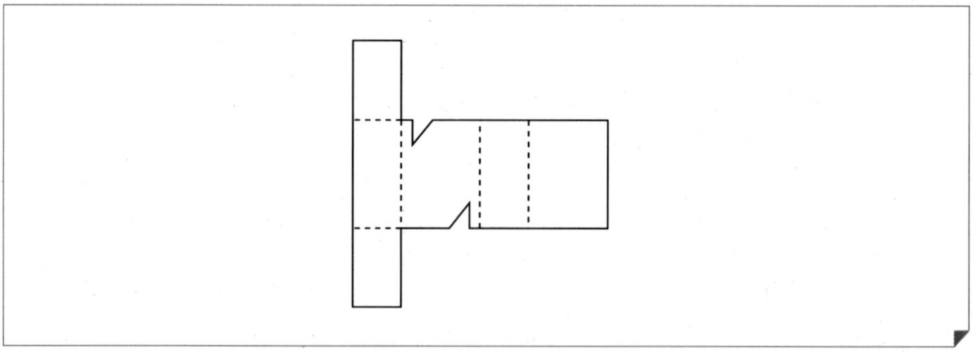

①

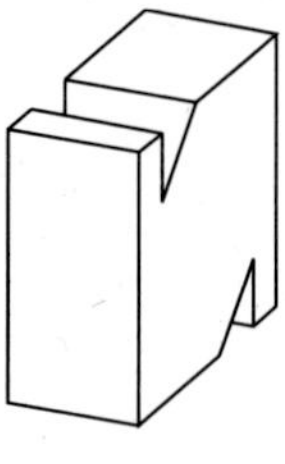

②

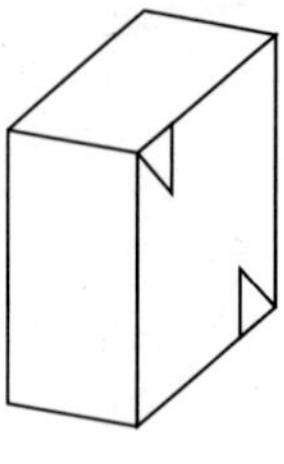

③

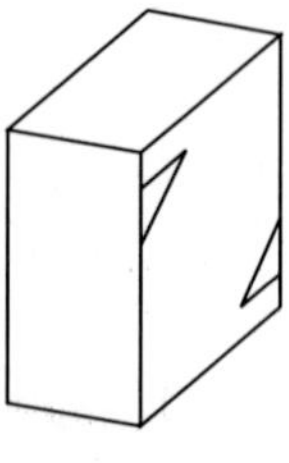

④

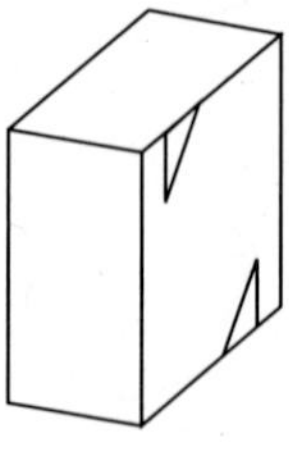

17.

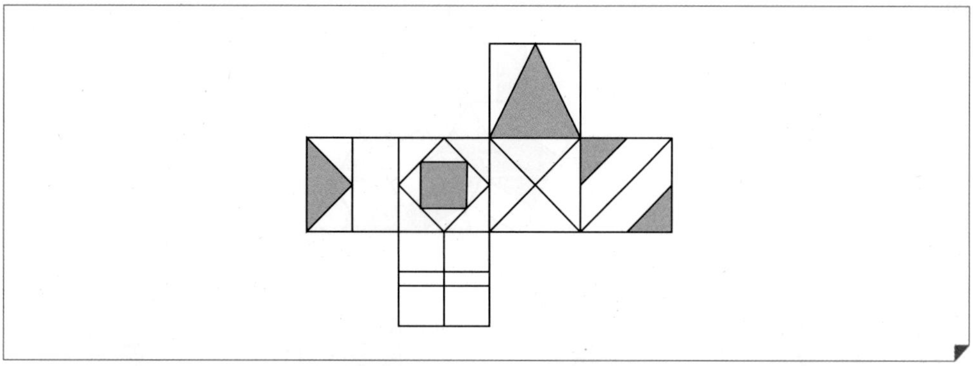

①
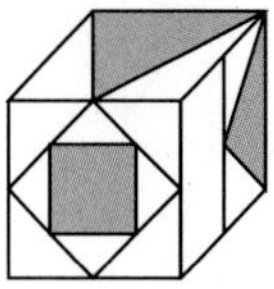
②
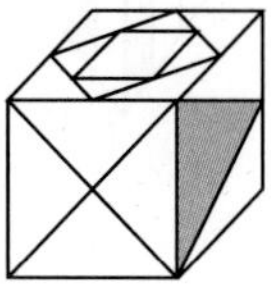
③
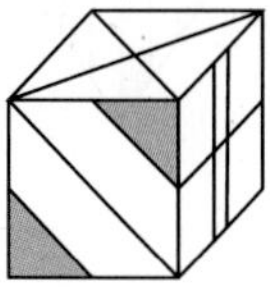
④
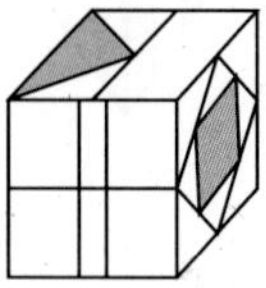

18.

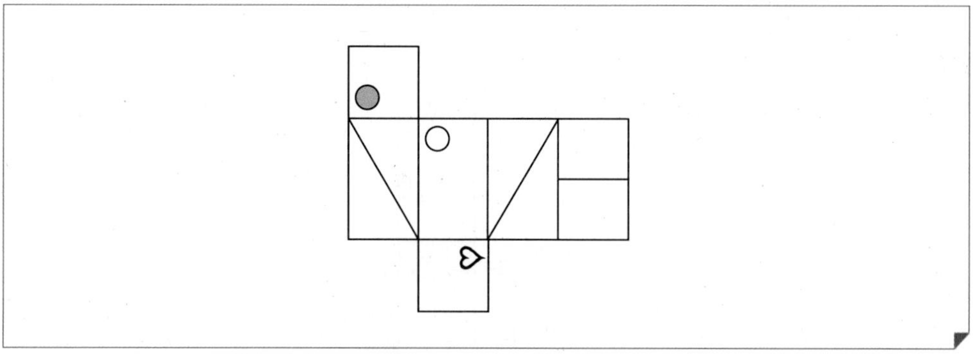

①
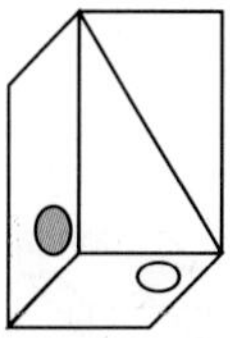
②
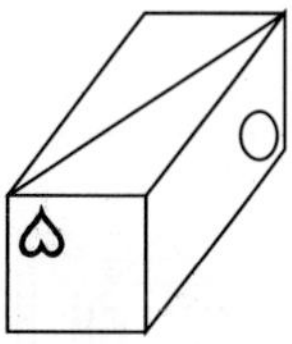
③
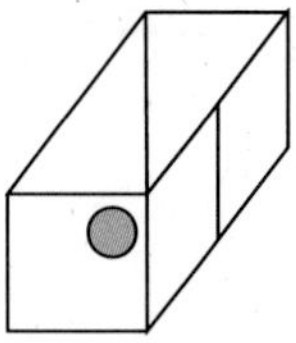
④
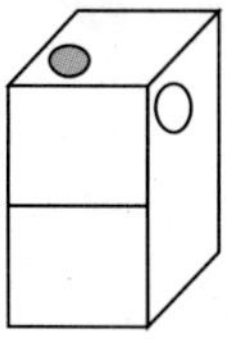

19.

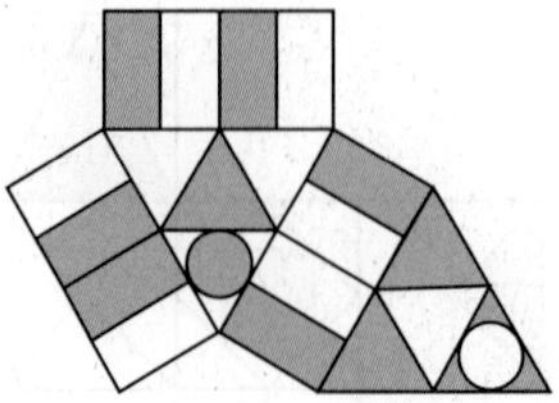

① 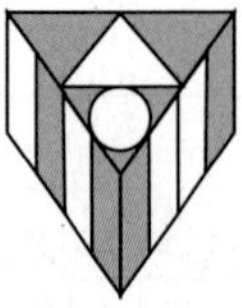

② 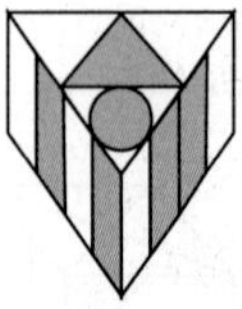

③ 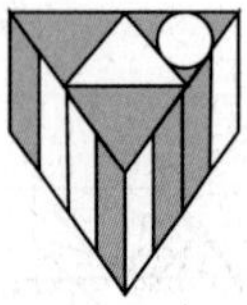

④ 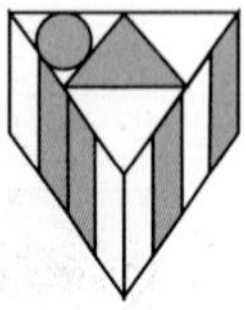

20.

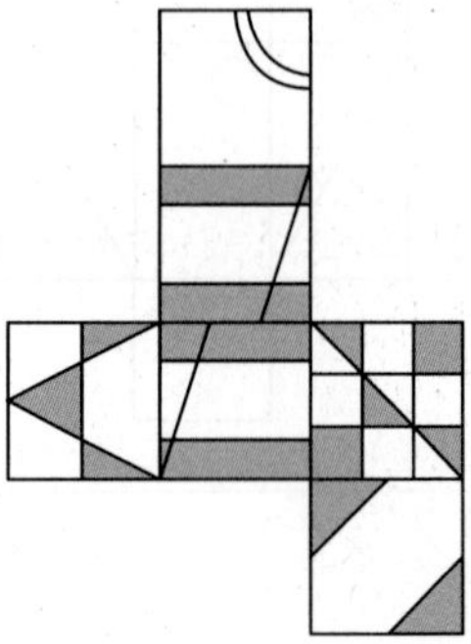

① 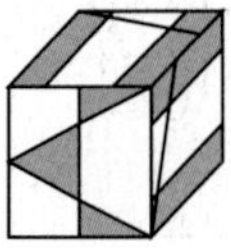

② 

③ 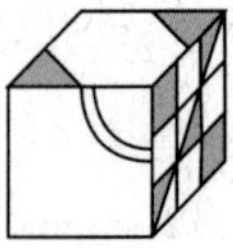

④ 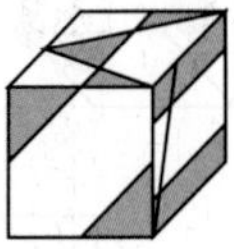

영역 5 판단력

20문항/12분

01. 다음 글의 제목으로 적절한 것은?

저탄소 녹색성장은 생산과 소비라는 두 가지 기본 요소로 구성되는 경제계에서 자원과 자연을 포함하는 광의의 경제관을 전제로 경제활동 및 환경 문제를 해결하겠다는 인식의 대전환을 요구하고 있다. 자연환경 및 자원이 유한하다는 인식을 기초로 경제활동을 하고 있지만, 실제 경제활동은 자연환경이 자정역량에 의해서 항상 깨끗할 것이고 자원은 무한히 공급될 수 있다는 인식 하에 이루어지고 있다. 그 결과 지구의 성장은 환경 문제로 둔화될 것이라는 주장이 확산되고 있을 뿐만 아니라 환경오염은 인류의 삶을 위협할 정도로 악화되고 있으며, 자원, 특히 에너지 자원 부족현상은 가속화되고 있다. 이 같은 환경오염 문제를 해결하고, 특히 성장의 동력으로 활용하기 위해서는 경제계와 환경계가 상호 영향을 주고 있는 불가분의 관계에 있다는 사실을 인식해야 할 것이다. 그리고 환경계까지 포함하는 광의의 시장이 형성되어야 한다.

그 이유는 첫째, 환경이 경제에 영향을 미치고 있기 때문이다. 환경은 생산과 소비활동에 필요한 자원과 에너지를 공급하는 동시에 경제활동을 일부 제약하기도 한다. 둘째, 환경은 경제활동의 결과 발생된 잔여물을 일정한도 내에서 흡수하여 정화하는 역할을 수행하고 있다. 셋째, 환경은 자연경관, 깨끗한 공기와 물 등을 통해 사람들에게 직접적인 만족을 제공하고 있다. 한편 생산자, 소비자, 정부 등 모든 경제 주체는 경제활동 결과 필연적으로 발생하는 잔여물을 환경계로 방출하고 있다. 이처럼 환경과 경제는 서로 영향을 주고받으면서 양자 간에 순환하는 구조를 갖고 있다. 따라서 경제활동에 공급되는 자연자원은 가급적 효율적으로 사용되어야 할 것이고 배출되는 잔여물의 재생 또는 재활용 기능을 강화한 자원순환형 경제구조를 요구해야 할 것이다.

① 저탄소 녹색성장의 배경
② 자연의 위대한 재활용 기능
③ 환경과 경제의 중요성
④ 자원순환형 경제의 필요성
⑤ 환경이 경제에 미치는 영향

02. 다음 글을 바탕으로 추론한 바이오시밀러 산업을 지원해야 하는 이유가 아닌 것은?

바이오시밀러(Biosimilar)는 사람이나 다른 생물체에서 유래된 세포 · 조직 · 호르몬 등의 유효물질을 이용하여 유전자재결합 또는 세포배양기술을 통해 분자생물학적 기법으로 개발한 의약품인 바이오의약품(생물학적제제 · 유전자재조합의약품 · 세포배양의약품 · 세포치료제 · 유전자치료제 등)의 복제약(특허가 만료된 오리지널 의약품을 모방하여 만든 약품)을 뜻하는 말이다. 또한 바이오시밀러는 동등생물의약품 또는 FOB(Follow-on Biologics)라고도 하며, 오리지널 바이오의약품과 동등한 품목 · 품질을 지니며, 비임상 · 임상적 비교동등성이 입증된 의약품이다.

화학 합성의약품 복제약(제네릭, Generic)의 경우 오리지널 약품의 화학식만 알면 쉽게 만들 수 있고, 화학반응에 이변이 없어 오리지널 의약품의 공정과 똑같이 생산된다. 반면 살아 있는 단백질 세포 등을 이용하여 만드는 바이오시밀러의 경우, 아무리 염기서열이 동일한 의약품을 개발하려 해도 구조적 복잡성으로 인하여 특성 분석이 어렵다. 단백질 세포는 배양배지 · 배양온도 · 배양크기에 매우 민감하여 오리지널 약품과 똑같은 복제약을 제조하는 것은 불가능하며 단지 유사한 복제약을 개발할 수 있을 뿐이다. 또 합성의약품 복제약을 개발할 때에는 임상시험이 생략되지만 바이오시밀러의 경우에는 비임상 · 임상시험에 통과해야 한다.

바이오시밀러는 고가의 오리지널 바이오의약품에 비해 상대적으로 저렴하다는 장점이 있으며, 많은 오리지널 바이오의약품들이 2012년 이후 특허가 만료되어 바이오시밀러 시장이 확대될 것으로 보인다.

① 오리지널 바이오의약품과 거의 동일한 효과를 보인다면 바이오시밀러가 가격 면에서 경쟁력이 있다.

② 가격이 비싸 의약품 혜택을 못 받는 저개발국 환자들을 치료할 수 있는 길을 열 수 있다.

③ 제네릭에 비해 엄격한 허가 기준을 충족시켜야 하므로 진입 장벽이 높아 경쟁력이 있고, 오리지널 바이오의약품을 넘어서는 품질의 제품이 될 수 있다.

④ 고령화 등으로 인하여 고가의 바이오의약품에 대한 수요가 증가하는 상황에서 바이오시밀러가 의료 관련 사회적 부담 비용을 낮출 수 있다.

⑤ 특허가 만료된 오리지널 바이오의약품을 통해 시장이 확대될 것으로 보인다.

03. 다음 글을 통해 추론할 수 없는 것은?

'핸드오버'란 이동단말기가 이동함에 따라 기존 기지국에서 이탈하여 새로운 기지국으로 넘어갈 때 통화가 끊기지 않도록 통화 신호를 새로운 기지국으로 넘겨주는 것을 말한다. 이런 핸드오버는 이동단말기, 기지국, 이동전화교환국 사이의 유무선 연결을 바탕으로 실행된다. 이동단말기가 기지국에 가까워지면 그 둘 사이의 신호가 점점 강해지는데 반해, 이동단말기와 기지국이 멀어지면 그 둘 사이의 신호는 점점 약해진다. 이 신호의 세기가 특정값 이하로 떨어지게 되면 핸드오버가 명령되어 이동단말기와 새로운 기지국 간의 통화채널이 형성된다. 이 과정에서 이동전화교환국과 기지국 간 연결에 문제가 발생하면 핸드오버가 실패하게 된다.

핸드오버는 이동단말기와 기지국 간 통화 채널 형성 순서에 따라 '형성 전 단절 방식'과 '단절 전 형성 방식'으로 구분될 수 있다. FDMA와 TDMA에서는 형성 전 단절 방식을, CDMA에서는 단절 전 형성 방식을 사용한다. 형성 전 단절 방식은 이동단말기와 새로운 기지국 간의 통화 채널이 형성되기 전에 기존 기지국과의 통화채널을 단절하는 것을 말한다. 이와 반대로 단절 전 형성 방식은 이동단말기와 기존 기지국 간의 통화 채널이 단절되기 전에 새로운 기지국과의 통화 채널을 형성하는 방식이다. 이런 핸드오버 방식의 차이는 각 기지국이 사용하는 주파수 간 차이에서 비롯된다. 만약 각 기지국이 다른 주파수를 사용하고 있다면, 이동단말기는 기존 기지국과의 통화 채널을 미리 단절한 뒤 새로운 기지국에 맞는 주파수를 할당받은 후 통화 채널을 형성해야 한다. 그러나 각 기지국이 같은 주파수를 사용하고 있다면, 그런 주파수 조정이 필요 없으므로 새로운 통화 채널을 형성하고 나서 기존 통화 채널을 단절할 수 있다.

① 핸드오버가 명령되었다는 것은 이동단말기와 기지국 사이의 거리가 멀어졌음을 의미한다.
② 단절 전 형성 방식은 각 기지국이 같은 주파수를 사용할 때 가능하다.
③ FDMA는 CDMA보다 더 빠르게 핸드오버가 명령되며 연결이 더 간편하다.
④ CDMA에서는 하나의 이동단말기가 두 기지국과 동시에 통화 채널을 형성할 수 있다.
⑤ 이동단말기와 기지국 사이의 신호가 특정값 아래로 떨어지지 않으면 핸드오버가 명령되지 않는다.

04. 다음 글의 주제로 가장 적절한 것은?

우리는 학교에서 한글 맞춤법이나 표준어 규정과 같은 어문 규범을 교육받고 학습한다. 어문 규범은 언중들의 원활한 의사소통을 위해 만들어진 공통된 기준이며 사회적으로 정한 약속이기 때문이다. 그러나 문제는 급변하는 환경에 따라 변화하는 언어 현실에서 언중들이 이와 같은 어문 규범을 철저하게 지키며 언어생활을 하기란 쉽지 않다는 것이다. 그래서 이러한 언어 현실과 어문 규범과의 괴리를 줄이고자 하는 여러 주장과 노력이 우리 사회에 나타나고 있다.

최근, 어문 규범이 언어 현실을 따라오기에는 한계가 있기 때문에 어문 규범을 폐지하고 아예 언중의 자율에 맡기자는 주장이 있다. 또한 어문 규범의 총칙이나 원칙과 같은 큰 틀만을 유지하되, 세부적인 항목 등은 사전에 맡기자는 주장도 있다. 그러나 어문 규범을 부정하는 주장이나 사전으로 어문 규범을 대신하자는 주장에는 문제점이 있다. 전자의 경우, 언어의 생성이나 변화가 언중 각각의 자율에 의해 이루어져 오히려 의사소통의 불편함을 야기할 수 있다. 후자는 우리나라의 사전 편찬 역사가 짧기 때문에 어문 규범의 모든 역할을 사전이 담당하기에는 무리가 있으며, 언어 현실의 다양한 변화를 사전에 전부 반영하기 어렵다는 문제점이 있다.

① 의사소통의 편리함을 위해서는 어문 규범을 철저히 지켜야 한다.
② 언어 현실과 어문 규범의 괴리를 해소하기 위한 방법을 모색하는 노력이 나타나고 있다.
③ 빠르게 변하는 현실 속에서 어문 규범은 제 기능을 발휘하지 못하므로 폐지해야 한다.
④ 언어의 변화와 생성은 사람들의 의사소통을 혼란스럽게 할 수 있기 때문에 최대한 자제해야 한다.
⑤ 어문 규범과 언어 현실의 괴리를 없애기 위해서는 언중의 자율과 사전의 역할 확대가 복합적으로 진행되어야 한다.

05. 다음 글의 내용과 일치하지 않는 것은?

인간의 복잡하고 정교한 면역계는 세균이나 바이러스 같은 병원체의 침입에 맞서서 우리를 지켜 주지만 병원체가 몸 안으로 들어오고 난 다음에야 비로소 침입한 병원체를 제거하는 과정을 시작한다. 이 과정은 염증이나 발열 같은 적잖은 생물학적 비용과 위험을 동반한다. 인류의 진화과정은 이러한 개체군의 번영을 훼방하는 비용을 치러야 할 상황을 미리 제거하거나 줄이는 방향으로 진행되었다. 이 과정은 인류에게 병원체를 옮길 만한 사람과 어울리지 않고 거리를 두려는 자연적인 성향을 만들어주었는데, 그 결과 누런 콧물이나 변색된 피부처럼 병원체에 감염되었음을 암시하는 단서를 보이는 대상에 대해 혐오나 기피의 정서가 작동하여 감염 위험이 줄어들게 되었다.

그러나 이와 비슷한 위험은 병에 걸린 것처럼 보이지 않는 대상에게도 있다. 기생체와 숙주 사이에서 진행된 공진화의 과정은 지역에 따라 상이한 병원체들과 그것들에 대한 면역력을 지닌 거주민들을 만들어 냈다. 처음에는 광범위한 지역에 동일한 기생체와 숙주들이 분포해 있다 하더라도 지역에 따라 상이한 기생체가 숙주의 방어를 깨고 침입하는 데 성공하기 때문이다. 숙주는 해당 기생체에 대한 면역을 갖게 되면서 지역에 따라 기생체의 성쇠와 분포가 달라지고 숙주의 면역계도 다르게 진화한다. 결과적으로 그 지역의 토착 병원균들을 다스리는 면역 능력을 비슷하게 가진 사람들이 한 곳에 모여 살게 되는 것이다. 그러므로 다른 지역의 토착 병원균에 적응하여 살아온 외지인과 접촉했다가는 자신의 면역계로 감당할 수 없는 낯선 병원균에 무방비로 노출될 수 있으며 이러한 위험은 피하는 것이 상책으로 여겨져 왔다. 그래서 앞서 언급한 질병의 외형적 단서들에 대해서뿐만이 아니라 단지 어떤 사람이 우리 집단에 속하지 않는 외지인임을 알려 주는 단서, 예컨대 이곳 사람들과 다른 문화나 가치관을 가졌다고 보이는 경우, 그런 사람을 배척하거나 꺼리는 기제가 작동하게 되는 것이다. 따라서 외지인을 배척하고 같은 지역 사람들끼리 결속하는 성향은 전염성 질병으로부터 스스로를 보호하는 효율적인 장치였다.

① 인간의 면역계는 병원체가 몸 안으로 들어오기 전에는 활동하지 않는다.

② 같은 지역에 거주하는 사람들은 토착 병원균에 대해 유사한 면역 능력을 가진다.

③ 문화와 가치관으로 지역을 구분하게 되면서 지역 간의 교류는 더욱 단절되었다.

④ 외지인에 대한 경계는 전염성 질병으로부터 스스로를 보호하기 위하여 나타나게 되었다.

⑤ 인류의 진화과정은 생물학적 비용을 치러야 할 상황을 제거하거나 줄이는 방향으로 진행되었다.

06. 다음 글의 내용과 일치하는 것은?

> 인간은 누구나 건전하고 생산적인 사회에서 타인과 함께 평화롭게 살아가길 원한다. 하지만 도덕적이고 문명화된 사회를 가능하게 하는 기본적인 사회 원리를 수용할 경우에만 인간은 생산적인 사회에서 평화롭게 살 수 있다. 기본적인 사회 원리를 수용한다면, 개인의 권리는 침해당하지 않는다. 인간의 본성에 의해 요구되는 인간 생존의 기본 조건, 즉 생각의 자유와 자신의 이성적 판단에 따라 행동할 수 있는 자유가 인정되지 않는다면, 개인의 권리는 침해당한다.
>
> 또한 물리적 힘의 사용이 허용되는 경우 또한 개인의 권리는 침해당한다. 어떤 사람이 다른 사람의 삶을 빼앗거나 그 사람의 의지에 반하는 것을 강요하기 위해서는 물리적 수단을 사용할 수밖에 없기 때문이다. 이성적인 수단인 토론이나 설득을 사용하여 다른 사람의 의견이나 행동에 영향을 미친다면, 개인의 권리는 침해당하지 않는다.
>
> 인간이 생산적인 사회에서 평화롭게 사는 것은 매우 중요하다. 왜냐하면 인간이 생산적인 사회에서 평화롭게 살 수 있을 경우에만 인간은 사회로부터 지식 교환의 가치를 얻을 수 있기 때문이다.

① 인간에게 생각과 행동의 자유가 인정된다면 물리적 힘의 사용은 사라질 것이다.

② 모든 사람들이 생산적인 사회에서 평화롭게 살기를 원하는 것은 아니다.

③ 개인의 권리가 침해되는 사건은 물리적 수단의 용인과 전혀 관련이 없다.

④ 타인의 의지에 반하는 행동을 요청할 때에는 토론과 설득만이 이성적인 수단이다.

⑤ 인간이 사회로부터 지식 교환의 가치를 얻을 수 없다면 그 사회는 생산적인 사회가 아니다.

07. 다음 글을 읽고 추론할 수 없는 것을 〈보기〉에서 모두 고르면?

배기가스는 내연기관이 배출하는 기체를 말한다. 내연기관은 밀폐된 실린더 속에 연료와 공기의 혼합기를 가두고 압축 · 점화하여 연료 속의 탄소를 급속히 연소시키고, 연소 후 생성되는 가스는 외부로 배출한다. 이때 외부로 버려지는 기체가 바로 배기가스이다. 배기가스는 대기를 오염시키고 인체에 해로운 성분이 포함되어 있기 때문에 중요한 환경 문제의 키워드로 대두되고 있다.

UN 유럽경제위원회는 배기가스 시험방식을 강화한 국제표준배출가스시험방식(WLTP)을 도입하기로 결정했다. 이는 유럽에서 실시하고 있는 유럽연비측정방식(NEDC)보다 조건을 까다롭게 설정하여 배기가스를 측정한다. 제조사가 자동차를 최적의 상태에서 검사할 수 있도록 허용하고 있어, 배출량 검사에 결점이 있다는 비판을 받아온 기존의 NEDC를 보완한 방법이다. WLTP를 적용하면 NEDC 기준 테스트 주행거리는 11km에서 23.26km로, 주행시간은 1,180초에서 1,800초로 늘어나고, 평균 속도는 33.6km/h에서 46.5km/h로, 최고속도는 120km/h에서 131.3km/h로 높아진다. 주행거리가 늘어나고 속도가 빨라지면 엔진 온도가 올라가 배출가스가 더 많이 나오는 것이 당연하지만, 배기가스 허용 기준은 질소산화물(NOx) 배출량을 km당 0.08g에 맞춰야 하는 것으로 기존 측정 방식과 같다.

한국은 2017년 9월부터 NEDC로 해 오던 디젤차 배출가스 측정 방식을 WLTP로 바꾸었다. 이에 2017년 9월부터 이미 인증을 받고 판매 중인 차량도 새 기준에 따라 다시 인증을 받아야 했으며, 인증을 받지 못할 경우 판매가 중단되었다. 그러나 한국이 2017년 9월부터 이 방식을 도입한 것에 반해 일본은 도입 시점을 3년 후로 연기했고 미국은 아예 도입하지 않기로 했다. 심지어 유럽도 이미 판매한 차량은 2019년 9월까지 판매할 수 있도록 허용했지만, 한국 개정안은 2018년 9월까지만 판매를 허용하고 있어 논란이 일고 있다.

| 보기 |

㉠ 각 나라마다 배기가스를 측정하는 방식에 차이가 있다.
㉡ 같은 차량이더라도 NEDC보다 WLTP로 측정할 때 허용이 더 수월하다.
㉢ 내연기관에서 연료 속의 탄소를 연소시키면 질소산화물이 생성된다.
㉣ WLTP가 도입되기 직전 출시된 차량이더라도 WLTP의 인증을 받지 못하면 바로 판매를 중단해야 한다.

① ㉠, ㉡ ② ㉡, ㉣ ③ ㉢, ㉣
④ ㉠, ㉡, ㉣ ⑤ ㉡, ㉢, ㉣

08. 다음 글에 나타나는 글쓴이의 견해와 일치하지 않는 것은?

어떤 연구자는 리더십을 '목표달성을 위해 행사되는 영향력'이라 정의 내리고, 리더의 공통된 자질로서는 지력, 교양, 전문지식, 정력, 용기, 정직, 상식, 판단력, 건강을 꼽았다. 그러나 실제로 리더가 갖추어야 할 조건이란 이론적인 것이며, 상황에 따라 달라지는 것이 사실일 것이다.

정치세계에 있어서의 리더십 요건이 경제계, 군대 또는 교육계에 있어서의 요건과 같을 개연성은 없다. 정계만을 생각할 때, 그 나라가 어떠한 상황에 놓여 있는가에 따라 필요한 리더십도 달라진다. 즉, 어디에서나 기능하는 유일하고 절대적인 리더십의 존재는 수긍하기 어렵다. 리더십을 강력한 통솔력인 것처럼 해석하는 사람도 있으나, 자유방임형이나 상담형의 리더십도 존재할 수 있으며, 상황에 따라서는 후자의 유형이 더 유효하게 기능하는 경우도 있다. 물론 어떤 조직에서는 또 다른 유형의 리더십이 제대로 기능하는 경우도 있을 수 있다. 리더십이란 특정인만이 갖고 있는 특수한 자질이 아니다. 리더가 될 수 있는 잠재적 능력은 선천적 · 생득적인 것이 아니라 오히려 후천적인 것이며, 거의 대부분의 사람은 인위적 훈련에 따라 어떤 형태의 리더십이든지 몸에 익히는 것이 가능하다. 그러나 모든 조직, 집단, 국가는 광의의 환경 속에 존재하며, 이것과의 적합성이 항상 의문시된다.

어려운 것은 리더십을 몸에 익히는 것보다도 어떠한 리더십을 몸에 익히고, 발휘하면 되는 것인가의 문제이다. 통솔력이 뛰어난 강력한 리더가 되는 것보다도 그 조직 또는 환경에 있어서 바람직한 리더상이 무엇인가를 간파하는 것이 더욱 어려우며, 또 본질적으로 중요한 문제이기도 하다.

① 조직별로 리더에게 요구되는 자질은 다르므로 뛰어난 장군이 뛰어난 정치가가 될 수 있다고 단정지을 수는 없다.

② 독재형 리더십이 제대로 기능할 수 없었던 조직이나 국가에서는 상담형 리더가 정점에 서면 제대로 기능할 가능성이 있다.

③ 지금까지의 리더와 전혀 다른 자질 · 사고방식의 소유주가 리더가 되더라도 종래와 마찬가지로 통치나 관리를 잘 수행할 수도 있다.

④ 리더십은 선천적인 것이 아니기 때문에 대부분의 사람들은 훈련을 통해 강력한 통솔력을 몸에 익힘으로써 리더가 될 수 있다.

⑤ 같은 조직이더라도 처한 상황이나 환경이 다르면 유효한 리더십의 형태가 달라질 수 있다.

09. 다음 글의 내용과 일치하지 않는 것은?

> 뇌가 신체의 각 부분에서 어떤 일이 일어나는지 아는 것은 신체의 특정 기능을 작동시키고 조절하기 위해 필수적이다. 따라서 뇌가 우리의 생명이 의존하고 있는 수많은 신체 기능을 조율하기 위해서는 다양한 신체 기관을 매 순간 표상하는 지도가 필요하다. 그렇게 함으로써 뇌는 생명 조절 기능을 적절하게 수행할 수 있다. 외상이나 감염에 의한 국소적 손상, 심장이나 신장 같은 기관의 기능 부전, 호르몬 불균형 등에서 이런 조절이 일어나는 것을 발견할 수 있다. 그런데 생명의 조절 기능에서 결정적인 역할을 하는 이 신경 지도는 우리가 흔히 '느낌'이라고 부르는 심적 상태와 직접적으로 관련을 맺는다. 느낌은 어쩌면 생명을 관장하는 뇌의 핵심적 기능을 고려할 때 지극히 부수적인 것으로 생각될 수 있다. 더구나 신체 상태에 대한 신경 지도가 없다면 느낌 역시 애초에 존재하지 않았을 것이다.
>
> 생명 조절의 기본적인 절차는 자동적이고 무의식적이기 때문에 의식적인 것으로 간주되는 느낌은 아예 불필요하다는 입장이 있다. 이 입장에서는 뇌가 의식적인 느낌의 도움 없이 신경 지도를 통해 생명 현상을 조율하고 생리적 과정을 실행할 수 있다고 말한다. 그 지도의 내용이 의식적으로 드러날 필요가 없다는 것이다. 그러나 이러한 주장은 부분적으로만 옳다.
>
> 신체 상태를 표상하는 지도가, 생명체 자신이 그런 지도의 존재를 의식하지 못하는 상태에서도 뇌의 생명 관장 활동을 돕는다는 말은 어느 범위까지는 진실이다. 그러나 이러한 주장은 중요한 사실을 간과하고 있다. 이런 신경 지도는 의식적 느낌 없이는 단지 제한된 수준의 도움만을 뇌에 제공할 수 있다는 것이다. 이러한 지도들은 문제의 복잡성이 어느 정도 수준을 넘어서면 혼자서 문제를 해결하지 못하게 된다. 문제가 너무나 복잡해져서 자동적 반응뿐만 아니라 추론과 축적된 지식의 힘을 함께 빌려야 할 경우가 되면 무의식 속의 지도는 뒤로 물러서고 느낌이 구원투수로 나서는 것이다.

① 뇌가 수많은 신체 기능을 조율하기 위해서는 신경 지도가 필요하다.

② 뇌가 느낌의 도움 없이 신경 지도를 통해 생명 현상을 조율할 수 있다고 보는 주장은 부분적으로만 옳다.

③ 일정 수준의 복잡성을 넘어선 문제를 해결하기 위해서는 무의식 속 신경 지도들의 연합이 필요하다.

④ 뇌가 생명 조절 기능을 수행하기 위해서는 신체 각 부분에서 일어나고 있는 현상에 대해 알아야 한다.

⑤ 문제가 복잡해지게 되면 신경 지도만으로는 문제를 해결할 수 없다.

10. 다음 글의 주제로 가장 적절한 것은?

최근 다도해 지역을 해양사의 관점에서 새롭게 주목하는 논의가 많아졌다. 그들은 주로 다도해 지역의 해로를 통한 국제 교역과 사신의 왕래 등을 거론하면서 해로와 포구의 기능과 해양 문화의 개방성을 강조하고 있다. 한편 다도해는 오래전부터 유배지로 이용되었다는 사실이 자주 언급됨으로써 그동안 우리에게 고립과 단절의 이미지로 강하게 남아 있었다. 이처럼 다도해는 개방성의 측면과 고립성의 측면에서 모두 조명될 수 있는데, 이는 섬이 바다에 의해 격리되는 한편 바다를 통해 외부 세계와 연결되기도 하기 때문이다.

다도해의 문화적 특징을 말할 때 흔히 육지에 비해 옛 모습의 문화가 많이 남아 있다는 점이 거론된다. 섬은 단절된 곳이므로 육지에서는 이미 사라진 문화가 섬에는 아직 많이 남아 있다고 여기는 것이다. 또한 섬이라는 특수성 때문에 무속이 성하고 마을굿도 풍성하다고 생각하는 이들도 있다. 이러한 견해는 다도해를 고립되고 정체된 곳이라고 생각하는 관점과 통한다. 실제로는 육지에도 무당과 굿당이 많은데도 관념적으로 섬을 특별하게 여기는 것이다.

이런 관점에서 '진도 다시래기'와 같은 축제식 장례 풍속을 다도해 토속 문화의 대표적인 사례로 드는 경우도 있다. 지금도 진도나 신안 등지에 가면 상가(喪家)에서 노래하고 춤을 추며 굿을 하는 것을 볼 수 있는데, 이런 모습은 고대 역사서의 기록과 흡사하므로 그 풍속이 고풍스러운 것은 분명하다. 하지만 기존 연구에서 밝혀졌듯이 진도 다시래기가 지금의 모습을 갖추게 된 데에는 육지의 남사당패와 같은 유희 유랑 집단에서 유입된 요소들의 영향도 적지 않다. 이런 연구 결과는 다도해의 문화적 특징을 일방적인 관점에서 접근해서는 안 된다는 점을 시사해 준다.

① 다도해의 역사를 재조명함으로써 우리의 해양사를 제대로 이해할 수 있다.
② 다도해의 풍속을 섬이라는 고립과 단절의 관점으로만 이해해서는 안 된다.
③ 다도해의 문화적 특징을 제대로 파악하기 위해서는 육지의 풍속과 비교해야 한다.
④ 다도해의 개방성과 고립성은 다도해의 토속 문화를 구축하는 데 많은 영향을 끼쳤다.
⑤ 진도 다시래기와 같은 축제식 장례 풍속은 육지에서 영향을 받았다.

11. 다음 글의 빈칸 ㉠에 들어갈 문장으로 가장 적절한 것은?

> (　　　　　　　　　㉠　　　　　　　　　) 도시의 과밀화는 상대적으로 거주공간이 부족하게 되는 결과를 낳았다. 따라서 최대한 많은 가구를 수용하기 위해 한정된 공간에 많은 집들이 근접하여 있고, 그것도 부족하여 상하 좌우로 이웃집이 위치해 있다. 그러나 이러한 물리적 이웃이 모두 마음을 줄 수 있는 이웃은 아니다. 전통적인 이웃 형태와 비교하면 더 가까운 위치에, 더 많은 이웃을 갖게 되었지만 사실상 도시의 거주자들은 이사를 자주 하기 때문에 이웃을 깊게 사귈 시간적 여유가 없다. 그뿐만 아니라 폐쇄적인 아파트의 형태와 바쁜 도시 생활로 한가로이 이웃과 대화할 시간을 만들기도 어렵다.

① 현대 도시 생활의 특징은 주거 공간의 밀집화 현상이다.
② 현대 도시 생활의 특징은 가구의 고립화 현상이다.
③ 현대 도시 생활의 특징은 도시화로 인한 활동의 분주함에 있다.
④ 현대 도시 생활의 특징은 이기주의적 경향이 두드러진 점이다.
⑤ 현대 도시 생활의 특징은 전통적 이웃 형태와의 결별이다.

12. 다음 글의 전제로 가장 적절한 것은?

> 문학 작품을 산출하는 작가야말로 매우 존귀한 위치에 있으며, 동시에 국가나 민족에 대하여 스스로 준엄하게 책임을 물어야 하는 존재라고 할 수 있다. 사실 수백 번의 논의를 하고, 수백 가지의 방책을 세우는 것보다 한 명의 위대한 문학가가 그 언어를 더욱 훌륭하게 만들 수 있다. 괴테의 경우가 그 좋은 예이다. 그의 문학이 가진 힘이 독일어를 통일하고 보다 훌륭한 것으로 만드는 데 결정적인 역할을 했다는 것은 이미 주지의 사실이다.

① 문학 작품은 언어에 큰 영향력을 미친다.
② 작가는 문학 작품을 쓸 때 현실을 반영한다.
③ 작가는 자신의 국가와 민족에 관하여 고민한다.
④ 문학 작품의 발달은 언어의 발달과 맥락을 같이한다.
⑤ 괴테는 독일 역사상 가장 위대한 작가이다.

13. 다음 글의 빈칸에 들어갈 문장으로 가장 적절한 것은?

노예들이 저항의 깃발을 들고 일어설 때는 그들의 굴종과 인내가 한계에 이르렀을 때이다. 그러나 분노와 원한이 폭발하더라도 그것이 개인의 행위로 발생할 경우에는 개인적 복수극에 그치고 만다. 저항의 본질은 억압하는 자에 대한 분노와 원한이 확산되어 가치를 공유하게 되는 데 있다. 스파르타쿠스가 저항의 깃발을 들어 올렸을 때, 수십만 명의 노예와 농민들이 그 깃발 아래로 모여든 원동력은 바로 이러한 공통의 분노, 공통의 원한, 공통의 가치에 있었다.

프로메테우스의 신화에서도 저항의 본질을 엿볼 수 있다. 프로메테우스는 제우스가 인간에게 불을 보내 주지 않자, 인간의 고통에 공감하여 '하늘의 바퀴'에서 불을 훔쳐 지상으로 내려가 인간에게 주었다. 프로메테우스의 저항에 격노한 제우스는 인간과 프로메테우스에게 벌을 내렸다. 인간에게는 불행의 씨앗이 들어 있는 '판도라의 상자'를 보냈고 프로메테우스에게는 쇠줄로 코카서스 산 위에 묶인 채 독수리에게 간을 쪼아 먹히는 벌을 내린 것이다.

(   ) 그리스도교의 정신과 의식을 원용하여 권력의 신성화에 성공한 중세의 지배체제는 너무도 견고하여 농민들의 눈물과 원한이 저항의 형태로 폭발하지 못했다. 반면 산업사회의 시민이나 노동자들은 평균적이고 안락한 생활이 위협받을 때에만 '저항의 광장'으로 나가는 모험을 감행했다. 그들이 바라고 지키려던 것은 가족, 주택, 자동차, 휴가였다.

저항이 폭발하여 기존의 지배체제를 무너뜨리고 새로운 왕조나 국가를 세우고 나면 그 저항의 힘은 시들어 버린다. 원한에 사무친 민중들의 함성이야말로 저항의 원동력이기 때문이다. 저항의 형태를 취하고 있으면서도 권력 쟁탈을 목적으로 한 쿠데타와 같은 적대 행위는, 그 본질에 있어서 지배와 피지배의 관계에서 발생하는 저항과는 다르다. 권력의 성채 속에서 벌어지는 음모, 암살, 배신은 이들 민중의 원한과 분노에서 비롯된 것이 아니기 때문이다.

① 시대의 흐름에 따라 저항은 여러 가지 모습으로 그 형태를 달리하였다.

② 저항에 나선 사람들이 느끼는 굴종과 인내의 한계는 시대와 그들이 처한 상황에 따라 다르게 나타난다.

③ 굴종과 인내의 한계는 시대가 변화함에 따라 달라졌고, 저항을 보는 사회적 시선도 그에 따라 변화됐다.

④ 사회와 시대가 발전되어 감에 따라 저항이 표출되는 행태 또한 예전과 달라졌지만 변함없이 우리 사회에 존재하여 왔다.

⑤ 지배계급을 향한 대규모 저항은 타인의 분노와 원한에 공감해야만 발생한다.

14. 다음 글의 밑줄 친 ㉠~㉣ 중 가리키는 것이 다른 하나는?

로빈슨은 '상응하는 신체기관을 가지지 않는다고 알려진 ㉠능동적 지성'에 주목하여, 아리스토텔레스가 신체로부터 독립되어 존재할 수 있는 ㉡비물질적인 지성을 인정한다고 주장한다. 아리스토텔레스 이전에 이러한 이론의 대표자는 오르페우스교와 피타고라스 학파의 이론을 수용한 플라톤이다. 근대에 들어와 데카르트가 이 같은 이론을 재조명해 많은 영향을 미쳤다. 이 이론은 영혼(정신, 마음 또는 지성)과 신체는 같은 속성들을 전혀 공유하지 않는 두 개의 실체들이며, 따라서 신체로부터 독립되어 정신만이 존재하는 것은 논리적으로 가능하다고 보는 입장이다. 로빈슨은 아리스토텔레스가 '능동적 지성'이 신체로부터 단지 논리적으로 분리 가능한 것이 아니라 실제로 분리 가능한 것으로 본다고 여긴다. 아리스토텔레스의 심신론에 대해 다른 입장도 존재한다. 코드는 아리스토텔레스의 심신론은 몸과 마음을 이원론적으로 분리하는 것이 아니라고 지적한다. 살아 있는 생물 자체는 자연적 또는 본질적으로 ㉢심신의 유기체인 것이다. 코드에 따르면 물질적 신체와 ㉣비물질적 영혼을 구분하는 것은 데카르트 이후의 근대적인 구분법이며, 아리스토텔레스는 그러한 구분을 생각조차 할 수 없었다는 것이다. 또한 그는 환원 개념도 아리스토텔레스에게는 적용될 수 없다고 주장한다. 환원이 생명이 없는 물질을 인정할 때 사용될 수 있는 반면에, 아리스토텔레스가 물질에 대해 논의할 때의 물질 자체는 생명이 있는 물질이기 때문이다.

① ㉠ ② ㉡ ③ ㉢

④ ㉣ ⑤ 답이 없다.

15. 다음 글을 잘못 이해한 사람은?

노동자가 작업장에서 안전하게 일하고 건강을 유지 · 증진할 수 있게 하는 활동을 '노동안전보건활동'이라고 한다. '안전'과 '보건'은 일하는 모든 과정이 안전하고 건강한 상태를 의미하는데, '안전'은 주로 외부의 여러 요인에 의한 '손상'이나 '사고'로부터의 예방과 관련이 있으며, '보건'은 손상 이외에 인간 몸에서의 구조적, 신체적, 기능적 변화를 뜻하는 '질병'으로부터의 예방을 뜻하는 것으로 구별되는 개념이다.

일하는 과정에서 이러한 '안전'과 '보건'이 유지 · 증진될 수 있도록 제도적으로 기준을 만든 법이 '산업안전보건법'이며 일하는 사람들의 안전과 건강을 위해 사업주가 지켜야 하는 법이다. 산업안전보건법에 제시되어 있는 규정을 제대로 지키는 것이 원칙이지만 그렇지 못하는 경우도 많기 때문에 노동자가 산업안전보건법을 제대로 이해하여 사업주가 법을 잘 지키는지 확인하고, 동료 노동자와 함께, 더불어 노동조합을 통하여 일터에서 '산업안전보건활동'에 참여하는 것이 중요하다.

① 갑 : '안전'과 '보건'은 구별되는 개념이구나.
② 을 : '안전'과 '보건'은 둘 다 예방과 관련이 있네.
③ 병 : '안전'과 '보건'은 일하는 모든 과정이 안전하고 건강한 상태를 의미해.
④ 정 : '산업안전보건법'이 잘 지켜지기 위해서는 노동자의 노력도 필요하네.
⑤ 무 : 사업자의 '안전'과 '보건'이 유지 · 증진될 수 있도록 제도적 장치가 마련되어 있구나.

16. 목재 연결 기술에 관한 다음 글을 문맥에 맞게 배열한 것은?

(가) 하지만 한번 결합된 목재들은 분해가 불가능할 정도로 아주 튼튼하게 맞물린다.
(나) 쇠못으로 결합하는 방법은 쉽고 간단하지만 결합 부위가 오래 견디지 못하고 삐걱거리게 된다.
(다) 그에 비해 짜 맞춤 기법은 서로 모양을 맞추는 정교한 작업 때문에 많은 시간이 필요하다.
(라) 목재와 목재를 연결하는 기술에는 쇠못으로 결합하는 방법과 목재들을 서로 물리도록 깎아 결합하는 짜 맞춤 기법이 있다.
(마) 이러한 짜 맞춤 기법에는 목재의 재질이나 만들고자 하는 제품의 종류(집, 가구 등)에 따라 '심장부 짜임', '연귀촉 짜임'과 같은 다양한 기법이 있다.

① (나)-(다)-(마)-(가)-(라)
② (나)-(다)-(라)-(가)-(마)
③ (라)-(마)-(나)-(가)-(다)
④ (라)-(나)-(다)-(가)-(마)
⑤ (라)-(나)-(마)-(가)-(다)

17. 다음 (가) ~ (바)를 문맥에 맞게 배열한 것은?

(가) 그런데 많은 문화가 혼재돼 문화 상대주의가 만연한 곳에서는 사람들은 자신이 보루로 삼을 문화의 형태나 기둥을 잃게 되며, 자기상실에 빠져들어 불안한 상태에 던져지게 된다.

(나) 이에 따라 사람은 사회의 불안정성이나 불확실성을 견딜 정신적 지주를 가질 수 있다.

(다) 따라서 모든 문화가 지리적 풍토를 벗어나 지구 전체로 퍼져나가는 21세기에는 문화의 혼재에서 오는 아이덴티티(Identity) 상실의 시대가 도래할지도 모른다.

(라) 그 문화적 풍토에서 나고 자란 사람은 그 형태 속에서 자기 자신의 아이덴티티를 형성한다.

(마) 종교로 봐도, 언어로 봐도, 습관으로 봐도, 문화라는 것은 각각 서로 다른 형태를 갖고 있다.

(바) 가치의 상대성을 주장하는 것은 그 나름대로 옳지만 그게 너무 과해질 경우, 줏대를 잃게 되어 신념을 가질 수 없게 되는 것이다.

① (다)–(바)–(마)–(라)–(가)–(나)
② (마)–(가)–(바)–(나)–(다)–(라)
③ (바)–(마)–(나)–(라)–(다)–(가)
④ (바)–(가)–(라)–(마)–(나)–(다)
⑤ (마)–(라)–(나)–(가)–(바)–(다)

18. 다음 (가) ~ (라)를 논리적 순서에 맞게 나열한 것은?

(가) 기술은 새로운 과학적 사실을 검증하는 실험적 수단을 제공하거나 새로운 과학적 발견 가능성을 높이는 데 기여하였고, 과학은 새로운 기술을 개발하는 데 필요한 법칙과 이론을 제공하게 되었던 것이다.

(나) 과학과 기술은 그 특성과 역사에서 구별되며 이는 지금도 마찬가지다.

(다) 그럼에도 불구하고 19세기 중반 이후부터 과학과 기술은 호혜적이며 공생적인 특성을 바탕으로 본격적으로 제휴하게 되었다.

(라) 즉, 기술 전체가 과학에 바탕을 두고 있는 것은 아니며 모든 과학 이론이 기술에서 도출되는 것도 아니다.

① (가)–(나)–(다)–(라)
② (나)–(가)–(다)–(라)
③ (나)–(라)–(다)–(가)
④ (다)–(라)–(나)–(가)
⑤ (가)–(나)–(라)–(다)

19. 다음 (가) ~ (마)를 논리적 순서에 맞게 나열한 것은?

(가) 자신의 이름을 따 상트페테르부르크로 도시명을 정한 그는 1712년 이곳으로 수도를 옮길 정도로 애착과 기대가 컸다.
(나) 그는 발트해 연안의 이곳을 '유럽으로 향한 항'으로 삼기로 하고 새로운 도시건설에 착수하였다.
(다) 지금도 학술, 문화, 예술 분야를 선도하며 그러한 위상에는 변함이 없다.
(라) 제정 러시아의 표트르 1세는 스웨덴이 강점하고 있던 네버 강 하구의 습지대를 탈환하였다.
(마) 이렇게 시작된 이 도시는 이후 발전에 발전을 거듭하여 러시아 제2의 대도시가 되었다.

① (다)-(가)-(라)-(나)-(마)
② (라)-(나)-(가)-(마)-(다)
③ (라)-(나)-(다)-(가)-(마)
④ (다)-(나)-(가)-(라)-(마)
⑤ (라)-(나)-(다)-(마)-(가)

20. 다음 (가) ~ (라)를 문맥에 맞게 나열한 것은?

(가) 이러한 상황에서 고령층은 새로운 소득 작물을 재배하기도 하고, 지역 농산물을 활용해 독창적인 상품을 만들어 내기도 한다.
(나) 그러나 이제는 농촌에서 태어나는 아이도 없을뿐더러 그나마 있는 청년들도 도시로 떠나려 한다.
(다) 그럼에도 농촌에서 능력을 발휘하며 열정을 불태우는 청년들이 있다는 것은 매우 고무적인 일이다.
(라) 사회 전반적으로 고령화가 진행되고 있지만 농촌은 특히나 심각하다.

① (라)-(가)-(나)-(다)
② (라)-(나)-(다)-(가)
③ (라)-(다)-(나)-(가)
④ (라)-(가)-(다)-(나)
⑤ (라)-(나)-(가)-(다)

영역 6 응용계산력

20문항/12분

01. 재인이는 인터넷 쇼핑몰에서 가습기와 서랍장을 하나씩 구매하여 총 183,520원을 지불하였다. 이때 가습기는 정가의 15%를, 서랍장은 정가의 25%를 할인받아 평균 20%의 할인을 받고 구매한 것이라면, 가습기의 정가는 얼마인가?

① 89,500원 ② 92,100원 ③ 106,300원
④ 114,700원 ⑤ 125,000원

02. A ~ F 여섯 명이 회의를 하기 위해 원형 탁자에 둘러앉았다. 이 중 A와 B가 서로 이웃하여 앉게 되는 경우의 수는 모두 몇 가지인가?

① 30가지 ② 38가지 ③ 45가지
④ 48가지 ⑤ 50가지

03. 어느 카페에서 개업 이벤트를 하는데 가로세로 5칸의 총 25칸짜리로 구성되어 있는 박스 안에 음료를 무료로 먹을 수 있는 쿠폰 5개를 서로 다른 칸에 하나씩 넣어 두고, 한 사람당 칸을 고를 기회를 3번씩 준다고 한다. 2번만에 쿠폰이 있는 칸을 고를 확률은? (단, 소수점 첫째 자리에서 반올림한다)

① 9% ② 11% ③ 14%
④ 16% ⑤ 17%

04. 16장의 종이에 큰 활자와 작은 활자를 사용하여 21,000자의 활자를 찍어야 하는데, 큰 활자는 한 장에 1,200자가 들어가고, 작은 활자는 한 장에 1,500자가 들어간다. 1,500자의 활자를 사용한 종이는 몇 장인가? (단, 종이 한 장당 들어가는 활자는 큰 활자 또는 작은 활자 중 한 종류여야만 한다)

① 6장 ② 7장 ③ 8장
④ 9장 ⑤ 10장

05. 혜정이는 10만 원짜리 백화점 상품권을 인터넷에서 15% 할인된 가격으로 구매한 다음, 백화점에 가서 40% 할인행사를 하고 있는 정가 12만 원짜리 구두를 이 상품권으로 구입하였다. 구두를 구매한 금액은 기존 할인율에서 몇 %를 더 할인받은 가격인가? (단, 소수점 첫째 자리에서 반올림하며, 사용하고 상품권에 남은 금액은 현금으로 돌려받는다)

① 7% ② 9% ③ 11%
④ 12% ⑤ 13%

06. A, B 두 공장에서 컴퓨터를 생산하는데 작년에 두 공장에서 생산한 컴퓨터는 총 2,500대이고 올해 A 공장의 생산량과 B 공장의 생산량은 각각 전년 대비 10%와 20% 증가하였다. 증가한 컴퓨터 대수의 비율이 1 : 3일 때 올해 A 공장의 컴퓨터 생산량은?

① 900대 ② 950대 ③ 1,000대
④ 1,100대 ⑤ 1,200대

07. A, B, C, D 4개 수의 평균이 18이고 B, C의 평균이 17이며 B, C, D의 평균이 20일 때, A, D의 평균은?

① 10 ② 15 ③ 19
④ 21 ⑤ 22

08. A 회사에서는 2022년도에 원가의 20%를 이익으로 하는 가격으로 물건을 판매하였는데, 2023년도에 원가가 60% 절감되어 개당 5,000원에 제작하였다. 2022년도에 75개의 물건을 팔았다면, 그로 인해 A 회사가 얻은 이익은 얼마인가?

① 132,500원 ② 158,500원 ③ 175,000원
④ 187,500원 ⑤ 195,000원

09. 새마을호의 길이는 150m, KTX의 길이는 320m이다. KTX의 속력이 새마을호의 2배일 때, 두 열차가 같은 터널을 통과하는 데 새마을호는 20초, KTX는 11초가 걸렸다고 한다. 이 터널의 길이는?

① 1,020m ② 1,180m ③ 1,320m
④ 1,500m ⑤ 1,550m

10. K 그룹 신입사원들이 연수원에 도착하여 인원수에 맞게 방을 배정하려고 한다. 한 방에 6명씩 들어가면 4명이 남고, 한 방에 8명씩 들어가면 방이 3개 남으며 마지막 방에는 2명만이 들어가게 된다. 연수원에 도착한 신입사원은 모두 몇 명인가?

① 88명 ② 92명 ③ 102명
④ 106명 ⑤ 108명

11. 최 대리는 김 부장의 고등학교 후배로 12살 아래이다. 4년 전, 최 대리 나이의 3배 값과 김 부장 나이의 2배 값이 같았다면, 현재 최 대리의 나이는?

① 28살 ② 30살 ③ 32살
④ 34살 ⑤ 35살

12. 새로운 프로젝트에 사원 갑, 을, 병을 투입하려고 한다. 갑과 을이 투입되면 5일이 걸리고, 을과 병이 투입되면 10일이 걸리며, 갑과 병이 투입되면 8일이 걸린다. 병 사원이 혼자 프로젝트를 진행한다면 프로젝트를 끝내는 데 최소 며칠이 걸리겠는가?

① 40일 ② 60일 ③ 70일
④ 80일 ⑤ 120일

13. 현재 지점에서 20km 떨어진 A 지점까지 3시간 이내로 왕복을 하려고 한다. A 지점까지 갈 때 15km/h의 속력으로 달렸다면, 돌아올 때는 최소 몇 km/h의 속력으로 와야 하는가?

① 8km/h ② 8.5km/h ③ 10km/h
④ 12km/h ⑤ 15km/h

14. 유정이가 혼자 하면 A일, 세영이가 혼자 하면 B일이 걸리는 일이 있다. 유정이와 세영이가 함께 일을 시작하였으나, 중간에 세영이가 일을 그만두어 일이 모두 끝나기까지 15일이 걸렸다. 전체 일한 날 중 세영이가 일을 하지 않은 일수는?

① $\left\{15-\frac{A(B-15)}{A}\right\}$일 ② $\left\{15-\frac{B(A-15)}{A}\right\}$일 ③ $\left(15-\frac{B-15}{AB}\right)$일
④ $\left(15-\frac{AB-15B}{AB}\right)$일 ⑤ $\left\{15-\frac{B(A-15)}{2AB}\right\}$일

15. 8%의 소금물에 12%의 소금물을 섞은 다음 물 200g을 더 넣었더니 7%의 소금물 600g이 되었다. 첨가된 12%의 소금물은 몇 g인가?

① 150g ② 200g ③ 250g
④ 350g ⑤ 400g

16. A, B, C는 각각 구슬을 가지고 있다. A가 가진 구슬 중 1개를 B에게 주면 두 사람의 구슬 개수는 같아지고, C가 가진 구슬 중 4개를 B에게 주면 B의 구슬 개수는 C가 가진 구슬 개수의 2배가 된다. A, B, C가 가진 구슬의 평균 개수가 6개라고 할 때, C가 갖고 있는 구슬의 개수는?

① 4개 ② 6개 ③ 8개
④ 10개 ⑤ 11개

17. 정사면체의 네 면에 각각 1, 1, −1, 0이 적혀 있다. 이 정사면체를 두 번 던졌을 때 바닥에 깔리는 숫자의 합이 0이 될 확률은?

① $\frac{5}{9}$　② $\frac{2}{3}$　③ $\frac{3}{8}$

④ $\frac{5}{16}$　⑤ $\frac{8}{17}$

18. A 문구에서는 원가가 5,000원인 인형을 정가의 20% 할인된 가격으로 팔려고 하는데, 할인된 가격이 원가에 10%의 이익을 더한 값과 같다고 한다. 본래 가격은 원가에 몇 %의 이익을 더하여 판매한 것인가?

① 27.2%　② 30.5%　③ 33.4%

④ 35.5%　⑤ 37.5%

19. 어떤 소금물 300g에 물 220g을 증발시킨 후 소금 20g을 더 넣었더니 처음 농도의 A배가 되었다. 처음 소금물의 농도는?

① $\frac{20}{A-3}$%　② $\frac{A-3}{20}$%　③ $\frac{20}{A-2}$%

④ $\frac{A-2}{20}$%　⑤ $\frac{20}{A-5}$%

20. 지환이는 집에서 영화관까지 걸어서 가려고 한다. 집에서 영화관 사이의 정중앙에 위치한 공원까지는 시속 Akm로, 공원에서 영화관까지는 시속 Bkm으로 걸어서 총 15분이 걸렸다면, 집에서 영화관까지의 거리는?

① $\frac{AB}{4(A+B)}$km　② $\frac{AB}{2(A+B)}$km　③ $\frac{A+B}{4AB}$km

④ $\frac{A+B}{2AB}$km　⑤ $\frac{AB}{4(A+B)}$km

영역 7 수추리력

20문항/10분

[01 ~ 20] 다음 수의 배열에서 일정한 규칙을 찾아 '?'에 들어갈 알맞은 숫자를 고르시오.

01.

70 140 35 280 (?) 560

① 17.5 ② 18 ③ 18.5
④ 20 ⑤ 21.2

02.

7 8 12 19 (?) 42 58

① 22 ② 23 ③ 25
④ 28 ⑤ 29

03.

(?) 6 7 11 12 18 19 27 28

① −6 ② −2 ③ 4
④ 5 ⑤ 6

04.

−4 11 −9 6 −12 3 (?) 2

① −11 ② −13 ③ 5
④ 7 ⑤ 8

05.

37 35 39 31 47 15 (?)

① 49 ② 51 ③ 63
④ 79 ⑤ 80

06.

$2 \quad 1 \quad 3 \quad \frac{3}{2} \quad \frac{7}{2} \quad \frac{7}{4} \quad \frac{15}{4} \quad (\ ?\ )$

① $\frac{15}{6}$ ② $\frac{15}{8}$ ③ $\frac{18}{4}$
④ $\frac{31}{4}$ ⑤ $\frac{35}{4}$

07.

4 7 12 21 (?) 71 136

① 31 ② 33 ③ 35
④ 37 ⑤ 38

08.

7 10 12 16 17 22 (?)

① 22 ② 24 ③ 27
④ 28 ⑤ 30

09.

1	1	2	4	4	9	8	16	(?)

① 5
② 9
③ 12
④ 16
⑤ 18

10.

$$\frac{5}{9} \quad \frac{8}{18} \quad \frac{11}{36} \quad (\ ?\ ) \quad \frac{17}{144}$$

① $\frac{12}{56}$
② $\frac{13}{64}$
③ $\frac{14}{72}$
④ $\frac{15}{80}$
⑤ $\frac{77}{81}$

11.

1	1	2	3	5	8	13	21	(?)	55	89	144

① 32
② 34
③ 38
④ 44
⑤ 50

12.

11	33	36	12	48	(?)	13	65	70	14

① 52
② 60
③ 62
④ 68
⑤ 70

13.

16 12 17 15 22 (?) 31 33 44

① 18 ② 19 ③ 20
④ 21 ⑤ 22

14.

$\frac{4}{9}$ (?) $\frac{24}{54}$ $\frac{48}{162}$ $\frac{144}{323}$

① $\frac{12}{18}$ ② $\frac{8}{27}$ ③ $\frac{12}{36}$
④ $\frac{8}{45}$ ⑤ $\frac{11}{45}$

15.

(?) 9.5 19.5 39.5 79.5

① 2.5 ② 4.5 ③ 5.5
④ 6.5 ⑤ 7

16.

15 4 25 15 35 26 45 (?)

① 31 ② 35 ③ 37
④ 41 ⑤ 43

17.

78 93 105 111 114 120 123 129 (?)

① 131 ② 138 ③ 141
④ 145 ⑤ 147

18.

$\frac{2}{7}$ $\frac{1}{7}$ $\frac{2}{21}$ $\frac{1}{14}$ $\frac{2}{35}$ $\frac{1}{21}$ (?) $\frac{1}{28}$

① $\frac{1}{29}$ ② $\frac{1}{31}$ ③ $\frac{2}{37}$
④ $\frac{2}{49}$ ⑤ $\frac{7}{50}$

19.

13 4 3 22 7 3 16 5 (?)

① 3 ② 5 ③ 6
④ 7 ⑤ 10

20.

3 2 6 12 2 2 5 9 12 3 10 (?)

① 25 ② 26 ③ 42
④ 46 ⑤ 50

영역 8 창의력

1문항/6분

※ 이 유형은 정해진 답이 있는 것이 아니므로, 정답 및 해설이 제공되지 않습니다.

01. 제시된 그림을 보고 그 용도로 추측되는 것을 40개 쓰시오.

1		21	
2		22	
3		23	
4		24	
5		25	
6		26	
7		27	
8		28	
9		29	
10		30	
11		31	
12		32	
13		33	
14		34	
15		35	
16		36	
17		37	
18		38	
19		39	
20		40	

효성 2회

기출유형문제

문항수 | 151문항
시험시간 | 64분

▸ 정답과 해설 26쪽

영역 1 지각정확력

30문항/6분

[01 ~ 07] 다음 〈보기〉에서 왼쪽에 제시된 문자의 개수를 구하시오.

01.

IE

| 보기 |

IS IG IE JS IC IH IQ IV JU IS IP IZ IS IT IB IK IS
JE IU IV IZ IN IE IF IG IR IO IP IA IB IK JE EI IP
IW IT IK IL IE IZ IK IQ ID IB IA IF IC IS IU IZ IJ

① 2개 ② 3개 ③ 4개
④ 5개 ⑤ 6개

02.

F

| 보기 |

ARFKLFHOVEHGNDDIWTHCNEYTOQXNVUDNRKZFHRMZXHGMXJ
FSDFKLJGJEBVUHZXRMNLCGHRQHIOIDVBCUHGNXZUHTUWGZOI

① 3개 ② 5개 ③ 7개
④ 10개 ⑤ 12개

03.

WUV

| 보기 |

WUY VWU UWW WUW VWW UVW WVU UUV VUW
YUY WYU UWU VUV WUW WUY WUV VWW WYV
WVU WYV VUV YUY UWV UVW YWY WUW VUV

① 1개 ② 2개 ③ 3개
④ 4개 ⑤ 5개

04.

갧

| 보기 |

낿 갦 덺 겗 곏 젧 댉 벫 곎 낾 덻 덽 겙 갧 댊
덻 젦 곍 갦 넯 덹 텗 캛 갦 첽 멟 벫 댍 캚 텕
겗 탩 콃 캙 댋 낽 벭 넯 댉 젥 겙 갥 냁 덻 낾

① 1개 ② 2개 ③ 3개 ④ 4개 ⑤ 5개

05.

hu1

| 보기 |

fi2 k2j hu1 do9 a2u hu2 1ai sk1 z2n hu1
1if k2h ai1 o2b c7k hu1 hf4 a8i ho1 d3k
ju1 fo3 hu1 9ak a7k 3hu k8a u2h 1uf hu8

① 1개 ② 2개 ③ 3개 ④ 4개 ⑤ 5개

06.

앨

| 보기 |

옐 앰 엡 옐 엘 앨 앰 얩 얠 얩 열 옘 얄 엘 얩
앨 옐 옙 얕 엽 앱 열 엘 얄 얕 앨 옘 얍 알 옘
압 옐 엽 얕 얠 엽 얠 얄 얠 옐 앱 얍 옐 예 얠

① 1개 ② 2개 ③ 3개 ④ 4개 ⑤ 5개

07.

勤

| 보기 |

動 瞳 罿 重 覲 動 陲 動 覲 覲 重 瞳 陲 瞳 動
勤 重 覲 動 陲 動 覲 覲 瞳 陲 瞳 重 動 動 瞳
覲 瞳 覲 重 勤 動 陲 瞳 陲 重 重 勤 動 覲 瞳

① 3개 ② 4개 ③ 5개 ④ 6개 ⑤ 7개

[08 ~ 13] 다음 〈보기〉에서 왼쪽에 제시된 기호의 개수를 구하시오.

08.

∈

| 보기 |

○￥∽□∑℉▷♡♨∮ ＄＠♥♭€▣▽※☎⊃▽≠∵⇔￡∈∧⊆∃∏
∂×▤∬◉♬
≒∞∴≫▼℉♤♣♪ ！ ＃‰∫±⇒◐㉿∏∨∬∵≥♂≪∈∀▲←≒◁¡
\◆∵▷¿

① 1개　② 2개　③ 3개
④ 4개　⑤ 5개

09.

গ

| 보기 |

ঔ র ঠ ও ৯ দ ক খ ষ স হ খ ঞ এ চ গ খ এ ক খ ঔ
ঠ ও ৯ দ ক খ হ ভ র ঠ ও ঞ এ চ খ ঔ ঙ গ হ অ ও
ই গ ঋ ৯ দ ক খ ঞ এ ঔ ট গ ই ৎ ঢ় ঌ চ ঙ খ এ ঠ

① 1개　② 2개　③ 3개
④ 4개　⑤ 5개

10.

▥

| 보기 |

▤ ▨ ▥ ▤ ▤ ▧ ▤ ▥ ▧ ▤ ▧ ▨
▥ ▧ ▨ ▨ ▧ ▨ ▥ ▧ ▧ ▧ ▤ ▧
▨ ▤ ▥ ▧ ▨ ▥ ▧ ▤ ▧ ▨ ▥ ▤
▨ ▧ ▤ ▥ ▤ ▧ ▨ ▧ ▤ ▨ ▤ ▨

① 5개　② 6개　③ 7개
④ 8개　⑤ 9개

11.

Å

| 보기 |

℃ % A # @ $! Å ¥ $ % # Å ! @ $
& ℃ ¥ $ @ ¥ & # @ ℃ ! Å % & $
# @ ! ¥ ℃ & ! Å ¥ % $ A @ # ! %

① 4개　② 5개　③ 6개
④ 7개　⑤ 8개

12.

ⓝ

| 보기 |

ⓥ ⓖ ⓚ ⓤ ⓜ ⓒ ⓨ ⓝ ⓞ ⓦ ⓧ ⓙ ⓑ ⓤ ⓣ ⓔ ⓕ ⓟ ⓠ
ⓡ ⓓ ⓗ ⓘ ⓢ ⓐ ⓥ ⓖ ⓚ ⓛ ⓜ ⓒ ⓨ ⓝ ⓞ ⓚ ⓧ ⓙ ⓑ
ⓤ ⓣ ⓔ ⓕ ⓝ ⓠ ⓡ ⓓ ⓗ ⓘ ⓢ ⓐ ⓓ ⓙ ⓜ ⓦ ⓢ ⓝ ⓞ
ⓟ ⓤ ⓥ ⓕ ⓑ ⓖ ⓙ ⓨ ⓝ ⓩ ⓟ ⓣ ⓠ ⓒ ⓐ ⓖ ⓙ ⓞ ⓤ

① 3개　② 4개　③ 5개
④ 6개　⑤ 7개

13.

◈

| 보기 |

◩ ◈ ◨ ◕ ◓ ◈ ▣ ◫ ▣ ◩ ◐ ◈ ◪ ◑ ◉ ▣ ◩ ◉ ◑
◢ ◒ ◫ ◉ ▣ ◒ ◭ ◪ ◈ ◉ ◧ ◉ ◨ ▣ ◇ ◎ ▣ ○ ◥
◉ ◪ ◬ ◨ ◐ ◩ ◳ ◎ ◒ ◘ ◭ ◕ ◐ ◈ ◍ ◑ ◶ ◭ ◧

① 5개　② 6개　③ 7개
④ 8개　⑤ 9개

[14 ~ 15] 다음 〈보기〉에서 왼쪽에 제시된 숫자의 개수를 구하시오.

14.

912

| 보기 |

912	915	955	971	991	901	972	963	945	955	965
948	987	962	960	918	977	969	951	982	945	999
915	923	921	972	907	989	928	975	912	918	965
934	935	902	919	939	925	939	925	973	909	922

① 1개 ② 2개 ③ 3개
④ 4개 ⑤ 5개

15.

315

| 보기 |

314	325	327	394	311	313	315	316	351	354	351	375
395	311	319	351	315	345	365	355	318	313	319	353
351	317	359	385	313	312	375	345	315	351	316	318

① 1개 ② 2개 ③ 3개
④ 4개 ⑤ 5개

[16 ~ 22] 다음 〈보기〉에서 찾을 수 없는 문자를 고르시오.

16.

| 보기 |

ㄹㄱㅅ　ㅂㄱ　ㄹㅿ　ㅅㄴ　ㄴㄴ　ㆁㅅ　ㄹㅂㅅ　ㅂㅈ　ㅅㄱ　ㄹㆆ　ㅅㅈ　ㅂㅌ
ㅂㅌ　ㅁㅅ　ㅅㅈ　ㄴㅅ　ㄹㄷ　ㅁㅂ　ㅇㅇ　ㄴㄷ　ㅂㅅㄱ　ㄴㄴ　ㅂㄱ　ㅁㅿ
ㆅ　ㅂㅈ　ㄹㄷ　ㄹㆆ　ㅅㅂ　ㄹㄱㅅ　ㅂㄷ　ㆁㅿ　ㄹㅿ　ㅂㅅㄷ　ㄴㅿ　ㄹㅂㅅ

① ㅁㅅ　② ㄴㄷ　③ ㅅㄷ
④ ㅅㄱ　⑤ ㅁㅂ

17.

| 보기 |

ず け ぢ だ し ぢ ゆ び ぜ く い つ ね ぬ め ぺ ぼ ど づ さ ゃ わ る め で づ
け つ で げ き ぷ ぽ を ろ ぜ に べ す じ け ぉ ぞ ひ ぎ ぢ も を し よ ぢ ぎ
へ ど く ぱ ら せ ぐ け ぉ ゐ ゎ し ぁ な て そ ど も ふ す け ゅ む び れ た

① ぜ　② ゐ　③ を
④ ち　⑤ で

18.

| 보기 |

끗 끝 공 곱 끌 끗 끅 끝 끚 끔 끈 공 끌 끟 끅 끟 끝 끘 끔
끈 공 끌 끟 끅 끚 끞 끟 공 곱 끚 끝 끅 끗 끔 끈 공 끌 끟
끅 끝 끘 끞 끟 곱 끚 끅 끘 뀪 끝 끔 끈 공 끌 끟 끅 끝 끚
끔 끈 곱 끚 끋 끅 끟 끅 끚 끅 끘 뀪 끟 끔 끈 공 끌 끟 끅
끟 끞 끘 끔 끈 공 끌 끟 끝 끅 끚 끟 공 곱 끚 끋 끅 끗 끔

① 끞　② 뀪　③ 끟
④ 끗　⑤ 끚

19.

| 보기 |

سى ص ق س ج خ ل ض ق ص ش ض ص و ج ش
ض ذ ق ب ش و س ب ت ض ش ز ب ت ش ق ص
ح خ د ض ق ص ن م و ض ق ص ش ت ب ض ش

① ق　② ف　③ ص　④ س　⑤ ن

20.

| 보기 |

伽	儺	多	喇	摩	乍	亞	仔	且	他	坡	下
佳	娜	茶	懶	瑪	事	俄	刺	侘	咤	婆	何
假	懦	癩	痲	些	兒	咨	借	唾	巴	厦	亞
仔	且	他	瑪	事	俄	娜	茶	懶	瑪	些	兒

① 伽　② 侘　③ 假　④ 價　⑤ 咨

21.

| 보기 |

あきちしびみわおとそさはほぽぷなず
ぐそすこえんわをねがさをはまぎじさ
はけげねぜぺめれゐるうくこぞとがざ

① め　② ね　③ な　④ ぬ　⑤ み

22.

| 보기 |

콹	솙	휡	찱	겏	툵	댦	봁	굵	졝	훍	즑	밹	춝
껽	윩	멹	딻	쳵	쿩	쪏	핪	폷	꺏	땕	줅	쌝	뀕
뺅	팱	흙	쌟	숡	맭	줅	쑯	껅	릾	붋	둛	칽	꿃

① 굵　② 꺏　③ 둛　④ 쌝　⑤ 딻

[23 ~ 29] 다음 〈보기〉에서 찾을 수 없는 기호를 고르시오.

23.

| 보기 |

♧ ☆ ◐ ∑ ∮ ▥ ￡ ♡ ▣ ▦ ￡ ￥ ◈ ♥ ▧ ℃ ☎ ♣
♤ ◑ ▩ ▶ ⊠ ☸ ◁ ♀ ▨ ▶ ♬ ▤ ♭ ◉ ⇛ Ⅷ ⦶ ₡
☍ ✪ ∮ ◱ ⊛ ◭ ☊ ☮ ☈ ◒ ◪ ㉿ ◵ ∋ ㉾ ⇔ ⁉ @

① ∮　　② ￡　　③ ‰
④ ♭　　⑤ ☊

24.

| 보기 |

▣ ◪ ◫ ▣ ◲ ▥ ▨ ◪ ▧ ◱ ▥ ▨ ◪ ◫ ▦ ◱ ◇ ◰ ◪ ▣
▨ ▥ ◩ ◈ ▦ ◱ ◰ ◪ ▦ ◫ ▣ ◈ ◇ ◲ ◳ ▣ ◨ ◰ ▩ ▨
◇ ◲ ▣ ▨ ▣ ◨ ▩ ▥ ▣ ▨ ◨ ◰ ▧ ◫ ▦ ◨ ◪ ▣ ▧ ▦

① ▦　　② ◫　　③ ◧
④ ◩　　⑤ ◲

25.

| 보기 |

╡ ╢ ╖ ╕ ╣ ║ ╨ ╤ ╥ ╙ ╘ ╒ ╓ ╫
║ ╝ ╜ ╛ ╞ ╟ ╝ ╜ ╛ ╞ ╟ ╚ ╔ ╘
╒ ╓ ╫ ╠ ═ ╬ ╧ ╚ ╔ ╠ ═ ╬ ╡ ╢
╖ ╕ ╣ ╧ ╨ ╤ ╥ ╚ ╞ ╟ ╝ ╣ ║ ╨

① ╢　　② ╘　　③ ╠
④ ╪　　⑤ ╙

26.

| 보기 |

⠄ ⠕ ⠠ ⡚ ⠸ ⠵ ⡅ ⡃ ⠖ ⠻ ⠶

⡪ ⡦ ⡄ ⡂ ⠧ ⠺ ⠵ ⡘ ⢃ ⠲ ⡖

⢁ ⢨ ⡷ ⠥ ⠐ ⠀ ⠼ ⡙ ⡖ ⠴ ⡖

① ⠕　② ⡃　③ ⠐
④ ⠲　⑤ ⣾

27.

| 보기 |

❈ ✫ ❊ ❁ ✯ ❃ ✳ ✰ ✲ ✢ ✤ ✾ ✘ ✜ ❈

✶ ❄ ✸ ❋ ✾ ✿ ✺ ❉ ✦ ✷ ✹ ❁ ❖ ✠ ✗

❀ ✲ ❂ ✹ ❈ ✩ ✱ ✭ ❏ ❂ ❀ ❊ ✾ ✲ ✳

① ✭　② ❉　③ ✹
④ ❆　⑤ ✢

28.

| 보기 |

Ⓔ Ⓩ Ⓗ Ⓓ Ⓖ Ⓘ Ⓐ Ⓠ Ⓕ Ⓜ Ⓛ Ⓒ

Ⓚ Ⓞ Ⓢ Ⓙ Ⓟ Ⓦ Ⓤ Ⓛ Ⓡ Ⓑ Ⓥ Ⓗ

Ⓖ Ⓣ Ⓨ Ⓜ Ⓕ Ⓢ Ⓡ Ⓘ Ⓚ Ⓟ Ⓓ Ⓧ

① Ⓤ　② Ⓑ　③ Ⓙ
④ Ⓥ　⑤ Ⓝ

29.

| 보기 |

Ա Բ Գ Դ Ե Զ Է Ը Թ Ժ Ի Լ Խ Ծ Կ Հ Ձ Ղ Ճ Մ Յ Ն Շ Չ Պ Ջ Ռ
Ս Տ Ց Ի Փ Ք Օ Հ Ր Ո Լ Ժ Թ Ե Ա Բ Գ Ճ Մ Յ Ք Ջ Թ Ի Թ Ժ Ի
Օ Ք Փ Ի Ց Ր Վ Ռ Չ Շ Ն Մ Ճ Հ Կ Ի Թ Ը Դ Գ Բ Տ Յ Ժ Խ Ծ տ

① Ց　　② Խ　　③ Ճ
④ տ　　⑤ Ֆ

30. 다음 〈보기〉에서 찾을 수 없는 숫자는?

| 보기 |

50397248302154121547269
57894102546320864157495
58743025456315791432018

① 589　　② 743　　③ 632
④ 121　　⑤ 201

영역 2 언어유추력

20문항/5분

[01 ~ 10] 다음 두 단어 쌍이 같은 관계가 되도록 빈칸에 알맞은 단어를 고르시오.

01.

높새 : 하늬 = 여우 : (   )

① 골짜기 ② 서리 ③ 이슬
④ 어린왕자 ⑤ 장미

02.

절실 : 긴요 = 선발 : (   )

① 도태 ② 고용 ③ 사항
④ 발췌 ⑤ 유의

03.

넉넉하다 : 푼푼하다 = 말끔하다 : (   )

① 고상하다 ② 숭고하다 ③ 상스럽다
④ 단정하다 ⑤ 또렷하다

04.

묵 : 도토리 = 송편 : (   )

① 만두 ② 밀 ③ 쌀
④ 추석 ⑤ 호떡

05.

홍보 : 포스터 = 치료 : (   )

① 주사 ② 요양 ③ 의사
④ 병원 ⑤ 환자

06.

수정과 : 생강 = 식해 : (   )

① 약과 ② 생선 ③ 엿기름
④ 소고기 ⑤ 음식

07.

서적 : 양서 = (   ) : 냉장고

① 세탁기 ② 식료품 ③ 전기
④ 가전제품 ⑤ 냉동고

08.

시력 : 안경 = 청력 : (   )

① 돋보기 ② 보청기 ③ 이비인후과
④ 헤드폰 ⑤ 후각

09.

캐러멜 : 달보드레하다 = (　　　) : 알근알근

① 얼음　② 살구　③ 매운탕
④ 불고기　⑤ 초콜릿

10.

가야금 : 오동나무 = (　　　) : 흙

① 서까래　② 뚝배기　③ 거울
④ 책　⑤ 연필

[11 ~ 20] 다음 제시된 단어의 대응 관계로 볼 때, A와 B에 들어가기 알맞은 것을 짝지어 고르시오.

11.

소나티네 : (A) = 수채화 : (B)

A : ① 피아노　② 소나티나　③ 악곡　④ 바로크　⑤ 연주
B : ① 유화　② 서양화　③ 회화　④ 일러스트　⑤ 화가

12.

(A) : (B) = 육류 : 베이컨

A : ① 소금　② 식기　③ 사과　④ 조미료　⑤ 사탕
B : ① 건조　② 나트륨　③ 염전　④ 설탕　⑤ 꿀

13.

(A) : 공소＝소방대원 : (B)

A : ① 검사 ② 선고 ③ 법원 ④ 범죄 ⑤ 판사
B : ① 화재 ② 불 ③ 소화 ④ 소방서 ⑤ 현장

14.

(A) : 시작(始作)＝해금(解禁) : (B)

A : ① 출발(出發) ② 시초(始初) ③ 기원(基源) ④ 개시(開始) ⑤ 방해(妨害)
B : ① 해방(解放) ② 제한(制限) ③ 규제(規制) ④ 제약(制約) ⑤ 회정(回程)

15.

멸시 : (A)＝(B) : 미개

A : ① 능욕 ② 존경 ③ 좌절 ④ 자만 ⑤ 경시
B : ① 원시 ② 도구 ③ 원시인 ④ 문명 ⑤ 개척

16.

토로 : 피력＝(A) : (B)

A : ① 사람 ② 어버이 ③ 우정 ④ 사랑 ⑤ 조부모
B : ① 엄마 ② 친구 ③ 가족 ④ 부모 ⑤ 자손

17.

숙호충비(宿虎衝鼻) : (A)=(B) : 달팽이

A : ① 삵 ② 여우 ③ 호랑이 ④ 고양이 ⑤ 토끼
B : ① 연목구어 ② 와각지쟁 ③ 묘두현령 ④ 성호사서 ⑤ 마부정제

18.

현실 : 이상=(A) : (B)

A : ① 현존 ② 사실 ③ 미래 ④ 과거 ⑤ 현재
B : ① 진리 ② 인정 ③ 진실 ④ 허위 ⑤ 실정

19.

(A) : 감봉(減俸)=가령(假令) : (B)

A : ① 징계(徵戒) ② 증봉(增俸) ③ 월봉(越俸) ④ 정직(停職) ⑤ 증질(增秩)
B : ① 그래서 ② 예를 들면 ③ 그러므로 ④ 그럼에도 불구하고 ⑤ 또한

20.

위성 : (A)=행성 : (B)

A : ① 항성(恒星) ② 별똥별 ③ GPS ④ 달 ⑤ 우주선
B : ① 태양 ② 우주 ③ 금성 ④ 은하계 ⑤ 태양계

영역 3 언어추리력

20문항/5분

[01 ~ 04] 다음 〈제시문〉을 읽고 주어진 문장이 참이면 ①, 거짓이면 ②, 참 · 거짓을 알 수 없으면 ③을 고르시오.

01.

| 제시문 |

- A ~ D 4명은 동창회장에 도착하는 순서에 따라 자리를 배정하였는데, 동시에 도착한 사람은 없다.
- A ~ D의 직업은 변호사, 의사, 시인, 교사 중 하나이고, 모두 다른 직업을 가졌다.
- A는 교사이고, D는 변호사이다.
- A는 시인보다 빨리 도착하였으나, 1등으로 도착한 것은 아니다.
- 변호사는 시인과 의사 사이에 도착하였다.
- B가 가장 늦게 도착하였다.

C는 의사이다.

① 참　　② 거짓　　③ 알 수 없음

02.

| 제시문 |

- 동물원에 있는 A, B, C, D관에 각각 악어, 사슴, 치타, 독수리가 살고 있다.
- 악어는 C관과 D관 두 곳 중 한 관에 산다.
- 사슴은 B관에서 살지 않는다.
- 치타와 독수리는 A와 C관에서 살지 않는다.

사슴은 A관에서 산다.

① 참　　② 거짓　　③ 알 수 없음

03.

| 제시문 |

- 한 분단의 갑, 을, 병, 정은 두 명씩 짝을 지어 칠판을 바라보고 첫 번째 줄과 두 번째 줄에 앉는다.
- 네 사람의 가방은 각각 빨간색, 파란색, 하얀색, 검은색이다.
- 을은 정의 뒷줄에 앉지 않는다.
- 검은색 가방이 있는 자리의 오른쪽 옆자리에는 빨간색 가방이, 앞자리에는 파란색 가방이 놓여 있다.
- 갑은 병과 대각선으로 위치한 자리에 앉으며, 검은색 가방을 갖고 있다.

병의 가방은 파란색이다.

① 참　　② 거짓　　③ 알 수 없음

04.

| 제시문 |

- A ~ E는 미술시간에 필요한 재료를 각자 하나씩 가져오기로 하였다.
- 미술시간에 필요한 재료는 색종이, 한지, 철사, 찰흙, 물감이다.
- D는 물감을 가지고 오기로 했다.
- C는 찰흙을 가지고 오기로 하지 않았다.
- A와 B 가운데 한 명은 반드시 색종이를 가지고 오기로 했다.

E는 한지를 가지고 오지 않는다.

① 참　　② 거짓　　③ 알 수 없음

[05 ~ 06] 다음 〈제시문〉을 읽고 문제의 내용이 참이면 ①, 거짓이면 ②, 참 · 거짓을 알 수 없으면 ③을 고르시오.

| 제시문 |

- 1호선을 타 본 사람은 2호선도 타 보았다.
- 2호선을 타 본 사람은 5호선도 타 보았다.
- 5호선을 타 본 사람은 3호선을 타 보지 않았다.
- 3호선을 타 본 사람은 4호선을 타 보지 않았다.
- 4호선을 타 본 사람은 1호선을 타 보지 않았다.

05.

3호선을 타 본 사람은 1호선을 타 보지 않았다.

① 참　　② 거짓　　③ 알 수 없음

06.

2호선을 타 보지 않은 사람은 1호선을 타 보았다.

① 참　　② 거짓　　③ 알 수 없음

07. 다음 ⓐ, ⓑ에 근거하여 ⓒ의 참, 거짓, 알 수 없음을 판단한다면?

ⓐ 사과는 배보다 비싸지 않고 감보다 싸지 않다.
ⓑ 감은 귤보다 싸지 않고 배보다 비싸지 않다.
ⓒ 귤은 사과보다 비싸지 않다.

① 참　　② 거짓　　③ 알 수 없음

[08 ~ 09] 다음 〈제시문〉을 읽고 문제의 내용이 참이면 ①, 거짓이면 ②, 참 · 거짓을 알 수 없으면 ③을 고르시오.

| 제시문 |

- 배추를 기르는 농가는 당근을 기르지 않는다.
- 상추를 기르지 않는 농가는 당근을 기르지 않는다.
- 당근을 기르지 않는 농가는 감자를 기르지 않는다.
- 상추 또는 오이를 기르는 농가는 호박을 기른다.

08. 감자를 기르는 농가는 배추를 기른다.

① 참 ② 거짓 ③ 알 수 없음

09. 당근을 기르는 농가는 상추와 감자를 기른다.

① 참 ② 거짓 ③ 알 수 없음

10. 다음 ⓐ, ⓑ에 근거하여 ⓒ의 참, 거짓, 알 수 없음을 판단한다면?

ⓐ A는 영어 시험에서 B보다 20점을 더 받았다.
ⓑ 영어 시험에서 C의 점수는 A보다 10점이 적다.
ⓒ B와 C의 영어 점수 차이는 20점이다.

① 참 ② 거짓 ③ 알 수 없음

[11 ~ 12] 다음 〈제시문〉을 읽고 문제의 내용이 참이면 ①, 거짓이면 ②, 참 · 거짓을 알 수 없으면 ③을 고르시오.

| 제시문 |

- A, B, C, D, E 중 상 · 하의를 같은 색깔로 입은 사람은 없다.
- 4명 중 2명은 파란색 상의를, 2명은 노란색 상의를, 나머지 1명은 빨간색 상의를 입고 있다.
- 파란색 하의를 입고 있는 사람은 2명, 빨간색 하의를 입고 있는 사람은 2명, 노란색 하의를 입고 있는 사람은 1명이다.
- A는 노란색 옷을 입지 않으며 파란색 상의를 입고 있지 않다.
- B는 노란색 하의를 입고 있다.
- C와 D는 같은 색의 상의를 입고 있다.

11. C가 입은 상의의 색깔은 노란색이다.

① 참　　② 거짓　　③ 알 수 없음

12. E가 입은 하의의 색깔은 빨간색이다.

① 참　　② 거짓　　③ 알 수 없음

[13 ~ 14] 다음 〈제시문〉을 읽고 문제의 내용이 참이면 ①, 거짓이면 ②, 참 · 거짓을 알 수 없으면 ③을 고르시오.

| 제시문 |

- A, B, C, D, E 다섯 명이 소매치기 용의자로 지목되었다.
- 다섯 명 중 유죄는 두 명이다.
- B와 C는 함께 유죄이거나 무죄이다.
- A가 무죄라면 B와 E도 무죄다.
- D가 유죄라면 E도 유죄다.
- D가 무죄라면 C도 무죄다.

13. D는 무죄이다.

① 참　② 거짓　③ 알 수 없음

14. 유죄는 B와 C 두 명이다.

① 참　② 거짓　③ 알 수 없음

[15 ~ 17] 다음 〈제시문〉을 읽고 문제의 내용이 참이면 ①, 거짓이면 ②, 참 · 거짓을 알 수 없으면 ③을 고르시오.

| 제시문 |

- 휴게실 자판기에는 A, B, C, D 버튼이 차례대로 있고 이 버튼을 누르면 각각의 음료(아메리카노, 카푸치노, 카페라테, 카페모카)가 나온다.
- 음료의 당도는 카페모카, 카페라테, 카푸치노, 아메리카노 순서로 높다.
- A 버튼의 음료는 D 버튼의 음료보다 달다.
- 카페라테를 마시고 싶을 때는 D 버튼을 누르면 된다.
- 카페모카 버튼과 아메리카노 버튼은 서로 이웃해 있다.

15.

아메리카노 버튼과 카푸치노 버튼은 서로 이웃해 있다.

① 참　　② 거짓　　③ 알 수 없음

16.

B, C 버튼 중 하나를 누르면 카페모카가 나온다.

① 참　　② 거짓　　③ 알 수 없음

17.

음료의 당도가 높은 순서대로 A부터 D까지 위치되어 있다.

① 참　　② 거짓　　③ 알 수 없음

[18 ~ 20] 다음 〈제시문〉을 읽고 문제의 내용이 참이면 ①, 거짓이면 ②, 참 · 거짓을 알 수 없으면 ③을 고르시오.

| 제시문 |

- A ~ F는 현재 운동장, 집, 도서관 중 어딘가에 있다.
- A는 운동장에 있고, B는 집에 있다.
- C는 D와 함께 있다.
- 집에 있는 사람은 2명이다.
- 도서관에 있는 사람은 1명뿐이다.

18. D는 도서관에 있다.

① 참　　② 거짓　　③ 알 수 없음

19. E가 도서관에 있다면 F는 집에 있다.

① 참　　② 거짓　　③ 알 수 없음

20. 운동장에 있는 사람은 A, C, D이다.

① 참　　② 거짓　　③ 알 수 없음

영역 4 공간지각력

20문항/8분

[01 ~ 15] 다음 전개도를 접었을 때 나타날 수 있는 입체도형을 고르시오.

01.

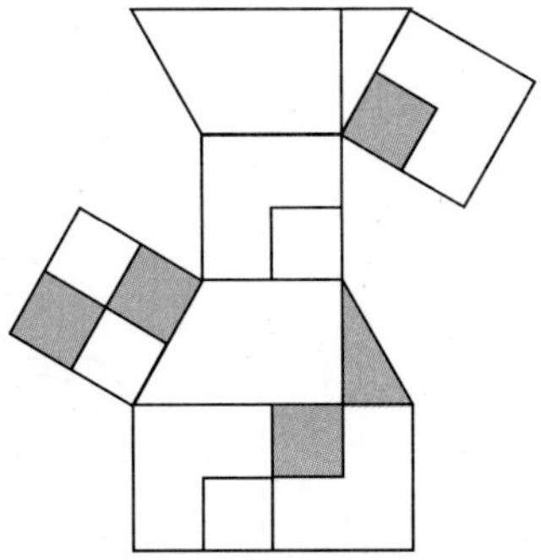

①

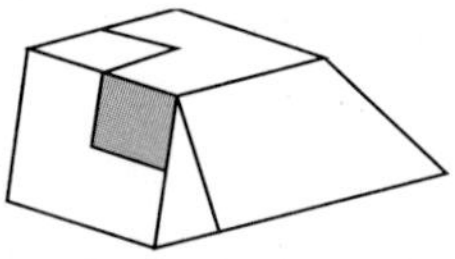

②

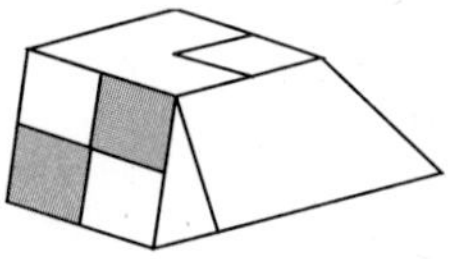

③

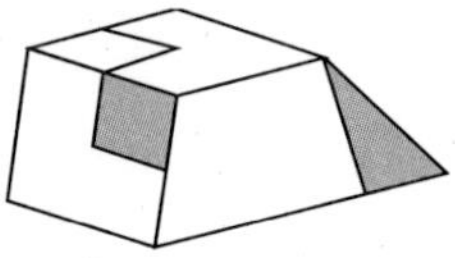

④

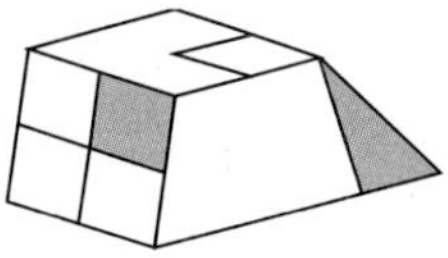

02.

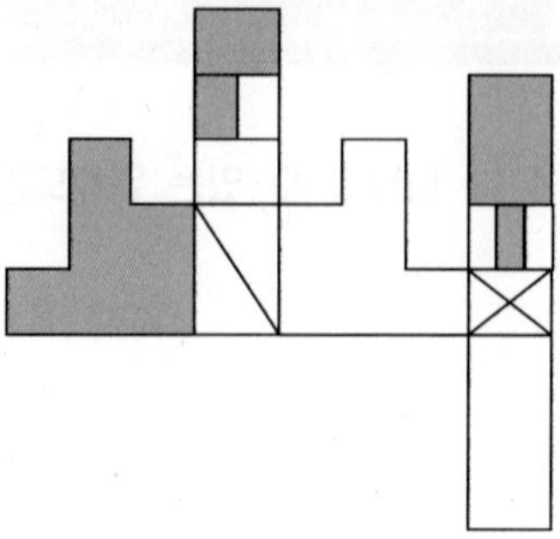

① 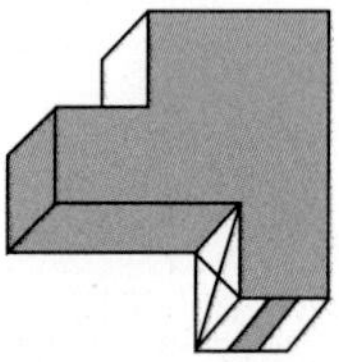

② 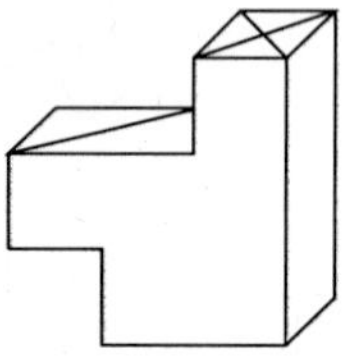

③ 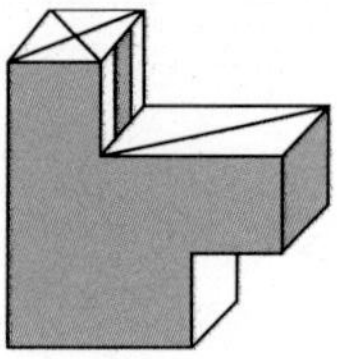

④ 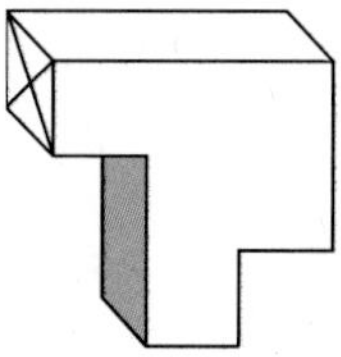

03.

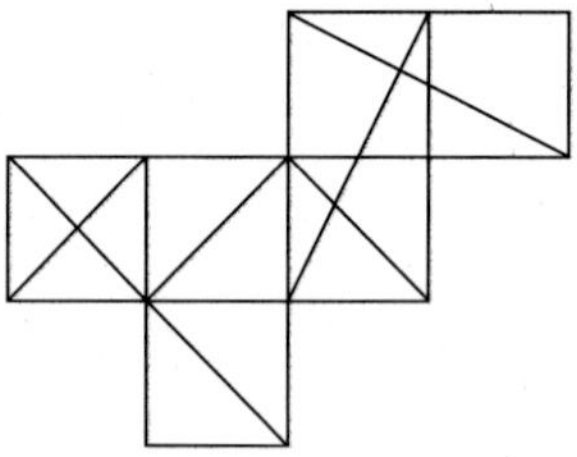

① 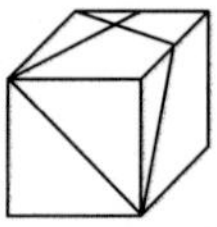
② 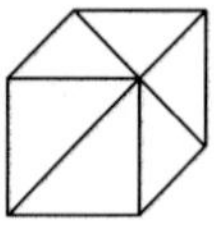
③ 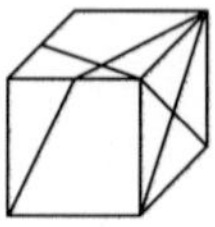
④ 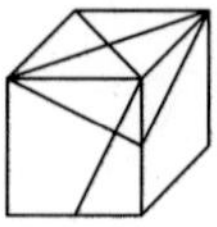

04.

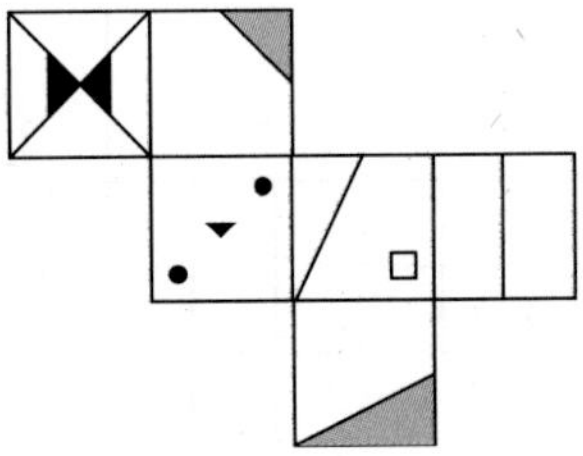

① 

② 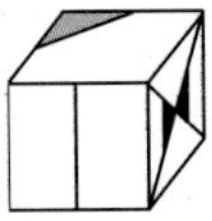

③ 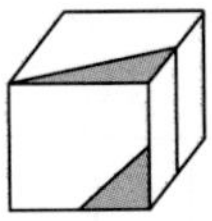

④ 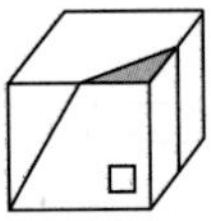

05.

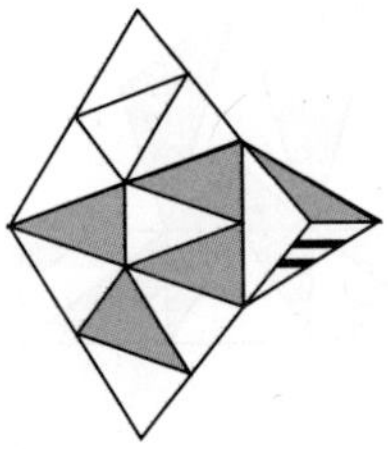

① 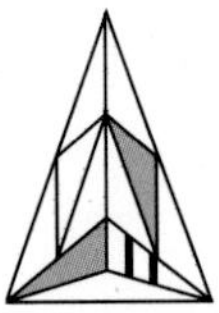

② 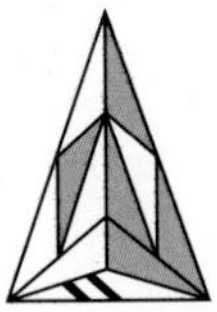

③ 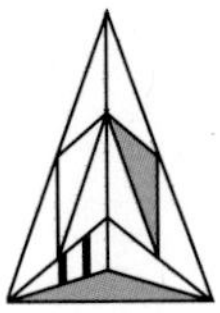

④ 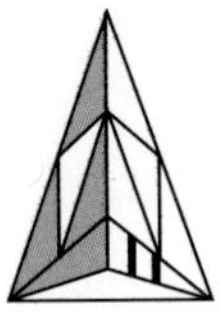

06.

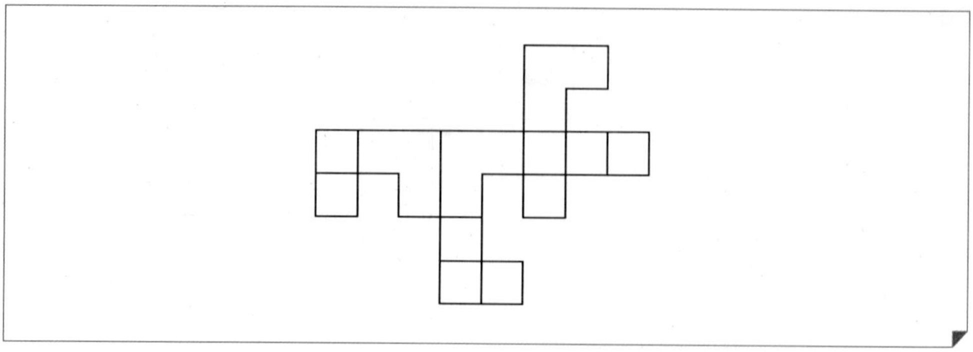

①
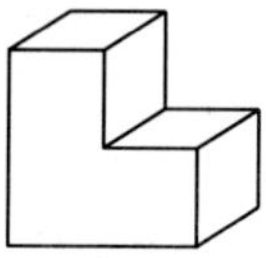
②
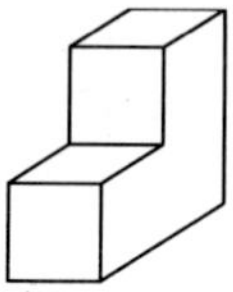
③
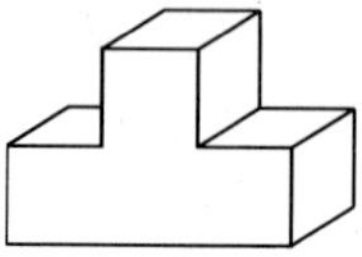
④
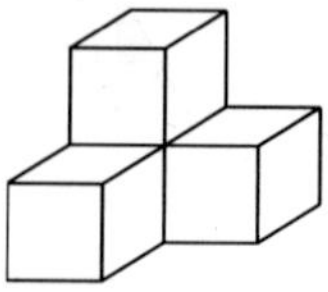

07.

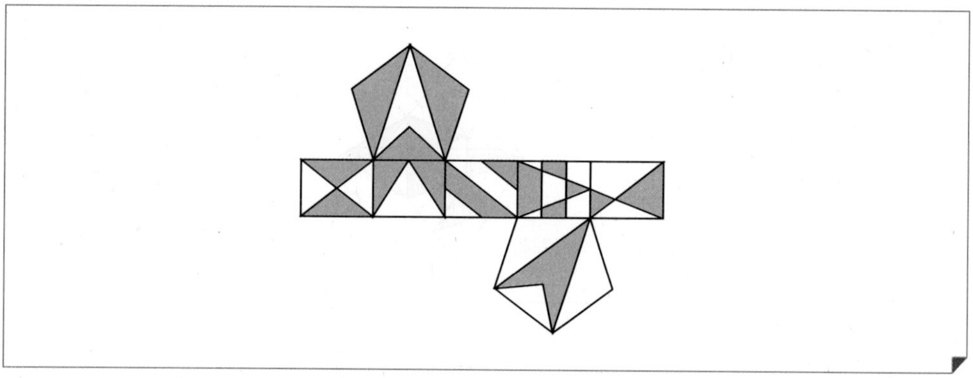

①
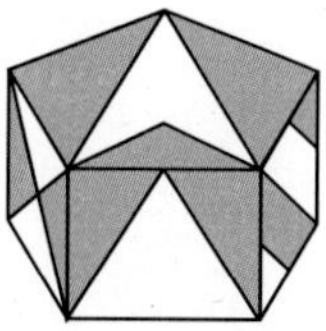
②
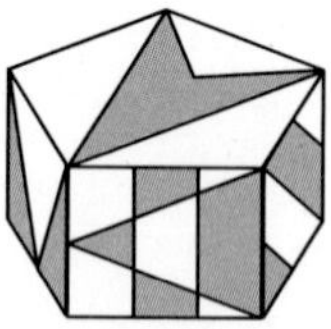
③
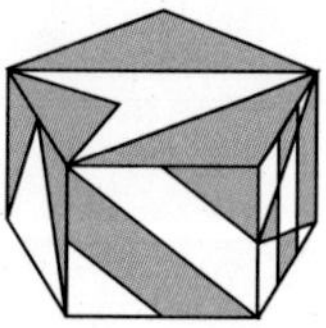
④
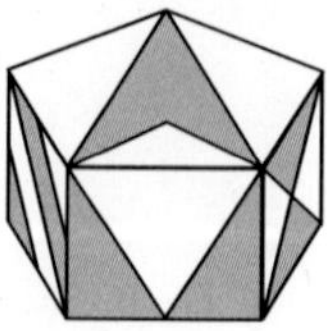

08.

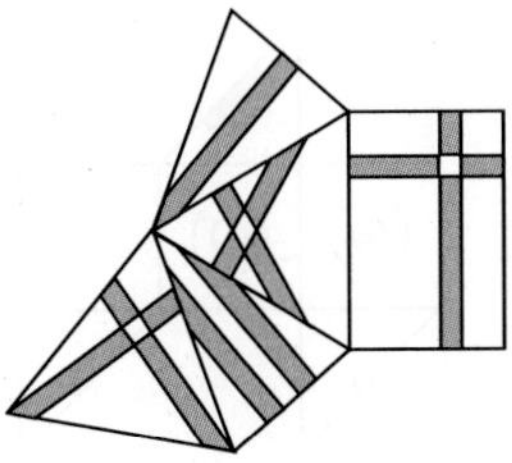

①

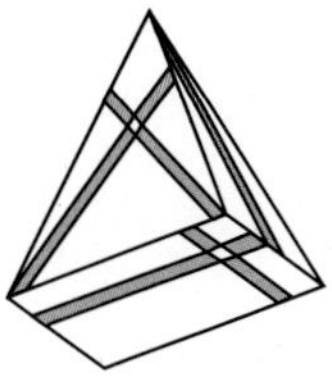

②

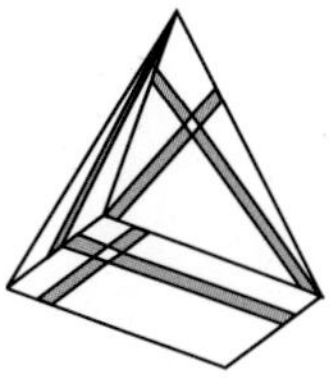

③

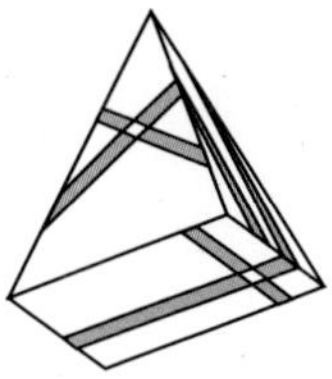

④

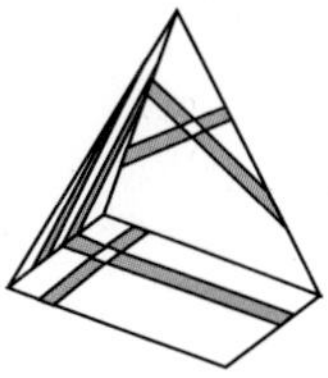

09.

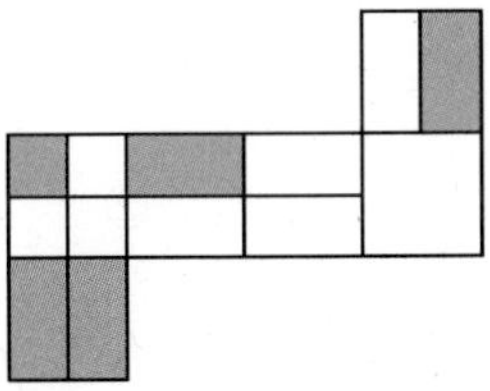

①

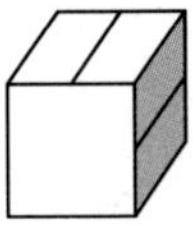

②

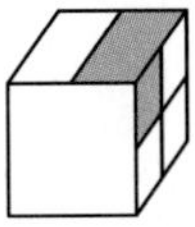

③

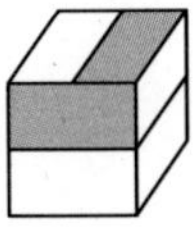

④

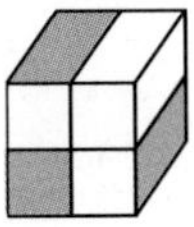

10.

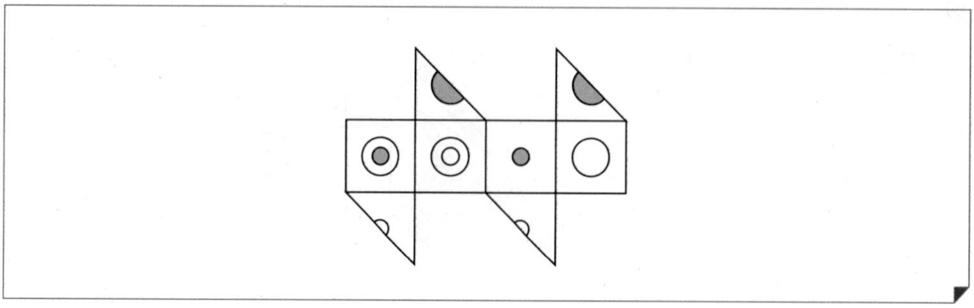

①

②

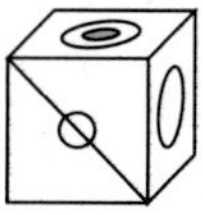

③

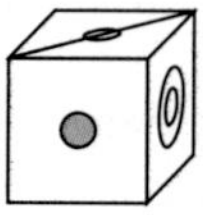

④

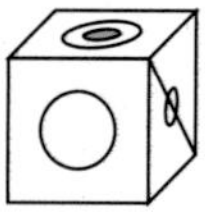

11.

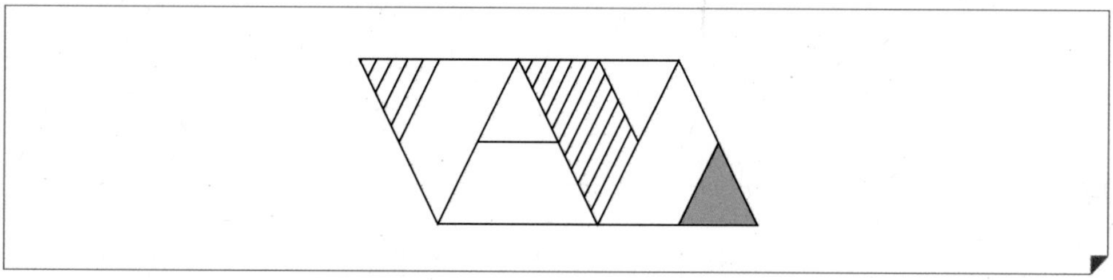

①

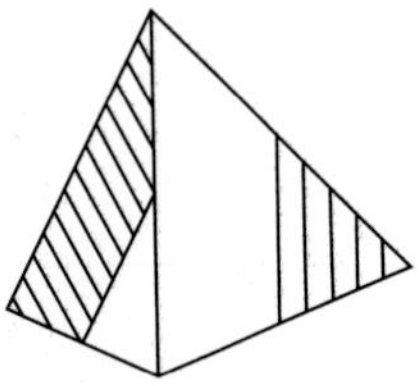

②

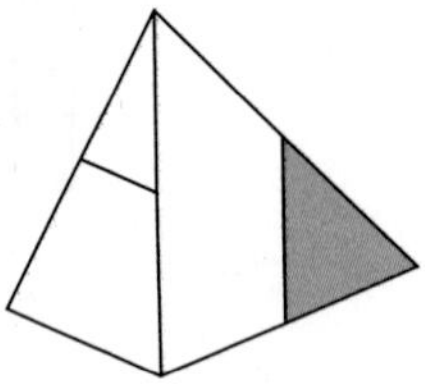

③

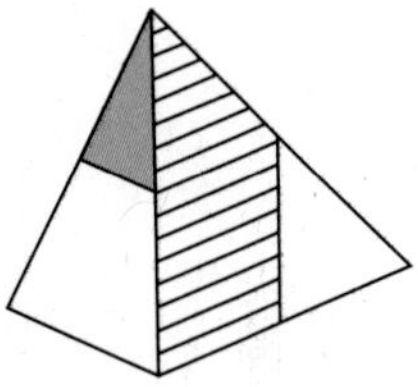

④

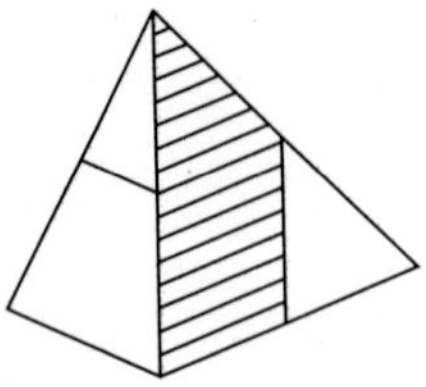

12.

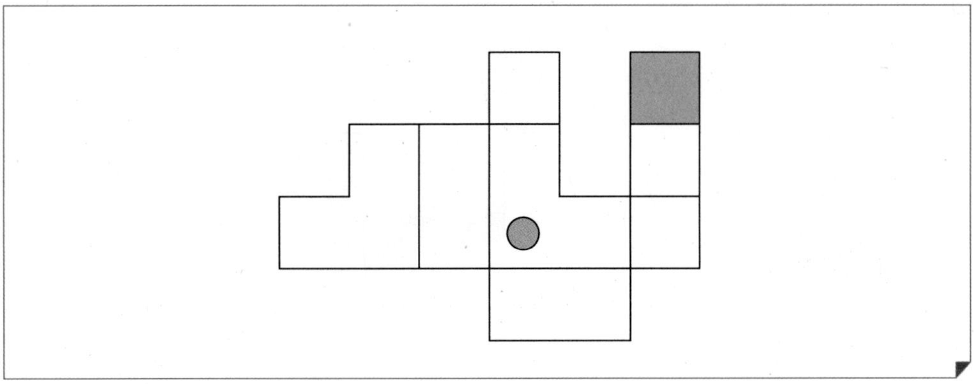

①
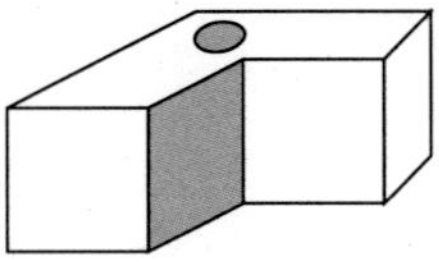

②
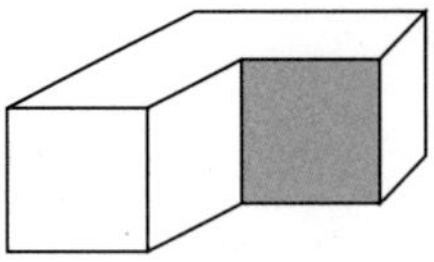

③
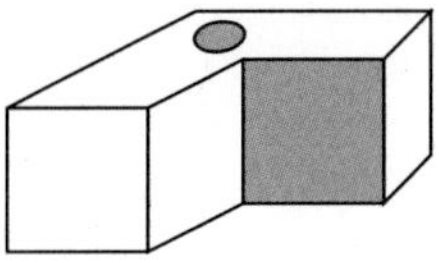

④
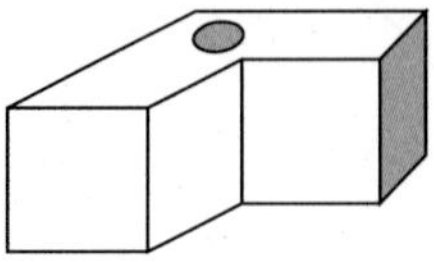

13.

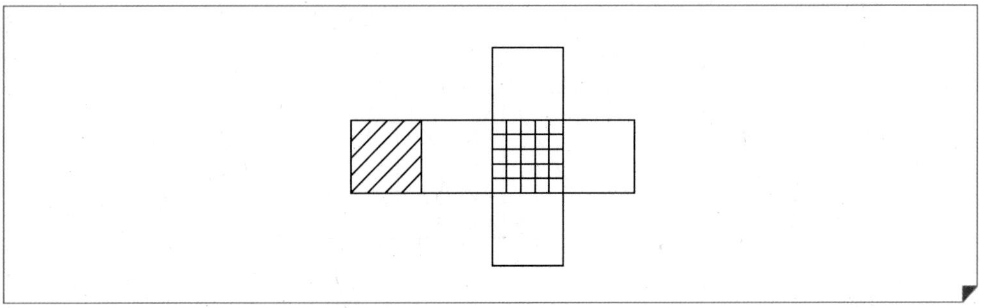

①
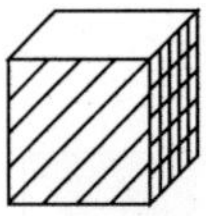

②
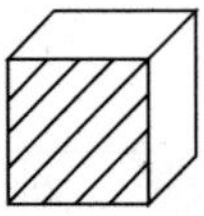

③
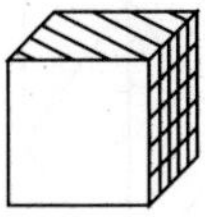

④
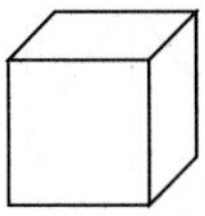

14.

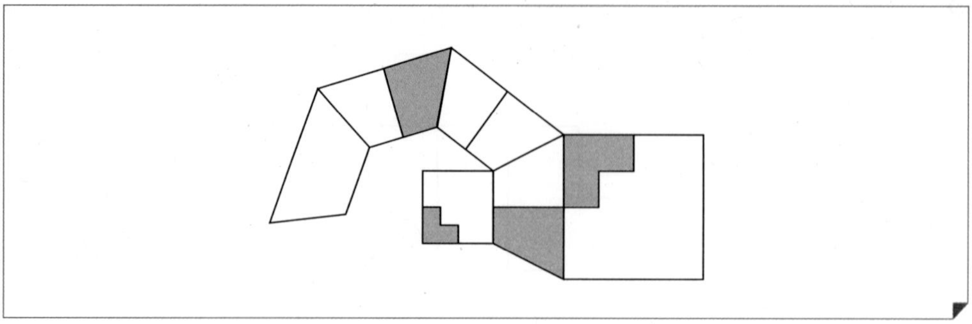

①

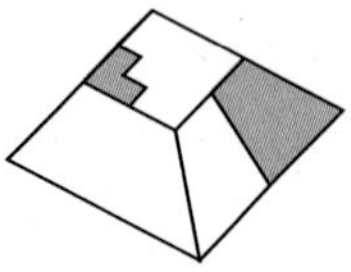

②

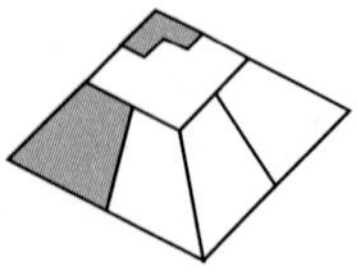

③

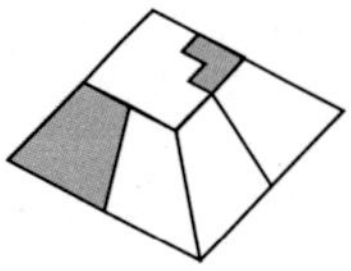

④

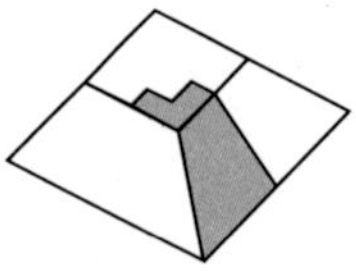

15.

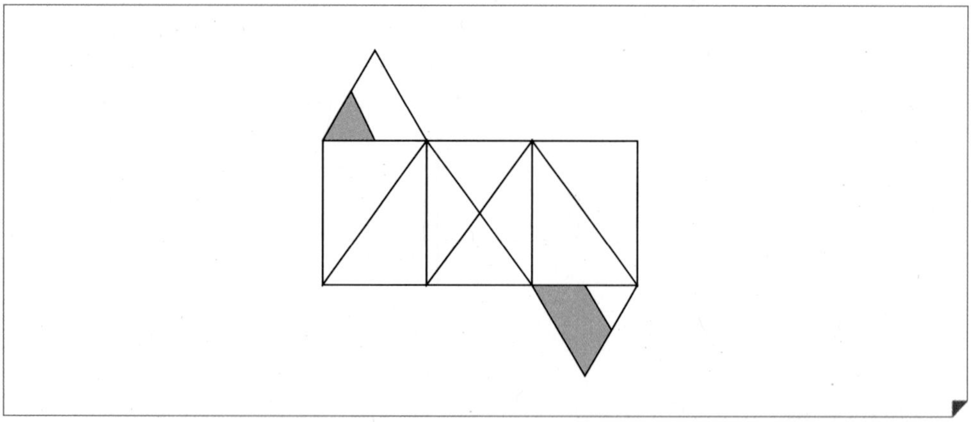

①

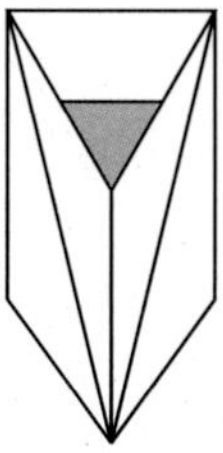

②

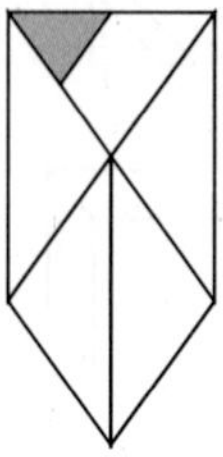

③

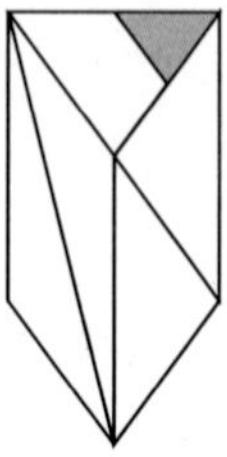

④

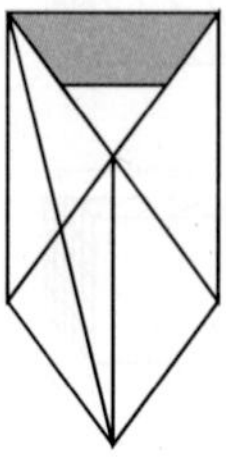

[16 ~ 20] 다음 전개도가 어느 도형의 전개도인지 고르시오.

16.

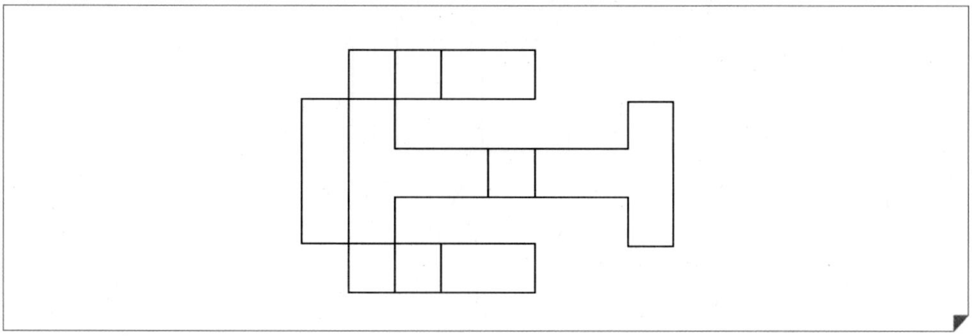

① 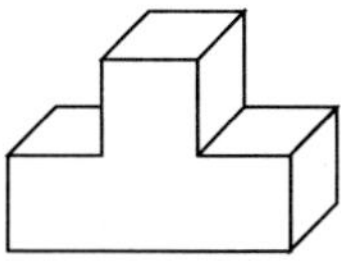

② 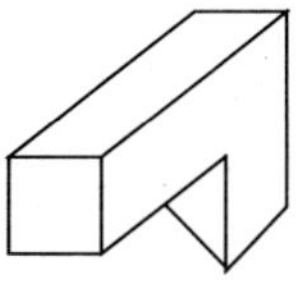

③ 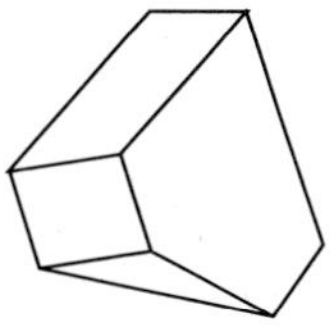

④ 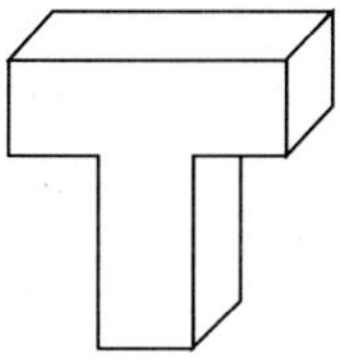

17.

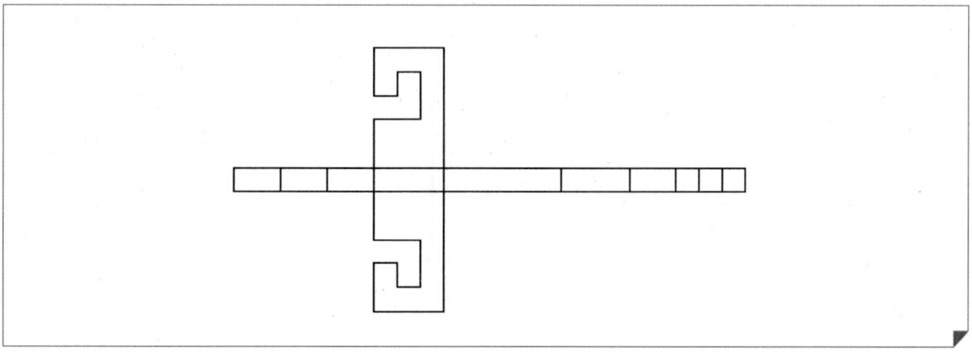

① 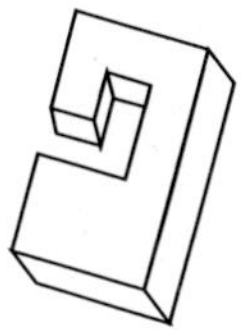

② 

③ 

④ 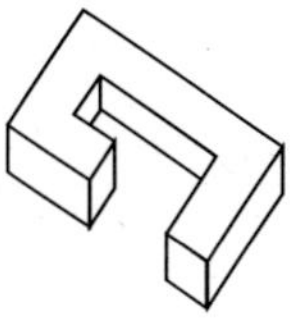

18.

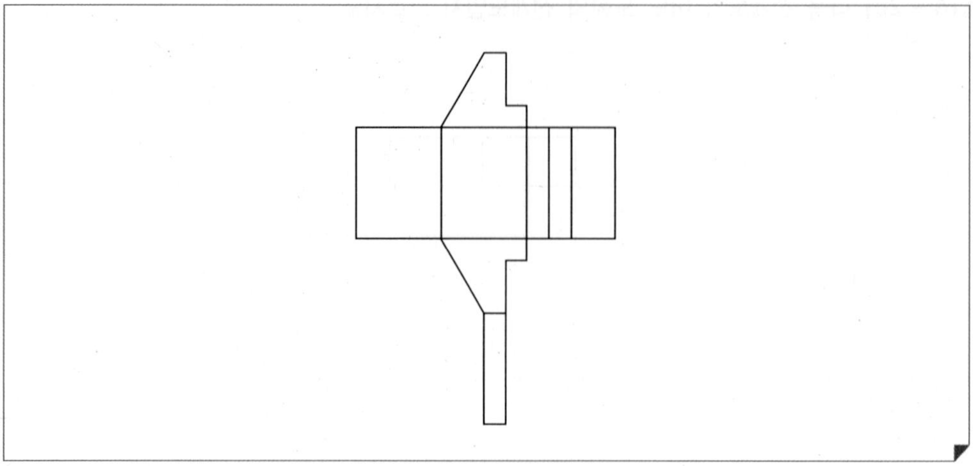

①

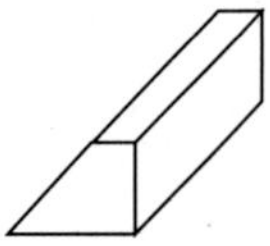

②

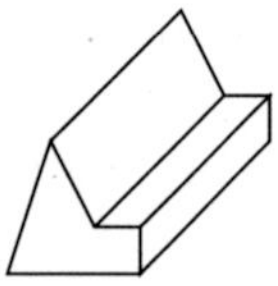

③

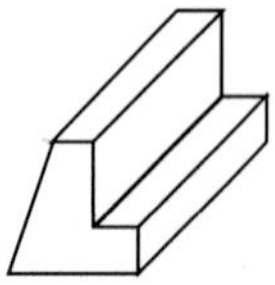

④

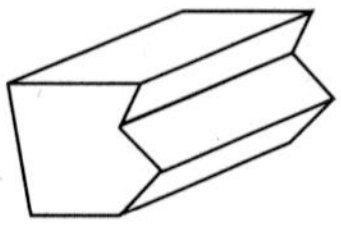

19.

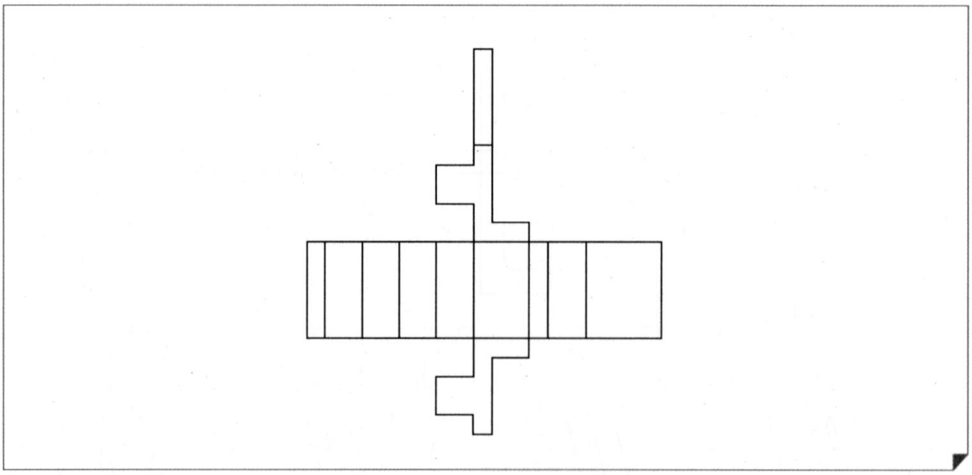

①
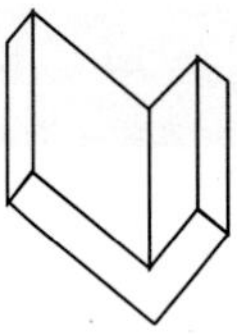

②
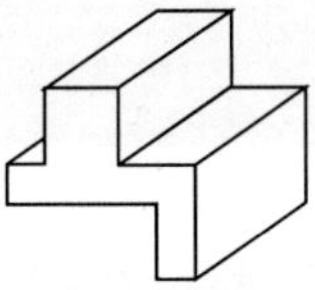

③
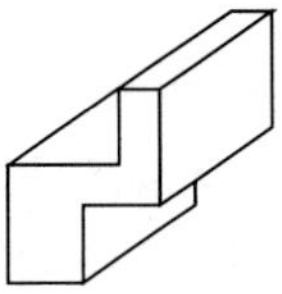

④
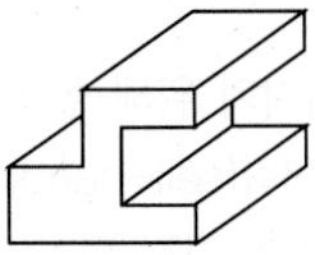

20.

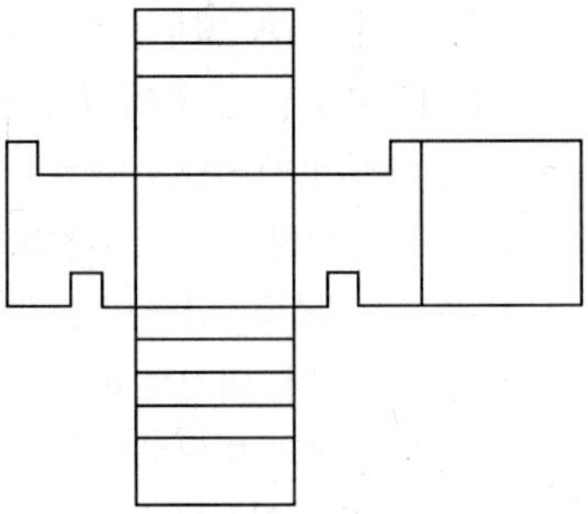

①
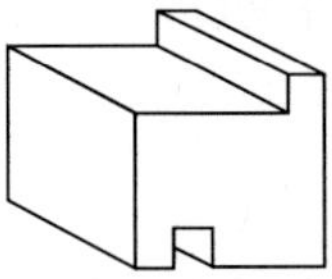

②
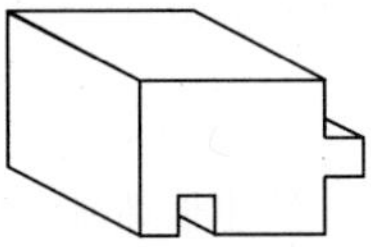

③
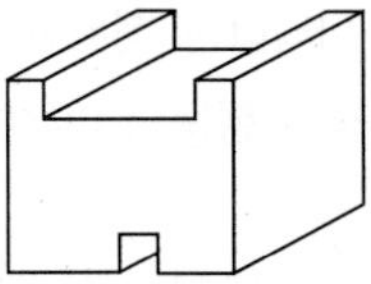

④
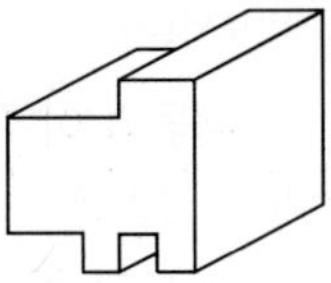

영역 5 판단력

20문항/12분

01. 다음 중 글의 내용과 일치하는 것은?

자신의 자존심을 지키기 위해 실패나 과오에 대한 자기 정당화의 구실을 찾아내는 행위를 가리켜 '구실 만들기 전략(self-handicapping strategy)'이라고 하는데, 좀 더 넓은 관점에서는 그런 심리를 가리켜 '이기적 편향(self-serving bias)'이라고 부르기도 한다. 이는 일상생활에서도 아주 쉽게 목격할 수 있다.

'좋은 건 자기 잘난 탓으로 돌리고 나쁜 건 부모 탓 또는 세상 탓으로 돌린다'는 말이 있는데 그게 바로 '이기적 편향'이다. '이기적 편향'은 우리의 부정적인 행동의 이유에 대해서는 상황적 · 환경적 요소로 돌리는 반면, 긍정적인 행동의 이유에 대해서는 우리의 내부적 요소로 돌리는 경향을 의미한다. 물론 이는 자신의 자존심을 높이거나 방어하고자 하는 욕구 때문에 생겨나는 것이다.

그렇다면 왜 이런 이기적 편향이 생겨났을까? 우리는 어떤 일을 끝마친 후 그 일에 대해 평가와 반성을 한다. 그 과정에서 일이 성공하게 된 혹은 실패하게 된 원인을 따져 보려 하지만 성공과 실패의 진정한 원인을 찾는 것이 그리 간단한 일은 아니다. 당시의 특수한 상황에서 비롯된 결과일 수 있고, 심지어는 정말 우연히 이루어진 결과일 수도 있기 때문이다.

어쨌든 원인을 찾아야 한다면, 이왕이면 우리는 마음 편한 쪽에서 원인을 찾고자 한다. 특히 실패를 했을 때는 우리의 자존심이 상하지 않는 방향에서 원인을 찾는다. 그리하여 실패의 원인은 늘 타인과 상황, 시기 등 나 자신이 아닌 다른 데 있게 된다.

이렇게 이기적인 것이 사람의 마음이다. 이기적 편향은 치사하고 비겁하게 보이기는 하지만, 일이 잘못됐을 때 실패의 원인을 남의 탓으로 돌림으로써 나의 자존심을 지킬 수 있는 심리적인 방어 능력이기도 하다. 그러나 실패했을 때마다 자기반성은 하지 않고 남의 탓만 하다가는 자기 발전을 이룰 수 없을 것이다. 따라서 자존심이 상하더라도 실패의 진정한 원인이 어디에 있는지 냉정히 자기 내면의 소리에 귀를 기울여 볼 필요가 있다.

① 구실 만들기 전략은 실패에 대해 자기반성을 하는 행위이다.

② '좋은 것은 자기 잘난 탓이고 나쁜 것은 세상 탓'이라는 말은 이기적 편향과 상충되는 말이다.

③ 구실 만들기 전략은 일반적으로 타인의 자존심을 지켜 주기 위해 나타나는 행위이다.

④ 이기적 편향은 긍정적인 행동의 이유에 대해서는 외부적 요소로 부정적 행동의 이유에 대해서는 내부적 요소로 돌리는 경향을 의미한다.

⑤ 이기적 편향은 완결된 일에 대한 원인을 찾는 과정에서 자존심을 지키고자 하는 심리적인 방어로 인해 일어나는 현상이다.

02. 다음 글을 읽고 MBTI에 대해 추론한 내용으로 적절하지 않은 것은?

MBTI는 융의 심리유형론을 근거로 캐서린 쿡 브릭스와 이사벨 브릭스 마이어스가 고안한 자기보고서 성격유형 자료이다. MBTI에 따르면 개인은 4가지 양극적 선호경향을 가지고 있다. 자신의 기질과 성향에 따라 에너지의 방향과 주의 초점이 외향형(E)이거나 내향형(I)이며, 정보를 수집하는 인지기능이 감각형(S)이거나 직관형(N)이며, 판단기능이 사고형(T)이거나 감정형(F)이고, 이행/생활양식이 판단형(J)이거나 인식형(P)에 해당한다. MBTI는 이와 같은 4가지 선호성향에 따라 개인을 여러 성격유형으로 구분한다.

MBTI 결과는 인터넷 등을 통한 간이 테스트가 아닌 MBTI를 전문적으로 다루는 기관에서 검사를 받고 전문가의 해석을 듣는 것이 가장 좋다. MBTI는 자기를 이해하는 도구이자 다른 유형의 타인을 이해하고 존중하기 위한 목적을 가지고 있기 때문에 MBTI 결과에 따라 타인을 특정 집단 안에 집어넣고 판단하는 도구로 쓰여서는 안 된다.

MBTI의 유행은 코로나19 영향 중 하나로 설명할 수 있다. 코로나19로 집에 머무는 시간이 많아지고 코로나19 이전에 당연시했던 '일상의 소중함'을 인식하게 되면서 '나'라는 사람의 본질에 집중하려는 흐름이 생겨나고 이것이 MBTI의 유행으로 이어졌다고 볼 수 있다. '어느 직장 · 학교에 다니는 나'가 아닌 있는 그대로의 나를 설명하고 이해하는 도구로써 MBTI가 사용되고 있는 것이다.

① 사회적 상황의 변화에 따라 유행하게 되었다고 볼 수 있다.
② 자신의 본질뿐 아니라 나를 설명하고 이해하는 도구로 유용하다고 볼 수 있다.
③ 자신을 정확히 이해하기 위해서는 인터넷보다 전문가의 해석을 듣는 것이 낫다.
④ 캐서린 쿡 브릭스와 이사벨 브릭스 마이어스의 이론을 바탕으로 만들어졌다.
⑤ MBTI 결과만으로 타인을 판단하는 것은 MBTI의 본래 의도와 맞지 않는다.

[03 ~ 04] 다음 글의 빈칸에 들어갈 문장으로 가장 적절한 것을 고르시오.

03.

죽음의 편재성(偏在性)이란 우리가 언제 어디서든 죽을 수 있다는 것을 뜻한다. 죽음의 편재성은 부인할 수 없는 사실이고, 그 사실은 우리에게 죽음에 대한 공포를 불러일으킨다. 보통 우리는 죽음의 공포를 불러일으키는 것을 회피대상으로 생각하고 가급적 피하려고 한다. 예를 들어 자정에서 새벽 1시까지는 아무도 죽지 않는 세계가 있다고 상상해 보자. 아마도 그 세계의 사람들은 매일 그 시간이 오기를 바랄 것이고 최소한 그 시간 동안에는 죽음의 공포를 느끼지 않을 것이다. 이번에는 어떤 세계에 아무도 죽지 않는 장소가 있다고 상상해 보자. 아마도 그 장소는 발 디딜 틈도 없이 북적일 것이다. 그 장소에서는 죽음의 공포를 피할 수 있기 때문이다. 이런 점들만 생각해 보아도 죽음의 편재성이 우리에게 죽음의 공포를 불러일으키고, 이로 인해 우리는 죽음의 편재성을 회피대상으로 생각한다는 것을 알 수 있다.

그런데 죽음의 편재성과 관련된 이러한 생각이 항상 맞지는 않다는 것을 보여 주는 사례가 있다. 우리는 죽음의 공포를 기꺼이 감수하면서 즐기는 활동들을 알고 있다. 혹은 그 활동들이 죽음의 공포를 높이기 때문에 오히려 매력적으로 보이는 것은 아닐까? 스카이다이버들은 죽음의 공포를 느끼면서도 그 공포를 무릅쓰고 비행기에서 뛰어내리고 땅으로 떨어지면서 조그마한 낙하산 가방에 자신의 운명을 맡긴다. 이러한 사례가 보여 주는 것은 인간에게 죽음의 공포를 불러일으키는 것이 반드시 회피대상은 아니라는 것이다. 그렇다면 앞서 상상해 본 세계와 관련된 우리의 생각에는 오류가 있다고 할 수 있다. 즉, (

)

① 죽음의 편재성을 반드시 공포를 불러일으키는 대상으로 볼 수는 없다는 것이다.

② 죽음의 편재성이 불러일으키는 죽음의 공포란, 인간 개개인에 따라 얼마든지 그 크기가 달라질 수 있다는 것이다.

③ 죽음의 편재성이 가져오는 죽음의 공포는 반드시 피해야 할 회피대상이 아닌, 맞서 대적해야 할 대상으로 인식된다는 것이다.

④ 죽음의 편재성이 불러일으키는 공포가 유희성을 띤 활동에서는 발생하지 않는다는 것이다.

⑤ 죽음의 편재성이 인간에게 죽음의 공포를 불러일으킨다고 해서 그것이 반드시 회피대상이라는 결론으로 나아갈 수는 없다는 것이다.

04.

> 읽는 문화의 실종, 그것이 바로 현대사회의 특징이다. 신문의 판매 부수는 날로 감소해가는 반면 텔레비전의 시청률은 점점 높아지고 있다. 출판 시장 역시 마찬가지이다. 깨알 같은 글로 구성된 책보다 그림과 여백이 압도적으로 많이 들어간 만화 형태의 책들이 증가하고 있다. 보는 문화가 읽는 문화를 대체하고 있는 것이다. 읽는 일에는 피로가 동반하지만 보는 놀이에는 휴식이 따라온다는 인식으로 인해, 일을 저버리고 놀이만 좇는 문화가 범람하고 있다. 그러나 보는 놀이만으로는 주체적이고 능동적인 생각이 촉진되지 않는다. 읽는 일이 장려되지 않는 한 (   ) 책의 문화는 읽는 일과 직결되며, 생각하는 사회를 만드는 지름길이다.

① 놀이에 대한 현대인들의 열망은 더욱 커질 것이다.
② 우리 사회는 생각 없는 사회로 치달을 수밖에 없다.
③ '읽는 문화'와 '보는 문화'는 상생할 수 없다.
④ 현대인이 이룩한 문화 사회는 무너지고 말 것이다.
⑤ 현대사회는 특징 없는 문화만을 향유하게 될 것이다.

05. 다음 글을 읽고 추론한 내용으로 적절하지 않은 것은?

> 대부분의 포유류는 손과 발에 물갈퀴가 없다. 태아기에 손 · 발가락 사이에서 '세포사(細胞死)'가 일어나 세포가 제거되기 때문이다. 그렇다면 세포사는 왜 일어나는 걸까. 최근 미국과 일본 연구팀이 대기 중 산소가 중요한 역할을 한다는 사실을 밝혀내 국제 학술지에 발표했다. 세포사의 이유는 진화 과정에서 동물이 물속에서 산소가 많은 육지로 올라온 것과 관계가 있다고 한다. 조류와 포유류의 손발 모양을 만드는 세포사는 개구리 등 양서류 대부분에서는 일어나지 않는다.

① 포유류라 할지라도 태아 시기에는 물갈퀴가 있었다.
② 포유류의 손, 발에 물갈퀴가 없는 이유는 세포사 때문이다.
③ 세포사는 대기 중 산소 농도와 관련성을 가지고 조절된다.
④ 진화가 진행되면서 많은 동물들이 육지에 적응하게 되었다.
⑤ 진화 초기 단계에서는 산소 농도가 매우 높아 물갈퀴가 존재했다.

06. 다음 중 글쓴이의 주장에 대한 반박으로 가장 적절한 것은?

우리가 기술을 만들지만 기술은 우리 경험과 인간관계 및 사회적 권력관계를 바꿈으로써 우리를 새롭게 만든다. 어떤 기술은 인간 사회를 보다 민주적으로 만드는 데 기여하지만 어떤 기술은 독재자의 권력을 강화하는 데 사용된다. 예를 들어 라디오는 누가, 어떻게, 왜 사용하는가에 따라서 다른 결과를 낳는다. 그렇지만 핵무기처럼 아무리 민주적으로 사용하고 싶어도 그렇게 사용할 수 없는 기술도 있다. 인간은 어떤 기술에 대해서는 이를 지배하고 통제하는 주인 노릇을 할 수 있다. 그렇지만 어떤 기술에는 꼼짝달싹 못하고 예속되어 버린다.

기술은 새로운 가능성을 열어 주지만 기존의 가능성 중 일부를 소멸시키기도 한다. 따라서 이렇게 도입된 기술은 우리를 둘러싼 기술 환경을 바꾸고, 결과적으로 사회 세력들과 조직들 사이의 역학 관계를 바꾼다. 새로운 기술 때문에 더 힘을 가지게 된 그룹과 힘을 잃게 된 그룹이 생기며 이를 바탕으로 사회 구조의 변화가 수반된다.

기술 중에는 우리가 잘 이해하고 통제하는 기술도 있지만 대규모 기술 시스템은 한두 사람의 의지만으로는 통제할 수 없다. 기술은 언제나 사람에게 진다고 계속해서 믿다가는 기술의 지배와 통제를 벗어나기 힘들다. 기술에 대한 철학과 사상이, 그것도 비판적이면서 균형 잡힌 철학과 사상이 필요한 것은 이 때문이다.

① 전문가를 통해 충분히 기술을 통제할 수 있다.

② 기술의 양면성은 철학과 사상이 아닌 새로운 기술로 보완해야 한다.

③ 기술의 순기능만을 더 발전시켜야 한다.

④ 새로운 기술로 힘을 잃게 된 그룹을 지원해 주는 정책이 필요하다.

⑤ 철학과 사상은 기술을 지배하고 통제할 수 있다.

07. 다음 글의 내용과 일치하지 않는 것은?

우리가 흔히 영화를 사실적이라고 할 때, 그것은 영화의 재현 방식에 반응해서 영화 속 내용을 현실처럼 보는 데에 동의함을 뜻한다. 영화 속 내용은 실제 현실과 같지 않다. 우리는 영화가 현실의 복잡성을 똑같이 모방하기를 원하지 않으며, 영화 역시 굳이 그러기 위해 노력하지 않는다. 이렇게 관객과 감독 사이에 맺어진 암묵적 합의를 '영화적 관습'이라고 한다. 영화적 관습은 영화사 초기부터 확립돼 온 산물로, 관객과 감독의 소통을 돕는다. 반복적인 영화 관람 행위를 통해 관객은 영화적 관습을 익히고, 감독은 그것을 활용하여 관객에게 친숙함을 제공한다.

확립된 관습을 무시하거나 그것에 도전하는 것은 쉬운 일이 아니다. 그런데 프랑스의 누벨바그 감독들은 고전적인 영화 관습을 파괴하며 영화의 현대성을 주도하였다. 이들은 불필요한 사건을 개입시켜 극의 전개를 느슨하게 만들거나 단서나 예고 없이 시간적 순서를 뒤섞어 사건의 인과 관계를 교란하기도 했다. 이들은 자기만족적이고 독창적인 미학적 성취를 위해 영화의 고전적인 관습을 파괴하였다.

① 관객은 반복적인 영화 관람을 통해 암묵적으로 합의된 영화적 관습을 익힐 수 있다.
② 자기만족을 위해 영화적 관습에 도전하는 행위는 영화의 현대성을 주도한다.
③ 현실의 복잡성을 그대로 모방한 영화는 사실적이라는 평가를 받는다.
④ 영화 속 내용이 시간적 순서에 따라 재현되는 방식은 영화적 관습의 예가 될 수 있다.
⑤ 프랑스의 누벨바그 감독들은 오랜 기간 확립되어 온 영화적 관습을 무시하였다.

08. 다음 문단 (가)와 (나)의 내용상의 관계를 가장 잘 표현한 것은?

(가) 20세기 후반, 복잡한 시스템에 관한 연구에 몰두하던 일련의 물리학자들은 기존의 경제학 이론으로는 설명할 수 없었던 경제 현상을 이해하기 위해 물리적인 접근을 시도했다. 보이지 않는 손과 시장의 균형, 완전한 합리성 등 신고전 경제학은 숨 막힐 정도로 정교하고 아름다웠지만, 불행히도 현실 경제는 왈라스나 애덤 스미스가 꿈꿨던 '한 치의 오차도 없이 맞물려 돌아가는 톱니바퀴'가 아니었다. 물리학자들은 인간 세상의 불합리함과 혼잡함에 관심을 가지고 그것이 만들어 내는 패턴들과 열린 가능성에 주목했다.

(나) 우리가 주류 경제학이라고 부르는 것은 왈라스 이후 체계가 잡힌 신고전 경제학을 말한다. 이 이론에 의하면 모든 경제주체는 완전한 합리성으로 무장하고 있고 항상 최선의 선택을 하며, 자신의 효용이나 이윤을 최적화한다. 개별 경제주체의 공급곡선과 수요곡선을 합하면 시장에서의 공급곡선과 수요곡선이 얻어진다. 이 두 곡선이 만나는 점에서 가격과 판매량이 동시에 결정된다. 더 나아가 모든 주체가 합리적 판단을 하기 때문에 모든 시장은 동시에 균형에 이르게 된다.

① (가)보다 (나)가 경제 공황을 더 잘 설명한다.
② (나)는 (가)로부터 필연적으로 도출된다.
③ (나)는 (가)의 한 부분에 대한 부연설명이다.
④ (나)는 (가)를 수학적으로 다시 설명한 것이다.
⑤ (나)는 (가)와 상반되는 내용을 설명한다.

09. 다음 글에서 나타나는 필자의 생각으로 적절하지 않은 것은?

우리는 자신이 소유하고 있는 것을 알고 있기에 그것에 매달림으로써 안정감을 찾는다. 그런데 만약 자기가 소유하고 있는 것을 잃어버리면 어떻게 될까? 소유하고 있는 것은 잃어버릴 수 있기 때문에 필연적으로 가지고 있는 것을 잃어버릴까 봐 항상 걱정하게 된다. 도둑을, 경제적 변화를, 혁신을, 병을, 죽음을 두려워한다. 따라서 늘 걱정이 끊이질 않는다. 건강을 잃을까 하는 두려움뿐만 아니라 자신이 소유한 것을 상실할지 모른다는 두려움까지 겹쳐 만성 우울증으로 고통받게 된다. 더 잘 보호받기 위해서 더 많이 소유하려는 욕망 때문에 방어적이게 되고 경직되며 의심이 많아지고 외로워진다.

그러나 존재양식의 삶에는 자기가 소유하고 있는 것을 잃어버릴지도 모르는 위험에서 오는 걱정과 불안이 없다. 나는 '존재하는 나'이며 내가 소유하고 있는 것이 내가 아니기 때문에, 아무도 나의 안정감과 주체성을 빼앗거나 위협할 수 없다. 나의 중심은 나 자신 안에 있으며 나의 존재 능력, 나의 기본적 힘의 발현 능력은 내 성격 구조의 일부로서 나에 근거하고 있다. 물론 이는 정상적인 삶의 과정에 해당하며 사람을 무력하게 만드는 병이나 고문, 그 밖의 강력한 외부적 제약이 있는 상황에는 해당되지 않는다. 소유는 사용함으로써 감소되는 반면, 존재는 실천함으로써 성장한다. 쓰는 것은 잃어버리는 것이 아니고 반대로 보관하는 것이 잃어버리는 것이다.

존재양식의 삶을 살 때도 위험은 있지만, 유일한 위험은 내 자신 속에 있다. 그것은 삶에 대한 믿음의 결핍, 창조적 능력에 대한 믿음의 부족, 퇴보적 경향, 내적인 나태, 내 삶을 다른 사람에게 떠맡기려는 생각 등이다. 그러나 이들 위험이 존재에 반드시 내재하는 것은 아니다. 소유양식의 삶에 상실의 위험이 늘 있는 것과는 사정이 다르다. 아예 비교할 수조차 없는 것이다.

① 소유하려는 욕망 때문에 인간이 외로워진다.

② 소유양식의 삶에는 늘 상실의 위험이 있다.

③ 존재양식의 삶은 소유 양식의 삶보다 주체성이 있는 태도이다.

④ 존재양식의 삶에는 위험이 전혀 존재하지 않는다.

⑤ 존재양식의 삶에서는 보관하는 것이 잃어버리는 것이라고 할 수 있다.

10. 다음 글의 내용과 일치하지 않는 것은?

조선시대의 신분제도는 기본적으로 양천제(良賤制)였다. 조선은 국역(國役)을 지는 양인을 보다 많이 확보하기 위해 양천제의 법제화를 적극 추진해 나갔다. 양천제에서 천인은 공민(公民)이 아니었으므로 벼슬할 수 있는 권리가 박탈되었다. 뿐만 아니라 양인 · 천인 모두가 지게 되어 있는 역(役)의 경우 천인에게 부과된 역은 징벌의 의미를 띤 신역(身役)의 성격으로 남녀 노비 모두에게 부과되었다. 그에 반해 양인이 지는 역은 봉공(奉公)의 의무라는 국역의 성격을 지닌 것으로 남자에게만 부과되었다.

한편 양인 내에는 다양한 신분계층이 존재하였다. 그 중에서도 양반과 중인, 향리, 서얼 등을 제외한 대부분의 사람들은 상민이라고 불렸다. 상민은 보통 사람이란 뜻으로, 어떤 독자적인 신분 결정 요인에 의해 구별된 범주가 아니라 양인 중에서 다른 계층을 제외한 잔여 범주라고 할 수 있다. 따라서 후대로 갈수록 양인의 계층 분화가 진행됨에 따라 상민의 성격은 더욱 분명해졌고 그 범위는 축소되었다. 그럼에도 불구하고 상민은 조선시대 신분제 아래에서 가장 많은 인구를 포괄하는 주요 신분 범주 중 하나였다.

상민은 특히 양반과 대칭되는 개념으로 사용되기 시작하였는데 반상(班常)이란 표현은 이런 의미를 포함하고 있다. 상민을 천하게 부를 때에 '상놈'이라고 한 것도 양반과의 대칭을 염두에 둔 표현이라고 할 수 있다. 상민은 현실적으로 피지배 신분의 위치에 있었지만 법적으로는 양인의 일원으로서 양반과 동등한 권리를 가지고 있었다. 정치적으로 상민은 양반처럼 과거에 응시하여 관직에 나아갈 수 있었고 관학에서 교육받을 수 있는 권리를 가지고 있었다. 사회 · 경제적으로 거주 이전의 자유나 토지 소유 등 재산권 행사에 있어서도 상민과 양반의 차별은 없었다. 이는 상민이 양인의 일원이기 때문에 가능한 것이었다.

그러나 양천제가 시행되었다고 해서 양인 내부의 계층이동이 자유로웠다거나 대대로 벼슬해 온 양반들의 특권이 부정된 것은 아니었다. 상민은 양인으로서 법제적 권리는 가지고 있었지만 그것을 누리지는 못하였다. 상민이 가진 양인으로서의 권리는 현실에서 구현되기 어려운 경우가 대부분이었다. 상민은 그러한 권리를 누릴 만한 경제적 여건이 되지 않았고, 이를 효과적으로 관철시킬만한 정치적 권력이나 사회적 권위를 갖기 어려웠기 때문이다.

① 천인에게 부과되는 역의 부담은 양인보다 더 막중하였다.
② 상민은 보통 사람이란 뜻으로, 독자적인 신분 결정 요인에 의해 구별된 하나의 신분이었다.
③ 상민은 양반과 동등한 권리를 가지고 있음에도 현실적으로 피지배 신분의 위치에 있어야 했다.
④ 상민은 관학에서 교육을 받거나 과거에 응시할 수 있었다.
⑤ 양천제가 실시되었음에도 상민은 양민의 권리를 누리지 못했다.

11. 다음 글을 읽고 추론한 내용으로 가장 적절한 것은?

> 우리 민족은 활에 대해 각별한 관심을 가지고 있었으며, 활을 중요한 무기로 여겼다. 이에 따라 활 제작 기술도 발달했는데, 특히 조선 시대의 활인 각궁(角弓)은 매우 뛰어난 성능과 품질을 지니고 있었다. 그렇다면 무엇이 각궁을 최고의 활로 만들었을까?
>
> 활은 복원력을 이용한 무기이다. 복원력은 탄성이 있는 물체가 힘을 받아 휘어졌을 때 원래대로 돌아가는 힘으로, 물체의 재질과 변형 정도에 따라 힘의 크기가 변한다. 이를 활에 적용해 보자. 활의 시위를 당기면 당기는 만큼의 복원력이 발생한다. 복원력은 물리학적인 에너지의 전환 과정이기도 하다. 사람이 시위를 당기면, 원래의 시위 위치에서 시위를 당긴 거리만큼의 위치 에너지가 화살에 작용하게 된다. 따라서 시위를 활대에서 멀리 당기면 당길수록 더 큰 위치 에너지가 발생하게 된다. 이때 시위를 놓으면 화살은 날아가게 되는데, 바로 이 과정에서 위치 에너지가 운동 에너지로 전환된다. 즉 시위를 당긴 거리만큼 발생한 위치 에너지가 운동 에너지로 바뀌어 화살을 날아가게 하는 것이다.
>
> 또한 복원력은 활대가 휘는 정도와 관련이 있다. 일반적으로 활대가 휘면 휠수록 복원력은 더 커지게 된다. 따라서 좋은 활이 되기 위해서는 더 큰 위치 에너지를 만들어낼 수 있는 탄성이 좋은 활대가 필요하다. 각궁은 복원력이 뛰어난 활이다. 그 이유는 각궁이 동물의 뿔이나 뼈, 힘줄, 탄성 좋은 나무 등 다양한 재료를 조합해서 만든 합성궁이기 때문이다. 합성궁은 대나무와 같은 나무만을 재료로 만든 활보다 탄력이 좋아서 시위를 풀었을 때 활이 반대 방향으로 굽는 것이 특징이다. 바로 이러한 특성으로 인해 각궁은 뛰어난 사거리와 관통력을 갖게 되었다.

① 고려 시대 때의 활은 여러 재료의 조합이 아닌 한 가지 재료로만 만들어졌다.

② 위치 에너지가 운동 에너지로 전환되는 힘의 크기가 활의 사거리와 관통력을 결정한다.

③ 활대가 많이 휠수록 복원력은 더 커지므로, 활이 많이 휠 수 있다면 가격은 비싸진다.

④ 각궁이 나무로만 만들어진 활보다 탄력이 좋은 이유는 다양한 재료의 조합과 시위를 풀었을 때 활이 반대 방향으로 굽도록 설계된 모양 덕분이다.

⑤ 시위를 많이 당길수록 운동 에너지가 증가하여 복원력이 높아진다.

12. 다음 글의 문맥상 빈칸 ㉠에 들어갈 어휘로 적절한 것은?

정부 정책이 추구하는 궁극적 목표는 '국민의 행복 추구'이다. 개인의 행복을 결정하는 요소는 매우 다양하다. 소득 수준, 직업, 주거 환경 등 경제적 측면뿐 아니라 학업 수준, 혼인 여부, 고용 형태 등 사회적 조건 모두가 행복 및 불행을 결정한다. 나아가 가족관계, 인간관계 등에서 비롯되는 개인의 주관적 감정 역시 행복에 영향을 미친다. 따라서 국민의 행복 증진을 위해서는 먼저 '행복에 대한 (㉠)인 이해'에서 벗어나야 한다. 소득 불평등 해소는 행복 증진의 가장 실제적인 요소이다. 정부의 주요 목표가 국민 행복 증진이라면, 소득 불평등 해소를 위한 구체적 정책 방향을 모색해야 한다.

① 관념적 ② 구체적 ③ 방어적
④ 사회적 ⑤ 합리적

13. 다음 기사의 제목으로 적절한 것은?

10대는 니코틴 중독에 성인보다 더욱 취약하고, 이는 금연을 하지 못하고 평생 흡연으로 이어질 가능성이 높아 청소년 흡연에 대한 경각심이 높아지고 있다. 하지만 미질병통제예방센터(CDC)가 작년 2월 발표한 2018년 청소년 흡연 실태 보고서에 따르면 고등학생의 27.1%, 중학생의 7.1%가 최근 30일 내에 담배 제품을 흡입한 적이 있고, 30일 내에 흡연 경험이 있는 10대는 2017년 360만 명에서 2018년 470만 명으로 증가했음을 알 수 있다. 한편 미국에서는 18세 이상이면 담배를 구입할 수 있는 현행법이 청소년 흡연율과 연관성이 있다는 주장이 지속적으로 제기되면서 담배 구입 가능 연령 상향 조정의 필요성이 제기되고 있다. 이에 하와이, 캘리포니아, 뉴저지, 오리건, 메인, 매사추세츠, 아칸소 주 등은 21세부터 담배 구매가 가능하도록 현행법을 바꾸었고, 오는 7월 1일부터 일리노이 주와 버지니아 주를 시작으로 워싱턴(2020년 1월 1일), 유타(2021년 7월 1일) 주에서도 담배 구매 가능 연령을 향후 상향할 것이라고 발표했다.

① 미국, 청소년 흡연 실태 조사 결과 대다수의 중 · 고등학생이 흡연 유경험자로 나타나
② 미국, 심각한 청소년 흡연율로 인한 미 전역 담배 구입 연령 상향 조정
③ 흡연 연령과 청소년 흡연율의 관계가 밝혀짐에 따라 담배 구입 연령 상향 조정
④ 미국, 심각한 청소년 흡연율에 다수의 주들 담배 구입 연령 21세로 상향 조정
⑤ 흡연이 유발하는 다양한 질병, 미국 청소년일수록 높게 나타나

14. 다음 강의를 들은 청중의 반응으로 적절하지 않은 것은?

> 블랙박스 암호란 물리적인 하드웨어로 만들어진 암호화 장치를 기반으로 작동되는 암호 기술을 말합니다. 하드웨어로 구성된 암호화 장치가 외부의 공격으로부터 보호받을 수 있다는 가정하에 암호 키를 암호 장치 내부에 두고 보안하도록 설계하는 방식입니다. 언뜻 보면 완벽한 보안 장치로 보이지만 공격자에게 그 내부가 공개되는 순간 암호와 키가 모두 유출될 위험이 있습니다.
>
> 화이트박스 암호는 이런 블랙박스 암호의 한계를 보완하기 위해 등장한 기술로 암호화 기술에 소프트웨어 개념을 도입하여 암호 알고리즘의 중간 연산 값 및 암호 키를 안전하게 보호할 수 있다는 장점이 있습니다. 암호와 키에 대한 정보가 소프트웨어로 구현된 알고리즘 상태로 화이트박스에 숨겨져 있기 때문에 내부 해킹을 시도해도 알고리즘을 유추할 수 없는 것입니다. 또한 화이트박스 암호는 다른 저장 매체에 비해 운용체계에 따른 개발과 관리가 용이합니다. 애플리케이션 업데이트를 통해 원격으로 암호 알고리즘에 대한 오류 수정 및 보완이 가능하기 때문에 블랙박스 암호의 한계를 더욱 보완할 수 있습니다. 최근에는 패스(PASS), 모바일 결제 시스템, 전자지갑, 모바일 뱅킹의 주요 보완 수단으로 활용되고 있습니다.
>
> 그러나 화이트박스 암호도 변조 행위나 역공학에 의한 공격을 받는다면 노출될 가능성이 있습니다. 그래서 더욱 다양한 플랫폼과 콘텐츠를 통해 안정성을 확보하는 것이 중요하며 그 과정에서 새롭게 등장한 플랫폼이 화이트크립션입니다. 화이트크립션은 화이트박스 암호 보안을 위해 애플리케이션 보호 기능을 제공하는 플랫폼으로, 기존의 암호화 기능을 더욱 강화하여 암호 실행 중에도 암호 키를 활성화하여 보호하는 기술을 가지고 있습니다.

① 화이트박스 암호는 전자 서명 서비스나 핀테크 산업에도 사용될 수 있겠군.

② 외부의 공격으로 내부가 뚫리더라도 화이트박스 암호는 쉽게 유출될 수 없겠군.

③ 해킹의 성공 여부에 있어 중요한 포인트는 암호화 키가 어떻게 숨겨져 있는지겠군.

④ 화이트박스 암호는 블랙박스 암호를 보완하기 위해 등장한 기술로 외부 공격에 노출될 위험이 전혀 없겠군.

⑤ 화이트박스 암호는 애플리케이션의 업데이트를 통해 원격으로 암호 알고리즘에 대한 오류 수정 및 보완이 가능하겠군.

15. 다음 글의 결론으로 적절한 것은?

> 어떤 시점에 당신만이 느끼는 어떤 감각을 지시하여 W라는 용어의 의미로 삼는다고 해보자. 그 이후에 가끔 그 감각을 느끼게 되면, "W라고 불리는 그 감각이 나타났다."고 당신은 말할 것이다. 그렇지만 그 경우에 당신이 그 용어를 올바로 사용했는지 그렇지 않은지를 어떻게 결정할 수 있는가? 첫 번째 감각을 잘못 기억할 수도 있고, 혹은 실제로는 단지 희미하고 어렴풋한 유사성밖에 없는데도 첫 번째 감각과 두 번째 감각 사이에 밀접한 유사성이 있는 것처럼 착각할 수도 있다. 그것이 착각인지 아닌지를 판단할 근거가 없다. 만약 W라는 용어의 의미가 당신만이 느끼는 그 감각에만 해당한다면, W라는 용어의 올바른 사용과 잘못된 사용을 구분할 방법은 어디에도 없게 될 것이다.

① 감각은 느낄 때마다 다르기 때문에 같은 감각이란 존재하지 않는다.
② 감각에 관하여 만든 용어는 올바른지 올바르지 못한지 잘 구분해야 한다.
③ 감각에 관하여 만들어진 용어는 잘못된 기억과 착각을 유발한다.
④ 혼자 느끼는 감각에 관하여 만든 용어는 무의미하다.
⑤ 개인이 용어를 규정하는 것은 다수에 의한 것보다 그 적절성이 떨어진다.

16. 다음 (가)～(마)를 문맥에 맞게 나열한 것은?

> (가) 이는 전통적 공동체가 힘을 잃은 상황에서 가족이 매우 중요한 역할을 담당했기 때문이다.
> (나) 한국 사회의 근대화 과정은 급속한 산업화와 도시화라는 특징을 가진다.
> (다) 1960년대 이후 급속한 근대화에 따라 전통적인 농촌공동체를 떠나 도시로 이주하는 사람들이 급격하게 증가하였으며, 이로 인해 전통적인 사회구조가 해체되었다.
> (라) 국가의 복지가 부실한 상황에서 가족은 노동력의 재생산 비용을 담당했다.
> (마) 이 과정에서 직계가족이 가치판단의 중심이 되는 가족주의가 강조되었다.

① (나)－(다)－(라)－(가)－(마)
② (나)－(다)－(마)－(가)－(라)
③ (다)－(마)－(라)－(나)－(가)
④ (다)－(나)－(마)－(라)－(가)
⑤ (다)－(나)－(가)－(라)－(마)

17. 도박사의 오류에 관한 다음 글을 문맥에 맞게 나열한 것은?

(가) 예를 들어, 주사위 세 개를 동시에 던지는 게임을 생각해 보자. 첫 번째 던지기 결과는 두 번째 던지기 결과에 어떤 영향도 미치지 않으며, 이런 의미에서 두 사건은 서로 상관이 없다.
(나) '도박사의 오류'라고 불리는 것은 특정 사건과 관련 없는 사건을 관련 있는 것으로 간주했을 때 발생하는 오류이다.
(다) 이 오류는 독립적인 사건임에도 불구하고 앞 사건의 결과를 바탕으로 미래에 일어날 특정 사건을 예측할 때 발생한다.
(라) 그럼에도 불구하고, 우리는 "10번 던질 동안 한 번도 6의 눈이 나오지 않았으니, 이번 11번째 던지기에서는 6의 눈이 나올 확률이 무척 높다."라고 말하는 경우를 종종 볼 수 있다.
(마) 마찬가지로 10번의 던지기에서 한 번도 6의 눈이 나오지 않았다는 것은 11번째 던지기에서 6의 눈이 나올 확률이 높다는 것과 아무 상관이 없다.

① (가)－(마)－(라)－(나)－(다)
② (가)－(마)－(라)－(다)－(나)
③ (나)－(가)－(마)－(라)－(다)
④ (나)－(마)－(라)－(가)－(다)
⑤ (다)－(가)－(마)－(라)－(나)

18. 사물의 본질에 관한 다음 글을 문맥에 맞게 나열한 것은?

(가) 본질은 어떤 사물의 불변하는 측면 혹은 그 사물을 다른 사물과 구별시켜 주는 특성을 의미하는데, 본질주의자는 이러한 사물 본연의 핵심적인 측면을 중시한다.
(나) 예를 들어 책상의 본질적 기능이 책을 놓고 보는 것이라면, 책상에서 밥을 먹는 것은 비본질적 행위이고 이러한 비본질적 행위는 잘못된 것이라고 본다.
(다) 책상 자체가 원래 '책을 놓고 보는 것'이라는 본질을 미리 갖고 있었던 것이 아니라 인간이 책상에서 책을 보거나 글을 쓰면서, 즉 책상에 대해 인간이 경험적으로 행동을 해 보고 난 후에 책상의 본질을 그렇게 규정한 것이라 할 수 있다.
(라) '본질이란 무엇인가'라는 질문은 서양 철학의 핵심적 질문이다. 탈레스가 세계의 본질을 '물'이라고 이야기했을 때부터 서양 철학은 거의 모든 것들에 대해 불변하는 측면과 그렇지 않은 측면을 탐구하기 시작했다.
(마) 그런데 본질주의자들이 강조하는 사물의 본질이란 사실 사후적으로 구성된 것이라 할 수 있다.

① (가)－(나)－(마)－(다)－(라)
② (가)－(라)－(마)－(나)－(다)
③ (라)－(마)－(나)－(다)－(가)
④ (라)－(가)－(다)－(마)－(나)
⑤ (라)－(가)－(나)－(마)－(다)

19. 다음 (가) ~ (마)를 문맥에 맞게 배열한 것은?

(가) 중미 멕시코가 원산지인 고추는 '남만초'나 '왜겨자'라는 이름으로 16세기 말 조선에 전래되어 17세기부터 서서히 보급되다가 17세기 말부터 가루로 만들어져 비로소 김치에 쓰이게 되었다.

(나) 19세기 무렵에 와서 고추는 향신료로서 압도적인 우위를 차지하게 되었다.

(다) 김치와 관련하여 우리나라 향신료의 대명사로 쓰이는 고추는 생각만큼 오랜 역사를 갖고 있지 않다.

(라) 그 결과 후추는 더 이상 고가품이 아니게 되었으며, '산초'라고도 불리는 천초의 경우 지금에 와서는 간혹 추어탕에나 쓰일 정도로 중요하지 않게 되었다.

(마) 조선 전기까지 주요 향신료는 후추, 천초 등이었고, 이 가운데 후추는 값이 비싸 쉽게 얻을 수 없었다.

① (가)－(나)－(마)－(라)－(다)
② (나)－(라)－(다)－(마)－(가)
③ (다)－(가)－(마)－(나)－(라)
④ (다)－(가)－(나)－(라)－(마)
⑤ (마)－(라)－(다)－(가)－(나)

20. 다음 (가) ~ (마)를 문맥에 맞게 배열한 것은?

(가) 여러 감각기관을 통해 입력된 감각 정보의 대부분은 대뇌피질에서 인식된다.

(나) 해마와 대뇌피질 간 연결의 일시적인 변화가 대뇌피질 내에서 새로운 연결로 교체되어 영구히 지속되면 그 단기기억은 장기기억으로 저장된다.

(다) 우리에게 입력된 감각 정보는 모두 저장되는 것이 아니라 특정한 메커니즘을 통해 극히 일부분만 단기간 또는 장기간 저장된다.

(라) 신경과학자들은 장기 또는 단기기억의 저장 장소가 뇌의 어디에 존재하는지 연구해 왔고, 그 결과 두 기억은 모두 대뇌피질에 저장된다는 것을 알아냈다.

(마) 인식된 일부 정보는 해마와 대뇌피질 간에 이미 형성되어 있는 신경세포 사이의 연결이 일시적으로 변화하는 과정에서 단기기억으로 저장된다.

① (가)－(마)－(나)－(라)－(다)
② (가)－(나)－(다)－(라)－(마)
③ (다)－(가)－(나)－(마)－(라)
④ (다)－(라)－(마)－(나)－(가)
⑤ (다)－(라)－(가)－(마)－(나)

영역 6 응용계산력

20문항/12분

01. 농도가 A%인 소금물 200g에 물을 더 넣어 B%의 소금물을 만들려고 할 때, 몇 g의 물을 더 넣어야 하는가?

① $\frac{200(A-B)}{B}$g ② $\frac{50A-200B}{B}$g ③ $\frac{200(A-B)}{AB}$g

④ $\frac{A-100B}{AB}$g ⑤ $\frac{50(A-B)}{AB}$g

02. 현재 어머니의 나이는 아버지 나이의 $\frac{4}{5}$이다. 2년 후에 아들의 나이는 아버지 나이의 $\frac{1}{3}$이 되며, 아들과 어머니의 나이를 합하면 65세가 된다. 3명의 현재 나이를 모두 합하면 몇 살인가?

① 116세 ② 120세 ③ 124세

④ 128세 ⑤ 130세

03. 주영이는 3시간 30분 후에 떠나는 기차표를 역에서 예매한 다음, 잠시 근처에 있는 유적지 중 한 곳에 다녀오려고 한다. 역에서 유적지까지는 시속 3km, 유적지에서 역까지는 시속 2km로 걷는다고 할 때, 최대 몇 km 떨어진 유적지까지 다녀올 수 있는가? (단, 유적지를 구경하는 시간은 30분이다)

① 1.9km ② 2.8km ③ 3km

④ 3.5km ⑤ 3.6km

04. 한 권의 책을 복사하는 데 A 복사기는 12분, B 복사기는 8분이 걸린다. 이 책을 처음 2분 동안은 A 복사기만으로 복사하고, 그 후부터 A, B 두 대의 복사기로 동시에 복사한다면 이 책을 모두 복사하는 데 걸리는 시간은?

① 4분 ② 5분 ③ 6분

④ 7분 ⑤ 10분

05. 톱니 수가 각각 24개, 54개, 36개인 톱니바퀴 A, B, C가 서로 맞물려 있다. 이 세 개의 톱니바퀴들이 한 지점에서 회전을 시작하여 다시 같은 지점으로 돌아오려면, 톱니바퀴 A는 최소 몇 번을 회전해야 하는가?

① 7번 ② 9번 ③ 11번
④ 13번 ⑤ 15번

06. 민수가 주사위 2개를 던져서 나온 수의 합이 10 이상인 경우 300원을 받고, 영수와 가위바위보를 해서 이기거나 비기는 경우 120원을 받는다고 한다. 이를 각각 20번 반복했을 때 얻을 수 있는 기댓값의 차이는 얼마인가?

① 320원 ② 500원 ③ 540원
④ 580원 ⑤ 600원

07. 집에서 도서관까지의 거리는 15km인데 자전거로는 1시간, 버스로는 30분, 지하철로는 20분이 걸린다. 지하철을 타고 집에서 도서관까지 갔다가 같은 속력으로 공원에 들러 집에 돌아오니 1시간 30분이 걸렸다. 공원에서부터 집과 도서관까지 가는 거리가 각각 같다면, 공원에서 집까지의 거리는?

① 24.61km ② 25.34km ③ 26.25km
④ 27.44km ⑤ 30km

08. K 회사 신입사원에 지원하여 승아가 합격할 확률은 $\frac{1}{3}$, 재연이 합격할 확률은 $\frac{1}{4}$, 윤수가 합격할 확률은 $\frac{1}{6}$이다. 이 중 적어도 한 명이 신입사원에 합격할 확률은?

① $\frac{2}{9}$ ② $\frac{7}{12}$ ③ $\frac{13}{24}$
④ $\frac{31}{42}$ ⑤ $\frac{37}{42}$

09. 갑 씨에게는 43세의 남편과 8세, 6세, 4세의 자녀가 있다. A년 후에 부부 연령의 합계가 자녀 연령 합계의 배가 되고 남편의 나이가 자녀들의 나이 합보다 1살 많아진다고 할 때, 갑 씨의 현재 나이는 몇 세인가?

① 40세 ② 41세 ③ 42세
④ 43세 ⑤ 44세

10. 시설팀 직원 7명 중 야간작업 인원 3명을 뽑아야 하는 경우, 가능한 경우의 수는 총 몇 가지인가?

① 150가지 ② 120가지 ③ 60가지
④ 42가지 ⑤ 35가지

11. 어떤 물건의 가격을 50% 인상하였다가, 얼마 후 다시 20% 인하하였더니 A원이 되었다. 이 물건의 원래 가격은?

① $\frac{3}{4}A$원 ② $\frac{4}{5}A$원 ③ $\frac{5}{6}A$원
④ $\frac{6}{7}A$원 ⑤ $\frac{7}{8}A$원

12. 바구니에 사과 3개, 배 7개가 들어 있다. 은솔이와 수지가 순서대로 과일을 한 개씩 꺼내 가질 때, 수지가 배를 꺼낼 확률은?

① $\frac{3}{10}$ ② $\frac{7}{10}$ ③ $\frac{7}{30}$
④ $\frac{11}{30}$ ⑤ $\frac{17}{30}$

13. 1번 관을 a시간, 2번 관을 b시간 사용하면 100L가 들어가고, 1번 관을 b시간, 2번 관을 a시간 사용하면 98L가 들어간다. $(50b-49a)$L짜리 물통에 2번 관만 사용하여 물을 넣을 경우 가득 차기까지 걸리는 시간은?

① $\frac{2}{a^2-b^2}$시간 ② $\frac{a^2-b^2}{2}$시간 ③ $\frac{2}{b^2-a^2}$시간

④ $\frac{b^2-a^2}{2}$시간 ⑤ $\frac{2(a-b)}{b^2-a^2}$시간

14. 어떤 호수의 둘레를 따라 나무를 10m 간격으로 심을 경우와 15m 간격으로 심을 경우에 심을 수 있는 나무의 개수는 5그루 차이가 난다. 이 경우 25m 간격으로 나무를 심는다면 총 몇 그루의 나무를 심을 수 있는가?

① 4그루 ② 5그루 ③ 6그루

④ 7그루 ⑤ 8그루

15. 어떤 회사에 사원 Y명과 사장 한 명이 근무하는데, 사원들의 평균 월급은 X원이고, 사장의 월급은 $3X$원이다. 사원들의 월급과 사장의 월급을 더한 회사 전체의 평균 월급은 얼마인가?

① $\frac{X(3X+1)}{Y}$원 ② $\frac{3(X+XY)}{XY}$원 ③ $\frac{3(X+1)}{X+Y}$원

④ $\frac{X(Y+3)}{Y+1}$원 ⑤ $\frac{XY}{3(X+Y)}$원

16. 승용차 100대를 수용할 수 있는 주차장이 있는데, 오후가 되면 4분마다 1대꼴로 차가 나가며, 3분마다 2대꼴로 차가 들어온다. 오후 2시 정각에 1대가 나가고 2대가 들어와 78대가 되었다고 하면, 이 주차장이 만차가 되는 시각은 언제인가?

① 오후 2시 45분 ② 오후 2시 48분 ③ 오후 2시 50분

④ 오후 2시 51분 ⑤ 오후 2시 55분

17. K 기업의 인사팀은 회사에서부터 두 대의 차에 나누어 타고 워크숍 장소로 출발하였다. A 차는 시속 80km로 가고 B 차는 시속 70km로 갔더니, A 차가 장소에 도착하고 15분 후에 B 차가 도착하였다. 회사에서 워크숍 장소까지의 거리는?

① 125km ② 140km ③ 150km
④ 175km ⑤ 200km

18. K 회사는 이번에 새로 출시된 상품들을 광고하려 한다. 광고 시간은 상품별로 20초와 25초 두 종류로 나누어 진행하며, 다음 광고로 넘어갈 때마다 1초의 간격이 있다고 한다. 정확하게 4분 30초 동안 11개의 상품을 광고하고 싶다면, 최대 몇 개의 상품을 25초로 광고할 수 있는가?

① 3개 ② 5개 ③ 6개
④ 7개 ⑤ 8개

19. A가 하면 18일, B가 하면 27일 걸리는 일이 있다. 둘은 공동 작업으로 일을 시작했으나, 도중에 B가 일을 그만두어 A 혼자 일을 해 끝마치기까지 총 16일이 걸렸다. 전체 일한 날 중 B가 참여하지 않은 날은 며칠인가?

① 9일 ② 10일 ③ 11일
④ 12일 ⑤ 13일

20. A 카드회사의 현금서비스 이자율은 4%이다. 이번 달 A 카드회사의 현금서비스 청구금액이 54,080원이었다면 이자는 얼마인가?

① 1,960원 ② 2,080원 ③ 2,860원
④ 3,120원 ⑤ 3,200원

영역 7 수추리력

20문항 / 10분

[01 ~ 20] 다음 수의 배열에서 일정한 규칙을 찾아 '?'에 들어갈 알맞은 숫자를 고르시오.

01.

100 102 99 103 (?) 102 75

① 89 ② 91 ③ 94 ④ 98 ⑤ 100

02.

72 74 61 64 52 55 45 (?)

① 47 ② 49 ③ 53 ④ 56 ⑤ 60

03.

8 13 20 31 50 (?) 152

① 67 ② 70 ③ 82 ④ 85 ⑤ 87

04.

$\frac{1}{2}$ $\frac{4}{3}$ $\frac{10}{5}$ $\frac{19}{8}$ $\frac{31}{12}$ (?)

① $\frac{24}{16}$ ② $\frac{46}{17}$ ③ $\frac{37}{19}$

④ $\frac{38}{21}$ ⑤ $\frac{40}{21}$

05.

$$\frac{2}{9} \quad \frac{4}{36} \quad \frac{6}{81} \quad \frac{8}{144} \quad (\ ?\ ) \quad \frac{12}{324}$$

① $\frac{11}{255}$ ② $\frac{10}{255}$ ③ $\frac{12}{255}$

④ $\frac{1}{255}$ ⑤ $\frac{7}{255}$

06.

5 7 9 6 14 12 7 28 15 8 (?) 18

① 10 ② 19 ③ 32

④ 56 ⑤ 61

07.

$$\frac{1}{3} \quad \frac{5}{6} \quad \frac{4}{3} \quad \frac{11}{6} \quad \frac{7}{3} \quad (\ ?\ )$$

① $\frac{5}{3}$ ② $\frac{8}{3}$ ③ $\frac{17}{6}$

④ $\frac{19}{6}$ ⑤ $\frac{23}{6}$

08.

4.5 4.5 6.75 13.5 (?) 101.25

① 27.25 ② 33.75 ③ 40.55

④ 47.25 ⑤ 49.50

09.

311 316 326 337 350 358 374 (?)

① 375 ② 380 ③ 385
④ 388 ⑤ 400

10.

(?) −17 49 −149 445

① 5 ② 7 ③ 9
④ 11 ⑤ 15

11.

4 7 13 25 49 (?) 193

① 71 ② 89 ③ 94
④ 97 ⑤ 100

12.

1 2 4 9 19 36 (?)

① 39 ② 48 ③ 53
④ 62 ⑤ 67

13.

6　3　9　2　1　3　4　(?)

① 1　② 3　③ 5
④ 7　⑤ 9

14.

1　6　−7　18　−23　38　(?)

① −41　② −47　③ −53
④ −69　⑤ −70

15.

0　1　2　4　7　12　20　33　(?)　88

① 42　② 48　③ 54
④ 65　⑤ 67

16.

1　2　2　4　8　12　96　(?)

① 108　② 122　③ 136
④ 154　⑤ 155

17.

7　31　−3　22　−11　15　−17　(?)

① 5　② 7　③ 8
④ 9　⑤ 10

18.

2　6　14　30　62　(?)

① 124　② 125　③ 126
④ 127　⑤ 128

19.

6　13　39　　3　16　24　　9　12　(?)

① 52　② 53　③ 54
④ 55　⑤ 56

20.

8　6　6　　4　1　9　　3　2　(?)

① 1　② 2　③ 3
④ 4　⑤ 6

영역 8 창의력

1문항/6분

※ 이 유형은 정해진 답이 있는 것이 아니므로, 정답 및 해설이 제공되지 않습니다.

01. 제시된 그림을 보고 그 용도로 추측되는 것을 40개 쓰시오.

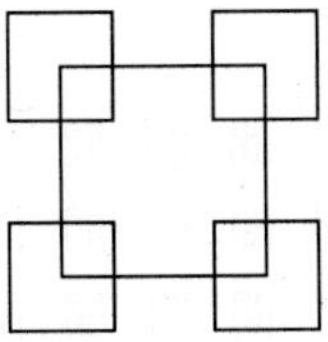

1		21	
2		22	
3		23	
4		24	
5		25	
6		26	
7		27	
8		28	
9		29	
10		30	
11		31	
12		32	
13		33	
14		34	
15		35	
16		36	
17		37	
18		38	
19		39	
20		40	

효성 3회

기출유형문제

문항수	151문항
시험시간	64분

▸ 정답과 해설 49쪽

영역 1 지각정확력

30문항/6분

[01 ~ 04] 다음 〈보기〉에서 왼쪽에 제시된 문자의 개수를 고르시오.

01.

間

| 보기 |

聞 閒 間 開 聞 閏 問 開 間 問 閒 間 閏 間 閘 閒 閏 閘
閒 問 閘 閒 聞 問 開 閏 閘 問 間 問 開 閘 閏 閒 閏 聞
閘 問 間 閒 聞 問 開 閏 聞 閘 開 間 聞 閏 問 間 問 閒

① 4개
② 5개
③ 6개
④ 7개
⑤ 8개

02.

주

| 보기 |

추 쿠 투 꾸 수 주 뿌 누 루 무 쿠 구
우 푸 쭈 두 추 수 무 구 주 쭈 부 뚜
누 쑤 후 무 루 푸 두 쿠 뿌 수 추 투

① 1개
② 2개
③ 3개
④ 4개
⑤ 5개

03.

β

| 보기 |

υ ζ λ ψ ς β ΰ ρ σ η λ ο ς γ β ζ ω ό ι γ
σ ό ω Ÿ ί π ί ω φ ύ ψ γ β Ï ί λ β ρ λ κ
η ε ζ σ ψ ν ρ ς δ η ϊ ψ μ ξ π β Φ θ ψ χ

① 3개
② 4개
③ 5개
④ 6개
⑤ 7개

04.

賣買

｜보기｜								
販賣	昧昧	賣買	煤塵	賣上	每常	賣出	出力	加擊
價格	加擊	商權	買上	昧爽	枚陳	煤塵	賣盡	價格
賣買	販賣	昧爽	商權	每常	賣出	每常	賣上	煤塵

① 1개 ② 2개 ③ 3개 ④ 4개 ⑤ 5개

[05 ~ 08] 다음 〈보기〉에서 왼쪽에 제시된 기호의 개수를 고르시오.

05.

з

｜보기｜

Г Т з Ъ Ц Т в ь ж л Щ Х д Ф з Р р ю м з Ф С ц э д ы з т Я К Н к Ф
а Г ж т з Ч г з х щ с Д И М г к У н Г Н Б Ч з д Ъ Ф й х з в Ё К О
Ю л й с д з Т Д

① 7개 ② 8개 ③ 9개 ④ 10개 ⑤ 12개

06.

ᚡ

｜보기｜

ᚡ ᚳ ᚤ ᛊ ᛆ ᛁ ᛜ ᛦ ᛠ ᛯ ᛯ ᚹ ᚻ ᛯ ᛏ ᛞ ᛝ ᛡ ✢ ᛰ ᚾ ᛜ ᛄ ᚦ ᚤ ᚢ ᚤ
ᚢ ᚦ ᚨ ᚼ ᚾ ᚻ ᚡ ᚱ ᛦ ᛯ ᛞ ᚷ ᛩ ᛪ ᛇ ᛖ ᛗ ᛝ ᚡ ᛏ ᛟ ᛯ ᚢ ᚤ ᚨ ᛯ ᚡ
ᚦ ᚨ ᚼ ᛏ ᛒ ᚴ ᛒ ᚡ ᚢ ᛚ ᛯ ✢ ᛡ ᛞ ᛁ ᚡ ᚨ ᚼ ᚽ ᚡ ᛜ ᛄ ᛠ ᛰ ᛚ ᚡ ᛚ

① 5개 ② 6개 ③ 7개 ④ 8개 ⑤ 9개

07.

ഢ

｜보기｜

അ	ഇ	ഋ	എ	ഏ	ഞ	ജ	ഝ	ഢ	ല	ഥ	ദ
ണ	വ	ഷ	ന	ഈ	ആ	ഋ	ഛ	എ	അ	സ	ഒ
ഏ	ഡ	ണ	ഢ	ങ	ഝ	എ	ഷ	ദ	ഇ	ആ	ണ

① 1개 ② 2개 ③ 3개 ④ 4개 ⑤ 5개

08.

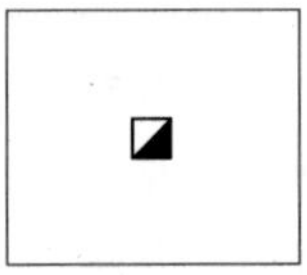

| 보기 |

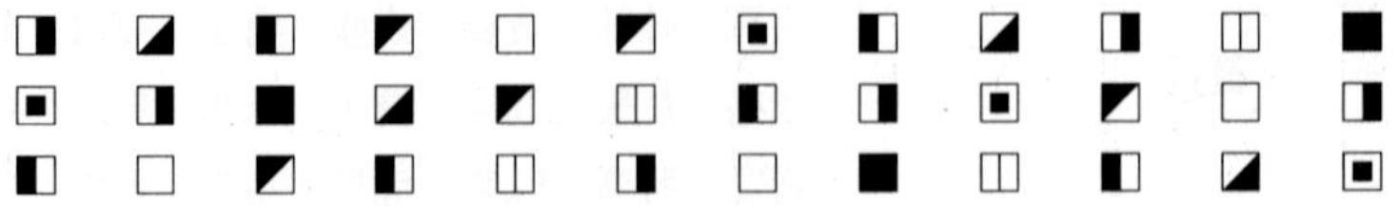

① 1개　② 2개　③ 3개
④ 4개　⑤ 5개

[09 ~ 10] 다음 〈보기〉에서 왼쪽에 제시된 숫자의 개수를 고르시오.

09.

32

| 보기 |

8433481248564872313215484245562454525232412332414634555
13435
9252122143324123324123265452245544554334551343251334521
34521

① 3개　② 4개　③ 5개
④ 6개　⑤ 7개

10.

953

| 보기 |

950	935	553	359	933	395	363	963	853	973
395	973	539	988	863	932	953	992	553	933
963	853	936	383	935	539	972	936	863	359

① 1개　② 2개　③ 3개
④ 4개　⑤ 5개

[11 ~ 12] 다음 〈보기〉에서 제시된 기호가 몇 개인지 고르시오.

| 보기 |

★	○	◎	◆	▽	♥	♣	○	◎	◆	▲	□	◁	♤
♥	♧	☆	●	◇	■	▲	◁	▷	♤	◆	▲	□	◁
♤	♥	♧	☆	●	◀	◇	♠	■	♡	▲	◁	▷	■

11.

◁

① 1개 ② 2개 ③ 3개
④ 4개 ⑤ 5개

12.

♥

① 1개 ② 2개 ③ 3개
④ 4개 ⑤ 5개

[13 ~ 15] 다음 〈보기〉에서 제시된 문자가 몇 개인지 고르시오.

| 보기 |

加	可	歌	各	肝	艮	江	羌	介	拒	加	可	歌	乞
炅	古	呱	恭	科	句	剋	各	肝	艮	江	肝	艮	古
呱	恭	可	歌	乞	恭	科	句	剋	各	艮	江	肝	艮

13.

歌

① 1개 ② 2개 ③ 3개
④ 4개 ⑤ 5개

14.

介

① 1개 ② 2개 ③ 3개
④ 4개 ⑤ 5개

15.

乞

① 1개 ② 2개 ③ 3개
④ 4개 ⑤ 5개

[16 ~ 24] 다음 〈보기〉에서 찾을 수 없는 문자를 고르시오.

16.

| 보기 |

I saw the film, 'Superman'. I really enjoyed the film. People said that the movie had impressive special effects.

① sa　　② sp　　③ et
④ ma　　⑤ ye

17.

| 보기 |

ㄴㄹㅎ	ㄷㅇㄹ	ㅎㄴㅋ	ㅊㅍㅈ	ㄱㅍㅃ	ㄷㅋㄹ	ㅈㅋㅋ	ㅂㅋㅍ	ㅈㅊㅍ
ㄷㄹㅂ	ㅋㄹㅈ	ㅂㅅㅍ	ㅊㅍㄴ	ㅊㄹㅋ	ㅋㅃㅉ	ㄱㅎㅅ	ㅂㅊㅁ	ㅌㅊㅅ
ㅊㅅㅁ	ㅂㄷㅁ	ㅌㄱㄹ	ㄹㅁㅈ	ㄷㅍㅋ	ㅈㅍㅋ	ㄷㅍㄷ	ㄱㅂㅈ	ㄷㄹㄱ
ㄷㄱㅈ	ㅇㅁㅍ	ㄹㅋㅈ	ㄷㅁㅋ	ㅅㄴㄴ	ㅋㅍㅊ	ㅈㅊㅌ	ㅊㅎㅅ	ㄷㅍㅌ

① ㄹㅁㅈ　　② ㅋㅍㅊ　　③ ㅂㅊㅁ
④ ㄷㄹㄱ　　⑤ ㅂㅈㅁ

18.

| 보기 |

JK	BE	HU	FO	PZ	LQ	NC	ER	QD	GF	TK	MP
MB	KS	IW	OX	CE	RM	VP	UI	JY	YZ	HN	DF
ET	PT	GH	TJ	NG	FK	UE	WX	AL	OR	SN	LV

① HN　　② RM　　③ PT
④ MP　　⑤ GE

19.

| 보기 |

댫	얋	푝	딣	냷	숇	쥺	쬷	푝	맗	쩛	뜏	쌾	뼗
쎪	흉	꾧	뚌	퍑	쪵	뼐	푧	캙	툕	춊	냞	탿	횵
췼	햿	툛	캻	펶	윩	똂	뺿	쌸	먌	틿	춃	꿉	쳈

① 퍑 ② 쌞 ③ 툕
④ 햿 ⑤ 뼗

20.

| 보기 |

K9	d3	F5	ZD	VB	4A	KV	NM	2L	PO	AW	4N
CF	ER	C5	J9	00	J7	VF	WS	2B	H7	5K	U2
QJ	3V	X7	ZA	BN	RP	5Z	A6	Y1	2S	F4	DO

① 5K ② QJ ③ 4A
④ X7 ⑤ 2D

21.

| 보기 |

갛	람	잧	닿	샅	막	납	앛	착	낲	캉	밪
맙	낙	탄	갖	만	팢	랕	갚	박	잫	앞	닥
삭	닺	발	압	캉	낫	탖	팢	맏	랗	갖	삳

① 탄 ② 박 ③ 닺
④ 잩 ⑤ 샅

22.

보기											
달	행	살	봉	솥	잔	둥	밤	얍	술	좁	골
취	밥	농	물	힌	삽	돌	갈	풍	친	볍	박
홍	댈	핍	녕	흰	랍	악	딜	룩	할	돛	숑
각	장	캡	퓨	줍	멸	팔	동	빈	울	남	런

① 행　② 핍　③ 간
④ 박　⑤ 할

23.

보기																						
冒	且	月	目	具	旦	月	日	目	具	旦	百	目	且	目	日	目	目	百	目	旦	目	日
亘	具	且	百	月	且	亘	目	百	旦	月	旦	具	旦	目	日	具	亘	目	且	月	目	百
目	亘	且	百	具	月	具	目	亘	臼	旦	白	且	百	目	月	目	日	目	旦	百	亘	百

① 白　② 冒　③ 臼
④ 自　⑤ 日

24.

보기										
소원	지연	조출	주축	진화	연소	바람	유기	시험	수준	전설
현실	임금	진입	순방	현안	정치	수사	단정	변신	사탕	친구
만세	호두	절반	조리	흥행	연금	국민	기업	제공	융합	편익

① 전설　② 순방　③ 국민
④ 지축　⑤ 만세

[25 ~ 29] 다음 〈보기〉에서 찾을 수 없는 기호를 고르시오.

25.

| 보기 |

♔♟ ♔♕ ♔♕ ♛♜ ♘♙ ♜♝ ♟♞ ♟♔ ♗♛ ♟♛ ♕♖
♝♞ ♟♔ ♗♛ ♞♚ ♛♔ ♘♙ ♚♞ ♝♗ ♚♕ ♖♜ ♝♞
♟♕ ♕♖ ♔♖ ♜♜ ♚♝ ♞♚ ♙♚ ♘♕ ♗♜ ♗♘ ♙♛
♗♕ ♖♔ ♘♙ ♞♖ ♗♛ ♖♜ ♝♞ ♟♘ ♙♚ ♘♙ ♝♘

① ♛♜ ② ♜♗ ③ ♖♔
④ ♙♚ ⑤ ♕♖

26.

| 보기 |

☧ ♘ ♦ ☒ ♑ ♡ ☼ ⚯ ☂ ♈ ☸ ♝ # ☿ ☀ ☩ ☮ ☏
♖ ♓ ♁ ♨ ♗ ♥ ☄ ☉ ☬ ♇ ♦ ♅ ☭ ♮ ♐ ☆ ☥ ♎
♑ ♉ ☎ X ☣ ♀ ♃ ♆ ♒ ♍ ☯ ♟ ♢ Z ☽ ⚕ ♂ ♕

① ⚯ ② ☥ ③ ♗
④ ☑ ⑤ ♮

27.

| 보기 |

Ƃ Ʀ Đ Ṭ Σ Ƨ Ƥ ɋ ɣ Ʒ Ƽ Ǥ ǂ ƀ ƈ ȡ Ǝ Ʒ ƻ Ä 8 Ǥ ƥ
ɩ Ʊ Ǒ Ǖ Ǵ Ƕ Ǻ Ɲ Ɵ Ǣ Ǿ ƥ f Ɠ ɣ Ʊ Ƴ Ǣ Ƒ Ʊ Ɓ
ƻ ƀ ǻ Ƒ ǁ ƕ ƚ ƛ Ƈ Ǝ Ɵ Œ Ş ƴ Ǔ Ǯ Ƕ Ǽ Ǿ ɋ ɋ Ǣ ɩ

① Ƨ ② Ƽ ③ Œ
④ Ʒ ⑤ Ƒ

28.

| 보기 |

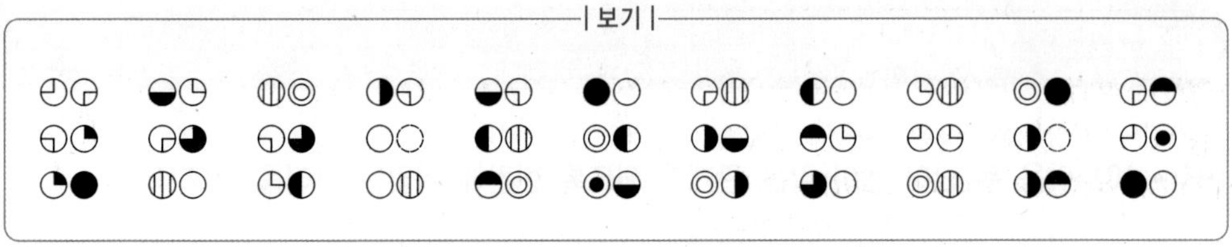

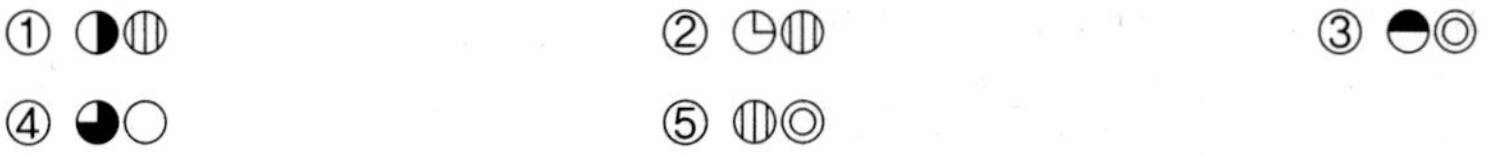

29.

| 보기 |

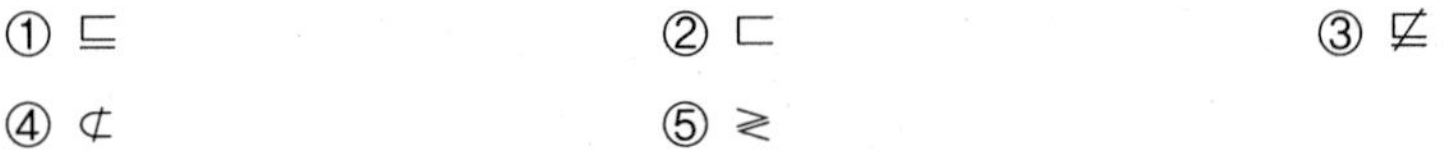

30. 다음 〈보기〉에서 찾을 수 없는 숫자는?

| 보기 |

615	751	349	316	805	673	832	572	948	241	152	520
486	348	289	506	317	980	523	148	232	677	973	126
239	416	796	852	592	975	182	394	162	288	574	349

① 162　② 289　③ 346
④ 572　⑤ 973

영역 2 언어유추력

20문항/5분

[01 ~ 10] 다음 두 단어 쌍이 같은 관계가 되도록 빈칸에 알맞은 단어를 고르시오.

01.

반 고흐 : 해바라기 = ( ) : 마술피리

① 베토벤 ② 바흐 ③ 아마데우스
④ 쇼팽 ⑤ 모차르트

02.

위법 : 합법 = 문외한 : ( )

① 문하생 ② 조사관 ③ 연구자
④ 전문가 ⑤ 연출가

03.

치밀 : 세밀 = 전부 : ( )

① 개체 ② 전체 ③ 일부
④ 부분 ⑤ 개별

04.

계산기 : 계산 = 피아노 : ( )

① 건반 ② 악기 ③ 기타
④ 연주 ⑤ 음악

05.

오른쪽 : 왼쪽＝불의 : (　　　)

① 부당　　② 평등　　③ 정의
④ 불행　　⑤ 합당

06.

장미꽃 : 식물＝호랑이 : (　　　)

① 동물　　② 식물　　③ 조류
④ 인간　　⑤ 사자

07.

인쇄기 : 인쇄＝색연필 : (　　　)

① 조각　　② 유화　　③ 스케치북
④ 채색　　⑤ 크레파스

08.

양 : 동물＝개미 : (　　　)

① 식물　　② 베짱이　　③ 파충류
④ 거미　　⑤ 곤충

09.

절약 : 절감 = 공급 : (　　　)

① 제시　② 제공　③ 생산
④ 수급　⑤ 수요

10.

찬성 : 반대 = 자부심 : (　　　)

① 자경　② 긍지　③ 자애
④ 자존심　⑤ 자괴감

[11 ~ 20] 다음 제시된 단어의 대응 관계로 볼 때, A와 B에 들어가기 알맞은 것을 짝지어 고르시오.

11.

닭 : (　A　) = (　B　) : 송곳

A : ① 학　② 아침　③ 조류　④ 달걀　⑤ 무리
B : ① 구멍　② 손잡이　③ 주머니　④ 도구　⑤ 집단

12.

맨손 : (　A　) = (　B　) : 글마루

A : ① 빈털터리　② 매나니　③ 맨발　④ 백수　⑤ 손바닥
B : ① 본문　② 지혜　③ 편지　④ 글자　⑤ 글재주

13.

수주대토(守株待兎) : 각주구검(刻舟求劍) = (A) : (B)

A : ① 감탄고토(甘呑苦吐) ② 마이동풍(馬耳東風) ③ 조령모개(朝令暮改)
④ 주마간산(走馬看山) ⑤ 구곡간장(九曲肝腸)

B : ① 우공이산(愚公移山) ② 다기망양(多岐亡羊) ③ 한출첨배(汗出沾背)
④ 우이독경(牛耳讀經) ⑤ 오매불망(寤寐不忘)

14.

물 : (A) = (B) : 원숭이

A : ① 알코올 ② 산소 ③ 기름 ④ 얼음 ⑤ 우유

B : ① 고릴라 ② 유인원 ③ 소 ④ 개 ⑤ 호랑이

15.

언어 : (A) = (B) : 파스타

A : ① 문학 ② 문화 ③ 소쉬르 ④ 프랑스어 ⑤ 행동

B : ① 음식 ② 밀가루 ③ 토마토 ④ 이탈리아 ⑤ 비빔밥

16.

(A) : 무겁다 = (B) : 후하다

A : ① 감수성 ② 분위기 ③ 손바닥 ④ 기준 ⑤ 인정

B : ① 부탁 ② 소리 ③ 인심 ④ 공간 ⑤ 호흡

17.

(A) : (B) = 아몬드 : 마그네슘

A : ① 견과류 ② 호두 ③ 우유 ④ 커피 ⑤ 칼로리
B : ① 땅콩 ② 칼슘 ③ 영양소 ④ 도넛 ⑤ 사탕

18.

물고기 : (A) = 백로(白露) : (B)

A : ① 물 ② 어류 ③ 연어 ④ 육지 ⑤ 갑각류
B : ① 봄 ② 이슬 ③ 절기 ④ 계절 ⑤ 날씨

19.

등대 : (A) = (B) : 자동차

A : ① 바다 ② 불빛 ③ 부두 ④ 배 ⑤ 신호
B : ① 표지판 ② 버스 ③ 도로 ④ 신호등 ⑤ 인도

20.

(A) : 가죽 = 사람 : (B)

A : ① 자연 ② 신발 ③ 도축 ④ 호랑이 ⑤ 인조
B : ① 재산 ② 이름 ③ 가족 ④ 부모 ⑤ 산소

영역 3 언어추리력

20문항/5분

[01 ~ 08] 다음 〈제시문〉을 읽고 주어진 문장이 참이면 ①, 거짓이면 ②, 참 · 거짓을 알 수 없으면 ③을 고르시오.

01.

| 제시문 |

- 달리기를 잘하면 탁구를 잘한다.
- 농구를 잘하면 배구를 잘한다.
- 농구를 못하면 탁구를 못한다.
- 달리기를 잘하면 테니스를 잘한다.

배구를 못하면 테니스를 못한다.

① 참　　② 거짓　　③ 알 수 없음

02.

| 제시문 |

- 진영이는 해외출장으로 런던, 파리, 워싱턴, 베이징, 도쿄를 한 번씩 가려고 한다.
- 같은 대륙에 속하는 출장지는 연속으로 가야 한다.
- 베이징은 파리보다 먼저 가야 한다.
- 도쿄는 워싱턴의 바로 다음으로 간다.

워싱턴에 가장 먼저 간다.

① 참　　② 거짓　　③ 알 수 없음

03.

| 제시문 |

- A, B, C, D, E의 월급은 순서와 관계없이 10만 원, 20만 원, 30만 원, 40만 원, 50만 원 중 하나이다.
- C의 월급은 A의 월급보다 많고, D의 월급보다는 적다.
- B의 월급은 C의 월급보다 적고, E의 월급보다도 적다.
- E의 월급은 D의 월급보다 적고, A와 C의 월급보다 많다.

A와 B의 월급을 합하면 C의 월급과 같다.

① 참 ② 거짓 ③ 알 수 없음

04.

| 제시문 |

- 미국의 물가는 스위스보다 비싸다.
- 홍콩의 물가는 프랑스보다 싸다.
- 프랑스의 물가는 미국보다 비싸다.

스위스의 물가는 프랑스보다 싸다.

① 참 ② 거짓 ③ 알 수 없음

05.

| 제시문 |

- 딸기는 복숭아보다 비싸다.
- 참외는 복숭아보다 비싸다.

참외는 딸기보다 비싸다.

① 참 ② 거짓 ③ 알 수 없음

06.

| 제시문 |

- 줄넘기를 잘하는 사람은 반드시 등산을 잘한다.
- 등산을 잘하는 사람은 반드시 농부이다.
- 나는 줄넘기를 잘한다.

나는 농부가 아니다.

① 참 ② 거짓 ③ 알 수 없음

07.

| 제시문 |

- 지난 일주일(월, 화, 수, 목, 금, 토, 일요일) 동안 비가 온 날은 3일이다.
- 비가 온 날에는 빨래를 하지 않았다.
- 수요일과 목요일에는 비가 왔다.
- 일주일에 빨래를 한 날은 4일이다.

비가 오지 않은 날에는 반드시 빨래를 했다.

① 참 ② 거짓 ③ 알 수 없음

08.

| 제시문 |

- 영업부에는 A, B, C, D, E 5명의 직원이 근무한다.
- E는 두 번째로 출근했다.
- D는 A가 출근하기 바로 직전에 출근했다.
- B는 E보다 늦게 출근했다.

C는 가장 일찍 출근했다.

① 참 ② 거짓 ③ 알 수 없음

[09 ~ 10] 다음 〈제시문〉을 읽고 문제의 내용이 참이면 ①, 거짓이면 ②, 참 · 거짓을 알 수 없으면 ③을 고르시오.

| 제시문 |

- 다섯 개의 사물(컵, 거울, 연필, 공책, 볼펜)이 있다.
- 다섯 명의 사람(영수, 영희, 치원, 보래, 철수)이 있다.
- 각자 겹치지 않게 물건을 하나씩 가지고 있다.
- 철수는 공책을 가지고 있으며, 보래는 컵을 가지고 있지 않다.
- 영수와 치원 둘 중 한 명이 연필을 갖고 있다.

09. 영수가 컵을 가지고 있다면, 영희는 거울을 가지고 있다.

① 참　　② 거짓　　③ 알 수 없음

10. 영희가 거울을 가지지 않고 보래가 볼펜을 가진다면, 영희는 컵을 갖게 된다.

① 참　　② 거짓　　③ 알 수 없음

[11 ~ 12] 다음 〈제시문〉을 읽고 문제의 내용이 참이면 ①, 거짓이면 ②, 참 · 거짓을 알 수 없으면 ③을 고르시오.

| 제시문 |

- A ~ E는 101 ~ 105호가 일렬로 배치되어 있는 호텔에서 한 방에 한 명씩 묵기로 했다.
- 101 ~ 103호에는 침대가 있다.
- A와 C는 침대에서만 잘 수 있다.
- B는 C의 바로 옆방에서는 잘 수 없다.
- E는 102호에서 잔다.

11.

101호에서 자는 사람은 A이다.

① 참　　② 거짓　　③ 알 수 없음

12.

C가 103호에서 잔다면 D는 104호에서 잔다.

① 참　　② 거짓　　③ 알 수 없음

[13 ~ 14] 다음 〈제시문〉을 읽고 문제의 내용이 참이면 ①, 거짓이면 ②, 참 · 거짓을 알 수 없으면 ③을 고르시오.

| 제시문 |

- A, B, C, D, E가 긴 의자에 일렬로 앉아 있다.
- A는 정중앙에 앉아 있다.
- B와 E는 서로 붙어 앉아 있다.
- E는 A를 기준으로 오른편에 앉아 있다.
- C는 한쪽 끝에 앉아 있다.

13.

D는 A 옆에 앉아 있다.

① 참 ② 거짓 ③ 알 수 없음

14.

E는 C를 기준으로 왼편에 앉아 있다.

① 참 ② 거짓 ③ 알 수 없음

[15 ~ 17] 다음 〈제시문〉을 읽고 문제의 내용이 참이면 ①, 거짓이면 ②, 참 · 거짓을 알 수 없으면 ③을 고르시오.

| 제시문 |

- 어떤 바나나는 노란색이다.
- 모든 딸기는 빨간색이다.
- 노란색인 과일은 잘 익은 과일이다.
- 어머니께서 사 오신 과일은 노란색이다.

15. 어떤 바나나는 잘 익었다.

① 참 ② 거짓 ③ 알 수 없음

16. 빨간색이 아니면 딸기가 아니다.

① 참 ② 거짓 ③ 알 수 없음

17. 어머니께서 사 오신 과일은 바나나이다.

① 참 ② 거짓 ③ 알 수 없음

[18 ~ 20] 다음 〈제시문〉을 읽고 문제의 내용이 참이면 ①, 거짓이면 ②, 참 · 거짓을 알 수 없으면 ③을 고르시오.

| 제시문 |

- 동물원을 좋아하는 사람은 공원을 좋아하지 않는다.
- 공원을 좋아하는 사람은 계곡을 좋아하지 않는다.
- 산을 좋아하는 사람은 공원을 좋아한다.
- 계곡을 좋아하지 않는 사람은 꽃을 좋아한다.
- 동물원을 좋아하지 않는 사람은 산을 좋아한다.

18.

산을 좋아하지 않는 사람은 공원을 좋아한다.

① 참 ② 거짓 ③ 알 수 없음

19.

공원을 좋아하는 사람은 꽃을 좋아한다.

① 참 ② 거짓 ③ 알 수 없음

20.

계곡을 좋아하는 사람은 동물원을 좋아한다.

① 참 ② 거짓 ③ 알 수 없음

영역 4 공간지각력

20문항/8분

[01 ~ 10] 다음 전개도를 접었을 때 나타날 수 있는 입체도형을 고르시오.

01.

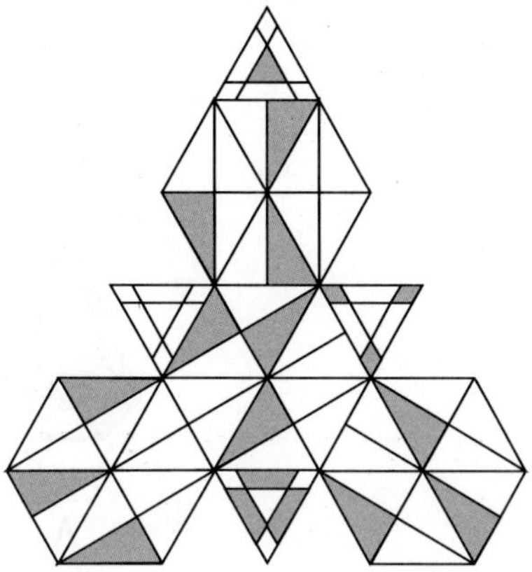

①

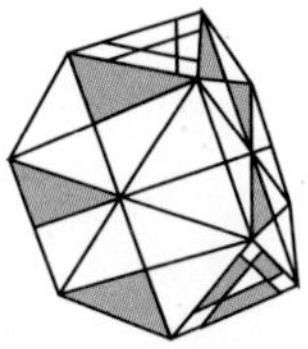

②

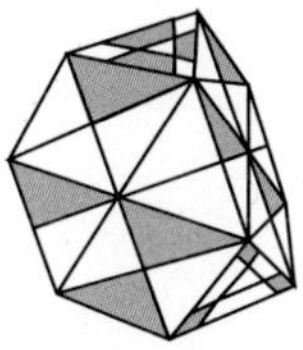

③

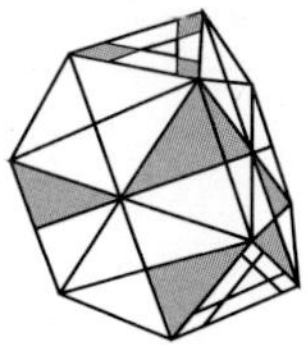

④

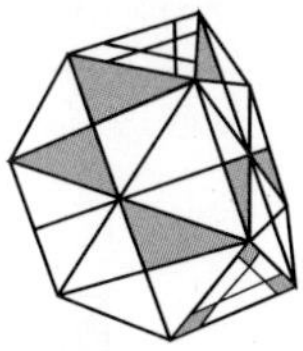

02.

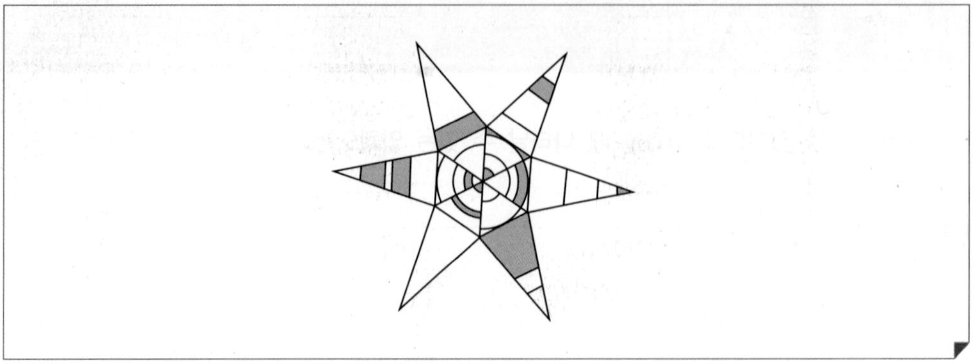

①

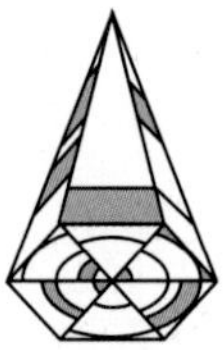

②

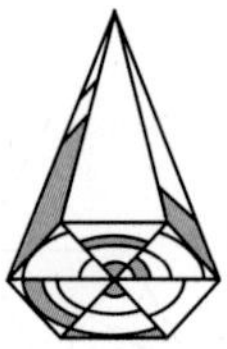

③

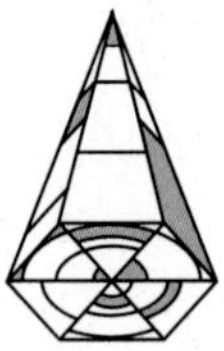

④

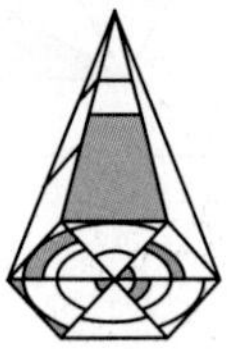

03.

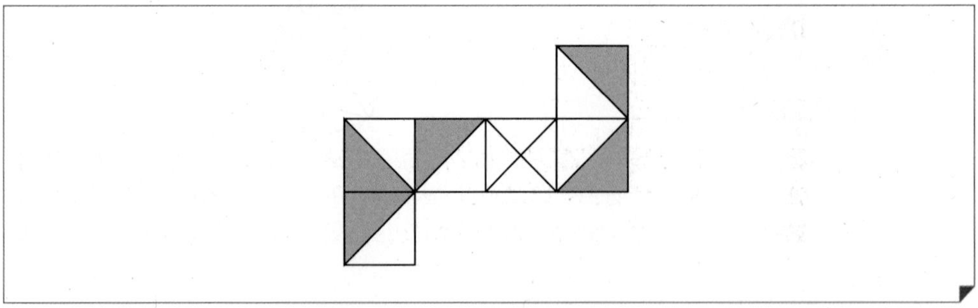

① 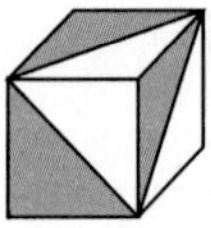 ② 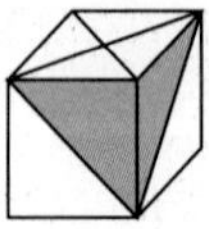 ③ 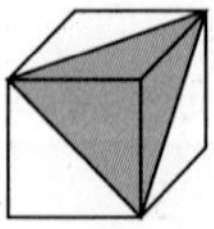 ④ 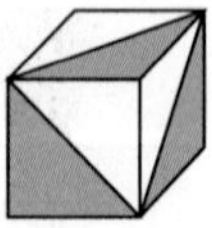

04.

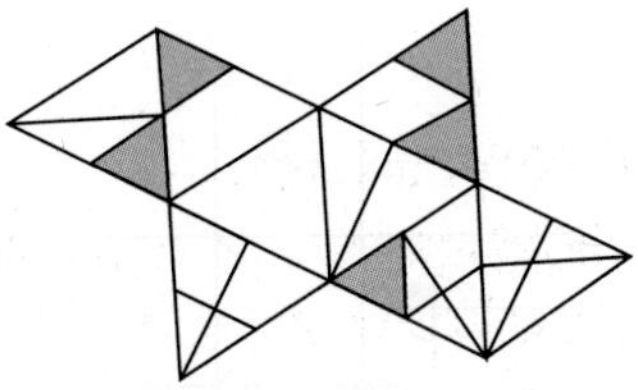

①

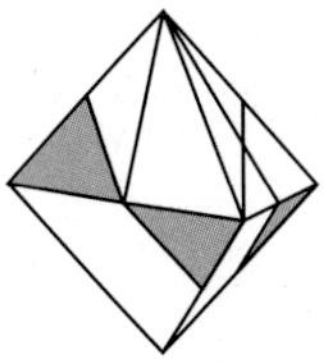

②

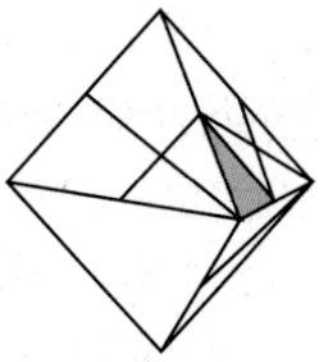

③

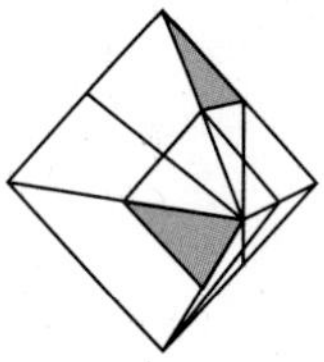

④

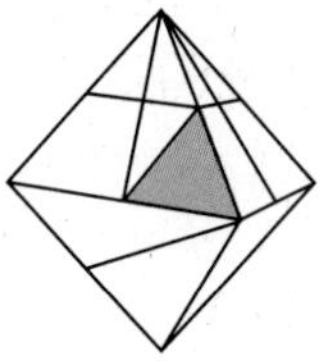

05.

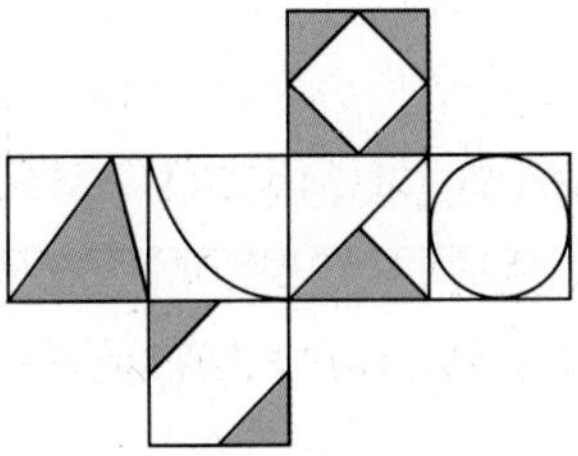

①

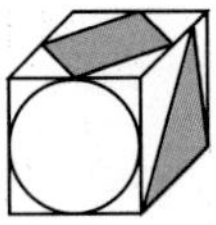

②

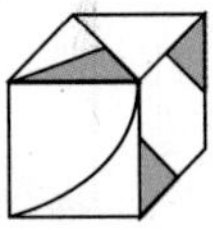

③

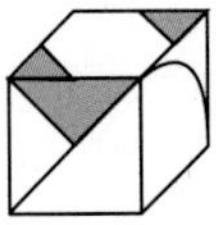

④

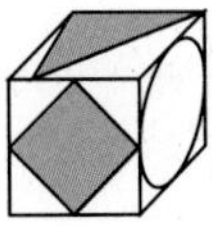

06.

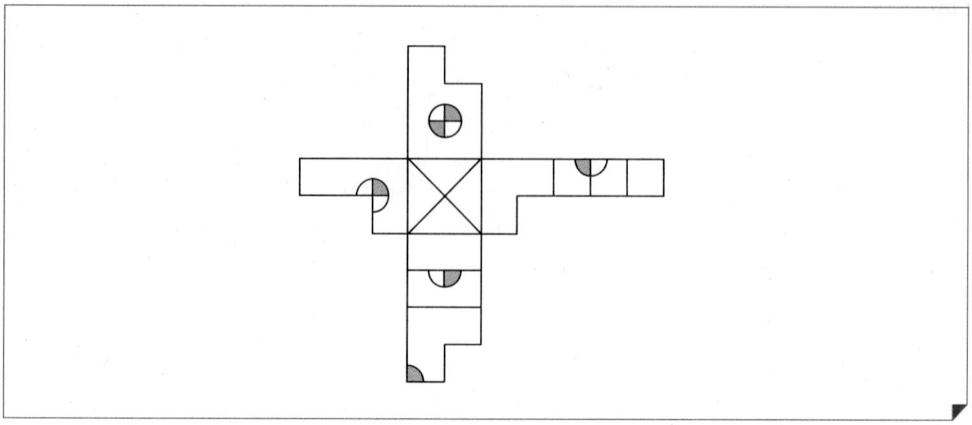

①

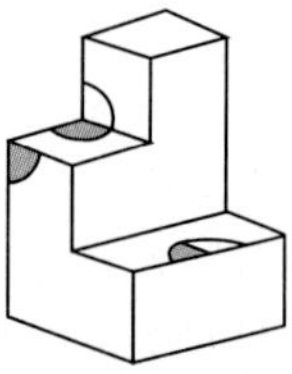

②

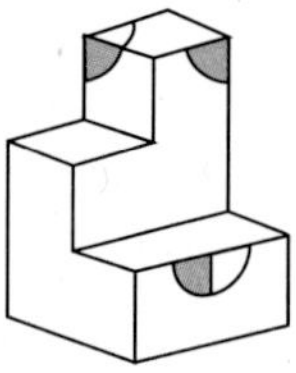

③

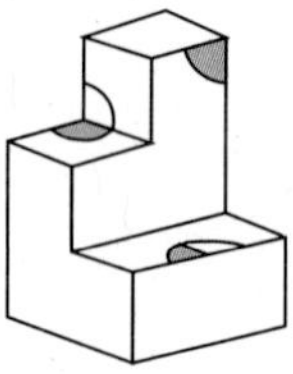

④

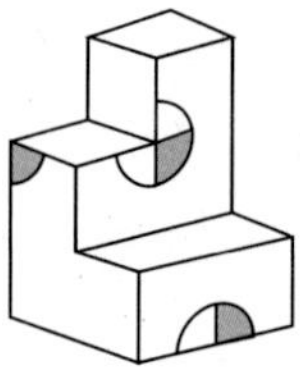

07.

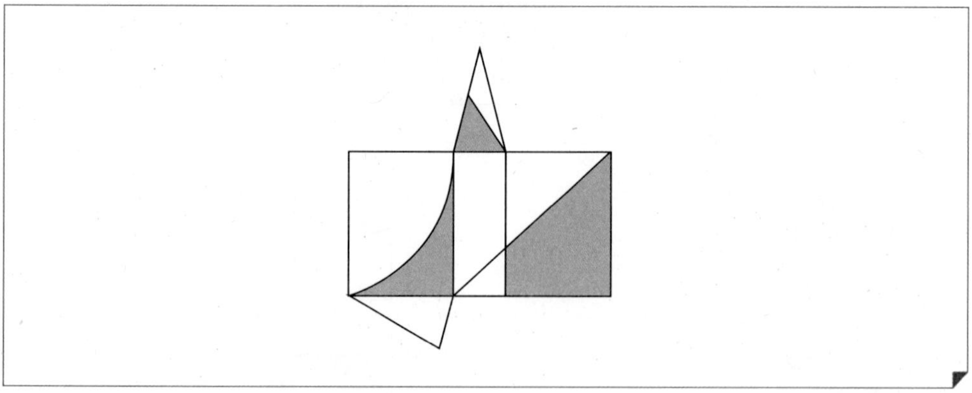

①
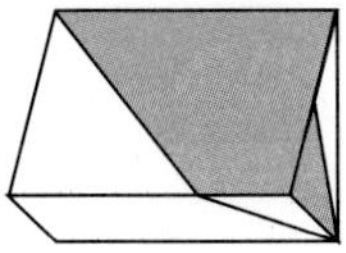

②
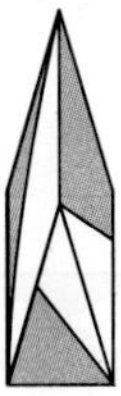

③
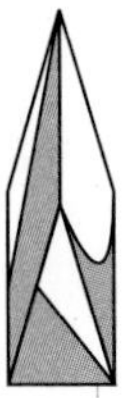

④
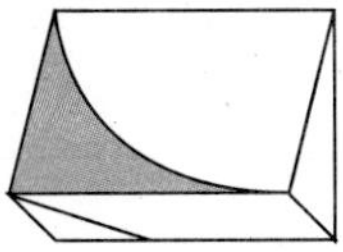

08.

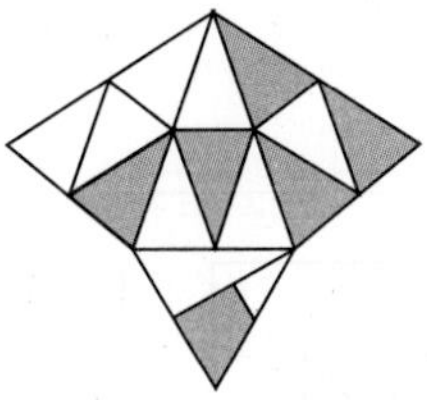

①
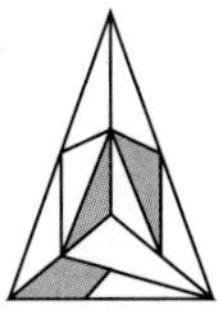

②
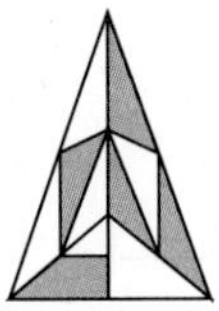

③
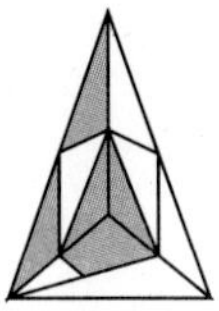

④
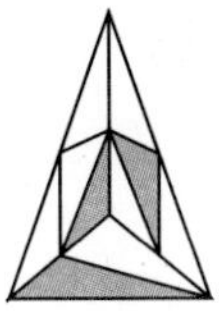

09.

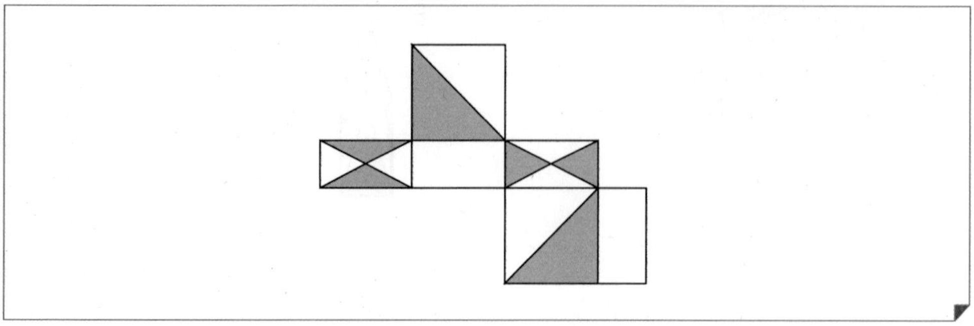

① 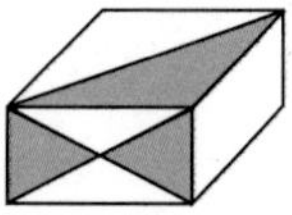

② 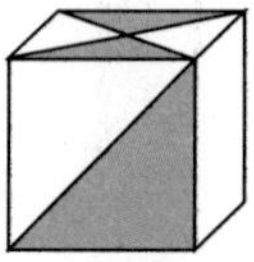

③ 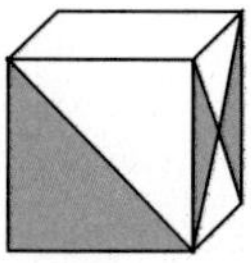

④ 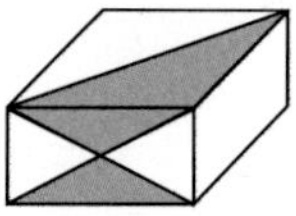

10.

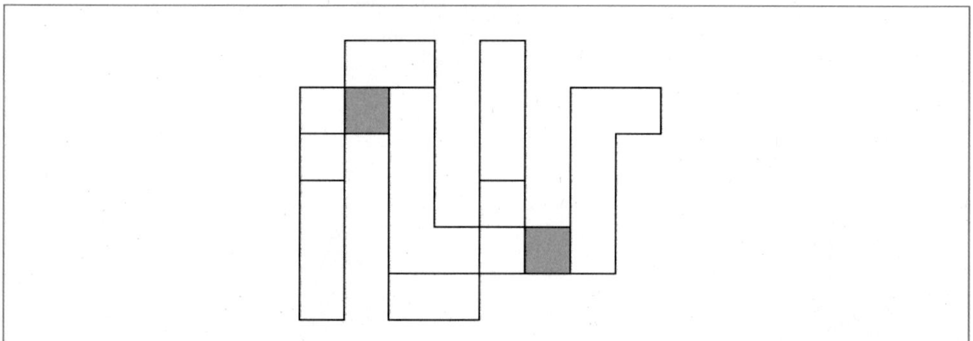

① 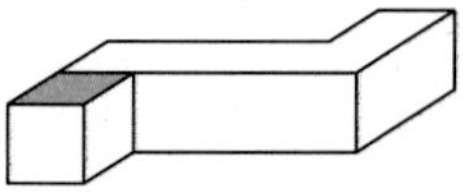

② 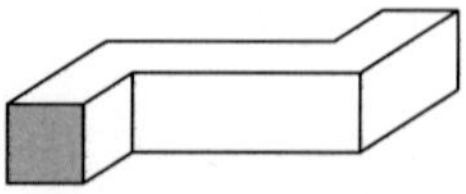

③ 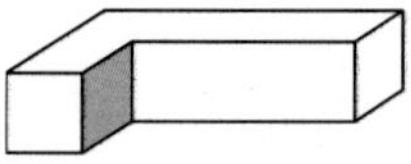

④ 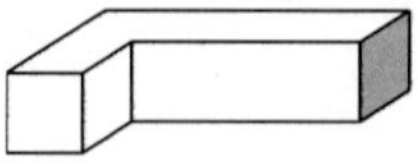

[11 ~ 20] 다음 입체도형의 전개도로 알맞은 것을 고르시오.

11.

①

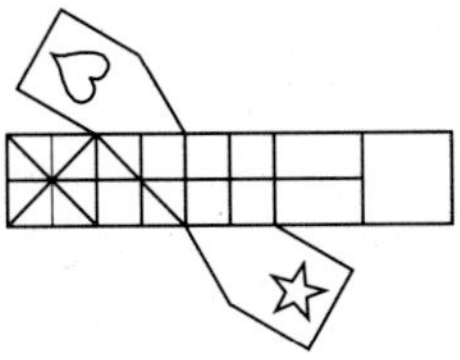

②

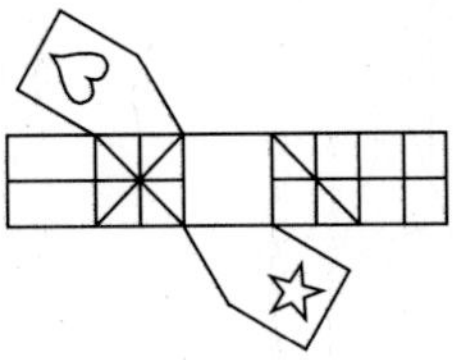

③

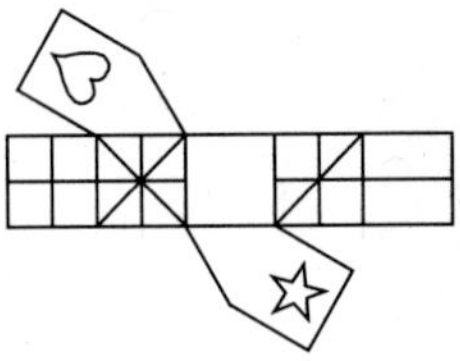

④

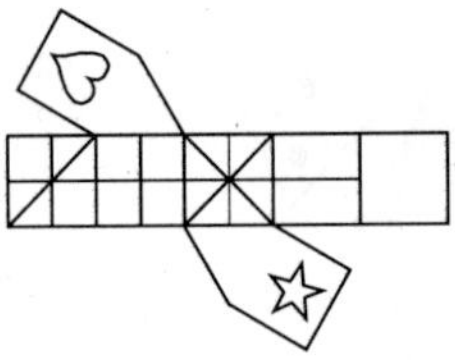

12.

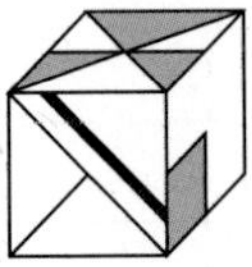

①

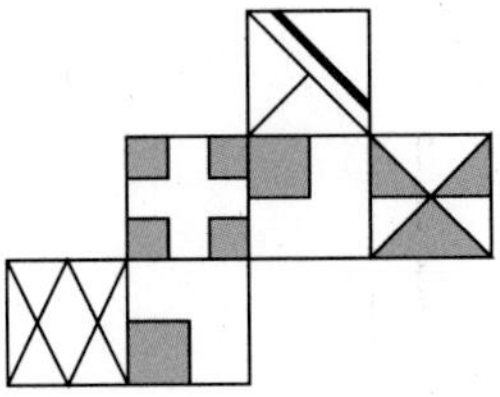

②

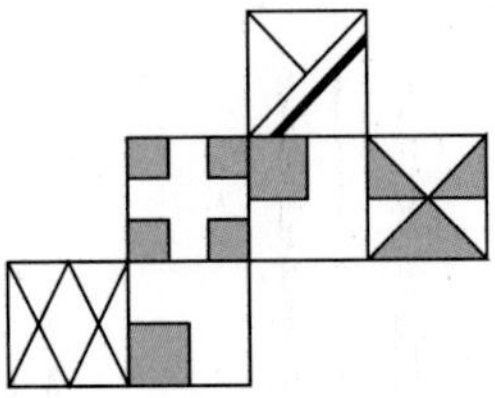

③

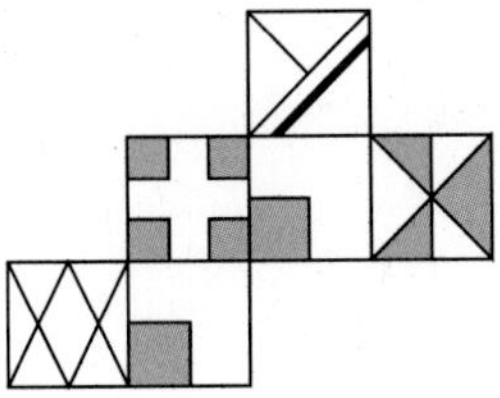

④

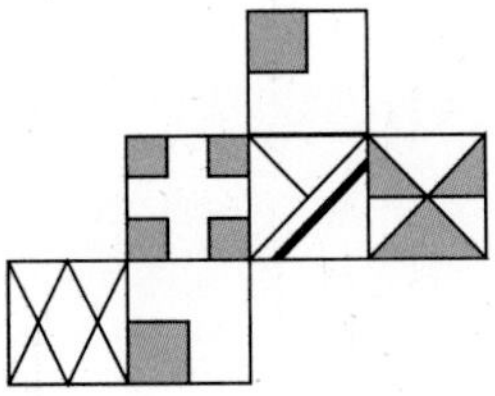

13.

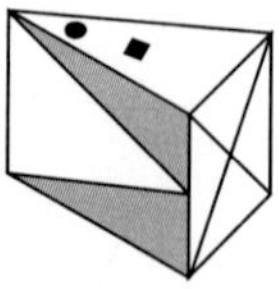

①

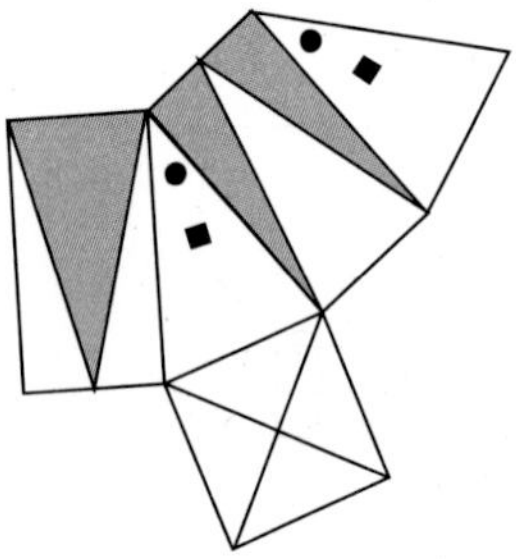

②

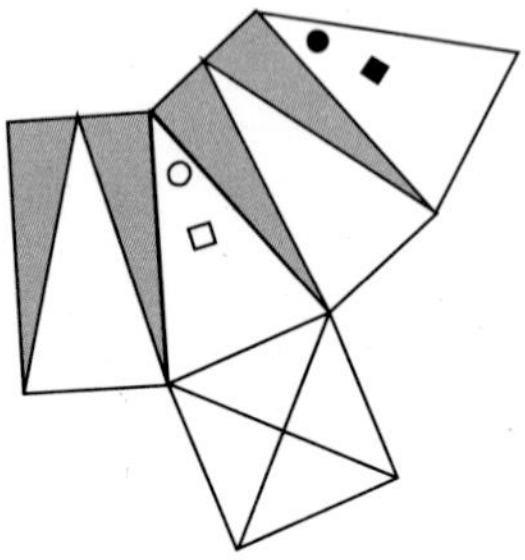

③

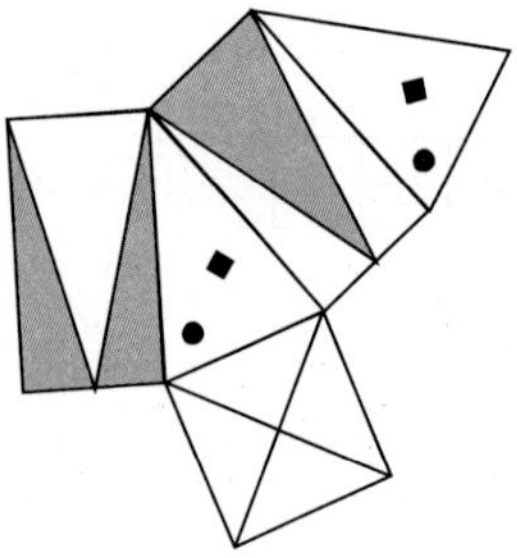

④

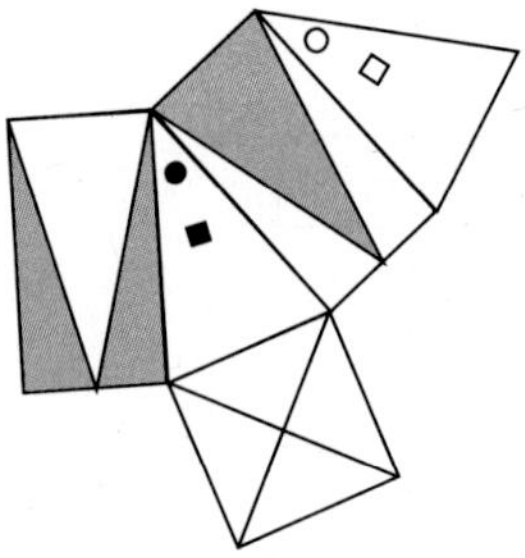

14.

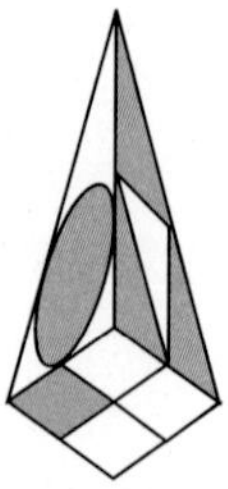

①

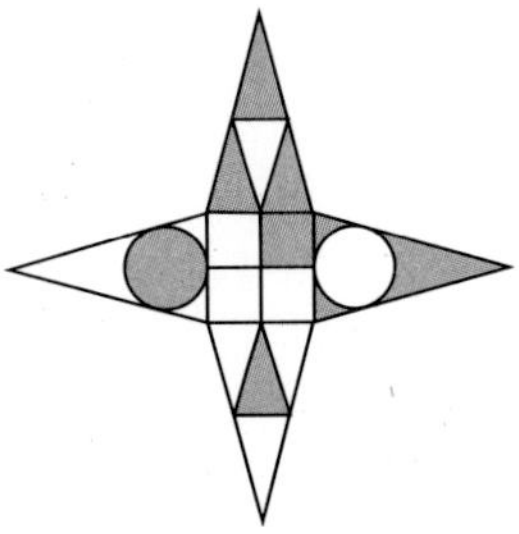

②

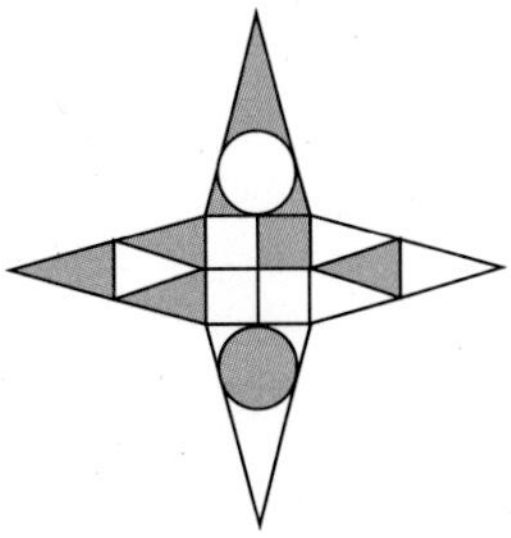

③

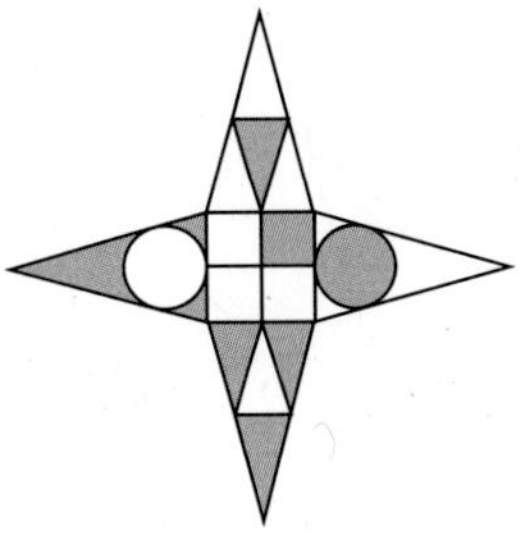

④

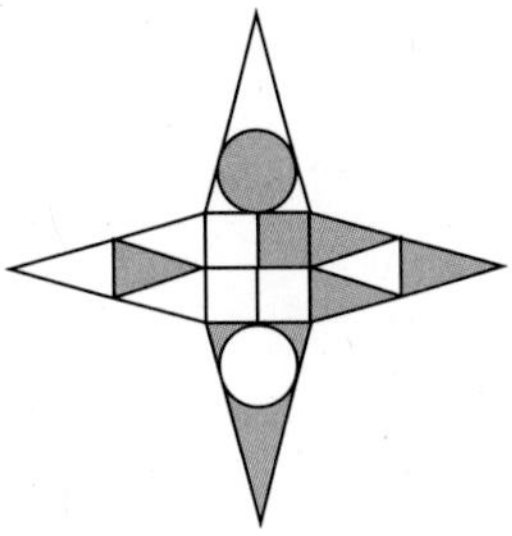

15.

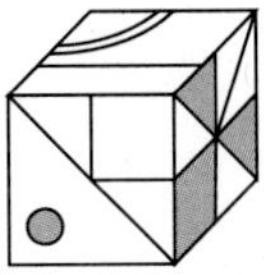

①

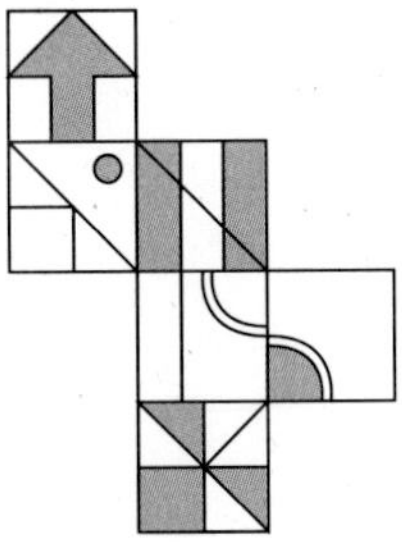

②

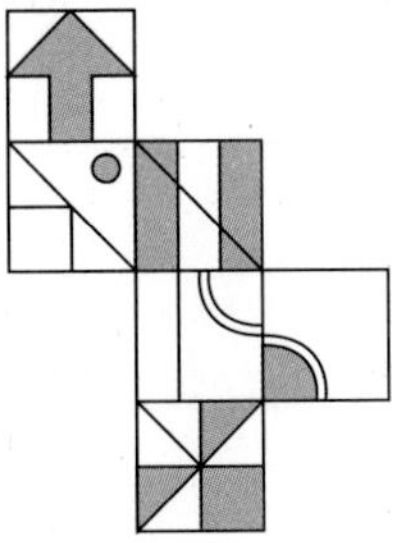

③

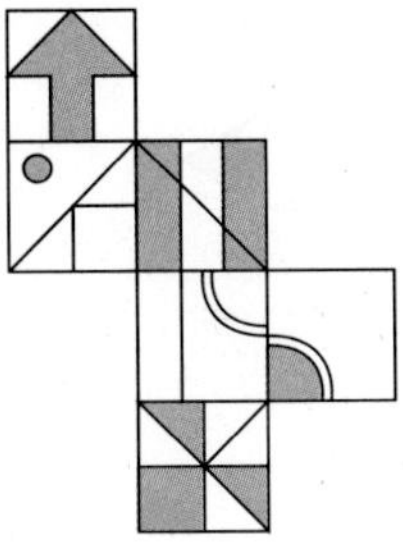

④

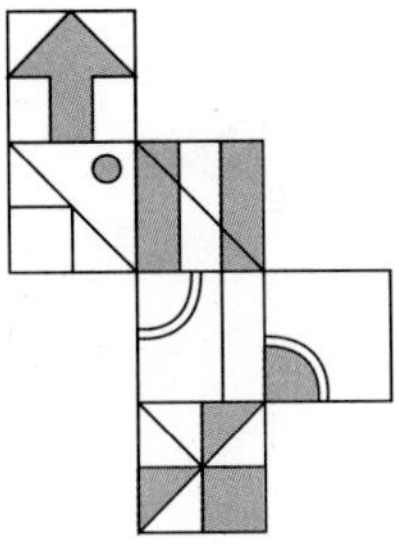

16.

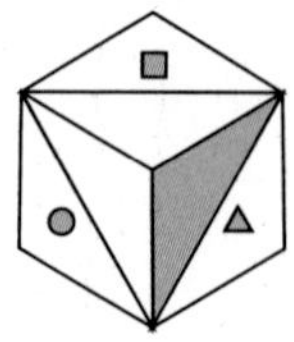

①

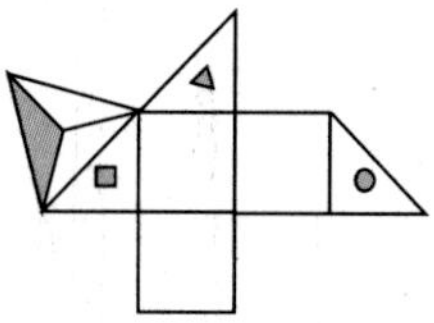

②

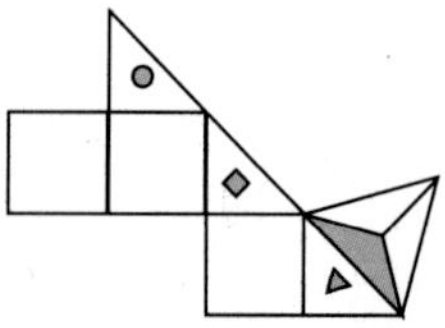

③

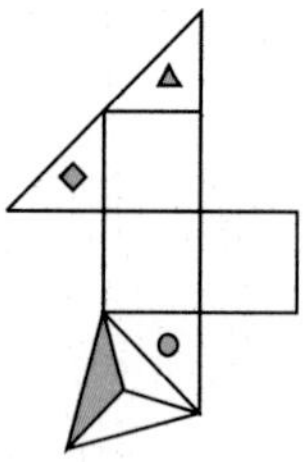

④

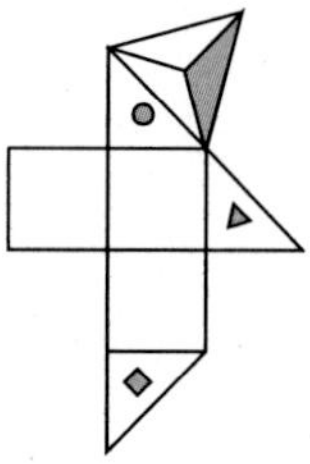

17.

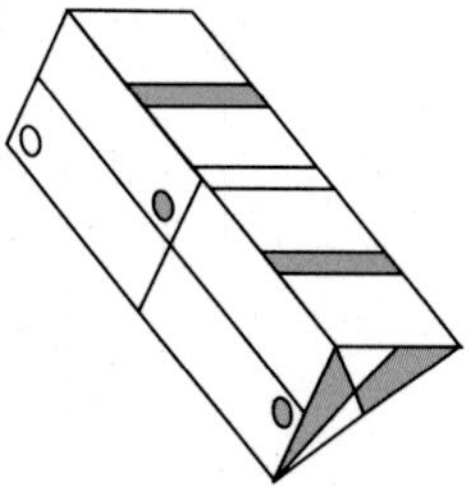

①

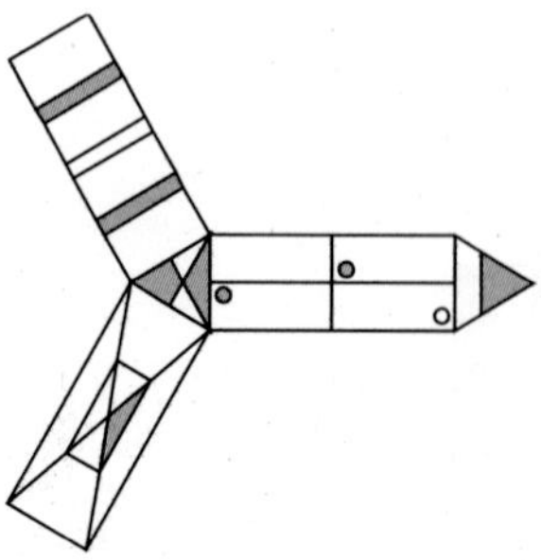

②

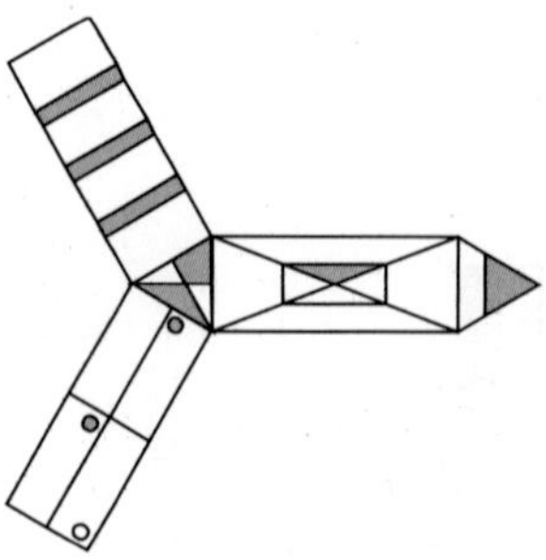

③

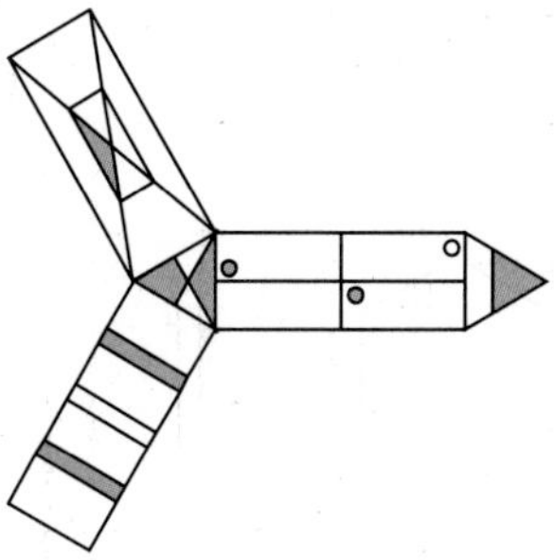

④

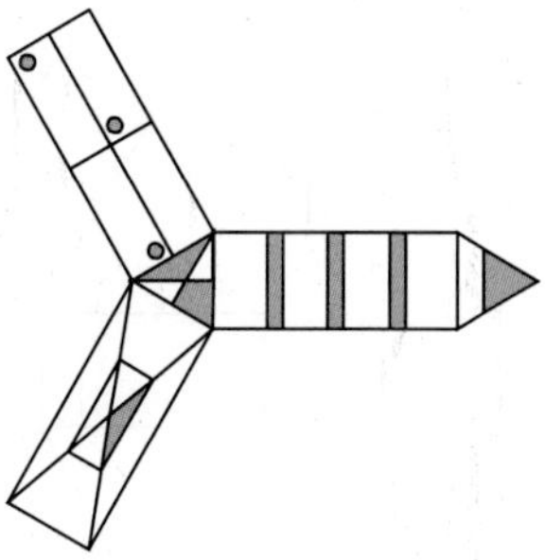

[18 ~ 20] 다음 전개도를 접었을 때 나타날 수 있는 입체도형을 고르시오.

18.

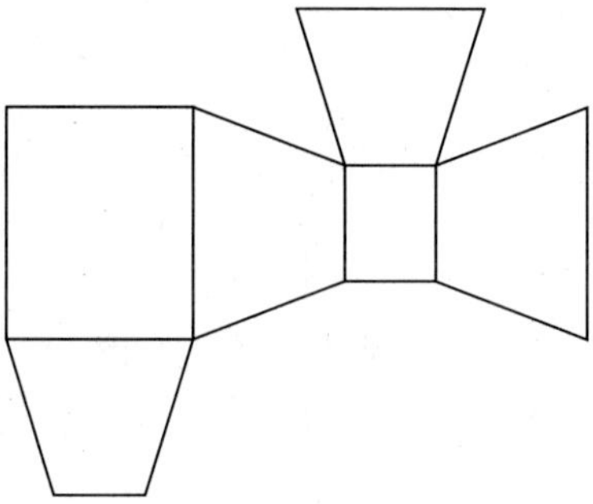

①

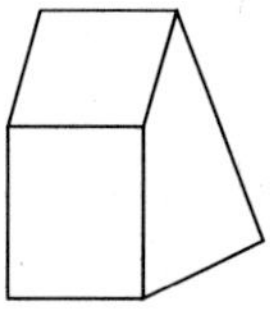

②

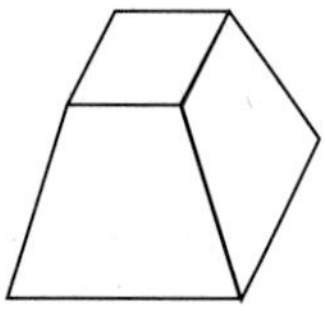

③

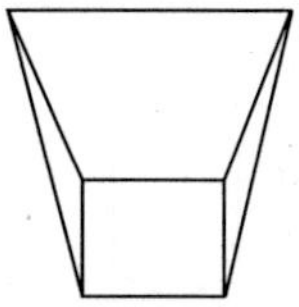

④

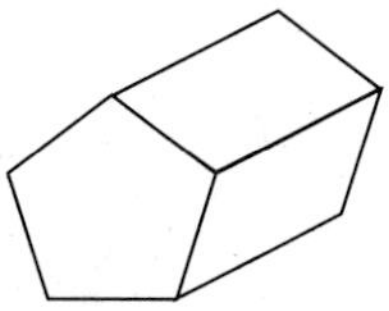

19.

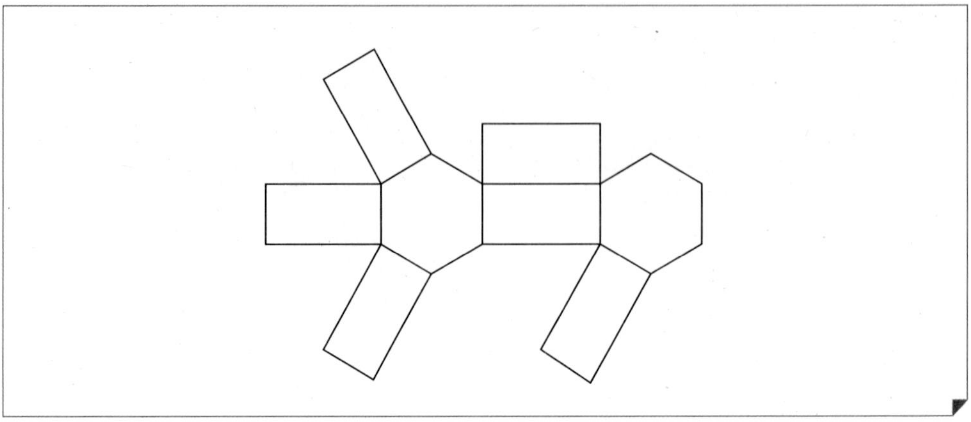

①

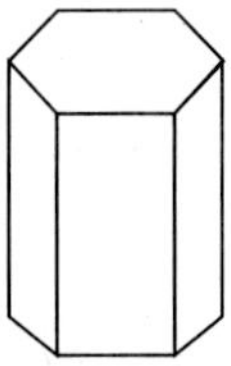

②

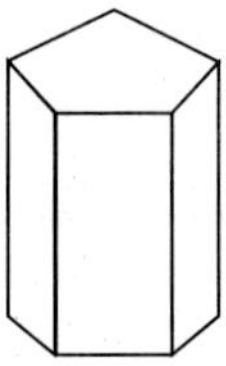

③

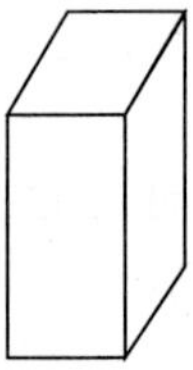

④

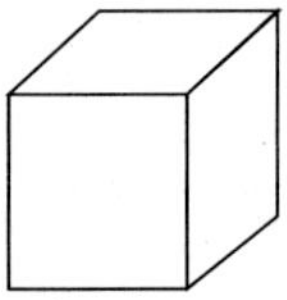

20.

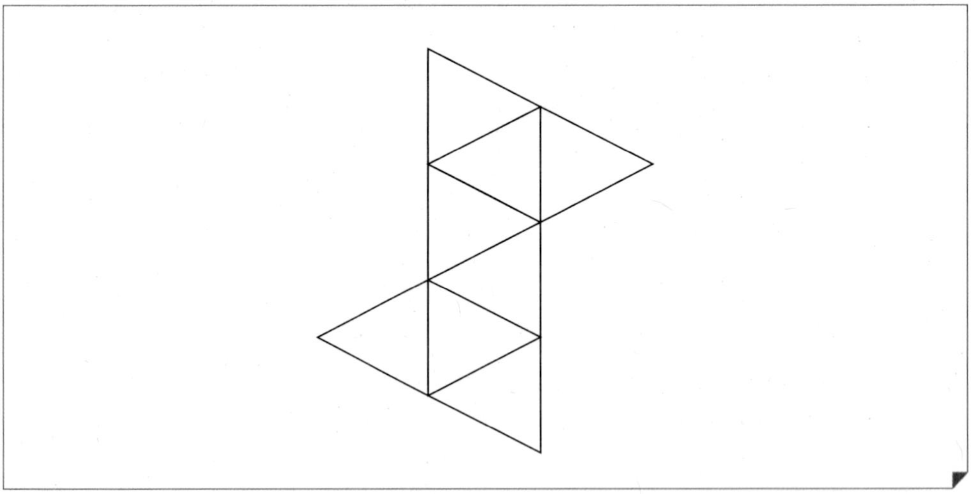

①

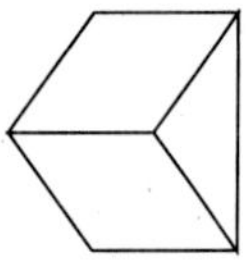

②

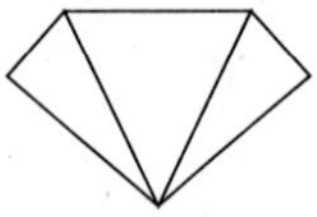

③

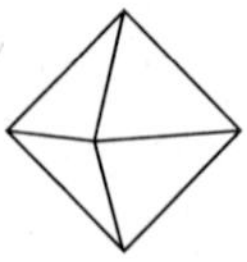

④

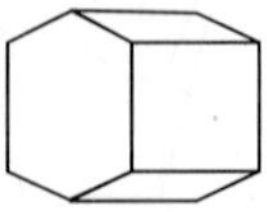

영역 5 판단력

20문항/12분

01. 다음 글에서 글쓴이가 말하고자 하는 바로 가장 적절한 것은?

> 사람들은 흔히 뉴스를 세상에서 일어난 일을 사실적이고 객관적으로 기술한 정보라고 생각한다. 만약 어떤 사건이나 이슈가 완벽하게 사실적이고 객관적으로 기술될 수 있다면, 서로 다른 미디어가 취재해서 보도하더라도 같은 뉴스가 만들어질 것이니 우리 사회에는 굳이 그렇게 많은 뉴스 미디어가 존재할 필요가 없을 것이다. 하지만 현실에는 언론사, 포털 뉴스, 뉴스 큐레이션 서비스, 소셜 미디어 및 개인 미디어 등 수많은 뉴스 생산 주체들이 뉴스를 생산한다. 이렇게 많은 언론사 및 개인들이 뉴스를 생산한다는 것은 현실에서 일어난 하나의 사건이 뉴스 미디어에 따라 다르게 보도될 수 있다는 것을 의미한다.
>
> 과거에는 뉴스를 만드는 사람들은 언론사에 속해 있었고, 언론사의 수도 많지 않았기 때문에 누가 뉴스를 만들었는지에 대한 대답을 쉽게 얻을 수 있었다. 하지만 미디어 환경 및 뉴스 산업 구조의 변화로 인해 뉴스 생산환경이 급속하게 변화하였고, 지금은 언론사에 속한 기자뿐만 아니라 블로거, 시민기자, 팟캐스터 등 다양한 사람들이 뉴스 생산에 기여한다. 따라서 뉴스를 바르게 이해하기 위해서는 뉴스 생산자의 역할과 임무에 대한 이해가 선행되어야 한다.

① 뉴스가 가지는 가치는 다양성에 있다.

② 뉴스는 생산자에 따라 다르게 구성된다.

③ 뉴스는 이용자의 특성에 따라 다르게 구성된다.

④ 뉴스에는 생산자의 특정한 시각과 가치가 담겨 있다.

⑤ 올바른 뉴스 소비를 위해서는 이용자의 능동적인 판단이 필요하다.

02. 다음 글의 주제로 적절한 것은?

자신의 소통 스타일이 궁금하다면 자신이 하는 말에 '다.'로 끝나는 말이 많은지 '까?'로 끝나는 말이 많은지를 확인해 보는 것이 도움이 된다. '다.'가 많다면 주로 닫힌 소통을 하고 있는 것이다. 상대방을 향한 내 이야기가 잔소리라는 저항의 벽을 넘기 원한다면 '까?'로 끝나는 문장을 쓰는 것이 효과적이다. 닫힌 문장이 아닌 열린 질문으로 소통하라는 것이다. '공부 열심히 해라'는 닫힌 문장이다. '공부 열심히 하니?'는 질문이긴 한데 닫힌 질문이다. '네, 아니요'로 답이 떨어지기 때문이다. '요즘 공부하는 거 어때?'가 열린 질문이다. 마찬가지로 '여보, 술 줄인다면서 어제 또 술을 먹은 것 아니에요?'는 닫힌 질문이다. '여보, 술을 잘 줄이지 못하는 이유가 무엇일까요?'가 열린 질문이다.

열린 질문은 일방적 지시가 아닌 상대방 의견을 묻는 구조이므로 저항이 적게 생긴다. 그래서 마음이 열리게 된다. 술을 끊지 못하는 이유를 묻는 질문에 '술을 끊으려 해도 스트레스를 받으니 쉽지 않아'라고 답하게 되고 술 대신 스트레스를 풀 방법을 찾는 것이 중요하다는 결론에 이르게 된다. 이 결론은 대화를 통해 얻은 내 생각이고 내 결정이기 때문에 거부감 없이 받아들이게 된다. 열린 질문에 익숙하지 않은 이유는 빨리 변화시키고 싶은 조급함과 불안감 때문이다. 그러나 긍정적인 변화를 위한 소통에는 인내와 기다림이 필요하다.

① 열린 질문은 원활한 소통에 도움이 된다.
② 열린 질문과 닫힌 질문은 각각의 장단점이 있다.
③ 소통의 스타일은 매우 다양하다.
④ 적당한 음주는 친분 형성에 긍정적인 영향을 끼친다.
⑤ 대화할 때 딱딱한 말투의 사용은 자제해야 한다.

03. 다음 글의 밑줄 친 부분에 들어갈 단어로 적절한 것은?

수인의 딜레마란 개인적인 관점에서는 합리적인 의사 결정이 전체적으로 보면 모두에게 더 불합리한 결과를 가져오는 상황으로, 우리가 일상적으로 흔히 처하게 되는 문제 상황이다. 이러한 상황에서 갈등은 두 가지의 의사 결정으로 일어나게 되는데, 한 가지는 개인의 관점에서의 합리적인 선택이고, 다른 한 가지는 전체의 관점에서 볼 때의 합리적인 선택이다. 결국 '수인의 딜레마' 상황은 개방사회에서 합리성과 ________ 간의 갈등을 나타낸다.

① 개방성　② 도덕성　③ 신뢰성
④ 정체성　⑤ 자발성

04. 다음 중 에피쿠로스가 말하는 행복에 대한 의견으로 적절하지 않은 것은?

주지주의적이고 윤리적인 전통에서 벗어나 있는 에피쿠로스(Epicurus)는 자기수양과 수련을 통해서 감각적 쾌락이 아닌 정신적 쾌락을 성취하고 개인의 자유와 행복에 이르는 것을 목표로 하였다. 그에 따르면, 물질적인 것 또는 감각적인 것에서 즐거움을 얻는 것이 아니라 마음의 편안함이나 정신적 가치의 추구를 통해 개인의 정신적 즐거움을 추구하는 것이 행복의 요체이다.

에피쿠로스는 육체적 쾌락이 아닌 소극적 의미의 쾌락, 즉 고통을 피하는 데서 진정한 쾌락을 찾았다. 그는 "나에게 있는 것은 오직 살아 있을 때만 있는 것이다. 그러니 살아 있는 동안만이 내가 의식하는 삶의 전부이니 걱정하지 말고 자신의 삶을 즐겨라."고 주장한다. 이러한 사고방식을 가진 에피쿠로스는 당장의 고통을 스스로의 힘으로 이겨 내는 것, 지금 현존하는 이곳의 고통의 부재와 배척이 곧 자신이 실제로 추구해야 할 행복과 쾌락의 요체로 보았다.

그는 인간의 욕구를 결핍으로 보았고 자연스러운 욕구와 헛된 욕구로 구분하였다. 배고픔, 잠과 같은 생리적이고 자연스러운 욕구를 충족시키는 것은 선하지만, 정복욕이나 사치욕과 같은 것은 충족시킬수록 더 불어날 뿐만 아니라, 욕구의 충족이 오히려 고통을 낳으므로 피해야 할 것으로 본 것이다. 또한 그는 물질적인 것을 추구하더라도 소소하고 조그마한 일상의 즐거움 같은 것들을 큰 즐거움으로 생각할 줄 아는 깨달음의 자세를 견지해야 한다고 보았다. 더 나아가 이러한 깨달음이 유지될 수 있도록 마음의 수련이 필요하다고 역설하였다. 그렇게 해서 일상에서 두려움이 자기를 흔들어 대도 흔들리지 않는 마음의 상태를 유지할 수 있는 능력을 갖추어야 한다는 것이다. 이처럼 흔들리지 않는 마음의 상태가 아타락시아(ataraxia)이다.

한편 에피쿠로스는 행복의 요소로서 세 가지를 제시하였다. 첫째는 우정이요, 둘째는 자유이고, 셋째는 사색이다.

① 나를 지지해 주고 인정해 주는 친구가 나의 인생을 즐겁게 해 주기 때문에 우정은 행복의 요소인 것이다.

② 선의 추구를 통해 내세(來世)에도 자유로움을 얻을 수 있는 사색이 행복의 중요한 요체이다.

③ 사색을 통하여 마음에 있는 근심과 걱정들을 떨쳐내고 깨달음의 자세로 삶을 살아가는 것이 행복이다.

④ 지금 현존하는 고통을 극복하고 삶을 즐기는 것이 행복이다.

⑤ 생리적이고 자연스러운 욕구를 추구하는 것은 피해야 할 것이 아니다.

05. 다음 글의 서술 방식으로 적절한 것을 고르면?

춘향전에서 이도령과 변학도는 아주 대조적인 사람들이다. 흥부와 놀부가 대조적인 것도 물론이다. 한 사람은 하나부터 열까지가 다 좋고, 다른 사람은 모든 면에서 나쁘다. 적어도 이 이야기에 담긴 '권선징악'이라는 의도가 사람들을 그렇게 믿게 만든다.

소설만 그런 것이 아니다. 우리의 의식 속에는 은연중 이처럼 모든 사람을 좋은 사람과 나쁜 사람 두 갈래로 나누는 버릇이 있다. 그래서인지 흔히 사건을 다루는 신문 보도에는 모든 사람이 경찰 아니면 도둑놈인 것으로 단정한다. 죄를 지은 사람에 관한 보도를 보면 마치 그 사람이 죄의 화신이고, 그 사람의 이력이 죄만으로 점철되었고, 그 사람의 인격에 바른 사람으로서의 흔적이 하나도 없는 것으로 착각하게 된다.

이처럼 우리는 부분만을 보고, 또 그것도 흔히 잘못보고 전체를 판단하기 부지기수이다. 부분만을 제시하면서도 보는 이가 그것이 전체라고 잘못 믿게 만들 뿐만 아니라, '말했다'를 '으스댔다', '우겼다', '푸념했다', '넋두리했다', '뇌까렸다', '잡아뗐다', '말해서 빈축을 사고 있다' 같은 주관적 서술로 감정을 부추겨서 상대방으로 하여금 이성적인 사실 판단이 아닌 감정적인 심리 반응으로 이야기를 들을 수밖에 없도록 만든다.

이 세상에서 가장 결백하게 보이는 사람일망정 스스로나 남이 알아차리지 못하는 결함이 있을 수 있고, 이 세상에서 가장 못된 사람으로 낙인이 찍힌 사람일망정, 결백한 사람에게서 찾지 못할 아름다운 인간성이 있을지도 모른다.

① 설의법을 적절히 활용하여 내용을 강조하고 있다.
② 열거법을 통해 말하고자 하는 바를 강조하고 있다.
③ 인용을 통해 주장을 뒷받침하고 있다.
④ 두 대상을 비교하여 자세히 설명하고 있다.
⑤ 의인법을 사용하여 주장을 극대화하고 있다.

06. 다음 글의 뒤에 이어질 내용으로 적절하지 않은 것은?

인간은 흔히 자기 뇌의 10%도 쓰지 못하고 죽는다고 한다. 또 사람들은 천재 과학자인 아인슈타인조차 자기 뇌의 15% 이상을 쓰지 못했다는 말을 덧붙임으로써 이 말에 신빙성을 더한다. 이 주장을 처음 제기한 사람은 19세기 심리학자인 윌리엄 제임스로 추정된다. 그는 "보통 사람은 뇌의 10%를 사용하는데 천재는 15 ~ 20%를 사용한다."라고 말한 바 있다. 인류학자 마거릿 미드는 한발 더 나아가 그 비율이 10%가 아니라 6%라고 수정했다. 그러던 것이 1990년대에 와서는 인간이 두뇌를 단지 1% 이하로 활용하고 있다고 했다. 최근에는 인간의 두뇌 활용도가 단지 0.1%에 불과해서 자신의 재능을 사장시키고 있다는 연구 결과도 제기됐다.

① 인간의 두뇌가 가진 능력을 제대로 발휘하지 못하도록 하는 요소가 무엇인지 연구해야 한다.
② 어른들도 계속적인 연구와 노력을 통하여 자신의 능력을 충분히 발휘할 수 있도록 해야 한다.
③ 학교는 자라나는 학생이 재능을 발휘할 수 있도록 여건을 조성해 주어야 한다.
④ 인간의 두뇌 개발을 촉진시킬 수 있는 프로그램을 개발해야 한다.
⑤ 어린 시절부터 개성적인 인간으로 성장할 수 있도록 조기교육을 실시해야 한다.

07. 다음 글의 내용과 일치하는 것은?

현대 자본주의 사회에서 대중은 예술미보다 상품미에 더 민감하다. 상품미란 이윤을 얻기 위해 대량으로 생산하는 상품이 가지는 아름다움을 의미한다. 같은 값이면 다홍치마라고, 요즈음 생산자는 상품을 더 많이 팔기 위해 디자인과 색상에 신경을 쓰고, 소비자는 같은 제품이라도 겉모습이 화려하거나 아름다운 것을 구입하려고 한다. 결국 우리가 주위에서 보는 거의 모든 상품은 상품미를 추구하고 있는 셈이다. 그래서인지 모든 것을 다 상품으로 취급하는 자본주의 사회에서는 돈벌이를 위해서라면 사물, 심지어는 인간까지도 상품미를 추구하는 대상으로 삼는다.

① 현대 사회의 소비자들은 동일한 제품이라면 외양이 나은 것을 선택한다.
② 기업에서 사람을 상품화하는 것은 비난받아 마땅한 일이다.
③ 가치관이 뚜렷한 소비자들은 제품의 디자인보다 활용도를 따진다.
④ 상품미는 제품의 아름다움으로서 이익과 관련이 없다.
⑤ 아직까지는 상품미를 추구하는 상품을 주변에서 보기 어렵다.

08. 다음 글의 내용과 일치하지 않는 것은?

중세 이탈리아 상인들은 어떤 물건들을 취급해서 막대한 부를 축적했을까? 피렌체 출신의 상인 페골로티의 '상업 실무'와 발루타(Valuta)라 불리는 일종의 상품 시세표는 그에 대한 답을 말해 준다. 두 기록에 따르면 중세 말 이탈리아 상인들이 일상적으로 취급했던 품목은 대략 2백 개 정도였다고 한다. 상업 실무에 언급된 상품은 총 288가지였지만 같은 종류의 상품들이 생산지, 가공 상태, 품질 등에 따라 중복된 것을 제외하면 대략 193종의 품목이 이탈리아 상인들을 통해 유통되고 있었다.

페골로티의 목록에서 눈에 띄는 점은 이 상품들이 향신료로 불렸다는 것이다. 오늘날 엄격한 의미의 향신료로 간주되지 않는 꿀, 설탕, 쌀, 오렌지, 다트 등의 식품들, 명반, 백연 등의 염색 재료들 그리고 원면, 밀랍, 종이와 같은 산업 원료들까지도 중세 향신료로 분류되었다. 193개의 중세 향신료 중에서 오늘날에도 여전히 향신료로 간주되는 것들은 극소수이다. 그중에서도 인도와 중국을 포함한 동방으로부터 온 상품들은 31개 정도이며 그중에서도 진정한 의미의 향신료는 후추, 생강, 육계, 계피, 정향, 소두구, 갈링가, 육두구 정도였다.

고대부터 시작된 아시아산 향신료에 대한 유럽인들의 열광적인 소비는 시간이 갈수록 늘어났다. 유럽인들은 아시아 향신료에 매료되었고, 이탈리아 상인들은 늘어나는 향신료 수요를 충족시키면서 막대한 이익을 얻었다. 향신료에 대한 수요가 많았던 이유 중 하나는 다양한 용도 덕분이었다. 음식에 향미를 더해 주기도 하고 육식을 금하는 사순절 동안 생선만 먹는 지루함을 달래주었으며 신을 부르거나 악마를 쫓아내고 병과 전염병을 치료하는 용도 등으로 활용되기도 하였다. 중세 고급 요리에서 향신료는 없어서는 안 되는 필수 품목이었다.

① 중세 이탈리아 상인들은 약 200여 개의 물품을 취급하였다.
② 중세 이탈리아 상인들이 취급한 물품은 생산지, 가공 상태 등이 다양했다.
③ 중세 이탈리아 상인들은 염색 재료, 산업 원료와 식품 등을 향신료로 분류하였다.
④ 중세 유럽인들이 향신료를 좋아했던 이유 중 하나는 향신료가 음식을 대신할 수 있었기 때문이다.
⑤ 중세 유럽에서 유행하던 향신료 중에서는 아시아로부터 온 것도 있었다.

09. 다음 자율주행자동차의 센서에 대한 글에서 ㉠에 들어갈 내용으로 적절한 것을 〈보기〉에서 모두 고르면?

> 자율자동차가 외부환경을 인지하는 데 사용되는 센서는 대표적으로 '카메라(Camera)', '레이더(Rader)', '라이더(Lider)' 등으로 구성된다. 이들 센서는 각각의 장단점이 뚜렷하기 때문에 단독으로 활용하기보다는 함께 작용하여 상호 보완을 하게 된다. 카메라는 사람의 눈과 같은 센서로 전방 사물이나 차선 인식, 신호등, 표지판, 보행자 등 복합 환경을 인식하는 역할을 담당한다. 그러나 카메라는 자율주행 시 '레벨 3'에서는 4개 이상의 빛이 '레벨 4 ~ 5'에서는 8개 이상의 충분한 빛이 없으면 제 기능을 수행할 수 없다는 단점이 있다.
>
> 최근 카메라 센서는 단일 렌즈를 사용하는 모노(Mono) 방식에서 두 개의 렌즈를 사용하는 스테레오(Stereo) 방식으로 진화하고 있다. 스테레오 방식은 사람의 두 눈으로 바라보듯 두 개의 렌즈를 통해 3차원으로 인지할 수 있어 단순한 형상에 대한 정보뿐만 아니라 원근감까지 측정할 수 있다. 그러나 스테레오 방식은 모노 방식에 비해 (　　㉠　　). 따라서 업체들은 비용 절감을 위해 모노 방식의 카메라를 고수하면서 그 성능을 고도화하거나 혹은 스테레오 방식을 사용하면서 영상신호데이터 처리 속도를 높이기 위한 칩을 적용하고 있다.

| 보기 |

ⓐ 가격이 비싸다.
ⓑ 정밀도가 떨어진다.
ⓒ 날씨의 영향을 많이 받는다.
ⓓ 처리해야 할 데이터 양이 많아 속도가 느려진다.

① ⓐ, ⓓ　　② ⓑ, ⓒ　　③ ⓒ, ⓓ
④ ⓐ, ⓑ, ⓓ　　⑤ ⓐ, ⓑ, ⓒ, ⓓ

10. 다음 글을 통해 추론할 수 없는 것은?

DNA가 유전 정보를 암호화하고 있음이 밝혀지자 미국과 영국을 중심으로 인간의 염기서열을 파악하기 위한 연구가 시작되었다. 32억 개에 달하는 인간이 가진 모든 유전자의 염기서열을 조사하기 위한 이 연구는 1990년부터 시작하여 15년이 걸릴 것이라고 예상했지만 생명공학 기술의 발달로 13년 만인 2003년에 완료되었다. 염기서열의 수가 워낙 방대하기 때문에 세계 각국의 유전자 센터와 대학 등에서 나누어 실시되었으며, 인간 유전자의 서열을 99.99%의 정확도로 완성하였다.

인간 게놈 프로젝트는 단지 염기서열만을 알아내는 것이 아니라 염기서열의 의미를 발견하는 것이다. 처음 과학자들은 인간이 생각하고 말을 할 수 있는 복잡한 생물이기 때문에 유전자의 수가 약 10만 개라고 생각하였다. 하지만 연구가 끝나고 난 후 의미가 있는 유전자 수는 약 2만 ~ 2만 5천 개 정도에 불과하다는 것을 알게 되었다. 이는 단순한 동물들의 유전자 수와 크게 다르지 않으며, 심지어 식물이 가진 유전자보다도 그 수가 적다는 것이 확인되었다.

인간 게놈 프로젝트가 완성되면 유전자와 관련된 질병을 해소하는 데 큰 도움이 될 것이라 기대되었다. 어떤 염기서열이 유전병을 일으키는지 알아낼 수 있다면 유전병을 해결하기 위한 방안까지 쉽게 접근할 수 있을 것이라는 기대감 때문이었다. 또한 인간이 어디에서부터 진화하였는지 인간과 유사한 염기서열을 가지는 다른 생물들과 비교를 통해 인간의 기원을 밝혀 낼 수 있을 것이라고 생각했다. 게놈을 분석한 결과 침팬지와 사람의 유전자가 99% 일치함에 따라 진화론에도 확신을 얻게 되었다. 하지만 염기서열이 모두 밝혀지는 것이 꼭 좋은 일만은 아니다. 태아의 염기서열에서 유전병 요인이 발견될 경우 아이를 포기하는 일이 생길 수 있고, 염기서열로 사람의 우열을 가리게 될 가능성도 있다. 그리고 염기서열을 토대로 인간 복제가 가능해진다면 생명 경시 풍조가 나타나는 것도 배제할 수 없다.

① 생명공학 기술의 발달은 실제 연구 기간을 예상보다 단축할 수 있다.
② 인간 염기서열 분석 연구는 미국과 영국뿐 아니라 세계 각국을 통해 이루어졌다.
③ 게놈 분석 결과는 진화론을 지지하는 근거가 될 수 있다.
④ 복잡한 생물일수록 가지고 있는 유전자의 수가 많다.
⑤ 염기서열을 모두 파악한다면 태아가 유전병 요인을 지니고 있는지 알 수 있다.

11. 다음 글을 통해 알 수 있는 내용으로 적절한 것은?

식수오염의 방지를 위해서 빠른 시간 내 식수의 분변오염 여부를 밝히고 오염의 정도를 확인하기 위한 목적으로 지표생물의 개념을 도입하였다. 병원성 세균, 바이러스, 원생동물, 기생체 소낭 등과 같은 병원체를 직접 검출하는 것은 비싸고 시간이 많이 걸릴 뿐 아니라 숙달된 기술을 요구하지만 지표생물을 이용하면 이러한 문제를 해결할 수 있다.

식수가 분변으로 오염되어 있다면 분변에 있는 병원체 수와 비례하여 존재하는 비병원성 세균을 지표생물로 이용한다. 이에 대표적인 것이 대장균이다. 대장균은 그 기원이 전부 동물의 배설물에 의한 것이므로 시료에서 대장균의 균체 수가 일정 기준보다 많이 검출되면 그 시료에는 인체에 유해할 만큼의 병원체도 존재한다고 추정할 수 있다. 그러나 온혈동물에게서 배설되는 비슷한 종류의 다른 세균들을 배제하고 대장균만을 측정하는 것은 어렵다. 그렇기 때문에 대장균이 속해 있는 비슷한 세균군을 모두 검사하여 분변오염 여부를 판단하고 이 세균군을 총대장균군이라고 한다.

총대장균군에 포함된 세균이 모두 온혈동물의 분변에서 기원한 것은 아니지만 온혈동물의 배설물을 통해서도 많은 수가 방출되고 그 수는 병원체의 수에 비례한다. 염소 소독과 같은 수질 정화과정에서도 병원체와 유사한 저항성을 가지므로 식수, 오락 및 휴양 용수의 수질 결정에 좋은 지표이다. 지표생물로 사용하는 또 다른 것은 분변성 연쇄상구균군이다. 이는 대장균을 포함하지는 않지만 사람과 온혈동물의 장에 흔히 서식하므로 물의 분변오염 여부를 판정하는 데 이용된다. 이들은 잔류성이 높고 장 밖에서는 증식하지 않기 때문에 시료에서도 그 수가 일정하게 유지되어 좋은 상수소독 처리지표로 활용된다.

① 온혈동물의 분변에서 기원되는 균은 모두 지표생물이 될 수 있다.

② 수질 정화과정에서 총대장균군은 병원체보다 높은 생존율을 보인다.

③ 채취된 시료 속의 총대장균군의 세균 수와 병원체 수는 비례하여 존재한다.

④ 지표생물을 검출하는 것은 병원체를 직접 검출하는 것보다 숙달된 기술을 필요로 한다.

⑤ 분변성 연쇄상구균군은 시료 채취 후 시간이 지남에 따라 시료 안에서 증식하여 정확한 오염지표로 사용하기 어렵다.

12. 다음 글을 바탕으로 제시한 의견으로 적절하지 않은 것은?

> 한국 사회는 이미 '초저출산 사회'로 접어들었고, 최근에는 초저출산 현상이 심화되는 양상이다. 초저출산 현상은 여성 1명이 평생 낳을 수 있는 평균 자녀 수인 합계출산율이 1.3명 이하인 경우를 말한다. 일선 지방자치단체들이 인구 증가시책의 하나로 출산 · 양육지원금을 경쟁적으로 늘리고 있으나 출생아는 물론 오히려 인구까지 줄고 있다.
>
> 전북 진안군은 파격적인 출산장려금 지원에도 좀처럼 인구가 늘지 않아 고민이다. 2013년 2만 7천6명이었던 진안군 인구는 지난해 2만 6천14명으로 줄었다. 해마다 감소하는 출산율을 높이기 위해 지난해 출산장려금을 대폭 늘렸는데도 효과를 보지 못했다. 진안군은 2007년부터 첫째 · 둘째 120만 원, 셋째 이상 450만 원씩 지원하던 출산장려금을 지난해 각 360만 원과 1천만 원으로 늘렸다. 열악한 군의 재정 상황에도 인구를 늘리기 위한 고육지책이었다. 경북 영덕군은 첫째 출산 때 30만 원, 둘째 50만 원, 셋째 이상 100만 원을 주고 첫돌에 30만 원, 초등학교 입학 때는 40만 원을 준다. 하지만 2013년 말, 인구가 4만 142명에서 2014년 3만 9천586명으로 4만 명 선이 무너졌다. 이후에도 2015년 3만 9천191명, 2016년 3만 9천52명에서 2017년 6월 3만 8천703명으로 계속 감소하고 있다.
>
> 정부도 저출산 문제 해결을 위해 2006년부터 10여 년간 저출산 · 고령사회 대책 마련에 100조 원가량을 쏟아 부었지만, 별 효과를 보지 못하고 있다. 출산율은 결국 출산과 교육 등 사회양육 환경, 소득 등 경제 여건 등에 많이 좌우되기 때문에 일시적 지원금은 출산율 제고에 한계가 있으며 부수적 요소에 지나지 않는다.

① 우리나라는 지속적인 출산율 저하로 초저출산현상을 겪고 있다.

② 일회적이고 단편적인 지원책으로는 출산율을 늘리는 데 한계가 있다.

③ 일선 지방자치단체들이 인구 증가시책의 하나로 출산 · 양육지원금제도를 시행하고 있으나 오히려 인구가 줄고 있다.

④ 국가 차원의 보육체계 강화나 인식의 전환 없는 대책은 그 효과가 제한적일 수밖에 없다.

⑤ 지방자치단체들은 출산율을 높이기 위한 실효성 있는 지원금 액수가 얼마 정도인지 제대로 파악할 필요가 있다.

13. 다음 (가) ~ (마)의 중심내용으로 적절하지 않은 것은?

(가) 이제 막 탄생한 비트코인의 미래를 얘기하는 것은 마치 점쟁이가 갓난아기의 미래를 점치는 것만큼이나 막연하고 불확실한 예단이 될 위험성이 높다. 그러나 이미 글로벌한 인터넷상에서 광풍을 몰고 온 마당이니 그 미래에 대해 어떻게든 추정하고 대비해야 할 필요는 있다.

(나) 세계적으로도 광풍을 일으켰지만 한국은 그 가운데서도 그 광풍의 진원지인양 요란해 외신을 탈 정도였으니 그 투기성에 경각심을 갖는 이들이 많다. 그럼에도 불구하고 비트코인을 4차 산업혁명의 상징적 코드로 보는 시각 또한 존재하기 때문에 정부가 행여 그 불씨를 아예 꺼 버리는 것이 미래산업으로 가는 길을 어둡게 하는 건 아닌지 염려하는 목소리도 나온다.

(다) 초기 금융거래는 상업 분야에서 단순한 민간거래로 시작하지만 결국 국가가 그 통제권을 획득함으로써 공익성까지는 아니어도 적어도 공공적 가치에 순응하도록 이끌어 가게 됐고 그럼으로써 그 시장의 수명을 늘려왔다. 금융정책 속에 순응시키거나 통제 불가능한 경우 도태시켜 버리는 방향으로 금융산업이 발전해 왔듯 비트코인 또한 그런 제도적 통제권 안에 들어올 수 있는지의 여부로 그 존폐를 결정하는 것이 바람직할 것이다.

(라) 문제는 현재와 같은 구조에서 이미 출발부터 국경을 넘어 글로벌 시장 영역에서 돈 거래가 되고 있는 상황이 과연 국가 단위로부터 통제될 수 있는지, 익명거래를 실명화시킬 방안이 찾아질 것인지 가늠하기가 어렵다는 점이다. 한국 정부가 한마디 던져놓은 것처럼 거래소 폐쇄까지 고려하는 게 현재로선 일견 적절해 보이기도 하지만 한편으로는 아직 그 미래가 불확실한 시장을 미리 방어적으로만 대응하는 게 옳은지도 쉽게 판단하기는 어렵다.

(마) 자칫 국내 거래소 폐쇄가 해외 거래소로의 자금 유출을 부르며 미국 시장을 한국 자금의 블랙홀로 만들 위험은 없는지도 검증해 봐야 한다. 또 4차 산업혁명은 차치하고라도 미래 금융산업의 주도권에서 확실하게 밀려날 위험이 없는지도 살펴봐야 한다. 물론 경제 관련법 제정이 법무부 단독으로 가능한 것이 아니니 관계 기관 간의 많은 협의가 있겠지만 매사 너무 신중한 것도, 너무 성급한 것도 다 바람직하지는 않다.

① (가) : 비트코인의 미래에 대해 생각해 볼 필요성

② (나) : 비트코인을 바라보는 관점들

③ (다) : 비트코인의 존폐를 결정하는 바람직한 방법

④ (라) : 비트코인 거래소 폐쇄의 궁극적인 목적

⑤ (마) : 여러 방면을 고려해 지정해야 하는 비트코인 관련법의 중요성

14. 다음 글에서 보기가 들어갈 위치로 적절한 것은?

| 보기 |

일어난 일에 대한 묘사는 본 사람이 무엇을 중요하게 판단하고, 무엇에 흥미를 가졌느냐에 따라 크게 다르다.

기억이 착오를 일으키는 프로세스는 인상적인 사물을 받아들이는 단계부터 이미 시작된다. (가) 감각적인 지각의 대부분은 무의식중에 기록되고 오래 유지되지 않는다. (나) 대개는 수 시간 안에 사라져 버리며, 약간의 본질만이 남아 장기 기억이 된다. 무엇이 남을지는 선택에 의해서이기도 하고, 그 사람의 견해에 따라서이기도 하다. (다) 분주하고 정신이 없는 장면을 주고, 나중에 그 모습에 대해서 이야기하게 해 보자. (라) 어느 부분에 주목하고, 또 어떻게 그것을 해석했는지에 따라 즐겁기도 하고 무섭기도 하다. (마) 단순히 정신 사나운 장면으로만 보이는 경우도 있다. 기억이란 원래 일어난 일을 단순하게 기록하는 것이 아니다.

① (가) ② (나) ③ (다)
④ (라) ⑤ (마)

15. 다음 글의 빈칸에 들어갈 내용으로 적절한 것은?

과거를 향유했던 사람들은 비교적 사람의 내면세계를 중요시했다. 겉으로 드러나는 모습은 허울에 불과하다고 믿었기 때문이다. 그러나 현 시대를 살아가는 사람들의 모습을 보면 인간관계에 있어, 그 누구도 타인의 내면세계를 깊이 알려고 하지 않을 뿐만 아니라 사실 그럴 만한 시간적 여유도 없다. 그런 이유로 '느낌'으로 와닿는 무언가만을 중시하며 살아간다. 그 '느낌'이란 것은 꼭 말로 설명할 수는 없다 하더라도 (   ) 따라서 옷차림새나 말투 하나만 보고도 금방 어떤 '느낌'이 형성될 수도 있는 것이다.

① 사람과 사람 사이를 보이지 않게 연결해 주는 구실을 한다.
② 내면에서 우러나오는 것이기 때문이다.
③ 겉으로 드러난 모습에 영향을 받기 마련이다.
④ 현 시대를 살아가는 사람에게는 매우 중요한 요소이다.
⑤ 내면세계와 밀접하게 관련되어 있음을 알 수 있다.

16. 다음 (가) ~ (라)를 문맥에 맞게 배열한 것은?

> (가) 이는 'hyper(초월한)'와 'text(문서)'의 합성어이며, 1960년대 미국 철학자 테드 넬슨이 구상한 것으로, 컴퓨터나 다른 전자기기로 한 문서를 읽다가 다른 문서로 순식간에 이동해 읽을 수 있는 비선형적 구조의 텍스트를 말한다. 대표적인 예시인 모바일은 정보에 접근하는 속도는 매우 빠르지만 파편성은 극대화되는 매체다.
>
> (나) 밀레니얼 세대(Y세대)와는 다르게 다양성을 중시하고 '디지털 네이티브'로 불리는 Z세대는 대개 1995년부터 2010년까지 출생한 세대를 보편적으로 일컫는 말이다. 이들은 어렸을 때부터 인터넷 문법을 습득하여 책보다는 모바일에 익숙하다. 책은 선형적 내러티브의 서사 구조를 갖는 반면 인터넷은 내가 원하는 정보에 순식간에 접근할 수 있게 해 준다는 측면에서 정보들 사이의 서사적 완결성보다는 비선형적 구조를 지향한다. 이러한 텍스트 구조를 하이퍼텍스트라고 한다.
>
> (다) 따라서 앞으로는 무한하게 확장된 정보 중에서 좋은 정보를 선별하고, 이를 올바르게 연결하는 개인의 능력이 중요하게 부각될 것이다.
>
> (라) 이러한 경우 정보의 시작과 끝이 없으므로 정보의 크기를 무한대로 확장할 수 있다는 특징을 가진다. 기존의 문서는 저자가 일방적으로 정보를 제공했지만 하이퍼텍스트는 독자의 필요에 따라 특정 정보만 선택해서 제공할 수 있다.

① (가)－(나)－(다)－(라)　② (가)－(다)－(나)－(라)　③ (나)－(가)－(라)－(다)
④ (나)－(라)－(가)－(다)　⑤ (다)－(라)－(나)－(가)

17. 다음 (가) ~ (마)를 문맥에 맞게 나열한 것은?

> (가) 문화를 이루는 인간 생활의 거의 모든 측면은 서로 관련을 맺고 있기 때문이다.
>
> (나) 20세기 인류학자들은 이러한 사실에 주목하여 문화 현상을 바라보았다.
>
> (다) 그러나 이 입장은 20세기에 들어서면서 어떤 문화도 부분만으로는 총체를 파악할 수 없다는 비판을 받게 되었다.
>
> (라) 19세기 일부 인류학자들은 결혼이나 가족 등 문화의 일부에 주목하여 문화 현상을 이해하고자 하였다.
>
> (마) 그들은 모든 문화가 '야만 → 미개 → 문명'이라는 단계적 순서로 발전한다고 설명하였다.

① (라)－(다)－(나)－(마)－(가)　② (라)－(가)－(다)－(나)－(마)
③ (라)－(마)－(가)－(다)－(나)　④ (라)－(마)－(다)－(가)－(나)
⑤ (라)－(나)－(가)－(다)－(마)

18. **논리 전개에 따른 ㉠ ~ ㉤의 순서가 적절한 것은?**

텔레비전은 우리에게 다양한 경험과 지식을 제공해 준다.

㉠ 예컨대, 세계 각국의 문화를 소개하는 다큐멘터리나 퀴즈 프로그램을 보면서 미처 몰랐던 것들을 알 수 있다.
㉡ 그리고 다큐멘터리를 비롯한 교양 프로그램은 인문, 사회, 자연 전반에 대한 풍성한 볼거리를 통해 지식과 경험을 제공해 준다.
㉢ 마지막으로 뉴스를 포함한 시사 프로그램을 보면서 국내의 정치, 사회, 문화 전반에 대한 정보를 얻을 수 있다.
㉣ 또한 산악 등반이나 오지 탐험 다큐멘터리를 보면서 주인공들이 겪는 극한 상황을 간접적으로 경험하기도 한다.
㉤ 먼저 드라마의 경우, 다양한 인물들과 그들이 겪는 이야기를 보여 주므로 타인의 삶을 이해하는 데 도움을 준다.

① ㉠－㉡－㉢－㉣－㉤ ② ㉠－㉡－㉤－㉣－㉢ ③ ㉤－㉠－㉡－㉣－㉢
④ ㉤－㉡－㉠－㉢－㉣ ⑤ ㉤－㉡－㉠－㉣－㉢

19. **원격진료에 대한 다음 글을 문맥에 맞게 배열한 것은?**

(가) 하지만 최근 상대방의 얼굴을 보면서 대화하는 화상통화가 개발되어 이러한 문제점의 많은 부분이 해결되고 있다.
(나) 환자와 의사의 관계는 의료의 질을 결정하는 가장 중요한 요소이며, 환자와 의사 사이의 의사소통은 가장 기본적인 진료수단이다.
(다) 이는 전통적인 진료실의 대면 접촉보다 제한이 많아 원격진료의 단점으로 지적되었다.
(라) 그러나 통신 매체를 이용한 의사소통은 얼굴을 마주한 의사소통보다 상대방의 실재감을 느끼기 어렵다.
(마) 진단이나 치료결정의 절반 이상이 면담에서 얻은 정보로 결정된다는 사실은 의사소통의 중요성을 단적으로 보여 준다.
(바) 최근에는 의사소통의 수단으로 통신 매체가 발달하며 이를 이용한 원격진료의 사례가 늘어나고 있다.

① (나)－(마)－(바)－(라)－(다)－(가) ② (나)－(마)－(다)－(바)－(라)－(가)
③ (마)－(나)－(라)－(가)－(다)－(바) ④ (마)－(나)－(바)－(가)－(라)－(다)
⑤ (마)－(나)－(다)－(바)－(가)－(라)

20. 다음 〈보기〉에 이어질 (가) ~ (마)의 순서로 가장 적절한 것은?

| 보기 |

지구의 기온이 지금 서서히 상승하고 있으며, 이대로 진행된다면 21세기 중반에는 1 ~ 4℃의 기온 상승이 일어날 것으로 예측하고 있다. 우리들이 일상생활에서 느끼는 감각으로 보면 연간 최고, 최저 기온의 차가 우리나라 각 지역에서 약 40℃가 되기 때문에 이 정도의 기온 상승이 인간생활에 그렇게 중대한 영향을 끼친다고는 생각하기 어렵지만, 지구의 역사를 통해서 볼 때 이러한 기온 변화는 상당히 빠르고 이상한 것이다. 보통 1년간의 기온 변동 폭은 상당히 크더라도 연평균기온의 변화는 작으며 보다 넓은 지역의 평균기온으로 보면 그 변화는 더 작은데, 예를 들면 근래 약 100년 사이에 북반구에서 연평균기온의 변동 폭은 0.5℃ 이내이다. 따라서 수십 년 정도 사이에 기온이 1 ~ 4℃나 상승한다는 것은 이제까지의 지구 역사에서 볼 때 매우 드문 일로써 이 일은 인간생활과 지구상의 모든 생물에 대해 방대한 영향을 미치게 될 것으로 예측된다.

(가) CO_2는 자연계에 존재하는 물질이며, 인류가 불을 발명한 이래 물질을 연소함으로써 계속 발생되어 온 우리 주변의 무독한 물질이며, 대기 중에서 이루어져 왔던 그것의 농도 평형이 파괴되기 시작한 것이다.

(나) 그리고 이것이 지구 표층부의 에너지 흐름에 영향을 주어 그 평형을 파괴하고 있다.

(다) 이는 화석자원의 이용에 따른 대량발생과 인간의 생활환경의 확장에 따른 자연환경, 즉 생존환경의 파괴로 인하여 CO_2의 고정원(固定源)인 식생이 감소되었기 때문이다.

(라) 이와 같은 지구온난화의 주된 원인은 CO_2를 비롯하여 메탄, 질소산화물, 프레온가스 등 인류가 자연계에 방출하고 있는 다양한 기체의 대기 중 농도의 증가에서 비롯된다.

(마) 이러한 에너지 평형의 파괴는 이상기상이나 사막화의 진행 등을 통해 생태계의 파괴도 불러일으킬 가능성을 나타내고 있다.

① (가)－(나)－(라)－(다)－(마)
② (가)－(다)－(마)－(라)－(나)
③ (라)－(가)－(다)－(나)－(마)
④ (라)－(다)－(나)－(가)－(마)
⑤ (마)－(다)－(나)－(라)－(가)

영역 6 응용계산력

20문항/12분

01. 현재까지 A 기업의 누적 생산량은 800개, B 기업의 누적 생산량은 600개이다. A 기업은 한 달에 80개, B 기업은 100개의 제품을 생산한다면 B 기업이 A 기업의 누적 생산량을 추월하는 데 걸리는 기간은 얼마인가?

① 7개월 ② 8개월 ③ 9개월
④ 10개월 ⑤ 11개월

02. A, B, C가 식목일에 함께 나무를 심기로 했다. A는 20분마다 3그루의 나무를 심고, B는 30분마다 4그루의 나무를, C는 45분마다 5그루의 나무를 심는다고 할 때, 일정한 시간 동안 A, B, C가 심는 나무 수의 비율은 얼마인가?

① 3 : 4 : 5 ② 9 : 8 : 6 ③ 27 : 24 : 20
④ 32 : 26 : 22 ⑤ 33 : 25 : 22

03. 갑, 을, 병은 각자 똑같은 개수의 풍선을 불고 있다. 갑이 모든 풍선을 다 불었을 때 을은 30개, 병은 42개 남아있었다. 을이 모든 풍선을 다 불었을 때 병은 아직 18개 남아 있었다. 각각 작업의 속도가 일정하다고 할 때 풍선은 총 몇 개인가?

① 190개 ② 220개 ③ 270개
④ 380개 ⑤ 420개

04. A 상품과 B 상품의 재고를 할인판매할 경우와 정상판매할 경우의 전체 매출액의 차이는?

- A 상품과 B 상품의 재고는 각각 60개씩이다.
- 정상판매 시, A 상품은 2개에 35,000원, B 상품은 3개에 55,000원에 판매되었다.
- 할인판매 시, A 상품과 B 상품 모두 5개에 80,000원에 판매할 예정이다.

① 210,000원 ② 220,000원 ③ 230,000원
④ 240,000원 ⑤ 250,000원

05. A는 인터넷 사이트에서 교육에 사용할 동영상 자료를 다운받았다. 파일을 다운받는 데 소요된 시간과 속도가 다음과 같을 때, A가 다운받은 파일의 크기는 얼마인가?

- 다운로드 속도는 초당 600KB이다.
- 인터넷 사이트에 접속하여, 파일을 다운받는 데 소요된 시간은 총 1분 15초이다.
- 파일을 다운받는 데 소요된 시간은 인터넷 사이트에 접속할 때 걸린 시간의 4배이다.

① 20,000KB ② 26,000KB ③ 30,000KB
④ 36,000KB ⑤ 40,000KB

06. 10명의 사원들에게 25, 26, 27, 28일 중 하루를 특별휴가로 지급하려 한다. 하루에 휴가를 쓸 수 있는 인원이 최대 3명이라면 휴가를 분배할 수 있는 경우는 몇 가지인가? (단, 각 사원이 어느 날짜에 휴가를 쓰는지는 고려하지 않는다)

① 10가지 ② 16가지 ③ 48가지
④ 80가지 ⑤ 100가지

07. G 영화관은 영화를 상영하기 전 15개의 광고를 내는데 광고 시간은 총 5분이다. 10초, 20초, 30초짜리의 광고로 이루어져 있고 20초짜리 광고가 5개일 때, 10초와 30초짜리 광고는 각각 몇 개인가?

① 10초－2개, 30초－8개
② 10초－4개, 30초－6개
③ 10초－5개, 30초－5개
④ 10초－7개, 30초－3개
⑤ 10초－9개, 30초－1개

08. 유미는 3일에 걸쳐 책을 읽고 있는데, 첫째 날에는 책의 $\frac{1}{3}$을 읽었고, 둘째 날에는 책의 $\frac{1}{4}$을 읽었으며, 마지막 날에는 100장을 읽었더니 200장이 남았다. 책의 총 페이지는 몇 장인가?

① 490장
② 560장
③ 680장
④ 700장
⑤ 720장

09. 지수는 3회에 걸쳐서 본 토익시험 성적표를 비교해 보았더니, 받은 점수는 모두 달랐고, 2회는 1회보다 A점이 많았으며, 3회는 2회보다 B점이 적었다. 또한 1회와 3회를 합한 점수는 $7(A+B)$점이었다. 지수가 3회에서 받은 점수는 얼마인가?

① $4A+3B$점
② $3A+3B$점
③ $4A+4B$점
④ $3A+4B$점
⑤ $4A+5B$점

10. T 회사의 사원 100명은 모두 사내식당에서 점심을 먹는데, 식사는 특식과 일반식이 있으며, 일반식은 2,500원이고 특식은 일반식 가격의 2배이다. 오늘 점심의 특식 매출액이 점심 총 매출액보다 4만 5천 원이 적다고 할 때, 특식의 판매액은 얼마인가? (단, 매출액은 점심식사만을 기준으로 계산한 값이며, 특식 또는 일반식 중 한 개만 선택할 수 있다)

① 380,000원
② 410,000원
③ 480,000원
④ 510,000원
⑤ 520,000원

11. 10%의 소금물에 4%의 소금물 400g과 5%의 소금물 19g을 넣었더니 5.01%의 소금물이 되었다. 원래 10%의 소금물은 몇 g 있었는가?

① 80g ② 81g ③ 83g
④ 84g ⑤ 85g

12. 검은색 봉지에 무게가 15g인 사탕과 20g인 초콜릿이 총 30개 들어 있었는데, 이 중 사탕의 $\frac{1}{2}$과 초콜릿의 $\frac{1}{4}$을 먹은 뒤 봉지의 무게를 측정하니 285g이었다. 처음에 들어 있던 초콜릿의 개수는? (단, 봉지의 무게는 고려하지 않는다)

① 4개 ② 8개 ③ 12개
④ 16개 ⑤ 20개

13. 각 자릿수의 합이 7인 두 자리의 자연수에서 십의 자리의 숫자와 일의 자리의 숫자를 바꾸면 처음 수의 2배보다 2가 크다고 한다. 이때 처음의 수는?

① 16 ② 25 ③ 34
④ 43 ⑤ 45

14. 어떤 프로그램에 데이터를 입력하는 데 A 혼자 하면 30분이 걸리고, B 혼자 하면 45분이 걸린다. 이 과정을 처음에는 A 혼자 하다가 중간에 B가 인계를 받아 B 혼자 작업을 모두 끝마쳤다. A가 입력한 시간이 B가 입력한 시간보다 15분 더 길었다고 할 때, 이 작업을 끝마치는 데 걸린 시간은 총 몇 분인가?

① 31분 ② 33분 ③ 35분
④ 37분 ⑤ 40분

15. 지난 5년간 C 지역의 강우 기록을 정리하니 비가 온 다음 날에 비가 올 확률은 $\frac{3}{5}$이고, 비가 오지 않은 다음 날에 비가 올 확률은 $\frac{2}{7}$이었다. 오늘은 비가 오지 않았는데 내일 비가 오고, 모레에는 다시 비가 오지 않을 확률은 얼마인가?

① $\frac{3}{7}$　　② $\frac{5}{7}$　　③ $\frac{4}{35}$

④ $\frac{4}{49}$　　⑤ $\frac{10}{49}$

16. 한 개의 동전과 주사위판이 있다. 동전을 던져서 앞면이 나오면 주사위를 주사위판 앞으로 두 칸 움직이고, 뒷면이 나오면 뒤로 한 칸 움직이는 놀이를 하려고 한다. 동전을 세 번 던져서 주사위가 주사위판의 출발점으로 돌아올 확률은?

① $\frac{1}{8}$　　② $\frac{1}{4}$　　③ $\frac{3}{8}$

④ $\frac{7}{8}$　　⑤ $\frac{9}{8}$

17. 다음은 의류업체 A, B, C, D 4개 회사의 지난달 의류 제품 판매량에 관한 정보이다. B 회사의 전체 제품 판매량에 대한 국내 판매량의 비율은 얼마인가?

- 각 업체의 제품 총판매량은 국내 판매량과 해외 판매량의 합이다.
- 해외 총판매량은 국내 총판매량의 5배이다.
- 국내 총판매량 중 각 회사의 비율은 A사가 25%, C사가 20%, D사가 15%이다.
- 해외 총판매량 중 각 회사의 비율은 A사가 32%, C사가 17%, D사가 9%이다.

① 10%　　② 12%　　③ 14%

④ 16%　　⑤ 18%

18. A, B, C, D, E 다섯 사원은 출근길에 설치된 과속 단속카메라를 지나갔다. 다섯 사원의 단속 결과가 다음과 같을 때, 다섯 명이 부담해야 할 총 범칙금은 얼마인가?

- 단속카메라는 60m 떨어진 두 센서 사이의 통과시간을 측정한다.
- A, B, C, D, E가 두 센서 사이를 통과한 시간은 각각 2.5초, 2초, 3초, 2.7초, 2.4초이다.
- 측정된 속력이 제한속도 80km/h보다 15%를 초과한 경우 범칙금 3만 원이 부과된다.

① 3만 원　② 6만 원　③ 9만 원
④ 12만 원　⑤ 15만 원

19. 농도가 20%인 소금물 50g에 농도가 x%인 소금물 25g을 넣고 물 25g을 더 넣었더니 소금물의 농도는 25%가 되었다. x는 몇 %인가?

① 40%　② 55%　③ 60%
④ 75%　⑤ 77%

20. 어떤 시험에서는 총 25개의 문제 중 한 문제를 맞힐 때마다 4점을 얻고, 틀릴 때마다 2점이 감점된다고 한다. 응시자 A가 이 시험에서 58점을 받았다고 할 때, A가 맞힌 문제의 개수는?

① 14개　② 15개　③ 16개
④ 17개　⑤ 18개

영역 7 수추리력

20문항/10분

[01 ~ 20] 다음 수의 배열에서 일정한 규칙을 찾아 '?'에 들어갈 알맞은 숫자를 고르시오.

01.

15 17 21 29 45 (?)

① 55 ② 61 ③ 77
④ 82 ⑤ 68

02.

1 2 4 7 13 17 40 (?) 121

① 37 ② 42 ③ 84
④ 115 ⑤ 121

03.

3 4 9 8 15 12 21 16 27 20 (?)

① 29 ② 31 ③ 33
④ 35 ⑤ 36

04.

2 4 7 12 19 30 (?)

① 43 ② 44 ③ 45
④ 46 ⑤ 50

05.

7　8　15　23　38　61　(?)

① 91　② 93　③ 95
④ 98　⑤ 99

06.

1.2　2　1.5　5　2.1　11　2.4　14　(?)　20

① 2.7　② 3　③ 3.2
④ 4　⑤ 4.1

07.

2.3　3.9　6.7　10.7　15.9　(?)

① 18.9　② 22.3　③ 23.4
④ 25.9　⑤ 27.3

08.

0.14　0.21　0.28　(?)

① 0.31　② 0.32　③ 0.33
④ 0.34　⑤ 0.35

09.

97 60 37 23 14 9 (?)

① 4 ② 5 ③ 6
④ 7 ⑤ 8

10.

3 30 6 6 9 5 18 1 (?)

① 3 ② 9 ③ 15
④ 21 ⑤ 25

11.

2 3 7 13 27 (?) 107 213

① 35 ② 48 ③ 53
④ 68 ⑤ 70

12.

0.8 0.59 0.38 (?) −0.04

① 0.21 ② 0.17 ③ 0.14
④ 0.08 ⑤ 0.15

13.

3 5 8 13 21 (?) 50

① 33 ② 42 ③ 44
④ 52 ⑤ 55

14.

1 5 20 16 19 57 54 56 (?) 110

① 56 ② 58 ③ 112
④ 114 ⑤ 115

15.

2 −1 2 1 4 −2 12 (?)

① −4 ② 4 ③ −6
④ 6 ⑤ 8

16.

$\frac{5}{10}$ (?) $\frac{17}{86}$ $\frac{33}{257}$ $\frac{65}{770}$

① $\frac{3}{23}$ ② $\frac{5}{25}$ ③ $\frac{7}{27}$
④ $\frac{9}{29}$ ⑤ $\frac{11}{31}$

17.

1 　 −1 　 1 　 1 　 2 　 −2 　 6 　 (?)

① −3 　 ② 1 　 ③ 3
④ 6 　 ⑤ 8

18.

2 　 2 　 3 　 4 　 5 　 6 　 7 　 8 　 11 　 (?)

① 8 　 ② 10 　 ③ 12
④ 13 　 ⑤ 15

19.

6 　 4 　 27 　　 5 　 (?) 　 33 　　 5 　 5 　 28

① 4 　 ② 5 　 ③ 6
④ 7 　 ⑤ 8

20.

2 　 1 　 2 　 18 　　 2 　 3 　 10 　 250 　　 3 　 4 　 5 　 (?)

① 84 　 ② 169 　 ③ 212
④ 245 　 ⑤ 250

영역 8 창의력

1문항/6분

※ 이 유형은 정해진 답이 있는 것이 아니므로, 정답 및 해설이 제공되지 않습니다.

01. 제시된 그림을 보고 그 용도로 추측되는 것을 40개 쓰시오.

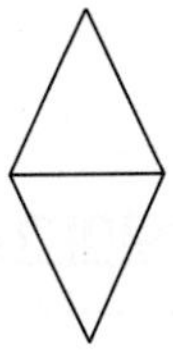

1		21	
2		22	
3		23	
4		24	
5		25	
6		26	
7		27	
8		28	
9		29	
10		30	
11		31	
12		32	
13		33	
14		34	
15		35	
16		36	
17		37	
18		38	
19		39	
20		40	

파트 3 인성검사

01 인성검사의 이해

1 인성검사, 왜 필요한가?

채용기업은 지원자가 '직무적합성'을 지닌 사람인지를 인성검사와 직무적성검사를 통해 판단한다. 인성검사에서 말하는 인성(人性)이란 그 사람의 성품, 즉 각 개인이 가지는 사고와 태도 및 행동 특성을 의미한다. 인성은 사람의 생김새처럼 사람마다 다르기 때문에 몇 가지 유형으로 분류하고 이에 맞추어 판단한다는 것 자체가 억지스럽고 어불성설일지 모른다. 그럼에도 불구하고 기업들의 입장에서는 입사를 희망하는 사람이 어떤 성품을 가졌는지 정보가 필요하다. 그래야 해당 기업의 인재상에 적합하고 담당할 업무에 적격한 인재를 채용할 수 있기 때문이다.

지원자의 성격이 외향적인지 아니면 내향적인지, 어떤 직무와 어울리는지, 조직에서 다른 사람과 원만하게 생활할 수 있는지, 업무 수행 중 문제가 생겼을 때 어떻게 대처하고 해결할 수 있는지에 대한 전반적인 개성은 자기소개서를 통해서나 면접을 통해서도 어느 정도 파악할 수 있다. 그러나 이것들만으로 인성을 충분히 파악할 수 없기 때문에 객관화되고 정형화된 인성검사로 지원자의 성격을 판단하고 있다.

채용기업은 필기시험을 높은 점수로 통과한 지원자라 하더라도 해당 기업과 거리가 있는 성품을 가졌다면 탈락시키게 된다. 일반적으로 필기시험 통과자 중 인성검사로 탈락하는 비율이 10% 내외가 된다고 알려져 있다. 물론 인성검사를 탈락하였다 하더라도 특별히 인성에 문제가 있는 사람이 아니라면 절망할 필요는 없다. 자신을 되돌아보고 다음 기회를 대비하면 되기 때문이다. 탈락한 기업이 원하는 인재상이 아니었다면 맞는 기업을 찾으면 되고, 경쟁자가 많았기 때문이라면 자신을 다듬어 경쟁력을 높이면 될 것이다.

2 인성검사의 특징

우리나라 대다수의 채용기업은 인재개발 및 인적자원을 연구하는 한국행동과학연구소(KIRBS), 에스에이치알(SHR), 한국사회적성개발원(KSAD), 한국인재개발진흥원(KPDI) 등 전문기관에 인성검사를 의뢰하고 있다.

이 기관들의 인성검사 개발 목적은 비슷하지만 기관마다 검사 유형이나 평가 척도는 약간의 차이가 있다. 또 지원하는 기업이 어느 기관에서 개발한 검사지로 인성검사를 시행하는지는 사전에 알 수 없다. 그렇지만 공통으로 적용하는 척도와 기준에 따라 구성된 여러 형태의 인성검사지로 사전 테스트를 해 보고 자신의 인성이 어떻게 평가되는가를 미리 알아보는 것은 가능하다.

인성검사는 필기시험 당일 직무능력평가와 함께 실시하는 경우와 직무능력평가 합격자에 한하여 면접과 함께 실시하는 경우가 있다. 인성검사의 문항은 100문항 내외에서부터 최대 500문항까지 다양하다. 인성검사에 주어지는 시간은 문항 수에 비례하여 30 ~ 100분 정도가 된다.

문항 자체는 단순한 질문으로 어려울 것은 없지만 제시된 상황에서 본인의 행동을 정하는 것이 쉽지만은 않다. 문항 수가 많을 경우 이에 비례하여 시간도 길게 주어지지만 단순하고 유사하며 반복되는 질문에 방심하여 집중하지 못하고 실수하는 경우가 있으므로 컨디션 관리와 집중력 유지에 노력하여야 한다. 특히 같거나 유사한 물음에 다른 답을 하는 경우가 가장 위험하다.

3 인성검사 척도 및 구성

1 미네소타 다면적 인성검사(MMPI)

MMPI(Minnesota Multiphasic Personality Inventory)는 1943년 미국 미네소타 대학교수인 해서웨이와 매킨리가 개발한 대표적인 자기 보고형 성향 검사로서 오늘날 가장 대표적으로 사용되는 객관적 심리검사 중 하나이다. MMPI는 약 550여 개의 문항으로 구성되며 각 문항을 읽고 '예(YES)' 또는 '아니오(NO)'로 대답하게 되어 있다.

MMPI는 4개의 타당도 척도와 10개의 임상척도로 구분된다. 500개가 넘는 문항들 중 중복되는 문항들이 포함되어 있는데 내용이 똑같은 문항도 10문항 이상 포함되어 있다. 이 반복 문항들은 응시자가 얼마나 일관성 있게 검사에 임했는지를 판단하는 지표로 사용된다.

구분	척도명	약자	주요 내용
타당도 척도 (바른 태도로 임했는지, 신뢰할 수 있는 결론인지 등을 판단)	무응답 척도 (Can not say)	?	응답하지 않은 문항과 복수로 답한 문항들의 총합으로 빠진 문항을 최소한으로 줄이는 것이 중요하다.
	허구 척도 (Lie)	L	자신을 좋은 사람으로 보이게 하려고 고의적으로 정직하지 못한 답을 판단하는 척도이다. 허구 척도가 높으면 장점까지 인정받지 못하는 결과가 발생한다.
	신뢰 척도 (Frequency)	F	검사 문항에 빗나간 답을 한 경향을 평가하는 척도로 정상적인 집단의 10% 이하의 응답을 기준으로 일반적인 경향과 다른 정도를 측정한다.
	교정 척도 (Defensiveness)	K	정신적 장애가 있음에도 다른 척도에서 정상적인 면을 보이는 사람을 구별하는 척도로 허구 척도보다 높은 고차원으로 거짓 응답을 하는 경향이 나타난다.
임상척도 (정상적 행동과 그렇지 않은 행동의 종류를 구분하는 척도로, 척도마다 다른 기준으로 점수가 매겨짐)	건강염려증 (Hypochondriasis)	Hs	신체에 대한 지나친 집착이나 신경질적 혹은 병적 불안을 측정하는 척도로 이러한 건강염려증이 타인에게 어떤 영향을 미치는지도 측정한다.
	우울증 (Depression)	D	슬픔 · 비관 정도를 측정하는 척도로 타인과의 관계 또는 본인 상태에 대한 주관적 감정을 나타낸다.
	히스테리 (Hysteria)	Hy	갈등을 부정하는 정도를 측정하는 척도로 신체 증상을 호소하는 경우와 적대감을 부인하며 우회적인 방식으로 드러내는 경우 등이 있다.
	반사회성 (Psychopathic Deviate)	Pd	가정 및 사회에 대한 불신과 불만을 측정하는 척도로 비도덕적 혹은 반사회적 성향 등을 판단한다.
	남성-여성특성 (Masculinity-Feminity)	Mf	남녀가 보이는 흥미와 취향, 적극성과 수동성 등을 측정하는 척도로 성에 따른 유연한 사고와 융통성 등을 평가한다.

	편집증 (Paranoia)	Pa	과대 망상, 피해 망상, 의심 등 편집증에 대한 정도를 측정하는 척도로 열등감, 비사교적 행동, 타인에 대한 불만과 같은 내용을 질문한다.
	강박증 (Psychasthenia)	Pt	과대 근심, 강박관념, 죄책감, 공포, 불안감, 정리정돈 등을 측정하는 척도로 만성 불안 등을 나타낸다.
	정신분열증 (Schizophrenia)	Sc	정신적 혼란을 측정하는 척도로 자폐적 성향이나 타인과의 감정 교류, 충동 억제불능, 성적 관심, 사회적 고립 등을 평가한다.
	경조증 (Hypomania)	Ma	정신적 에너지를 측정하는 척도로 생각의 다양성 및 과장성, 행동의 불안정성, 흥분성 등을 나타낸다.
	사회적 내향성 (Social introversion)	Si	대인관계 기피, 사회적 접촉 회피, 비사회성 등의 요인을 측정하는 척도로 외향성 및 내향성을 구분한다.

2 캘리포니아 성격검사(CPI)

CPI(California Psychological Inventory)는 캘리포니아 대학의 연구팀이 개발한 성검사로 MMPI와 함께 세계에서 가장 널리 사용되고 있는 인성검사 툴이다. CPI는 다양한 인성 요인을 통해 지원자가 답변한 응답 왜곡 가능성, 조직 역량 등을 측정한다. MMPI가 주로 정서적 측면을 진단하는 특징을 보인다면, CPI는 정상적인 사람의 심리적 특성을 주로 진단한다.

CPI는 약 480개 문항으로 구성되어 있으며 다음과 같은 18개의 척도로 구분된다.

구분	척도명	주요 내용
제1군 척도 (대인관계 적절성 측정)	지배성(Do)	리더십, 통솔력, 대인관계에서의 주도권을 측정한다.
	지위능력성(Cs)	내부에 잠재되어 있는 내적 포부, 자기 확신 등을 측정한다.
	사교성(Sy)	참여 기질이 활달한 사람과 그렇지 않은 사람을 구분한다.
	사회적 자발성(Sp)	사회 안에서의 안정감, 자발성, 사교성 등을 측정한다.
	자기 수용성(Sa)	개인적 가치관, 자기 확신, 자기 수용력 등을 측정한다.
	행복감(Wb)	생활의 만족감, 행복감을 측정하며 긍정적인 사람으로 보이고자 거짓 응답하는 사람을 구분하는 용도로도 사용된다.
제2군 척도 (성격과 사회화, 책임감 측정)	책임감(Re)	법과 질서에 대한 양심, 책임감, 신뢰성 등을 측정한다.
	사회성(So)	가치 내면화 정도, 사회 이탈 행동 가능성 등을 측정한다.
	자기 통제성(Sc)	자기조절, 자기통제의 적절성, 충동 억제력 등을 측정한다.
	관용성(To)	사회적 신념, 편견과 고정관념 등에 대한 태도를 측정한다.
	호감성(Gi)	타인이 자신을 어떻게 보는지에 대한 민감도를 측정하며, 좋은 사람으로 보이고자 거짓 응답하는 사람을 구분한다.
	임의성(Cm)	사회에 보수적 태도를 보이고 생각 없이 적당히 응답한 사람을 판단하는 척도로 사용된다.

제3군 척도 (인지적, 학업적 특성 측정)	순응적 성취(Ac)	성취동기, 내면의 인식, 조직 내 성취 욕구 등을 측정한다.
	독립적 성취(Ai)	독립적 사고, 창의성, 자기실현을 위한 능력 등을 측정한다.
	지적 효율성(Le)	지적 능률, 지능과 연관이 있는 성격 특성 등을 측정한다.
제4군 척도 (제1~3군과 무관한 척도의 혼합)	심리적 예민성(Py)	타인의 감정 및 경험에 대해 공감하는 정도를 측정한다.
	융통성(Fx)	개인적 사고와 사회적 행동에 대한 유연성을 측정한다.
	여향성(Fe)	남녀 비교에 따른 흥미의 남향성 및 여향성을 측정한다.

3 SHL 직업성격검사(OPQ)

OPQ(Occupational Personality Questionnaire)는 세계적으로 많은 외국 기업에서 널리 사용하는 CEB사의 SHL 직무능력검사에 포함된 직업성격검사이다. 4개의 질문이 한 세트로 되어 있고 총 68세트 정도 출제되고 있다. 4개의 질문 안에서 '자기에게 가장 잘 맞는 것'과 '자기에게 가장 맞지 않는 것'을 1개씩 골라 '예', '아니오'로 체크하는 방식이다. 단순하게 모든 척도가 높다고 좋은 것은 아니며, 척도가 낮은 편이 좋은 경우도 있다.

기업에 따라 척도의 평가 기준은 다르다. 희망하는 기업의 특성을 연구하고, 채용 기준을 예측하는 것이 중요하다.

척도	내용	질문 예
설득력	사람을 설득하는 것을 좋아하는 경향	- 새로운 것을 사람에게 권하는 것을 잘한다. - 교섭하는 것에 걱정이 없다. - 기획하고 판매하는 것에 자신이 있다.
지도력	사람을 지도하는 것을 좋아하는 경향	- 사람을 다루는 것을 잘한다. - 팀을 아우르는 것을 잘한다. - 사람에게 지시하는 것을 잘한다.
독자성	다른 사람의 영향을 받지 않고, 스스로 생각해서 행동하는 것을 좋아하는 경향	- 모든 것을 자신의 생각대로 하는 편이다. - 주변의 평가는 신경 쓰지 않는다. - 유혹에 강한 편이다.
외향성	외향적이고 사교적인 경향	- 다른 사람의 주목을 끄는 것을 좋아한다. - 사람들이 모인 곳에서 중심이 되는 편이다. - 담소를 나눌 때 주변을 즐겁게 해 준다.
우호성	친구가 많고, 대세의 사람이 되는 것을 좋아하는 경향	- 친구와 함께 있는 것을 좋아한다. - 무엇이라도 얘기할 수 있는 친구가 많다. - 친구와 함께 무언가를 하는 것이 많다.
사회성	세상 물정에 밝고 사람 앞에서도 낯을 가리지 않는 성격	- 자신감이 있고 유쾌하게 발표할 수 있다. - 공적인 곳에서 인사하는 것을 잘한다. - 사람들 앞에서 발표하는 것이 어렵지 않다.

겸손성	사람에 대해서 겸손하게 행동하고 누구라도 똑같이 사귀는 경향	– 자신의 성과를 그다지 내세우지 않는다. – 절제를 잘하는 편이다. – 사회적인 지위에 무관심하다.
협의성	사람들에게 의견을 물으면서 일을 진행하는 경향	– 사람들의 의견을 구하며 일하는 편이다. – 타인의 의견을 묻고 일을 진행시킨다. – 친구와 상담해서 계획을 세운다.
돌봄	측은해 하는 마음이 있고, 사람을 돌봐 주는 것을 좋아하는 경향	– 개인적인 상담에 친절하게 답해 준다. – 다른 사람의 상담을 진행하는 경우가 많다. – 후배의 어려움을 돌보는 것을 좋아한다.
구체적인 사물에 대한 관심	물건을 고치거나 만드는 것을 좋아하는 경향	– 고장 난 물건을 수리하는 것이 재미있다. – 상태가 안 좋은 기계도 잘 사용한다. – 말하기보다는 행동하기를 좋아한다.
데이터에 대한 관심	데이터를 정리해서 생각하는 것을 좋아하는 경향	– 통계 등의 데이터를 분석하는 것을 좋아한다. – 표를 만들거나 정리하는 것을 좋아한다. – 숫자를 다루는 것을 좋아한다.
미적가치에 대한 관심	미적인 것이나 예술적인 것을 좋아하는 경향	– 디자인에 관심이 있다. – 미술이나 음악을 좋아한다. – 미적인 감각에 자신이 있다.
인간에 대한 관심	사람의 행동에 동기나 배경을 분석하는 것을 좋아하는 경향	– 다른 사람을 분석하는 편이다. – 타인의 행동을 보면 동기를 알 수 있다. – 다른 사람의 행동을 잘 관찰한다.
정통성	이미 있는 가치관을 소중히 여기고, 익숙한 방법으로 사물을 대하는 것을 좋아하는 경향	– 실적이 보장되는 확실한 방법을 취한다. – 낡은 가치관을 존중하는 편이다. – 보수적인 편이다.
변화 지향	변화를 추구하고, 변화를 받아들이는 것을 좋아하는 경향	– 새로운 것을 하는 것을 좋아한다. – 해외여행을 좋아한다. – 경험이 없더라도 시도해 보는 것을 좋아한다.
개념성	지식에 대한 욕구가 있고, 논리적으로 생각하는 것을 좋아하는 경향	– 개념적인 사고가 가능하다. – 분석적인 사고를 좋아한다. – 순서를 만들고 단계에 따라 생각한다.
창조성	새로운 분야에 대한 공부를 하는 것을 좋아하는 경향	– 새로운 것을 추구한다. – 독창성이 있다. – 신선한 아이디어를 낸다.
계획성	앞을 생각해서 사물을 예상하고, 계획적으로 실행하는 것을 좋아하는 경향	– 과거를 돌이켜보며 계획을 세운다. – 앞날을 예상하며 행동한다. – 실수를 돌아보며 대책을 강구하는 편이다.

치밀함	정확한 순서를 세워 진행하는 것을 좋아하는 경향	– 사소한 실수는 거의 하지 않는다. – 정확하게 요구되는 것을 좋아한다. – 사소한 것에도 주의하는 편이다.
꼼꼼함	어떤 일이든 마지막까지 꼼꼼하게 마무리 짓는 경향	– 맡은 일을 마지막까지 해결한다. – 마감 시한은 반드시 지킨다. – 시작한 일은 중간에 그만두지 않는다.
여유	평소에 릴랙스하고, 스트레스에 잘 대처하는 경향	– 감정의 회복이 빠르다. – 분별없이 함부로 행동하지 않는다. – 스트레스에 잘 대처한다.
근심 · 걱정	어떤 일이 잘 진행되지 않으면 불안을 느끼고, 중요한 일을 앞두면 긴장하는 경향	– 예정대로 잘되지 않으면 근심 · 걱정이 많다. – 신경 쓰이는 일이 있으면 불안하다. – 중요한 만남 전에는 기분이 편하지 않다.
호방함	사람들이 자신을 어떻게 생각하는지를 신경 쓰지 않는 경향	– 사람들이 자신을 어떻게 생각하는지 그다지 신경 쓰지 않는다. – 상처받아도 동요하지 않고 아무렇지 않은 태도를 취한다. – 사람들의 비판에 크게 영향받지 않는다.
억제력	감정을 표현하지 않는 경향	– 쉽게 감정적으로 되지 않는다. – 분노를 억누른다. – 격분하지 않는다.
낙관적	사물을 낙관적으로 보는 경향	– 낙관적으로 생각하고 일을 진행시킨다. – 문제가 일어나도 낙관적으로 생각한다.
비판적	비판적으로 사물을 생각하고, 이론 · 문장 등의 오류에 신경 쓰는 경향	– 이론의 모순을 찾아낸다. – 계획이 갖춰지지 않은 것이 신경 쓰인다. – 누구도 신경 쓰지 않는 오류를 찾아낸다.
행동력	운동을 좋아하고, 민첩하게 행동하는 경향	– 동작이 날렵하다. – 여가를 활동적으로 보낸다. – 몸을 움직이는 것을 좋아한다.
경쟁성	지는 것을 싫어하는 경향	– 승부를 겨루게 되면 지는 것을 싫어한다. – 상대를 이기는 것을 좋아한다. – 싸워 보지 않고 포기하는 것을 싫어한다.
출세 지향	출세하는 것을 중요하게 생각하고, 야심적인 목표를 향해 노력하는 경향	– 출세 지향적인 성격이다. – 곤란한 목표도 달성할 수 있다. – 실력으로 평가받는 사회가 좋다.
결단력	빠르게 판단하는 경향	– 답을 빠르게 찾아낸다. – 문제에 대한 빠른 상황 파악이 가능하다. – 위험을 감수하고도 결단을 내리는 편이다.

4 인성검사 합격 전략

1 포장하지 않은 솔직한 답변

"다른 사람을 험담한 적이 한 번도 없다.", "물건을 훔치고 싶다고 생각해 본 적이 없다."

이 질문에 당신은 '그렇다', '아니다' 중 무엇을 선택할 것인가? 채용기업이 인성검사를 실시하는 가장 큰 이유는 '이 사람이 어떤 성향을 가진 사람인가'를 효율적으로 파악하기 위해서이다.

인성검사는 도덕적 가치가 빼어나게 높은 사람을 판별하려는 것도 아니고, 성인군자를 가려내기 위함도 아니다. 인간의 보편적 성향과 상식적 사고를 고려할 때, 도덕적 질문에 지나치게 겸손한 답변을 체크하면 오히려 솔직하지 못한 것으로 간주되거나 인성을 제대로 판단하지 못해 무효 처리가 되기도 한다. 자신의 성격을 포장하여 작위적인 답변을 하지 않도록 솔직하게 임하는 것이 예기치 않은 결과를 피하는 첫 번째 전략이 된다.

2 필터링 함정을 피하고 일관성 유지

앞서 강조한 솔직함은 일관성과 연결된다. 인성검사를 구성하는 많은 척도는 여러 형태의 문장 속에 동일한 요소를 적용해 반복되기도 한다. 예컨대 '나는 매우 활동적인 사람이다'와 '나는 운동을 매우 좋아한다'라는 질문에 '그렇다'고 체크한 사람이 '휴일에는 집에서 조용히 쉬며 독서하는 것이 좋다'에도 '그렇다'고 체크한다면 일관성이 없다고 평가될 수 있다.

그러나 일관성 있는 답변에만 매달리면 '이 사람이 같은 답변만 체크하기 위해 이 부분만 신경 썼구나'하는 필터링 함정에 빠질 수도 있다. 비슷하게 보이는 문장이 무조건 같은 내용이라고 판단하여 똑같이 답하는 것도 주의해야 한다. 일관성보다 중요한 것은 솔직함이다. 솔직함이 전제되지 않은 일관성은 허위 척도 필터링에서 드러나게 되어 있다. 유사한 질문의 응답이 터무니없이 다르거나 양극단에 치우치지 않는 정도라면 약간의 차이는 크게 문제되지 않는다. 중요한 것은 솔직함과 일관성이 하나의 연장선에 있다는 점을 명심하자.

3 지원한 직무와 연관성을 고려

다양한 분야의 많은 계열사와 큰 조직을 통솔하는 대기업은 여러 사람이 조직적으로 움직이는 만큼 각 직무에 걸맞은 능력을 갖춘 인재가 필요하다. 그래서 기업은 매년 신규채용으로 입사한 신입사원들의 젊은 패기와 참신한 능력을 성장 동력으로 활용한다.

기업은 사교성 있고 활달한 사람만을 원하지 않는다. 해당 직군과 직무에 따라 필요로 하는 사원의 능력과 개성이 다르기 때문에, 지원자가 희망하는 계열사나 부서의 직무가 무엇인지 제대로 파악하여 자신의 성향과 맞는지에 대한 고민은 반드시 필요하다. 같은 질문이라도 기업이 원하는 인재상이나 부서의 직무에 따라 판단 척도가 달라질 수 있다.

4 평상심 유지와 컨디션 관리

역시 솔직함과 연결된 내용이다. 한 질문에 오래 고민하고 신경 쓰면 불필요한 생각이 개입될 소지가 크다. 이는 직관을 떠나 이성적 판단에 따라 포장할 위험이 높아진다는 뜻이기도 하다. 긴 시간 생각하지 말고 자신의 평상시 생각과 감정대로 답하는 것이 중요하며, 가능한 건너뛰지 말고 모든 질문에 답하도록 한다. 300 ~ 400개 정도 문항을 출제하는 기업이 많기 때문에, 끝까지 집중하여 임하는 것이 중요하다.

특히 적성검사와 같은 날 실시하는 경우, 적성검사를 마친 후 연이어 보기 때문에 신체적 · 정신적으로 피로한 상태에서 자세가 흐트러질 수도 있다. 따라서 컨디션을 유지하면서 문항당 7 ~ 10초 이상 쓰지 않도록 하고, 문항 수가 많을 때는 답안지에 바로바로 표기하자.

02 인성검사 연습

인성검사 Tip

1. 응시 전 스스로를 돌아보며 나는 어떤 사람인가를 생각하는 시간을 가진다.
2. 지원한 분야의 직무에 적합한 요소에 대해 생각해 본다.
3. 많이 고민하기보다는 직관적으로 풀어 나간다.
4. 일관성을 유지하기 위해 노력한다.
5. 누가 보아도 비상식적인 답안을 선택하지 않도록 주의한다.

예 / 아니오 선택 유형

효성그룹 인성검사는 350문항에 40분이 배정된다. 제시된 질문을 읽고 'Yes' 또는 'No'에 자신의 성향에 더 가까운 것을 고르는 유형이다.

효성 그룹의 경우 인성검사에 의한 탈락의 비율이 비교적 높은 편이므로 보다 성실하게 검사에 임할 필요가 있다. Yes/No 선택형이기 때문에 5점 척도 혹은 6점 척도 유형으로 실시하는 기업에 비해 시간이 오래 걸리지는 않지만, 일관성이 떨어질 경우 신뢰도 경고 창이 뜨기도 하므로 일관성을 유지할 수 있도록 주의한다. 또한, 인재상에만 지나치게 초점을 맞추면 자칫 신뢰도가 하락할 수 있으므로 솔직하게 답할 수 있도록 한다.

| 01~200 | 주어진 문항의 내용이 본인에게 해당되는 경우에는 "Y", 해당되지 않는 경우에는 "N"에 응답하는 형식입니다. 문항을 읽으면서 빠른 속도로 솔직하게 응답하는 것이 중요하며, 솔직하게 응답하지 않을 경우 검사가 무효 처리될 수 있습니다.

번호	질문	응답	
		예	아니오
		Ⓨ	Ⓝ
1	어두운 곳을 무서워하는 편이다.	Ⓨ	Ⓝ
2	국회의원이 되고 싶다.	Ⓨ	Ⓝ
3	작은 일에는 별로 관심을 갖지 않는다.	Ⓨ	Ⓝ
4	규칙이나 환경이 바뀌는 것을 싫어한다.	Ⓨ	Ⓝ
5	수리영역보다 언어영역이 더 좋다.	Ⓨ	Ⓝ
6	상대가 약속을 어겨도 이해하는 편이다.	Ⓨ	Ⓝ
7	지나간 일을 쉽게 잊어버리지 못한다.	Ⓨ	Ⓝ
8	주변 사람들에게 배려심이 많다는 말을 자주 듣는다.	Ⓨ	Ⓝ
9	모든 상황을 긍정적으로 인식한다.	Ⓨ	Ⓝ

10	분위기에 쉽게 동화된다.	Ⓨ	Ⓝ
11	남의 의견에 좌우되어서 쉽게 의견이 바뀐다.	Ⓨ	Ⓝ
12	허세를 부린 적이 한 번도 없다.	Ⓨ	Ⓝ
13	모든 일을 계획적으로 처리한다.	Ⓨ	Ⓝ
14	질서보다는 자유를 존중한다.	Ⓨ	Ⓝ
15	스포츠를 매우 좋아한다.	Ⓨ	Ⓝ
16	사람들과 만나면 이야기를 주도하는 편이다.	Ⓨ	Ⓝ
17	화가 나면 마음에 오래 담아 두는 편이다.	Ⓨ	Ⓝ
18	주변 사람들의 생일이나 경조사를 잘 챙긴다.	Ⓨ	Ⓝ
19	한 번도 법을 위반한 적이 없다.	Ⓨ	Ⓝ
20	법도 사회의 변화에 따라 달라져야 한다고 생각한다.	Ⓨ	Ⓝ
21	가끔 색다른 음식을 의도적으로 먹는다.	Ⓨ	Ⓝ
22	복잡한 곳보다 조용한 곳이 좋다.	Ⓨ	Ⓝ
23	친구가 많지 않다.	Ⓨ	Ⓝ
24	다른 사람을 가르치는 일을 좋아한다.	Ⓨ	Ⓝ
25	술을 자주 마시는 편이다.	Ⓨ	Ⓝ
26	자신감이 없는 편이다.	Ⓨ	Ⓝ
27	창의성을 발휘하는 업무가 적성에 맞는다.	Ⓨ	Ⓝ
28	어떤 일을 결심하기까지 시간이 걸리는 편이다.	Ⓨ	Ⓝ
29	쉬운 문제보다 어려운 문제를 더 좋아한다.	Ⓨ	Ⓝ
30	쉽게 좌절하거나 의기소침해지지 않는다.	Ⓨ	Ⓝ
31	짜여진 틀에 얽매이는 것을 싫어한다.	Ⓨ	Ⓝ
32	일을 주도하는 것보다 따르는 것이 좋다.	Ⓨ	Ⓝ
33	다른 사람의 마음을 잘 읽는 편이다.	Ⓨ	Ⓝ
34	신중하다는 말을 자주 듣는다.	Ⓨ	Ⓝ
35	맡은 일은 무슨 일이 생겨도 끝까지 완수한다.	Ⓨ	Ⓝ
36	계산 문제를 다루는 것이 좋다.	Ⓨ	Ⓝ
37	우리 가족은 항상 화목하다.	Ⓨ	Ⓝ
38	아침에 일어났을 때가 하루 중 가장 기분이 좋다.	Ⓨ	Ⓝ
39	어떤 문제가 생기면 그 원인부터 따져 보는 편이다.	Ⓨ	Ⓝ
40	상상력이 풍부한 편이다.	Ⓨ	Ⓝ
41	다른 사람에게 명령이나 지시하는 것을 좋아한다.	Ⓨ	Ⓝ
42	끈기가 있고 성실하다.	Ⓨ	Ⓝ

43	새로운 학문을 배우는 것을 좋아한다.	Ⓨ	Ⓝ
44	여러 가지 일을 동시에 하지 못한다.	Ⓨ	Ⓝ
45	가끔 지저분한 농담을 듣고 웃는다.	Ⓨ	Ⓝ
46	긴박한 상황에서도 차분함을 잃지 않으며 상황 판단이 빠르다.	Ⓨ	Ⓝ
47	어떤 상황에서든 빠르게 결정하고 과감하게 행동한다.	Ⓨ	Ⓝ
48	성공하고 싶은 욕망이 매우 강하다.	Ⓨ	Ⓝ
49	가끔 사물을 때려 부수고 싶은 충동을 느낄 때가 있다.	Ⓨ	Ⓝ
50	무슨 일이든 도전하는 편이다.	Ⓨ	Ⓝ
51	사람들과 어울릴 수 있는 모임을 좋아한다.	Ⓨ	Ⓝ
52	다른 사람이 한 행동의 이유를 잘 파악하는 편이다.	Ⓨ	Ⓝ
53	조직적으로 행동하는 것을 좋아한다.	Ⓨ	Ⓝ
54	실질도 중요하지만 형식을 갖추는 사람이 더 좋다.	Ⓨ	Ⓝ
55	나도 모르게 끙끙 앓고 고민하는 편이다.	Ⓨ	Ⓝ
56	지진이 일어날까 봐 불안해서 안절부절못한다.	Ⓨ	Ⓝ
57	나의 가치관은 확고부동하여 잘 변하지 않는다.	Ⓨ	Ⓝ
58	다른 사람들의 행동을 주의 깊게 관찰하는 경향이 있다.	Ⓨ	Ⓝ
59	주변 사람들에게 독특한 사람으로 통한다.	Ⓨ	Ⓝ
60	다른 사람들의 이야기를 귀담아듣는다.	Ⓨ	Ⓝ
61	동창 모임이나 동기 모임에 자주 참석한다.	Ⓨ	Ⓝ
62	다소 무리를 해도 쉽게 지치지 않는 편이다.	Ⓨ	Ⓝ
63	논리가 뛰어나다는 말을 듣는 편이다.	Ⓨ	Ⓝ
64	현실적인 사람보다 이상적인 사람을 더 좋아한다.	Ⓨ	Ⓝ
65	비교적 금방 마음이 바뀌는 편이다.	Ⓨ	Ⓝ
66	쓸데없는 고생을 하는 타입이다.	Ⓨ	Ⓝ
67	아무리 힘들더라도 힘든 내색을 하지 않는다.	Ⓨ	Ⓝ
68	주어진 시간 내에 맡겨진 과제를 마칠 수 있다.	Ⓨ	Ⓝ
69	임기응변으로 대응하는 것에 능숙하다.	Ⓨ	Ⓝ
70	항상 일에 대한 결과를 얻고자 한다.	Ⓨ	Ⓝ
71	가끔 의지가 약하다는 말을 듣는다.	Ⓨ	Ⓝ
72	처음 보는 사람에게도 내 의견을 자신 있게 말할 수 있다.	Ⓨ	Ⓝ
73	내향적이며 조용한 편이다.	Ⓨ	Ⓝ
74	남이 나를 어떻게 생각하는지 신경이 쓰인다.	Ⓨ	Ⓝ
75	나도 모르게 충동구매를 하는 경우가 많다.	Ⓨ	Ⓝ

76	비교적 상처받기 쉬운 타입이다.	Ⓨ	Ⓝ
77	낯선 사람과 대화하는 데 어려움이 있다.	Ⓨ	Ⓝ
78	사람들의 부탁을 잘 거절하지 못한다.	Ⓨ	Ⓝ
79	융통성이 없는 편이다.	Ⓨ	Ⓝ
80	세상에는 바보 같은 사람이 너무 많다고 생각한다.	Ⓨ	Ⓝ
81	스포츠 경기를 관람하다가 금방 흥분한다.	Ⓨ	Ⓝ
82	약속을 어긴 적이 한 번도 없다.	Ⓨ	Ⓝ
83	신경과민적인 면이 있다고 생각한다.	Ⓨ	Ⓝ
84	새로운 분야에 도전하는 것을 좋아한다.	Ⓨ	Ⓝ
85	다른 사람의 실수를 용납하지 않는다.	Ⓨ	Ⓝ
86	마감시간을 매우 잘 지킨다.	Ⓨ	Ⓝ
87	나와 다른 의견을 가진 사람을 설득할 수 있다.	Ⓨ	Ⓝ
88	모든 일에 대해 분석적으로 생각하는 편이다.	Ⓨ	Ⓝ
89	문화생활을 좋아한다.	Ⓨ	Ⓝ
90	무슨 일이 있더라도 상대방을 이겨야 직성이 풀린다.	Ⓨ	Ⓝ
91	다른 사람의 말에 쉽게 흔들린다.	Ⓨ	Ⓝ
92	감정을 쉽게 드러내지 않는다.	Ⓨ	Ⓝ
93	어떤 일에든 적극적으로 임하는 편이다.	Ⓨ	Ⓝ
94	팀을 위해 희생하는 편이다.	Ⓨ	Ⓝ
95	타인의 잘못을 잘 지적한다.	Ⓨ	Ⓝ
96	수업시간에 발표하는 것을 즐기는 편이다.	Ⓨ	Ⓝ
97	내가 모르는 분야라도 금세 배울 자신이 있다.	Ⓨ	Ⓝ
98	내 전공 분야와 상관없는 분야의 지식에도 관심이 많다.	Ⓨ	Ⓝ
99	통계적으로 분석된 자료를 좋아한다.	Ⓨ	Ⓝ
100	낙천적인 편이다.	Ⓨ	Ⓝ
101	어렸을 적에 때때로 영문도 모르는 채로 부모님에게 혼나곤 했다.	Ⓨ	Ⓝ
102	다른 문화권의 사람들에게 개방적이다.	Ⓨ	Ⓝ
103	가끔씩 자극적이고 스릴 있는 놀이를 즐긴다.	Ⓨ	Ⓝ
104	우리 가정은 보통의 가정들에 비해 서로에게 무관심하고 불친절하다.	Ⓨ	Ⓝ
105	즉흥적으로 선택하는 경우가 거의 없다.	Ⓨ	Ⓝ
106	오늘 할 일을 내일로 미루지 않는다.	Ⓨ	Ⓝ
107	변화가 많으면 혼란스럽다.	Ⓨ	Ⓝ
108	가끔씩 누군가에 대한 증오심을 느낀다.	Ⓨ	Ⓝ

109	요즘 같은 세상에서는 누군든 믿을 수 없다.	Ⓨ	Ⓝ
110	단둘이 만나는 것보다 여러 명이 함께 보는 자리를 더 선호한다.	Ⓨ	Ⓝ
111	사람을 가리지 않고 잘 사귄다.	Ⓨ	Ⓝ
112	충분히 생각하고 결정을 내릴 때에도 놓친 부분은 없는지 다시 확인한다.	Ⓨ	Ⓝ
113	울고 있는 사람을 보면 슬퍼진다.	Ⓨ	Ⓝ
114	나는 근심걱정이 많다.	Ⓨ	Ⓝ
115	사람들이 듣고 싶어하는 말을 곧잘 한다.	Ⓨ	Ⓝ
116	주기적으로 앞으로의 일정을 점검한다.	Ⓨ	Ⓝ
117	일을 벌여 놓고 수습하지 못하는 경우가 있다.	Ⓨ	Ⓝ
118	같은 일을 해도 늘 새로운 방식을 추구한다.	Ⓨ	Ⓝ
119	어렸을 때부터 사물들이 작동하는 원리에 관심이 많았다.	Ⓨ	Ⓝ
120	불의를 보면 참지 않는다.	Ⓨ	Ⓝ
121	내 지시대로 일이 처리되는 것이 좋다.	Ⓨ	Ⓝ
122	낯선 사람들과 같이 있는 것은 어색하고 불편하다.	Ⓨ	Ⓝ
123	기존 방식대로 문제를 해결한다.	Ⓨ	Ⓝ
124	겉으로는 화해해도 속으로는 용서가 잘 안 된다.	Ⓨ	Ⓝ
125	항상 남들보다 높은 지위에 있고 싶다.	Ⓨ	Ⓝ
126	사람들의 시선이 내게 집중되는 것을 원치 않는다.	Ⓨ	Ⓝ
127	모임이나 파티에 참여하는 것보다 혼자 시간을 보내는 것이 좋다.	Ⓨ	Ⓝ
128	전에 해 보지 않았던 일을 하고 싶다.	Ⓨ	Ⓝ
129	어렸을 적에 부모님을 종종 원망했었다.	Ⓨ	Ⓝ
130	여러 사람들이 이미 모여서 대화하고 있을 때 끼어드는 것이 두렵지 않다.	Ⓨ	Ⓝ
131	믿었던 사람에게 배신을 당한 적이 있다.	Ⓨ	Ⓝ
132	평소 이런저런 이유로 인해 당황하는 일이 많다.	Ⓨ	Ⓝ
133	대화할 때 상대방의 말하는 의도를 적극적으로 파악하며 듣는다.	Ⓨ	Ⓝ
134	논쟁할 기회를 놓치고 싶지 않다.	Ⓨ	Ⓝ
135	모험을 즐긴다.	Ⓨ	Ⓝ
136	담당을 정해야 할 때 먼저 나서는 편이다.	Ⓨ	Ⓝ
137	친구가 자신이 겪었던 안 좋은 일에 대해 이야기하면 같이 화를 낸다.	Ⓨ	Ⓝ
138	한 가지 일을 오래하는 것을 잘하지 못한다.	Ⓨ	Ⓝ
139	내가 지시한 대로 일이 진행되는 것을 좋아한다.	Ⓨ	Ⓝ
140	계획을 세우는 것이 즐겁다.	Ⓨ	Ⓝ
141	불안할 때가 많다.	Ⓨ	Ⓝ

142	다른 사람이 나의 외모 얘기를 하는 것이 싫다.	Ⓨ	Ⓝ
143	별다른 이유 없이도 누군가에 대한 질투심을 느낀다.	Ⓨ	Ⓝ
144	무슨 일이든 자신 있게 한다.	Ⓨ	Ⓝ
145	대체로 다른 사람들이 화가 난 것을 잘 알아차린다.	Ⓨ	Ⓝ
146	우리 가족들은 서로 다투는 일이 자주 있다.	Ⓨ	Ⓝ
147	상대가 고집불통일 때는 모욕을 주어서라도 고집을 꺾는다.	Ⓨ	Ⓝ
148	내가 아무리 열심히 노력하더라고 그 노력을 모두 인정받지는 못할 것이다.	Ⓨ	Ⓝ
149	사람들은 나를 활력 넘치는 사람이라고 생각하는 것 같다.	Ⓨ	Ⓝ
150	활동적인 사람이다.	Ⓨ	Ⓝ
151	프로젝트 팀을 구성할 때 같은 조건이라면 외국인 팀원을 선택할 것이다.	Ⓨ	Ⓝ
152	한 달에 한 권 이상 책을 읽는다.	Ⓨ	Ⓝ
153	자기 소신이 뚜렷한 사람이다.	Ⓨ	Ⓝ
154	내가 거짓말을 하면 사람들이 쉽게 알아차린다.	Ⓨ	Ⓝ
155	물질적인 가치에 큰 비중을 두지 않는다.	Ⓨ	Ⓝ
156	경쟁을 강조하는 분위기가 싫다.	Ⓨ	Ⓝ
157	내 인생 전반에 걸쳐 이루고자 하는 목표가 분명하다.	Ⓨ	Ⓝ
158	주변 사람들이 나에 대해 너무 많이 아는 것이 불편하다.	Ⓨ	Ⓝ
159	여행지에 가면 이곳저곳을 쉬지 않고 돌아다닌다.	Ⓨ	Ⓝ
160	궁금하면 못 참는다.	Ⓨ	Ⓝ
161	종종 정해진 원칙을 벗어나 행동하는 것을 즐긴다.	Ⓨ	Ⓝ
162	다른 사람을 속이려는 마음을 먹는다고 해도 그것을 차마 실행에 옮기지는 못한다.	Ⓨ	Ⓝ
163	비싼 귀금속을 많이 가지고 싶다.	Ⓨ	Ⓝ
164	승부나 시험에서 지면 쉽게 잊지 못한다.	Ⓨ	Ⓝ
165	처음 하는 일도 잘 해낼 수 있다.	Ⓨ	Ⓝ
166	긴 글의 내용에서 핵심 내용만 뽑아 요약하는 습관이 있다.	Ⓨ	Ⓝ
167	비효율적인 규칙은 꼭 지킬 필요가 없다.	Ⓨ	Ⓝ
168	문제가 생기면 오히려 더 침착해진다.	Ⓨ	Ⓝ
169	아는 사람에게 특혜를 준 적이 있다.	Ⓨ	Ⓝ
170	나 자신에게 돈을 쓰는 일에는 별로 관심이 없다.	Ⓨ	Ⓝ
171	내가 하기 어려운 과제를 해결하기 위해 다른 사람에게 부탁을 한 적이 있다.	Ⓨ	Ⓝ
172	승부에서 진 뒤 이기기 위해 이를 악물고 연습한 적이 있다.	Ⓨ	Ⓝ
173	어떤 사람이 되고 싶은지 아직 잘 모르겠다.	Ⓨ	Ⓝ
174	어떠한 어려움도 극복할 자신이 있다.	Ⓨ	Ⓝ

175	가까운 친지나 친구가 국제결혼을 한다면 적극적으로 권장하겠다.	Ⓨ	Ⓝ
176	항상 무엇이든 배우려고 노력한다.	Ⓨ	Ⓝ
177	내 인생에서 궁극적으로 무엇을 이룰 것인지 확실치 않다.	Ⓨ	Ⓝ
178	누구에게나 내 이야기를 허물없이 다 할 수 있다.	Ⓨ	Ⓝ
179	모르는 것이 있어도 별로 궁금하지 않다.	Ⓨ	Ⓝ
180	이야기를 하려다가 상대방의 표정을 보고 말하지 못하는 경우가 많다.	Ⓨ	Ⓝ
181	나에게 주변 사람들이 자신의 짜증을 분출하는 경우가 종종 있다.	Ⓨ	Ⓝ
182	지금 나의 친한 친구들 중 과거에 크게 다툰 적이 있는 친구들이 있다.	Ⓨ	Ⓝ
183	자신의 잘못에 대해 제대로 된 사과를 하지 않는 사람과는 친하게 지낼 수 없다.	Ⓨ	Ⓝ
184	지나치게 원칙을 고수하는 사람과 일하기 어렵다.	Ⓨ	Ⓝ
185	다른 사람의 반대에도 불구하고 나의 소신을 고수하여 일을 성공적으로 이끈 적이 종종 있다.	Ⓨ	Ⓝ
186	해야 하는 일을 했을 뿐인데, 선물을 받는 경우가 종종 있다.	Ⓨ	Ⓝ
187	이유 없는 호의나 선물은 없다고 생각한다.	Ⓨ	Ⓝ
188	매일 아침 그날의 할 일을 정리해 본다.	Ⓨ	Ⓝ
189	운동, 공부 등 자기관리를 위해 6개월 이상 꾸준히 해 본 활동이 있다.	Ⓨ	Ⓝ
190	목표가 없으면 열심히 하지 않는다.	Ⓨ	Ⓝ
191	작은 일이라도 의미를 찾으려고 노력한다.	Ⓨ	Ⓝ
192	내가 하는 일에 몰입하려 한다.	Ⓨ	Ⓝ
193	낯선 곳에 가게 되면 걱정이 많다.	Ⓨ	Ⓝ
194	새로운 조직에 들어가도 금방 사람들과 잘 어울린다.	Ⓨ	Ⓝ
195	대화 시 재미있는 표현을 잘 사용한다.	Ⓨ	Ⓝ
196	경험해 보고 싶은 다른 나라의 전통 문화가 많다.	Ⓨ	Ⓝ
197	최근 트렌드를 따라가는 것을 좋아하지 않는다.	Ⓨ	Ⓝ
198	궁금한 것은 누구에게 묻기보다 직접 해결하는 것을 좋아한다.	Ⓨ	Ⓝ
199	감동이나 재미보다 지식을 얻기 위한 독서를 선호한다.	Ⓨ	Ⓝ
200	관심사가 적은 편이다.	Ⓨ	Ⓝ

고시넷 효성그룹 인적성검사 최신기출유형모의고사

효성그룹 인적성검사

파트 4 면접가이드

01 면접의 이해
02 구조화 면접 기법
03 면접 최신 기출 주제

01 면접의 이해

※ 능력중심 채용에서는 타당도가 높은 구조화 면접을 적용한다.

1 면접이란?

일을 하는 데 필요한 능력(직무역량, 직무지식, 인재상 등)을 지원자가 보유하고 있는지를 다양한 면접기법을 활용하여 확인하는 절차이다. 자신의 환경, 성취, 관심사, 경험 등에 대해 이야기하여 본인이 적합하다는 것을 보여 줄 기회를 제공하고, 면접관은 평가에 필요한 정보를 수집하고 평가하는 것이다.

- 지원자의 태도, 적성, 능력에 대한 정보를 심층적으로 파악하기 위한 선발 방법
- 선발의 최종 의사결정에 주로 사용되는 선발 방법
- 전 세계적으로 선발에서 가장 많이 사용되는 핵심적이고 중요한 방법

2 면접의 특징

서류전형이나 인적성검사에서 드러나지 않는 것들을 볼 수 있는 기회를 제공한다.

- 직무수행과 관련된 다양한 지원자 행동에 대한 관찰이 가능하다.
- 면접관이 알고자 하는 정보를 심층적으로 파악할 수 있다.
- 서류상의 미비한 사항과 의심스러운 부분을 확인할 수 있다.
- 커뮤니케이션, 대인관계행동 등 행동·언어적 정보도 얻을 수 있다.

3 면접의 평가요소

1 인재적합도

해당 기관이나 기업별 인재상에 대한 인성 평가

2 조직적합도

조직에 대한 이해와 관련 상황에 대한 평가

3 직무적합도

직무에 대한 지식과 기술, 태도에 대한 평가

4 면접의 유형

구조화된 정도에 따른 분류

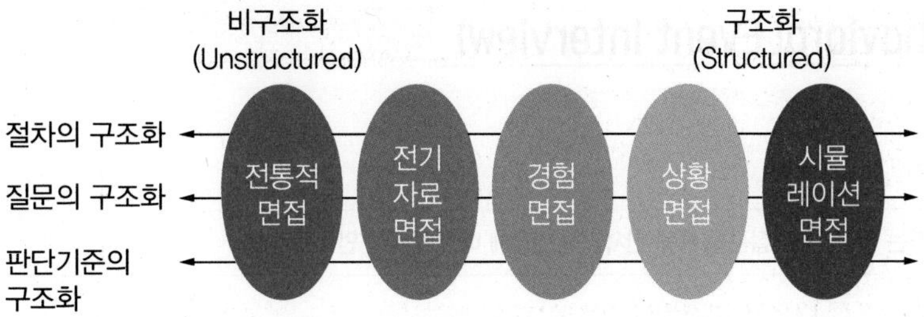

1 구조화 면접(Structured Interview)

사전에 계획을 세워 질문의 내용과 방법, 지원자의 답변 유형에 따른 추가 질문과 그에 대한 평가역량이 정해져 있는 면접 방식(표준화 면접)

- 표준화된 질문이나 평가요소가 면접 전 확정되며, 지원자는 편성된 조나 면접관에 영향을 받지 않고 동일한 질문과 시간을 부여받을 수 있음.
- 조직 또는 직무별로 주요하게 도출된 역량을 기반으로 평가요소가 구성되어, 조직 또는 직무에서 필요한 역량을 가진 지원자를 선발할 수 있음.
- 표준화된 형식을 사용하는 특성 때문에 비구조화 면접에 비해 신뢰성과 타당성, 객관성이 높음.

2 비구조화 면접(Unstructured Interview)

면접 계획을 세울 때 면접 목적만 명시하고 내용이나 방법은 면접관에게 전적으로 일임하는 방식(비표준화 면접)

- 표준화된 질문이나 평가요소 없이 면접이 진행되며, 편성된 조나 면접관에 따라 지원자에게 주어지는 질문이나 시간이 다름.
- 면접관의 주관적인 판단에 따라 평가가 이루어져 평가 오류가 빈번히 일어남.
- 상황 대처나 언변이 뛰어난 지원자에게 유리한 면접이 될 수 있음.

02 구조화 면접 기법

※ 능력중심 채용에서는 타당도가 높은 구조화 면접을 적용한다.

1 경험면접(Behavioral Event Interview)

면접 프로세스

안내	지원자는 입실 후, 면접관을 통해 인사말과 면접에 대한 간단한 안내를 받음.
질문	지원자는 면접관에게 평가요소(직업기초능력, 직무수행능력 등)와 관련된 주요 질문을 받게 되며, 질문에서 의도하는 평가요소를 고려하여 응답할 수 있도록 함.
세부질문	•지원자가 응답한 내용을 토대로 해당 평가기준들을 충족시키는지 파악하기 위한 세부질문이 이루어짐. •구체적인 행동·생각 등에 대해 응답할수록 높은 점수를 얻을 수 있음.

- 방식

해당 역량의 발휘가 요구되는 일반적인 상황을 제시하고, 그러한 상황에서 어떻게 행동했었는지(과거경험)를 이야기하도록 함.

- 판단기준

해당 역량의 수준, 경험 자체의 구체성, 진실성 등

- 특징

추상적인 생각이나 의견 제시가 아닌 과거 경험 및 행동 중심의 질의가 이루어지므로 지원자는 사전에 본인의 과거 경험 및 사례를 정리하여 면접에 대비할 수 있음.

- 예시

지원분야		지원자		면접관	(인)
경영자원관리 조직이 보유한 인적자원을 효율적으로 활용하여, 조직 내 유·무형 자산 및 재무자원을 효율적으로 관리한다.					
주질문					
A. 어떤 과제를 처리할 때 기존에 팀이 사용했던 방식의 문제점을 찾아내 이를 보완하여 과제를 더욱 효율적으로 처리했던 경험에 대해 이야기해 주시기 바랍니다.					
세부질문					
[상황 및 과제] 사례와 관련해 당시 상황에 대해 이야기해 주시기 바랍니다. [역할] 당시 지원자께서 맡았던 역할은 무엇이었습니까? [행동] 사례와 관련해 구성원들의 설득을 이끌어 내기 위해 어떤 노력을 하였습니까? [결과] 결과는 어땠습니까?					

기대행동	평점
업무진행에 있어 한정된 자원을 효율적으로 활용한다.	① – ② – ③ – ④ – ⑤
구성원들의 능력과 성향을 파악해 효율적으로 업무를 배분한다.	① – ② – ③ – ④ – ⑤
효과적 인적/물적 자원관리를 통해 맡은 일을 무리 없이 잘 마무리한다.	① – ② – ③ – ④ – ⑤

척도해설

1 : 행동증거가 거의 드러나지 않음	2 : 행동증거가 미약하게 드러남	3 : 행동증거가 어느 정도 드러남	4 : 행동증거가 명확하게 드러남	5 : 뛰어난 수준의 행동증거가 드러남
관찰기록 :				
총평 :				

※ 실제 적용되는 평가지는 기업/기관마다 다름.

2 상황면접(Situational Interview)

면접 프로세스

안내 : 지원자는 입실 후, 면접관을 통해 인사말과 면접에 대한 간단한 안내를 받음.

질문 :
- 지원자는 상황질문지를 검토하거나 면접관을 통해 상황 및 질문을 제공받음.
- 면접관의 질문이나 질문지의 의도를 파악하여 응답할 수 있도록 함.

세부질문 :
- 지원자가 응답한 내용을 토대로 해당 평가기준들을 충족시키는지 파악하기 위한 세부질문이 이루어짐.
- 구체적인 행동·생각 등에 대해 응답할수록 높은 점수를 얻을 수 있음.

- 방식

  직무 수행 시 접할 수 있는 상황들을 제시하고, 그러한 상황에서 어떻게 행동할 것인지(행동의도)를 이야기하도록 함.
- 판단기준

  해당 상황에 맞는 해당 역량의 구체적 행동지표
- 특징

  지원자의 가치관, 태도, 사고방식 등의 요소를 평가하는 데 용이함.

• 예시

지원분야		지원자		면접관	(인)
유관부서협업 타 부서의 업무협조요청 등에 적극적으로 협력하고 갈등 상황이 발생하지 않도록 이해관계를 조율하며 관련 부서의 협업을 효과적으로 이끌어 낸다.					
주질문					
당신은 생산관리팀의 팀원으로, 2개월 뒤에 제품 A를 출시하기 위해 생산팀의 생산 계획을 수립한 상황입니다. 그러나 원가가 곧 실적으로 이어지는 구매팀에서는 최대한 원가를 줄여 전반적 단가를 낮추려고 원가절감을 위한 제안을 하였으나, 연구개발팀에서는 구매팀이 제안한 방식으로 제품을 생산할 경우 대부분이 구매팀의 실적으로 산정될 것이므로 제대로 확인도 해보지 않은 채 적합하지 않은 방식이라고 판단하고 있습니다. 당신은 어떻게 하겠습니까?					
세부질문					
[상황 및 과제] 이 상황의 핵심적인 이슈는 무엇이라고 생각합니까? [역할] 당신의 역할을 더 잘 수행하기 위해서는 어떤 점을 고려해야 하겠습니까? 왜 그렇게 생각합니까? [행동] 당면한 과제를 해결하기 위해서 구체적으로 어떤 조치를 취하겠습니까? 그 이유는 무엇입니까? [결과] 그 결과는 어떻게 될 것이라고 생각합니까? 그 이유는 무엇입니까?					

척도해설

1 : 행동증거가 거의 드러나지 않음	2 : 행동증거가 미약하게 드러남	3 : 행동증거가 어느 정도 드러남	4 : 행동증거가 명확하게 드러남	5 : 뛰어난 수준의 행동증거가 드러남
관찰기록 : 총평 :				

※ 실제 적용되는 평가지는 기업/기관마다 다름.

3 발표면접(Presentation)

면접 프로세스

안내
- 입실 후 지원자는 면접관으로부터 인사말과 발표면접에 대해 간략히 안내받음.
- 면접 전 지원자는 과제 검토 및 발표 준비시간을 가짐.

발표
- 지원자들이 과제 주제와 관련하여 정해진 시간 동안 발표를 실시함.
- 면접관은 발표내용 중 평가요소와 관련해 나타난 가점 및 감점요소들을 평가하게 됨.

질문응답
- 발표 종료 후 면접관은 정해진 시간 동안 지원자의 발표내용과 관련해 구체적인 내용을 확인하기 위한 질문을 함.
- 지원자는 면접관의 질문의도를 정확히 파악하여 적절히 응답할 수 있도록 함.
- 응답 시 명확하고 자신있게 전달할 수 있도록 함.

- 방식

  지원자가 특정 주제와 관련된 자료(신문기사, 그래프 등)를 검토하고, 그에 대한 자신의 생각을 면접관 앞에서 발표하며, 추가 질의응답이 이루어짐.

- 판단기준

  지원자의 사고력, 논리력, 문제해결능력 등

- 특징

  과제를 부여한 후, 지원자들이 과제를 수행하는 과정과 결과를 관찰 · 평가함. 과제수행의 결과뿐 아니라 과제수행 과정에서의 행동을 모두 평가함.

4 토론면접(Group Discussion)

면접 프로세스

안내
- 입실 후, 지원자들은 면접관으로부터 토론 면접의 전반적인 과정에 대해 안내받음.
- 지원자는 정해진 자리에 착석함.

토론
- 지원자들이 과제 주제와 관련하여 정해진 시간 동안 토론을 실시함(시간은 기관별 상이).
- 지원자들은 면접 전 과제 검토 및 토론 준비시간을 가짐.
- 토론이 진행되는 동안, 지원자들은 다른 토론자들의 발언을 경청하여 적절히 본인의 의사를 전달할 수 있도록 함. 더불어 적극적인 태도로 토론면접에 임하는 것도 중요함.

마무리(5분 이내)
- 면접 종료 전, 지원자들은 토론을 통해 도출한 결론에 대해 첨언하고 적절히 마무리 지음.
- 본인의 의견을 전달하는 것과 동시에 다른 토론자를 배려하는 모습도 중요함.

- 방식

  상호갈등적 요소를 가진 과제 또는 공통의 과제를 해결하는 내용의 토론 과제(신문기사, 그래프 등)를 제시하고, 그 과정에서의 개인 간의 상호작용 행동을 관찰함.

- 판단기준

  팀워크, 갈등 조정, 의사소통능력 등

- 특징

  면접에서 최종안을 도출하는 것도 중요하나 주장의 옳고 그름이 아닌 결론을 도출하는 과정과 말하는 자세 등도 중요함.

5 역할연기면접(Role Play Interview)

• 방식

기업 내 발생 가능한 상황에서 부딪히게 되는 문제와 역할을 가상적으로 설정하여 특정 역할을 맡은 사람과 상호작용하고 문제를 해결해 나가도록 함.

• 판단기준

대처능력, 대인관계능력, 의사소통능력 등

• 특징

실제 상황과 유사한 가상 상황에서 지원자의 성격이나 대처 행동 등을 관찰할 수 있음.

6 조별활동(GA : Group Activity)

• 방식

지원자들이 팀(집단)으로 협력하여 정해진 시간 안에 활동 또는 게임을 하며 면접관들은 지원자들의 행동을 관찰함.

• 판단기준

대인관계능력, 팀워크, 창의성 등

• 특징

기존 면접보다 오랜 시간 관찰을 하여 지원자들의 평소 습관이나 행동들을 관찰하려는 데 목적이 있음.

03 면접 최신 기출 주제

효성그룹의 면접

효성그룹의 면접은 2022년도 하반기 기준, 화상면접으로 진행되었으며 직무면접과 인성면접으로 진행되었다. 직무면접 종료 후 이어서 인성면접이 진행되는 방식이다.

- 직무면접은 각 직무마다 다른 발표주제가 주어지고 지원자가 이에 대한 발표 자료(PPT 파일 2장 분량)를 만들어 10분 이내로 발표하는 형식이다. 이때, 발표 자료를 사전 제출하지는 않으며 면접 당일 발표를 무리 없이 진행할 수 있도록 준비를 마치기만 하면 된다.
- 인성면접은 지원자의 자기소개서 및 인적성 검사 결과를 기반으로 지원자의 이력, 성격, 가치관, 생각, 경험 등에 관하여 질의응답하는 형식이다.

효성그룹은 그 형식의 변화는 있으나 이전에도 PT형식의 면접을 진행한 경우가 많았기에, 향후에도 진행 가능성이 있다. 또한 직무 토론 면접을 진행한 경우도 있었으므로, 지원자는 다양한 형식의 면접 방식에 대한 대비가 필요하다.

효성그룹 면접 기출 질문

1 직무 · PT면접 기출 질문

1. 본인이 지원한 직무와 연관된 활동, 학습 내용 중 최대 3개를 선택하여 발표하시오.
2. 본인이 수강한 전공 과목 중 최대 3개를 선택하여 본인이 지원한 직무와 연관된 학습 내용을 발표하시오.
3. 본인이 관심을 가지고 있는 분야의 전공 내용을 발표하시오.
4. (문제가 주어지고) 덕트의 열 손실을 풀이하라.
5. (특정 상황이 주어지고) 이에 대한 운송 방안을 발표하시오.
6. 신입사원의 이탈 원인과 이에 대한 해결 방안을 발표하시오.
7. 효성그룹이 나아갈 방향에 관하여 발표하시오.
8. 경쟁사와의 가격 경쟁으로 수익이 감소했을 때 이에 대한 해결 전략을 발표하시오.

2 인성면접 기출 질문

경쟁사가 아닌 당사에 지원한 이유는 무엇인가?
해당 직무에 지원한 이유가 무엇인가?
지방 근무(해외 근무) 가능한가?
본인이 생각하는 자신의 장점과 단점을 말해 보시오.
본인이 친구가 많은 편이라고 생각하는가? 적은 편이라고 생각하는가?
주말에는 주로 무엇을 하는가?
회사에서 부조리한 일을 당했다면, 어떻게 대응하겠는가?
본인만의 스트레스 해소 방법이 있는가?
술은 마시는 편인가? 주량은 어느 정도인가?
지원자가 경험한 가장 큰 성공과 실패를 말해 보시오.
지원자가 경험한 어려움과 이를 극복한 방법을 말해 보시오.
이전에 다닌 회사에서 주로 했던 업무는 무엇인가?
이전 회사에서 퇴사한 이유는 무엇인가?
본인보다 나이가 어린 선임에 대해서 어떻게 생각하는가?
워라밸에 대해서 어떻게 생각하는가?
효성의 '핵심가치'에 대해서 알고 있는가? 이에 대한 본인의 생각을 말해 보시오.
본인이 알고 있는 당사의 사업 내용을 말해 보시오.
효성의 '인재상' 중 본인이 해당하지 않은 것을 말해 보시오.
졸업 논문은 어떤 주제였는가? 이에 대해 말해 보시오.
본인의 영어 수준은 어느 정도라고 생각하는가? (방금 답변한 내용을) 영어로 말해 보시오.
회사 입사 후 단기적 목표와 장기적 목표를 말해 보시오.
회사에 입사한다면 어떤 부분에서 기여할 수 있는가?
입사 후 포부를 말해 보시오.
자격증을 준비한 이유를 말해 보시오.
당사가 지원자를 꼭 뽑아야 하는 이유를 말해 보시오.
마지막으로 하고 싶은 말이 있다면 말해 보시오.

효성그룹 인적성검사

감독관 확인란	

1회 기출유형문제

성명표기란

수험번호

(주민등록 앞자리 생년제외) 월일

수험생 유의사항

※ 답안은 반드시 컴퓨터용 사인펜으로 보기와 같이 바르게 표기해야 합니다.
〈보기〉 ① ② ③ ❹ ⑤

※ 성명표기란 위 칸에는 성명을 한글로 쓰고 아래 칸에는 성명을 정확하게 표기하십시오. (맨 왼쪽 칸부터 성과 이름은 붙여 씁니다)

※ 수험번호/월일 위 칸에는 아라비아 숫자로 쓰고 아래 칸에는 숫자와 일치하게 표기하십시오.

※ 월일은 반드시 본인 주민등록번호의 생년을 제외한 월 두 자리, 일 두 자리를 표기하십시오. 〈예〉 1994년 1월 12일 → 0112

인적성검사

문번		답란	문번		답란	문번		답란	문번		답란
지각정확력	1	① ② ③ ④ ⑤	지각정확력	21	① ② ③ ④ ⑤	언어유추력	1	① ② ③ ④ ⑤	언어유추력	16 A :	① ② ③ ④ ⑤
	2	① ② ③ ④ ⑤		22	① ② ③ ④ ⑤		2	① ② ③ ④ ⑤		B :	① ② ③ ④ ⑤
	3	① ② ③ ④ ⑤		23	① ② ③ ④ ⑤		3	① ② ③ ④ ⑤		17 A :	① ② ③ ④ ⑤
	4	① ② ③ ④ ⑤		24	① ② ③ ④ ⑤		4	① ② ③ ④ ⑤		B :	① ② ③ ④ ⑤
	5	① ② ③ ④ ⑤		25	① ② ③ ④ ⑤		5	① ② ③ ④ ⑤		18 A :	① ② ③ ④ ⑤
	6	① ② ③ ④ ⑤		26	① ② ③ ④ ⑤		6	① ② ③ ④ ⑤		B :	① ② ③ ④ ⑤
	7	① ② ③ ④ ⑤		27	① ② ③ ④ ⑤		7	① ② ③ ④ ⑤		19 A :	① ② ③ ④ ⑤
	8	① ② ③ ④ ⑤		28	① ② ③ ④ ⑤		8	① ② ③ ④ ⑤		B :	① ② ③ ④ ⑤
	9	① ② ③ ④ ⑤		29	① ② ③ ④ ⑤		9	① ② ③ ④ ⑤		20 A :	① ② ③ ④ ⑤
	10	① ② ③ ④ ⑤		30	① ② ③ ④ ⑤		10	① ② ③ ④ ⑤		B :	① ② ③ ④ ⑤
	11	① ② ③ ④ ⑤					11 A :	① ② ③ ④ ⑤			
	12	① ② ③ ④ ⑤					B :	① ② ③ ④ ⑤			
	13	① ② ③ ④ ⑤					12 A :	① ② ③ ④ ⑤			
	14	① ② ③ ④ ⑤					B :	① ② ③ ④ ⑤			
	15	① ② ③ ④ ⑤					13 A :	① ② ③ ④ ⑤			
	16	① ② ③ ④ ⑤					B :	① ② ③ ④ ⑤			
	17	① ② ③ ④ ⑤					14 A :	① ② ③ ④ ⑤			
	18	① ② ③ ④ ⑤					B :	① ② ③ ④ ⑤			
	19	① ② ③ ④ ⑤					15 A :	① ② ③ ④ ⑤			
	20	① ② ③ ④ ⑤					B :	① ② ③ ④ ⑤			

	문번	답란		문번	답란		문번	답란		문번	답란		문번	답란		주관식
언어추리력	1	① ② ③ ④ ⑤	공간지각력	1	① ② ③ ④ ⑤	판단력	1	① ② ③ ④ ⑤	응용계산력	1	① ② ③ ④ ⑤	수추리력	1	① ② ③ ④ ⑤	창의력	
	2	① ② ③ ④ ⑤		2	① ② ③ ④ ⑤		2	① ② ③ ④ ⑤		2	① ② ③ ④ ⑤		2	① ② ③ ④ ⑤		
	3	① ② ③ ④ ⑤		3	① ② ③ ④ ⑤		3	① ② ③ ④ ⑤		3	① ② ③ ④ ⑤		3	① ② ③ ④ ⑤		
	4	① ② ③ ④ ⑤		4	① ② ③ ④ ⑤		4	① ② ③ ④ ⑤		4	① ② ③ ④ ⑤		4	① ② ③ ④ ⑤		
	5	① ② ③ ④ ⑤		5	① ② ③ ④ ⑤		5	① ② ③ ④ ⑤		5	① ② ③ ④ ⑤		5	① ② ③ ④ ⑤		
	6	① ② ③ ④ ⑤		6	① ② ③ ④ ⑤		6	① ② ③ ④ ⑤		6	① ② ③ ④ ⑤		6	① ② ③ ④ ⑤		
	7	① ② ③ ④ ⑤		7	① ② ③ ④ ⑤		7	① ② ③ ④ ⑤		7	① ② ③ ④ ⑤		7	① ② ③ ④ ⑤		
	8	① ② ③ ④ ⑤		8	① ② ③ ④ ⑤		8	① ② ③ ④ ⑤		8	① ② ③ ④ ⑤		8	① ② ③ ④ ⑤		
	9	① ② ③ ④ ⑤		9	① ② ③ ④ ⑤		9	① ② ③ ④ ⑤		9	① ② ③ ④ ⑤		9	① ② ③ ④ ⑤		
	10	① ② ③ ④ ⑤		10	① ② ③ ④ ⑤		10	① ② ③ ④ ⑤		10	① ② ③ ④ ⑤		10	① ② ③ ④ ⑤		
	11	① ② ③ ④ ⑤		11	① ② ③ ④ ⑤		11	① ② ③ ④ ⑤		11	① ② ③ ④ ⑤		11	① ② ③ ④ ⑤		
	12	① ② ③ ④ ⑤		12	① ② ③ ④ ⑤		12	① ② ③ ④ ⑤		12	① ② ③ ④ ⑤		12	① ② ③ ④ ⑤		
	13	① ② ③ ④ ⑤		13	① ② ③ ④ ⑤		13	① ② ③ ④ ⑤		13	① ② ③ ④ ⑤		13	① ② ③ ④ ⑤		
	14	① ② ③ ④ ⑤		14	① ② ③ ④ ⑤		14	① ② ③ ④ ⑤		14	① ② ③ ④ ⑤		14	① ② ③ ④ ⑤		
	15	① ② ③ ④ ⑤		15	① ② ③ ④ ⑤		15	① ② ③ ④ ⑤		15	① ② ③ ④ ⑤		15	① ② ③ ④ ⑤		
	16	① ② ③ ④ ⑤		16	① ② ③ ④ ⑤		16	① ② ③ ④ ⑤		16	① ② ③ ④ ⑤		16	① ② ③ ④ ⑤		
	17	① ② ③ ④ ⑤		17	① ② ③ ④ ⑤		17	① ② ③ ④ ⑤		17	① ② ③ ④ ⑤		17	① ② ③ ④ ⑤		
	18	① ② ③ ④ ⑤		18	① ② ③ ④ ⑤		18	① ② ③ ④ ⑤		18	① ② ③ ④ ⑤		18	① ② ③ ④ ⑤		
	19	① ② ③ ④ ⑤		19	① ② ③ ④ ⑤		19	① ② ③ ④ ⑤		19	① ② ③ ④ ⑤		19	① ② ③ ④ ⑤		
	20	① ② ③ ④ ⑤		20	① ② ③ ④ ⑤		20	① ② ③ ④ ⑤		20	① ② ③ ④ ⑤		20	① ② ③ ④ ⑤		

효성그룹 인적성검사

감독관 확인란	

2회 기출유형문제

성명표기란

ㄱ	ㅏ	ㄱ	ㄱ	ㅏ	ㄱ	ㄱ	ㅏ	ㄱ	ㄱ	ㅏ	ㄱ
ㄴ	ㅑ	ㄴ	ㄴ	ㅑ	ㄴ	ㄴ	ㅑ	ㄴ	ㄴ	ㅑ	ㄴ
ㄷ	ㅓ	ㄷ	ㄷ	ㅓ	ㄷ	ㄷ	ㅓ	ㄷ	ㄷ	ㅓ	ㄷ
ㄹ	ㅕ	ㄹ	ㄹ	ㅕ	ㄹ	ㄹ	ㅕ	ㄹ	ㄹ	ㅕ	ㄹ
ㅁ	ㅗ	ㅁ	ㅁ	ㅗ	ㅁ	ㅁ	ㅗ	ㅁ	ㅁ	ㅗ	ㅁ
ㅂ	ㅛ	ㅂ	ㅂ	ㅛ	ㅂ	ㅂ	ㅛ	ㅂ	ㅂ	ㅛ	ㅂ
ㅅ	ㅜ	ㅅ	ㅅ	ㅜ	ㅅ	ㅅ	ㅜ	ㅅ	ㅅ	ㅜ	ㅅ
ㅇ	ㅠ	ㅇ	ㅇ	ㅠ	ㅇ	ㅇ	ㅠ	ㅇ	ㅇ	ㅠ	ㅇ
ㅈ	ㅡ	ㅈ	ㅈ	ㅡ	ㅈ	ㅈ	ㅡ	ㅈ	ㅈ	ㅡ	ㅈ
ㅊ	ㅣ	ㅊ	ㅊ	ㅣ	ㅊ	ㅊ	ㅣ	ㅊ	ㅊ	ㅣ	ㅊ
ㅋ	ㅐ	ㅋ	ㅋ	ㅐ	ㅋ	ㅋ	ㅐ	ㅋ	ㅋ	ㅐ	ㅋ
ㅌ	ㅒ	ㅌ	ㅌ	ㅒ	ㅌ	ㅌ	ㅒ	ㅌ	ㅌ	ㅒ	ㅌ
ㅍ	ㅔ	ㅍ	ㅍ	ㅔ	ㅍ	ㅍ	ㅔ	ㅍ	ㅍ	ㅔ	ㅍ
ㅎ	ㅖ	ㅎ	ㅎ	ㅖ	ㅎ	ㅎ	ㅖ	ㅎ	ㅎ	ㅖ	ㅎ
	ㅘ		ㄲ	ㅘ	ㄲ	ㄲ	ㅘ	ㄲ	ㄲ	ㅘ	ㄲ
	ㅙ		ㄸ	ㅙ	ㄸ	ㄸ	ㅙ	ㄸ	ㄸ	ㅙ	ㄸ
	ㅚ		ㅃ	ㅚ	ㅃ	ㅃ	ㅚ	ㅃ	ㅃ	ㅚ	ㅃ
	ㅝ		ㅆ	ㅝ	ㅆ	ㅆ	ㅝ	ㅆ	ㅆ	ㅝ	ㅆ
	ㅞ		ㅉ	ㅞ	ㅉ	ㅉ	ㅞ	ㅉ	ㅉ	ㅞ	ㅉ
	ㅟ			ㅟ	ㄺ		ㅟ	ㄺ		ㅟ	ㄺ
	ㅢ			ㅢ	ㄻ		ㅢ	ㄻ		ㅢ	ㄻ

수험번호

0	0	0	0	0	0
1	1	1	1	1	1
2	2	2	2	2	2
3	3	3	3	3	3
4	4	4	4	4	4
5	5	5	5	5	5
6	6	6	6	6	6
7	7	7	7	7	7
8	8	8	8	8	8
9	9	9	9	9	9

(주민등록 앞자리 생년제외) 월일

0	0	0	0
1	1	1	1
2	2	2	2
3	3	3	3
4	4	4	4
5	5	5	5
6	6	6	6
7	7	7	7
8	8	8	8
9	9	9	9

수험생 유의사항

※ 답안은 반드시 컴퓨터용 사인펜으로 보기와 같이 바르게 표기해야 합니다.
〈보기〉 ① ② ③ ❹ ⑤

※ 성명표기란 위 칸에는 성명을 한글로 쓰고 아래 칸에는 성명을 정확하게 표기하십시오. (맨 왼쪽 칸부터 성과 이름은 붙여 씁니다)

※ 수험번호/월일 위 칸에는 아라비아 숫자로 쓰고 아래 칸에는 숫자와 일치하게 표기하십시오.

※ 월일은 반드시 본인 주민등록번호의 생년을 제외한 월 두 자리, 일 두 자리를 표기하십시오. 〈예〉 1994년 1월 12일 → 0112

인적성검사

영역	문번	답란	영역	문번	답란	영역	문번	답란	영역	문번	답란
지각정확력	1	① ② ③ ④ ⑤	지각정확력	21	① ② ③ ④ ⑤	언어유추력	1	① ② ③ ④ ⑤	언어유추력	16 A :	① ② ③ ④ ⑤
	2	① ② ③ ④ ⑤		22	① ② ③ ④ ⑤		2	① ② ③ ④ ⑤		B :	① ② ③ ④ ⑤
	3	① ② ③ ④ ⑤		23	① ② ③ ④ ⑤		3	① ② ③ ④ ⑤		17 A :	① ② ③ ④ ⑤
	4	① ② ③ ④ ⑤		24	① ② ③ ④ ⑤		4	① ② ③ ④ ⑤		B :	① ② ③ ④ ⑤
	5	① ② ③ ④ ⑤		25	① ② ③ ④ ⑤		5	① ② ③ ④ ⑤		18 A :	① ② ③ ④ ⑤
	6	① ② ③ ④ ⑤		26	① ② ③ ④ ⑤		6	① ② ③ ④ ⑤		B :	① ② ③ ④ ⑤
	7	① ② ③ ④ ⑤		27	① ② ③ ④ ⑤		7	① ② ③ ④ ⑤		19 A :	① ② ③ ④ ⑤
	8	① ② ③ ④ ⑤		28	① ② ③ ④ ⑤		8	① ② ③ ④ ⑤		B :	① ② ③ ④ ⑤
	9	① ② ③ ④ ⑤		29	① ② ③ ④ ⑤		9	① ② ③ ④ ⑤		20 A :	① ② ③ ④ ⑤
	10	① ② ③ ④ ⑤		30	① ② ③ ④ ⑤		10	① ② ③ ④ ⑤		B :	① ② ③ ④ ⑤
	11	① ② ③ ④ ⑤					11 A :	① ② ③ ④ ⑤			
	12	① ② ③ ④ ⑤					B :	① ② ③ ④ ⑤			
	13	① ② ③ ④ ⑤					12 A :	① ② ③ ④ ⑤			
	14	① ② ③ ④ ⑤					B :	① ② ③ ④ ⑤			
	15	① ② ③ ④ ⑤					13 A :	① ② ③ ④ ⑤			
	16	① ② ③ ④ ⑤					B :	① ② ③ ④ ⑤			
	17	① ② ③ ④ ⑤					14 A :	① ② ③ ④ ⑤			
	18	① ② ③ ④ ⑤					B :	① ② ③ ④ ⑤			
	19	① ② ③ ④ ⑤					15 A :	① ② ③ ④ ⑤			
	20	① ② ③ ④ ⑤					B :	① ② ③ ④ ⑤			

	문번	답란		문번	답란		문번	답란		문번	답란		문번	답란		주관식
언어추리력	1	① ② ③ ④ ⑤	공간지각력	1	① ② ③ ④ ⑤	판단력	1	① ② ③ ④ ⑤	응용계산력	1	① ② ③ ④ ⑤	수추리력	1	① ② ③ ④ ⑤	창의력	
	2	① ② ③ ④ ⑤		2	① ② ③ ④ ⑤		2	① ② ③ ④ ⑤		2	① ② ③ ④ ⑤		2	① ② ③ ④ ⑤		
	3	① ② ③ ④ ⑤		3	① ② ③ ④ ⑤		3	① ② ③ ④ ⑤		3	① ② ③ ④ ⑤		3	① ② ③ ④ ⑤		
	4	① ② ③ ④ ⑤		4	① ② ③ ④ ⑤		4	① ② ③ ④ ⑤		4	① ② ③ ④ ⑤		4	① ② ③ ④ ⑤		
	5	① ② ③ ④ ⑤		5	① ② ③ ④ ⑤		5	① ② ③ ④ ⑤		5	① ② ③ ④ ⑤		5	① ② ③ ④ ⑤		
	6	① ② ③ ④ ⑤		6	① ② ③ ④ ⑤		6	① ② ③ ④ ⑤		6	① ② ③ ④ ⑤		6	① ② ③ ④ ⑤		
	7	① ② ③ ④ ⑤		7	① ② ③ ④ ⑤		7	① ② ③ ④ ⑤		7	① ② ③ ④ ⑤		7	① ② ③ ④ ⑤		
	8	① ② ③ ④ ⑤		8	① ② ③ ④ ⑤		8	① ② ③ ④ ⑤		8	① ② ③ ④ ⑤		8	① ② ③ ④ ⑤		
	9	① ② ③ ④ ⑤		9	① ② ③ ④ ⑤		9	① ② ③ ④ ⑤		9	① ② ③ ④ ⑤		9	① ② ③ ④ ⑤		
	10	① ② ③ ④ ⑤		10	① ② ③ ④ ⑤		10	① ② ③ ④ ⑤		10	① ② ③ ④ ⑤		10	① ② ③ ④ ⑤		
	11	① ② ③ ④ ⑤		11	① ② ③ ④ ⑤		11	① ② ③ ④ ⑤		11	① ② ③ ④ ⑤		11	① ② ③ ④ ⑤		
	12	① ② ③ ④ ⑤		12	① ② ③ ④ ⑤		12	① ② ③ ④ ⑤		12	① ② ③ ④ ⑤		12	① ② ③ ④ ⑤		
	13	① ② ③ ④ ⑤		13	① ② ③ ④ ⑤		13	① ② ③ ④ ⑤		13	① ② ③ ④ ⑤		13	① ② ③ ④ ⑤		
	14	① ② ③ ④ ⑤		14	① ② ③ ④ ⑤		14	① ② ③ ④ ⑤		14	① ② ③ ④ ⑤		14	① ② ③ ④ ⑤		
	15	① ② ③ ④ ⑤		15	① ② ③ ④ ⑤		15	① ② ③ ④ ⑤		15	① ② ③ ④ ⑤		15	① ② ③ ④ ⑤		
	16	① ② ③ ④ ⑤		16	① ② ③ ④ ⑤		16	① ② ③ ④ ⑤		16	① ② ③ ④ ⑤		16	① ② ③ ④ ⑤		
	17	① ② ③ ④ ⑤		17	① ② ③ ④ ⑤		17	① ② ③ ④ ⑤		17	① ② ③ ④ ⑤		17	① ② ③ ④ ⑤		
	18	① ② ③ ④ ⑤		18	① ② ③ ④ ⑤		18	① ② ③ ④ ⑤		18	① ② ③ ④ ⑤		18	① ② ③ ④ ⑤		
	19	① ② ③ ④ ⑤		19	① ② ③ ④ ⑤		19	① ② ③ ④ ⑤		19	① ② ③ ④ ⑤		19	① ② ③ ④ ⑤		
	20	① ② ③ ④ ⑤		20	① ② ③ ④ ⑤		20	① ② ③ ④ ⑤		20	① ② ③ ④ ⑤		20	① ② ③ ④ ⑤		

효성그룹 인적성검사

감독관 확인란	

3회 기출유형문제

성명표기란

ㄱ ㄴ ㄷ ㄹ ㅁ ㅂ ㅅ ㅇ ㅈ ㅊ ㅋ ㅌ ㅍ ㅎ	ㅏ ㅑ ㅓ ㅕ ㅗ ㅛ ㅜ ㅠ ㅡ ㅣ ㅐ ㅒ ㅔ ㅖ ㅘ ㅙ ㅚ ㅝ ㅞ ㅟ ㅢ	ㄱ ㄴ ㄷ ㄹ ㅁ ㅂ ㅅ ㅇ ㅈ ㅊ ㅋ ㅌ ㅍ ㅎ	ㄱ ㄴ ㄷ ㄹ ㅁ ㅂ ㅅ ㅇ ㅈ ㅊ ㅋ ㅌ ㅍ ㅎ ㄲ ㄸ ㅃ ㅆ ㅉ	ㅏ ㅑ ㅓ ㅕ ㅗ ㅛ ㅜ ㅠ ㅡ ㅣ ㅐ ㅒ ㅔ ㅖ ㅘ ㅙ ㅚ ㅝ ㅞ ㅟ ㅢ	ㄱ ㄴ ㄷ ㄹ ㅁ ㅂ ㅅ ㅇ ㅈ ㅊ ㅋ ㅌ ㅍ ㅎ ㄲ ㄸ ㅃ ㅆ ㅉ ㄺ ㄻ	ㄱ ㄴ ㄷ ㄹ ㅁ ㅂ ㅅ ㅇ ㅈ ㅊ ㅋ ㅌ ㅍ ㅎ ㄲ ㄸ ㅃ ㅆ ㅉ	ㅏ ㅑ ㅓ ㅕ ㅗ ㅛ ㅜ ㅠ ㅡ ㅣ ㅐ ㅒ ㅔ ㅖ ㅘ ㅙ ㅚ ㅝ ㅞ ㅟ ㅢ	ㄱ ㄴ ㄷ ㄹ ㅁ ㅂ ㅅ ㅇ ㅈ ㅊ ㅋ ㅌ ㅍ ㅎ ㄲ ㄸ ㅃ ㅆ ㅉ ㄺ ㄻ	ㄱ ㄴ ㄷ ㄹ ㅁ ㅂ ㅅ ㅇ ㅈ ㅊ ㅋ ㅌ ㅍ ㅎ ㄲ ㄸ ㅃ ㅆ ㅉ	ㅏ ㅑ ㅓ ㅕ ㅗ ㅛ ㅜ ㅠ ㅡ ㅣ ㅐ ㅒ ㅔ ㅖ ㅘ ㅙ ㅚ ㅝ ㅞ ㅟ ㅢ	ㄱ ㄴ ㄷ ㄹ ㅁ ㅂ ㅅ ㅇ ㅈ ㅊ ㅋ ㅌ ㅍ ㅎ ㄲ ㄸ ㅃ ㅆ ㅉ ㄺ ㄻ

수험번호

0 1 2 3 4 5 6 7 8 9	0 1 2 3 4 5 6 7 8 9	0 1 2 3 4 5 6 7 8 9	0 1 2 3 4 5 6 7 8 9	0 1 2 3 4 5 6 7 8 9	0 1 2 3 4 5 6 7 8 9

(주민등록 앞자리 생년제외) 월일

0 1 2 3 4 5 6 7 8 9	0 1 2 3 4 5 6 7 8 9	0 1 2 3 4 5 6 7 8 9	0 1 2 3 4 5 6 7 8 9

수험생 유의사항

※ 답안은 반드시 컴퓨터용 사인펜으로 보기와 같이 바르게 표기해야 합니다.
〈보기〉 ① ② ③ ❹ ⑤

※ 성명표기란 위 칸에는 성명을 한글로 쓰고 아래 칸에는 성명을 정확하게 표기하십시오. (맨 왼쪽 칸부터 성과 이름은 붙여 씁니다)

※ 수험번호/월일 위 칸에는 아라비아 숫자로 쓰고 아래 칸에는 숫자와 일치하게 표기하십시오.

※ 월일은 반드시 본인 주민등록번호의 생년을 제외한 월 두 자리, 일 두 자리를 표기하십시오. 〈예〉 1994년 1월 12일 → 0112

인적성검사

문번		답란	문번		답란	문번		답란	문번		답란
지각정확력	1	① ② ③ ④ ⑤	지각정확력	21	① ② ③ ④ ⑤	언어유추력	1	① ② ③ ④ ⑤	언어유추력	16 A :	① ② ③ ④ ⑤
	2	① ② ③ ④ ⑤		22	① ② ③ ④ ⑤		2	① ② ③ ④ ⑤		B :	① ② ③ ④ ⑤
	3	① ② ③ ④ ⑤		23	① ② ③ ④ ⑤		3	① ② ③ ④ ⑤		17 A :	① ② ③ ④ ⑤
	4	① ② ③ ④ ⑤		24	① ② ③ ④ ⑤		4	① ② ③ ④ ⑤		B :	① ② ③ ④ ⑤
	5	① ② ③ ④ ⑤		25	① ② ③ ④ ⑤		5	① ② ③ ④ ⑤		18 A :	① ② ③ ④ ⑤
	6	① ② ③ ④ ⑤		26	① ② ③ ④ ⑤		6	① ② ③ ④ ⑤		B :	① ② ③ ④ ⑤
	7	① ② ③ ④ ⑤		27	① ② ③ ④ ⑤		7	① ② ③ ④ ⑤		19 A :	① ② ③ ④ ⑤
	8	① ② ③ ④ ⑤		28	① ② ③ ④ ⑤		8	① ② ③ ④ ⑤		B :	① ② ③ ④ ⑤
	9	① ② ③ ④ ⑤		29	① ② ③ ④ ⑤		9	① ② ③ ④ ⑤		20 A :	① ② ③ ④ ⑤
	10	① ② ③ ④ ⑤		30	① ② ③ ④ ⑤		10	① ② ③ ④ ⑤		B :	① ② ③ ④ ⑤
	11	① ② ③ ④ ⑤					11 A :	① ② ③ ④ ⑤			
	12	① ② ③ ④ ⑤					B :	① ② ③ ④ ⑤			
	13	① ② ③ ④ ⑤					12 A :	① ② ③ ④ ⑤			
	14	① ② ③ ④ ⑤					B :	① ② ③ ④ ⑤			
	15	① ② ③ ④ ⑤					13 A :	① ② ③ ④ ⑤			
	16	① ② ③ ④ ⑤					B :	① ② ③ ④ ⑤			
	17	① ② ③ ④ ⑤					14 A :	① ② ③ ④ ⑤			
	18	① ② ③ ④ ⑤					B :	① ② ③ ④ ⑤			
	19	① ② ③ ④ ⑤					15 A :	① ② ③ ④ ⑤			
	20	① ② ③ ④ ⑤					B :	① ② ③ ④ ⑤			

문번		답란	문번		답란	문번		답란	문번		답란	문번		답란		주관식
언어추리력	1	① ② ③ ④ ⑤	공간지각력	1	① ② ③ ④ ⑤	판단력	1	① ② ③ ④ ⑤	응용계산력	1	① ② ③ ④ ⑤	수추리력	1	① ② ③ ④ ⑤	창의력	
	2	① ② ③ ④ ⑤		2	① ② ③ ④ ⑤		2	① ② ③ ④ ⑤		2	① ② ③ ④ ⑤		2	① ② ③ ④ ⑤		
	3	① ② ③ ④ ⑤		3	① ② ③ ④ ⑤		3	① ② ③ ④ ⑤		3	① ② ③ ④ ⑤		3	① ② ③ ④ ⑤		
	4	① ② ③ ④ ⑤		4	① ② ③ ④ ⑤		4	① ② ③ ④ ⑤		4	① ② ③ ④ ⑤		4	① ② ③ ④ ⑤		
	5	① ② ③ ④ ⑤		5	① ② ③ ④ ⑤		5	① ② ③ ④ ⑤		5	① ② ③ ④ ⑤		5	① ② ③ ④ ⑤		
	6	① ② ③ ④ ⑤		6	① ② ③ ④ ⑤		6	① ② ③ ④ ⑤		6	① ② ③ ④ ⑤		6	① ② ③ ④ ⑤		
	7	① ② ③ ④ ⑤		7	① ② ③ ④ ⑤		7	① ② ③ ④ ⑤		7	① ② ③ ④ ⑤		7	① ② ③ ④ ⑤		
	8	① ② ③ ④ ⑤		8	① ② ③ ④ ⑤		8	① ② ③ ④ ⑤		8	① ② ③ ④ ⑤		8	① ② ③ ④ ⑤		
	9	① ② ③ ④ ⑤		9	① ② ③ ④ ⑤		9	① ② ③ ④ ⑤		9	① ② ③ ④ ⑤		9	① ② ③ ④ ⑤		
	10	① ② ③ ④ ⑤		10	① ② ③ ④ ⑤		10	① ② ③ ④ ⑤		10	① ② ③ ④ ⑤		10	① ② ③ ④ ⑤		
	11	① ② ③ ④ ⑤		11	① ② ③ ④ ⑤		11	① ② ③ ④ ⑤		11	① ② ③ ④ ⑤		11	① ② ③ ④ ⑤		
	12	① ② ③ ④ ⑤		12	① ② ③ ④ ⑤		12	① ② ③ ④ ⑤		12	① ② ③ ④ ⑤		12	① ② ③ ④ ⑤		
	13	① ② ③ ④ ⑤		13	① ② ③ ④ ⑤		13	① ② ③ ④ ⑤		13	① ② ③ ④ ⑤		13	① ② ③ ④ ⑤		
	14	① ② ③ ④ ⑤		14	① ② ③ ④ ⑤		14	① ② ③ ④ ⑤		14	① ② ③ ④ ⑤		14	① ② ③ ④ ⑤		
	15	① ② ③ ④ ⑤		15	① ② ③ ④ ⑤		15	① ② ③ ④ ⑤		15	① ② ③ ④ ⑤		15	① ② ③ ④ ⑤		
	16	① ② ③ ④ ⑤		16	① ② ③ ④ ⑤		16	① ② ③ ④ ⑤		16	① ② ③ ④ ⑤		16	① ② ③ ④ ⑤		
	17	① ② ③ ④ ⑤		17	① ② ③ ④ ⑤		17	① ② ③ ④ ⑤		17	① ② ③ ④ ⑤		17	① ② ③ ④ ⑤		
	18	① ② ③ ④ ⑤		18	① ② ③ ④ ⑤		18	① ② ③ ④ ⑤		18	① ② ③ ④ ⑤		18	① ② ③ ④ ⑤		
	19	① ② ③ ④ ⑤		19	① ② ③ ④ ⑤		19	① ② ③ ④ ⑤		19	① ② ③ ④ ⑤		19	① ② ③ ④ ⑤		
	20	① ② ③ ④ ⑤		20	① ② ③ ④ ⑤		20	① ② ③ ④ ⑤		20	① ② ③ ④ ⑤		20	① ② ③ ④ ⑤		

효성그룹 인적성검사

감독관 확인란	

기출유형문제_연습용

성명표기란

ㄱ ㄴ ㄷ ㄹ ㅁ ㅂ ㅅ ㅇ ㅈ ㅊ ㅋ ㅌ ㅍ ㅎ	ㅏ ㅑ ㅓ ㅕ ㅗ ㅛ ㅜ ㅠ ㅡ ㅣ ㅐ ㅒ ㅔ ㅖ ㅘ ㅙ ㅚ ㅝ ㅞ ㅟ ㅢ	ㄱ ㄴ ㄷ ㄹ ㅁ ㅂ ㅅ ㅇ ㅈ ㅊ ㅋ ㅌ ㅍ ㅎ	ㄱ ㄴ ㄷ ㄹ ㅁ ㅂ ㅅ ㅇ ㅈ ㅊ ㅋ ㅌ ㅍ ㅎ ㄲ ㄸ ㅃ ㅆ ㅉ	ㅏ ㅑ ㅓ ㅕ ㅗ ㅛ ㅜ ㅠ ㅡ ㅣ ㅐ ㅒ ㅔ ㅖ ㅘ ㅙ ㅚ ㅝ ㅞ ㅟ ㅢ	ㄱ ㄴ ㄷ ㄹ ㅁ ㅂ ㅅ ㅇ ㅈ ㅊ ㅋ ㅌ ㅍ ㅎ ㄲ ㄸ ㅃ ㅆ ㅉ ㄺ ㄻ	ㄱ ㄴ ㄷ ㄹ ㅁ ㅂ ㅅ ㅇ ㅈ ㅊ ㅋ ㅌ ㅍ ㅎ ㄲ ㄸ ㅃ ㅆ ㅉ	ㅏ ㅑ ㅓ ㅕ ㅗ ㅛ ㅜ ㅠ ㅡ ㅣ ㅐ ㅒ ㅔ ㅖ ㅘ ㅙ ㅚ ㅝ ㅞ ㅟ ㅢ	ㄱ ㄴ ㄷ ㄹ ㅁ ㅂ ㅅ ㅇ ㅈ ㅊ ㅋ ㅌ ㅍ ㅎ ㄲ ㄸ ㅃ ㅆ ㅉ ㄺ ㄻ	ㄱ ㄴ ㄷ ㄹ ㅁ ㅂ ㅅ ㅇ ㅈ ㅊ ㅋ ㅌ ㅍ ㅎ ㄲ ㄸ ㅃ ㅆ ㅉ	ㅏ ㅑ ㅓ ㅕ ㅗ ㅛ ㅜ ㅠ ㅡ ㅣ ㅐ ㅒ ㅔ ㅖ ㅘ ㅙ ㅚ ㅝ ㅞ ㅟ ㅢ	ㄱ ㄴ ㄷ ㄹ ㅁ ㅂ ㅅ ㅇ ㅈ ㅊ ㅋ ㅌ ㅍ ㅎ ㄲ ㄸ ㅃ ㅆ ㅉ ㄺ ㄻ

수험번호

0 1 2 3 4 5 6 7 8 9	0 1 2 3 4 5 6 7 8 9	0 1 2 3 4 5 6 7 8 9	0 1 2 3 4 5 6 7 8 9	0 1 2 3 4 5 6 7 8 9	0 1 2 3 4 5 6 7 8 9

(주민등록 앞자리 생년제외) 월일

0 1 2 3 4 5 6 7 8 9	0 1 2 3 4 5 6 7 8 9	0 1 2 3 4 5 6 7 8 9	0 1 2 3 4 5 6 7 8 9

수험생 유의사항

※ 답안은 반드시 컴퓨터용 사인펜으로 보기와 같이 바르게 표기해야 합니다.
〈보기〉 ① ② ③ ❹ ⑤

※ 성명표기란 위 칸에는 성명을 한글로 쓰고 아래 칸에는 성명을 정확하게 표기하십시오. (맨 왼쪽 칸부터 성과 이름은 붙여 씁니다)

※ 수험번호/월일 위 칸에는 아라비아 숫자로 쓰고 아래 칸에는 숫자와 일치하게 표기하십시오.

※ 월일은 반드시 본인 주민등록번호의 생년을 제외한 월 두 자리, 일 두 자리를 표기하십시오. 〈예〉 1994년 1월 12일 → 0112

인적성검사

gosinet (주)고시넷

문번		답란	문번		답란	문번		답란	문번		답란
지각정확력	1	① ② ③ ④ ⑤	지각정확력	21	① ② ③ ④ ⑤	언어유추력	1	① ② ③ ④ ⑤	언어유추력	16 A :	① ② ③ ④ ⑤
	2	① ② ③ ④ ⑤		22	① ② ③ ④ ⑤		2	① ② ③ ④ ⑤		B :	① ② ③ ④ ⑤
	3	① ② ③ ④ ⑤		23	① ② ③ ④ ⑤		3	① ② ③ ④ ⑤		17 A :	① ② ③ ④ ⑤
	4	① ② ③ ④ ⑤		24	① ② ③ ④ ⑤		4	① ② ③ ④ ⑤		B :	① ② ③ ④ ⑤
	5	① ② ③ ④ ⑤		25	① ② ③ ④ ⑤		5	① ② ③ ④ ⑤		18 A :	① ② ③ ④ ⑤
	6	① ② ③ ④ ⑤		26	① ② ③ ④ ⑤		6	① ② ③ ④ ⑤		B :	① ② ③ ④ ⑤
	7	① ② ③ ④ ⑤		27	① ② ③ ④ ⑤		7	① ② ③ ④ ⑤		19 A :	① ② ③ ④ ⑤
	8	① ② ③ ④ ⑤		28	① ② ③ ④ ⑤		8	① ② ③ ④ ⑤		B :	① ② ③ ④ ⑤
	9	① ② ③ ④ ⑤		29	① ② ③ ④ ⑤		9	① ② ③ ④ ⑤		20 A :	① ② ③ ④ ⑤
	10	① ② ③ ④ ⑤		30	① ② ③ ④ ⑤		10	① ② ③ ④ ⑤		B :	① ② ③ ④ ⑤
	11	① ② ③ ④ ⑤					11 A :	① ② ③ ④ ⑤			
	12	① ② ③ ④ ⑤					B :	① ② ③ ④ ⑤			
	13	① ② ③ ④ ⑤					12 A :	① ② ③ ④ ⑤			
	14	① ② ③ ④ ⑤					B :	① ② ③ ④ ⑤			
	15	① ② ③ ④ ⑤					13 A :	① ② ③ ④ ⑤			
	16	① ② ③ ④ ⑤					B :	① ② ③ ④ ⑤			
	17	① ② ③ ④ ⑤					14 A :	① ② ③ ④ ⑤			
	18	① ② ③ ④ ⑤					B :	① ② ③ ④ ⑤			
	19	① ② ③ ④ ⑤					15 A :	① ② ③ ④ ⑤			
	20	① ② ③ ④ ⑤					B :	① ② ③ ④ ⑤			

gosinet (주)고시넷

문번	답란	문번	답란	문번	답란	문번	답란	문번	답란		주관식
언어추리력		공간지각력		판단력		응용계산력		수추리력		창의력	
1	① ② ③ ④ ⑤	1	① ② ③ ④ ⑤	1	① ② ③ ④ ⑤	1	① ② ③ ④ ⑤	1	① ② ③ ④ ⑤		
2	① ② ③ ④ ⑤	2	① ② ③ ④ ⑤	2	① ② ③ ④ ⑤	2	① ② ③ ④ ⑤	2	① ② ③ ④ ⑤		
3	① ② ③ ④ ⑤	3	① ② ③ ④ ⑤	3	① ② ③ ④ ⑤	3	① ② ③ ④ ⑤	3	① ② ③ ④ ⑤		
4	① ② ③ ④ ⑤	4	① ② ③ ④ ⑤	4	① ② ③ ④ ⑤	4	① ② ③ ④ ⑤	4	① ② ③ ④ ⑤		
5	① ② ③ ④ ⑤	5	① ② ③ ④ ⑤	5	① ② ③ ④ ⑤	5	① ② ③ ④ ⑤	5	① ② ③ ④ ⑤		
6	① ② ③ ④ ⑤	6	① ② ③ ④ ⑤	6	① ② ③ ④ ⑤	6	① ② ③ ④ ⑤	6	① ② ③ ④ ⑤		
7	① ② ③ ④ ⑤	7	① ② ③ ④ ⑤	7	① ② ③ ④ ⑤	7	① ② ③ ④ ⑤	7	① ② ③ ④ ⑤		
8	① ② ③ ④ ⑤	8	① ② ③ ④ ⑤	8	① ② ③ ④ ⑤	8	① ② ③ ④ ⑤	8	① ② ③ ④ ⑤		
9	① ② ③ ④ ⑤	9	① ② ③ ④ ⑤	9	① ② ③ ④ ⑤	9	① ② ③ ④ ⑤	9	① ② ③ ④ ⑤		
10	① ② ③ ④ ⑤	10	① ② ③ ④ ⑤	10	① ② ③ ④ ⑤	10	① ② ③ ④ ⑤	10	① ② ③ ④ ⑤		
11	① ② ③ ④ ⑤	11	① ② ③ ④ ⑤	11	① ② ③ ④ ⑤	11	① ② ③ ④ ⑤	11	① ② ③ ④ ⑤		
12	① ② ③ ④ ⑤	12	① ② ③ ④ ⑤	12	① ② ③ ④ ⑤	12	① ② ③ ④ ⑤	12	① ② ③ ④ ⑤		
13	① ② ③ ④ ⑤	13	① ② ③ ④ ⑤	13	① ② ③ ④ ⑤	13	① ② ③ ④ ⑤	13	① ② ③ ④ ⑤		
14	① ② ③ ④ ⑤	14	① ② ③ ④ ⑤	14	① ② ③ ④ ⑤	14	① ② ③ ④ ⑤	14	① ② ③ ④ ⑤		
15	① ② ③ ④ ⑤	15	① ② ③ ④ ⑤	15	① ② ③ ④ ⑤	15	① ② ③ ④ ⑤	15	① ② ③ ④ ⑤		
16	① ② ③ ④ ⑤	16	① ② ③ ④ ⑤	16	① ② ③ ④ ⑤	16	① ② ③ ④ ⑤	16	① ② ③ ④ ⑤		
17	① ② ③ ④ ⑤	17	① ② ③ ④ ⑤	17	① ② ③ ④ ⑤	17	① ② ③ ④ ⑤	17	① ② ③ ④ ⑤		
18	① ② ③ ④ ⑤	18	① ② ③ ④ ⑤	18	① ② ③ ④ ⑤	18	① ② ③ ④ ⑤	18	① ② ③ ④ ⑤		
19	① ② ③ ④ ⑤	19	① ② ③ ④ ⑤	19	① ② ③ ④ ⑤	19	① ② ③ ④ ⑤	19	① ② ③ ④ ⑤		
20	① ② ③ ④ ⑤	20	① ② ③ ④ ⑤	20	① ② ③ ④ ⑤	20	① ② ③ ④ ⑤	20	① ② ③ ④ ⑤		

저마다의 일생에는,

특히 그 일생이 동터 오르는 여명기에는

모든 것을 결정짓는 한 순간이 있다.

그 순간을 다시 찾아내는 것은 어렵다.

그것은 다른 수많은 순간들의 퇴적 속에

깊이 묻혀있다.

– 장 그르니에, 섬 LES ILES

인적성검사

2023

최신 효성그룹
인적성검사
기출유형

필수이론
+
모의고사

3회

고시넷 대기업

효성그룹 인적성검사 최신 기출유형 모의고사

동영상 강의 WWW.GOSINET.CO.KR

정답과 해설

gosinet
(주)고시넷

인적성검사

2023

최신 효성그룹
인적성검사
기출유형

필수이론
+
모의고사

3회

고시넷 대기업

효성그룹 인적성검사 최신 기출유형 모의고사

동영상 강의 WWW.GOSINET.CO.KR

정답과 해설

gosinet
(주)고시넷

파트 2 기출유형모의고사

1회 지각정확력

문제 82쪽

01	②	02	①	03	②	04	②	05	②
06	②	07	③	08	②	09	③	10	①
11	③	12	⑤	13	②	14	③	15	③
16	④	17	①	18	④	19	⑤	20	④
21	②	22	③	23	④	24	⑤	25	④
26	④	27	②	28	④	29	③	30	②

01

| 정답 | ②

| 해설 |

단 댱 닥 닮 담 댐 댝 달 댱 닽 답 닷 닺 단 닾 닮 딤
댷 닻 답 달 닻 닾 닥 닸 닦 댷 닥 단 답 닯 댬 닽 닫
닶 댝 딤 딥 당 답 닷 댝 답 닻 닺 닫 닽 닺 담 닮 당

02

| 정답 | ①

| 해설 |

ㅏ ㅗ ㅠ ㅐ ㅛ ㅑ ㅕ ㅡ ㅐ ㅐ ㅜ ㅐ ㅔ ㅖ ㅠ ㅣ ㅠ ㅡ
ㅓ ㅐ ㅕ ㅛ ㅏ ㅓ ㅑ
ㅡ ㅠ ㅐ ㅏ ㅛ ㅒ ㅏ ㅗ ㅔ ㅜ ㅐ ㅏ ㅕ ㅏ ㅛ ㅡ ㅜ ㅐ
ㅗ ㅓ ㅡ ㅗ ㅔ ㅠ ㅖ
ㅔ ㅑ ㅏ ㅏ ㅜ ㅡ ㅓ ㅏ ㅕ ㅔ ㅕ ㅛ ㅐ ㅒ ㅐ ㅓ ㅛ ㅖ
ㅗ ㅔ ㅒ ㅐ ㅖ ㅑ ㅠ
ㅑ ㅜ ㅖ ㅏ ㅕ ㅣ ㅏ ㅕ ㅣ ㅕ ㅔ ㅜ ㅐ ㅏ ㅠ ㅔ ㅕ ㅠ
ㅐ ㅗ ㅡ ㅛ ㅡ ㅠ ㅑ

03

| 정답 | ②

| 해설 |

海 技 術 火 庚 申 壬 癸 水 今 土 日 方 畜 儀 之 國 大 民 畜 東 西 韓
南 北 甲 美 丁 木 伍 月 西 仔 武 禮 畜 印 東 苗 士 伍 申 諭 今 乙 技
仔 韓 社 姻 海 乙 進 丙 美 妙 川 地 運 棟 進 相 念 快 親 文 現 太 産

04

| 정답 | ②

| 해설 |

N B Z A Q W D R U O E F L F I R B K U N O
L G V H J I C W G C Y H A C E P J Z C E P
I T Y C Q K M S X M V D S B M U W N V M S

05

| 정답 | ②

| 해설 |

맙 뮴 맽 맥 멤 몀 몹 맞 몝 뮵 몊 멤 먑 먼 멸 망 맵 몹 밉 멥
몝 먭 밈 맨 맢 믑 몡 몝 멥 멉 맥 멒 몇 몆 면 몥 맵 맶 몉 맵
멥 멱 멕 몰 몊 몇 멱 맵 먚 멑 뮬 맙 믐 먹 멥 멸 맬 멀 먱 맶

06

| 정답 | ②

| 해설 |

FKFPGKDHMFBGMRIWJHSHVJDTP
POEJFFKFDLSITUVNDFKDMVNPK
DKJFJROTYQXZMNBLFOGJDOTWO

07

| 정답 | ③

| 해설 |

GOE EHB PLD BIL VMX ODP ANX IEU WSD PSO
TYI QMX OWZ IGO WPB PBI IVZ BNS QPO AOV
BIW PRO SUI BNX ONG QDP GIE ONG WOQ ZLD
OPW BID QNG UOA DIX BXP WSO EVP SIR XNF
ONG VZR PNG EDO XLG WIC QMU ZPI GNO WOP

08

| 정답 | ②

| 해설 |

ڽ ز ش ب ة غ ت ظ م ك ج ظ خ د ف ش ي
ب د ح ك ط ف ح ت ظ م ش غ س ط ص ۋ
ظ ع ۇ ٽ ښ ڛ م ن ش و ۊ ة خ ڧ ي ض ط

09

| 정답 | ③

| 해설 |

≇ ≪ ∩ ∨ ∆ ∸ ≫ ♯ ⌘ ⌧ ≫
⋦ ⋒ ≫ ⋟ ▽ ⌕ ⌧ ⌥ ⌕ ^ ⋘
⋣ ≫ ⌧ ⌕ ▽ ♯ ⌖ ⋓ ∪ ⋟ ∸

10

| 정답 | ①

| 해설 |

$x+y+z$	$x+y^2-z$	$x\div y-z$	$x^2\times y-z$
$x-y^2\div z$	$x\times y^4\div z$	$x+y+z^4$	$x\times y\times z$
$x+y^2-z$	$x\div y-z$	$x-y^2-z^3$	$x^5\div y+z$

11

| 정답 | ③

| 해설 |

℃ ℄ ℟ ℏ ℷ ℎ ℳ Ɛ ⅎ ℱ ℶ ℉ ℊ ℞ ℧ ℨ ℥
ℸ ℳ ℱ ℔ ℚ Ж Φ ℔ № ℐ ℏ И Я Ю У ⅎ ℰ
℧ ℥ K N ℵ Ɛ ℓ ℣ ℤ ℎ ℝ ℒ ℑ ℍ ℐ ℕ ℐ
ℶ Ɛ Э Å ⅎ X ℙ ℵ ℔ ℟ ℏ Ɛ ℧ ℒ ℑ ℂ Э

12

| 정답 | ⑤

| 해설 |

Ⅱ Ⅵ Ⅺ Ⅸ Ⅶ Ⅲ Ⅵ Ⅻ Ⅹ Ⅶ Ⅳ Ⅰ Ⅶ Ⅴ Ⅲ Ⅱ Ⅴ Ⅺ Ⅵ Ⅲ

Ⅸ Ⅶ Ⅴ Ⅵ Ⅲ Ⅰ Ⅺ Ⅸ Ⅻ Ⅵ Ⅲ Ⅴ Ⅷ Ⅺ Ⅱ Ⅻ Ⅹ Ⅲ Ⅳ Ⅸ

Ⅶ Ⅻ Ⅶ Ⅱ Ⅷ Ⅹ Ⅵ Ⅶ Ⅳ Ⅸ Ⅴ Ⅷ Ⅶ Ⅲ Ⅹ Ⅰ Ⅸ Ⅺ Ⅳ Ⅻ

13

| 정답 | ②

| 해설 |

♤◐◉△☆◎♧▷◁♡◎★♣▨■▩▤※◎◇♥▣♧♤
▦◐◈□≒▤◐▣∀▩∈∽

♣▨▲※■∑￡△♤◆◉∋Å∬~◁℉￠¿◑♨￠∑☎∵
◇▽≡⇔○℉‰▩♨♠￥§

14

| 정답 | ③

| 해설 |

1851344795148764782674814271042274688149536368517218268

2651254163705292068797239311288153813858152324674315783

15

| 정답 | ③

| 해설 |

386 305 085 385 935 853 358 385 386 385 306 396
385 395 378 583 358 396 365 368 380 388 305 355
364 391 382 380 368 349 335 345 385 398 356 385

16

| 정답 | ④

| 해설 |

〔」 『〕 〈〉 《》 「」 『』 【】 《】 〔」 『』 【】 〔〉
《》 「』 【〕 〈】 〔〕 〈〉 《》 「》 「」 『」 『』 【】
〔〕 〈〉 《》 「』 【〕 《》 「」 『』 【】 〈〉 《」 【》

17

| 정답 | ①

| 해설 |

Γ7a Δ8h Θ9s Λ7z Ξ8m Π9f Σ2d Φ3q Ψ4h Ω6p Ω7j
Θ8e Δ9a Γ0k Σ1s Π3d Λ5a Θ6k Ψ1d Φ5d Σ1l Γ7f
Ω2c Ψ3g Φ1v Σ3h Γ4d Π7e Ξ6e Λ2p Θ3k Δ5i Ψ0z

18

| 정답 | ④

| 해설 |

ƧTƯ ṄTƯ 5ŬT KȐÊ ΣǕǢ ɰHɿĘ ƔY3 ƏƱÂ QȘȞ
ƁGĞ ȄØǞ ȤȚȞ ǗǨǴ ƬǢǨ ƤȘȞ ƬNjǨ ƵƤɦ ƓƑƠ
ĐƆƎ KƷǗ ǴǮŎ ƤĠǨ ȠƓƆ| ƑƆ|G ƧṄǞ ƤǕĀ ɦǍĘ
ɗȠƠ ƤƓD ΣTƯ ṄǨȖ KĐƇ ƧƐṄ ƬȠƏ ƲÂȖ ÂĀƵ

19

| 정답 | ⑤

| 해설 |

○∈∀▼∞▷∮◈※￥℃□Π§‰◉∴Å⊛⊡€×≒△⇔
▤∀∧◎£

20

| 정답 | ④

| 해설 |

☆ ◑ ▓ ▤ ▥ ★ ○ ● △ ▼ ◁ ♥ ♧ ◀ ♤ ♠ ◎
◆ □ ▓ ♡ ♣ ⊙ ◈ ◐ ▨ ☞ ▧ ♨ ☏ ▲ ▽ ☎ ☜

21

| 정답 | ②

| 해설 |

✂ 👎 ⌛ 🖱 ✡ ✞ ✌ 🔔 ▭ ♒ ✝ 👌
☺ 👇 ✆ ▭ ☯ ☝ ☠ ☸ ☺ ✠ 😐 ❄
☜ ✌ ✈ ✞ ✡ 💣 ● 🔔 ⌛ 👎 ❄ ✈

22

| 정답 | ③

| 해설 |

▓ □ ▨ ▩ ▦ ▩ ▤ ⊠ ▥ ▧ ◈ ⊞ □
⊟ ▨ ▓ ▧ ◈ ▤ ▧ ▦ ▤ ⊠ ▩ ⊟ ⊞
▧ ◇ □ ▤ ▥ ⊠ ▥ ▩ ▓ ▨ ▣ ■ ▓

23

| 정답 | ④

| 해설 |

시테 은이 다란 석며 아시 시정 영고 근담 음리 설로
마하 도기 주회 양고 타니 부오 상의 망어 와여 간달
그수 수한 진와 을도 수장 피려 부언 인더 사투 해내

24

| 정답 | ⑤

| 해설 |

궮 퉬 앏 넴 콤 젱 혠 쨍 퉥 뷋
췡 옒 뱁 툱 옘 왯 컥 쳭 캿 솁
탐 뼬 캔 쉓 맺 뉓 톕 웸 훤 탭

25

| 정답 | ④

| 해설 |

panoqpgwkgushdfkbufrwejfpwqodkshuv
ehrdjsknjdhehrfsnauynfkscjfbskautbfhsk

26

| 정답 | ④

| 해설 |

운하 살림 치환 달력 운동 원서 가방 미화 수업 유리 탄성
종강 지반 갈림 연필 유화 동상 출석 창문 학교 사업 지붕
수력 풍화 통학 책상 사회 공책 시험 우산 그림 인사 청소
특강 날짜 문화 증진 설전 역진 고립 진화 정보 대립 소통

27

| 정답 | ②

| 해설 |

WE IU FE GE SG YK QD JC NJ KG KM GM
VO EI KL LO OW IE UN KJ MQ LP DN FJ
RO IL EN MH DS KM KO FK FJ SL HG NC
MF CE CA HI EK UF YF GF KJ CB NJ HE

28

| 정답 | ④

| 해설 |

상 표 붙 인 저 깡 통 은 깐 깡 통 인 가
신 진 샹 송 가 수 의 신 춘 샹 송 쇼 우
금 년 에 온 솥 장 수 는 헌 솥 장 수 다

29

| 정답 | ③

| 해설 |

32 73 26 35 44 58 43 45 16 17 12 69
19 68 31 52 85 64 70 65 67 41 34 14
72 13 25 46 48 74 53 42 33 20 89 57

30

| 정답 | ②

| 해설 |

12 38 15 69 47 55 48 32 20 18 65 79 82 41 52
86 29 53 46 88 56 99 71 11 30 27 64 80 75 66
61 97 46 80 77 42 89 33 10 57 63 43 93 26 19

1회 언어유추력

문제 93쪽

01	④	02	③	03	③	04	②	05	②
06	④	07	③	08	②	09	④	10	③
11	A : ③, B : ④	12	A : ③, B : ④						
13	A : ②, B : ②	14	A : ①, B : ④						
15	A : ③, B : ③	16	A : ③, B : ②						
17	A : ③, B : ①	18	A : ③, B : ④						
19	A : ③, B : ③	20	A : ③, B : ④						

01

| 정답 | ④

| 해설 | 부엌은 집의 일부분, 즉 구성성분 중 하나이며 모니터는 컴퓨터의 구성성분 중 하나이다.

02

| 정답 | ③

| 해설 | 예산(豫算)은 필요한 비용을 미리 셈하는 것으로, 일정 기간 동안의 수입 및 지출을 정리하여 계산하는 결산(決算)과 반의어 관계이다. 따라서 가까운 바다를 의미하는 근해(近海)의 반의어인, 육지에서 멀찍이 떨어진 바다를 뜻하는 원양(遠洋)이 답이다.

| 오답풀이 |

①, ②, ④ 근해의 유의어이다.

03

| 정답 | ③

| 해설 | 단어와 주변적 의미의 관계이다. '손'은 사람의 팔목 아래 부분을 가리키는 다의어로 노동력, 기술, 씀씀이 등의 주변적 의미를 가지고 있다. 따라서 사람이나 자동차 따위가 다닐 수 있도록 만들어진 공간을 뜻하는 '길'의 주변적 의미인 '방향'이 들어간다.

04

| 정답 | ②

| 해설 | 속담과 그와 관련된 동물을 연결하는 문제이다. '서당개 3년이면 풍월을 읊는다'는 어떤 분야에 대한 지식이나 경험이 없어도 오래 듣거나 보게 되면 그 일에 익숙해지는 것을 가리킨다. 또한 '장님이 코끼리를 만진다'는 자신이 알고 있는 일부분만 가지고 전체를 아는 것처럼 고집을 부린다는 의미이다.

05

| 정답 | ②

| 해설 | 사라판(sarafan)은 러시아 농촌 여성들이 입었던 민속 의상이며, 베트남 여성들이 입는 민속 의상은 아오자이(ao dai)이다.

06

| 정답 | ④

| 해설 | 아파트는 주거에 속하며, 징역은 형벌에 속한다.

- 징역 : 죄인을 교도소에 가두어 노동을 시키는 형벌
- 주거 : 일정한 곳에 머물러 삶. 또는 그런 집

| 오답풀이 |

② 금고 : 교도소에 가두어 두기만 하고 노역은 시키지 않는 형벌

07

| 정답 | ③

| 해설 | ILO는 국제노동기구이다. 대치되는 각각의 분야에 해당하는 국제기구가 들어가야 하므로 보건의료를 담당하는 세계보건기구 WHO가 답이 된다.

| 오답풀이 |

① 세계무역기구

② 경제협력개발기구

④ 국제원자력기구

⑤ 국제통화기금

08

| 정답 | ②

| 해설 | 급등은 물가 · 시세 등이 갑자기 오른다는 뜻이고, 급락은 물가 · 시세 등이 급격히 떨어진다는 뜻이므로 반의 관계이다. 곤궁은 가난하고 구차하다는 의미이며 부유는 재물이 많고 생활이 풍요롭다는 의미로 서로 반의관계에 있다.

09

| 정답 | ④

| 해설 | 나비와 매미는 모두 곤충에 속하며 토끼와 사자는 모두 포유류에 속한다.

10

| 정답 | ③

| 해설 | 오른쪽의 단어가 왼쪽 단어에 포함되는 관계다. 문방사우(文房四友)는 종이, 붓, 먹, 벼루의 네 가지 문방구를 가리키는 말이다. 세한삼우(歲寒三友)는 추운 겨울철의 세 벗이라는 뜻으로, 추위에 잘 견디는 소나무, 대나무, 매화나무를 통틀어 이른다.

| 오답풀이 |

① 사시사철(四時四－) : 봄 · 여름 · 가을 · 겨울 네 철 내내의 동안

② 엄동설한(嚴冬雪寒) : 눈 내리는 깊은 겨울의 심한 추위

④ 관포지교(管鮑之交) : 우정이 아주 돈독한 친구 관계를 이르는 말

⑤ 백해무익(百害無益) : 해롭기만 하고 하나도 이로운 바가 없음

11

| 정답 | A : ③, B : ④

| 해설 | 유의어 관계인 한자어와 우리말 단어를 짝지은 것이다.

12

| 정답 | A : ③, B : ④

| 해설 | 방년(芳年)은 스무 살 전후의 꽃다운 젊은 나이를 뜻하는 것으로, 스무 살 안팎의 젊은 여성의 나이를 의미하는 묘령(妙齡)과 유의어 관계가 된다. 억설(臆說)은 근거도 없이 제멋대로 추측하여 우기는 것을 의미하므로, 이치에 닿지 않는 말로 그럴싸하게 둘러대거나 상대방의 사고를 혼란시켜 거짓을 참인 것처럼 그럴듯하게 꾸미고 우기는 궤변(詭辯)과 유의어 관계를 이룬다.

13

| 정답 | A : ②, B : ②

| 해설 | 침소봉대(針小棒大)는 작은 일을 크게 부풀려 허풍을 떨면서 이야기함을 뜻하므로 과장과 유사한 의미이고, 가담항설(街談巷說)은 거리의 뜬소문, 길이나 항간에 떠도는 소문을 뜻한다.

| 오답풀이 |

① 사고무친(四顧無親) : 의지할 만한 사람이 아무도 없음.

③ 견마지로(犬馬之勞) : 개나 말 정도의 하찮은 힘이라는 뜻으로, 윗사람에게 충성을 다하는 자신의 노력을 낮추어 이르는 말

④ 금과옥조(金科玉條) : 금이나 옥처럼 귀중이 여겨 꼭 지켜야 할 법칙이나 규정

⑤ 입이착심(入耳着心) : 들은 것을 마음속에 간직해 잊지 아니하는 일

14

| 정답 | A : ①, B : ④

| 해설 | 포함관계를 찾는 것으로, 실크는 섬유의 한 종류이고, 도쿄는 일본의 수도로서 수도 중 하나이다.

15

| 정답 | A : ③, B : ③

| 해설 | 뉴질랜드는 오세아니아 대륙에 위치한 국가이고, 대한민국은 아시아 대륙에 위치한 국가이다.

16

| 정답 | A : ③, B : ②

| 해설 | 단어와 그에 적합한 의태어를 연결하는 문제로, 팔팔은 물이나 기름 등의 액체가 끓는 모양을 표현한 의태어이고, 꼬리와 어울리는 의태어는 가볍게 흔드는 모양을 나타낸 살랑살랑이 적절하다.

17

| 정답 | A : ③, B : ①

| 해설 | 반의어를 찾는 것으로, 검약(儉約)은 돈이나 물건, 자원 등을 아껴 씀을 뜻하므로 낭비(浪費)와 반의어 관계이고, 산재(散在)는 여기저기 흩어져 있음을 뜻하므로 밀집(密集)과 반의어 관계이다.

18

| 정답 | A : ③, B : ④

| 해설 | 염분은 바닷물의 3.5%를 차지하고 있는 바닷물의 구성 성분이며, 코는 코끼리의 신체를 구성하는 일부분이다.

19

| 정답 | A : ③, B : ③

| 해설 | 물건의 쓰임새를 연결하는 것으로, 칼은 절단의 용도가, 코트는 방한의 용도가 있다.

20

| 정답 | A : ③, B : ④

| 해설 | 원료관계를 찾는 것으로, 석유는 나일론의 원료이고, 푸른곰팡이는 페니실린의 원료이다.

- 페니실린 : 자낭균류나 푸른곰팡이류를 배양하거나 합성하여 얻은 항생 물질

1회 언어추리력

문제 98쪽

01	③	02	①	03	②	04	③	05	①
06	①	07	①	08	②	09	①	10	②
11	②	12	①	13	③	14	①	15	②
16	①	17	③	18	①	19	③	20	③

01

| 정답 | ③

| 해설 | 주어진 제시문만으로는 알 수 없다.

02

| 정답 | ①

| 해설 | 주어진 조건을 토대로 가능한 배치를 정리하면 다음과 같다.

1	2	3	4	5
A	E	B	C	D
A	E	B	D	C
C	D	B	E	A
D	C	B	E	A

따라서 A와 E는 어떤 경우에도 이웃해 있으므로 참이다.

03

| 정답 | ②

| 해설 | 두 번째 명제의 대우 명제인 '키가 작으면 청소를 잘하지 못한다'가 참이므로 주어진 문장의 내용은 거짓이다.

04

| 정답 | ③

| 해설 | 세 번째 조건에 따라 목재의 강도를 다음의 두 경우로 나누어 생각한다.

1. 오동나무＞은행나무(A 목재)〉단풍나무
   가능한 순서는 '오동나무＞은행나무(A 목재)＞소나무(C 목재)＞단풍나무' 또는 '오동나무＞소나무(C 목재)＞은행나무(A 목재)＞단풍나무'로 나누어진다.
2. 단풍나무＞은행나무(A 목재)＞오동나무
   다섯 번째 조건에 따라 소나무(C 목재)가 단풍나무보다 강도가 세야 하는데, 이 경우 소나무가 단풍나무보다 강도가 세다면 네 개의 목재 중 가장 강도가 센 목재가 되므로 조건에 부합하지 않는다.

따라서 은행나무로 만든 목재의 강도는 2번째로 약할 수도 있고 3번째로 약할 수도 있다.

05

| 정답 | ①

| 해설 | 모카빵은 팥빵보다 300원이 저렴하므로 팥빵을 A원이라 가정할 경우 모카빵의 가격은 (A－300)원이 된다. 두 세트에서 모두 우유의 가격은 동일하므로 우유의 가격을 B원이라 가정할 경우 모카빵, 우유 세트의 가격은 (A－300＋B)원, 팥빵, 우유 세트의 가격은 (A＋B)원이 된다. 하지만 두 번째 조건에 따라 팥빵, 우유 세트를 구매할 경우 300원이 할인되어야 하므로 팥빵, 우유 세트의 가격은 (A＋B－300)원이 되어 두 세트의 가격은 동일해진다. 따라서 주어진 문장은 참이다.

06

| 정답 | ①

| 해설 | 다섯 번째 조건과 두 번째 조건을 통해 영화감독은 두 명이고 그중 한 명은 B임을 알 수 있다. 세 번째 조건에서 D는 B와 같은 직업이 아니라고 했으므로 영화감독이 아니고, 네 번째 조건에 따라 A와 같은 직업을 가진 사람은 없다고 했으므로 A 역시 영화감독이 아니다. 따라서 남은 C가 영화감독이다.

07

| 정답 | ①

| 해설 | 식중독에 걸린 A와 D가 공통으로 먹은 음식은 계란말이와 오징어볶음인데, 계란말이를 먹은 C는 식중독에 걸리지 않았으므로 오징어볶음이 식중독의 원인임을 추론할 수 있다.

08

| 정답 | ②

| 해설 | 첫 번째 조건에서 A의 모든 옷 색깔은 파란색 아니면 보라색이라고 하였다. 네 번째 조건에 따라 A는 C에게만 가끔 옷을 빌려 입고, 다섯 번째 조건에서 C에게는 파란색이나 보라색 옷이 없다고 하였으므로 A는 파란색이나 보라색이 아닌 C의 옷을 입을 수도 있다. 또한 두 번째와 세 번째 조건에 따라 B는 모든 옷 색깔이 파란색이거나 보라색인 A에게 가끔 옷을 빌려 입으며 보라색 옷을 즐겨 입는다고 하였지만 B가 항상 파란색 아니면 보라색 옷만 입는다는 의미는 아니다. 따라서 주어진 문장의 내용은 거짓이다.

09

| 정답 | ①

| 해설 | 각 명제를 다음과 같이 기호로 정리한다.

- p : 제주도에 가본 적이 있다.
- q : 부산에 가본 적이 있다.
- r : 전주에 가본 적이 있다.
- s : 경주에 가본 적이 있다.

〈제시문〉의 문장을 기호화하면 다음과 같다.

- $p \rightarrow \sim q$
- $r \rightarrow \sim s$
- $\sim s \rightarrow p$

'$p \rightarrow \sim q$'가 참이므로 이 명제의 대우 명제인 '$q \rightarrow \sim p$'도 참이다. 또한 '$\sim s \rightarrow p$'가 참이므로 이 명제의 대우 명제인 '$\sim p \rightarrow s$'도 참이며 '$r \rightarrow \sim s$'의 대우 명제인 '$s \rightarrow \sim r$'도 참이 된다. 따라서 이 세 명제의 삼단논법에 따라 '$q \rightarrow \sim r$'도 참임을 알 수 있다.

10

| 정답 | ②

| 해설 | A를 기준으로 놓고 가능한 배치를 정리해 보면 다음과 같다.

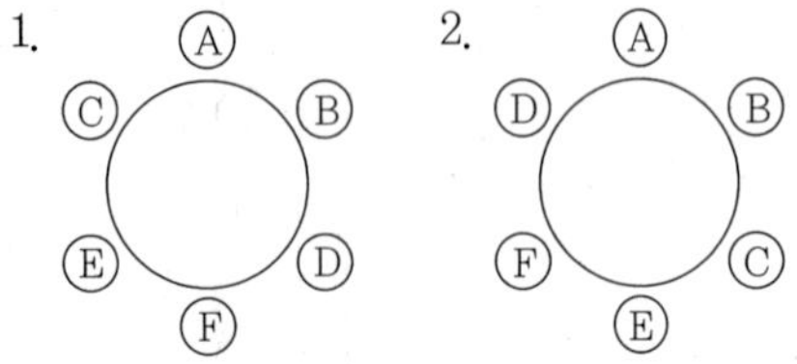

따라서 A의 오른쪽 옆자리에 앉는 사람은 C 또는 D이므로 주어진 문장의 내용은 거짓이다.

11

| 정답 | ②

| 해설 | A, B, C, D 4명은 각각 국적이 다르다는 첫 번째 조건에 유의하면서 나머지 조건들을 살펴본다.

- 두 번째 조건 : 'A는 미국인과 만났다' → A는 미국인이 아니다.
  'A는 D와는 만나지 않았다' → D는 미국인이 아니다.
- 세 번째 조건 : 'B는 영국인과 프랑스인과는 만났다' → B는 영국인도 프랑스인도 아니다.
- 네 번째 조건 : 'C는 영국인과는 만나지 않았다' → C는 영국인이 아니다.
- 다섯 번째 조건 : 'D는 프랑스인과 만났다' → D는 프랑스인이 아니다, A는 프랑스인이 아니다.

이를 정리하면 'A는 D와 만나지 않았다'와 'B는 프랑스인과 만났다', 'D는 프랑스인을 만났다'에서 A, B, D는 모두 프랑스인이 아니므로 C가 프랑스인임을 알 수 있다. 또한 A, C, D는 미국인이 아니므로 B가 미국인이 된다. 남은 A와 D가 영국인 또는 독일인이 되는데, 먼저 D가 영국인이라 가정하고 제시문을 살펴보면, 다섯 번째 조건과 네 번째 조건이 상충하게 된다. 따라서 D는 독일인, A는 영국인이다. 즉, 차례대로 정리하면 A는 영국인, B는 미국인, C는 프랑스인, D는 독일인이므로 문제의 내용은 거짓이다.

12

| 정답 | ①

| 해설 | 네 번째 조건에서 'C는 영국인과 만나지 않았다'고 했고 C는 프랑스인이므로 문제의 내용은 참이다.

13

| 정답 | ③

| 해설 | **11**을 통해 미국인(B)이 영국인과 프랑스인을 만난 것은 알 수 있으나 독일인과 만났는지 만나지 않았는지에 대해서는 알 수 없다.

14

| 정답 | ①

| 해설 | 각 명제를 다음과 같이 기호로 정리한다.

- a : 아메리카노를 마신다.
- b : 사탕을 먹는다.
- c : 초콜릿을 먹는다.
- d : 과일주스를 마신다.
- e : 우유를 마신다.

〈제시문〉의 문장을 기호화하면 다음과 같다.

- a → b
- c → ~e
- d → ~a
- ~c → ~b
- d → e

'c → ~e'가 참이므로 이 명제의 대우 명제인 'e → ~c' 역시 참이고, 'a → b'가 참이므로 이 명제의 대우 명제인 '~b → ~a' 또한 참이다. 따라서 이 명제들과 '~c → ~b' 명제의 삼단논법을 통해 'e → ~c → ~b → ~a'가 참이 됨을 알 수 있다.

15

| 정답 | ②

| 해설 | **14**을 참고할 때 '~c → ~b'의 대우 명제인 'b → c'와 'a → b' 명제를 활용해 'a → c'가 참이 됨을 알 수 있다. 하지만 'd → ~a' 명제의 대우 명제인 'a → ~d' 또한 참이므로 '아메리카노를 마시는 사람은 과일주스를 마신다'는 명제는 거짓임을 알 수 있다.

16

| 정답 | ①

| 해설 | 주어진 제시문의 명제와 각각의 대우 명제를 정리하면 다음과 같다.

• 소설책 ○→ 국어 성적 ↑ • 이과 ○ → 국어 성적 ↓ • 문과 ○ → 수다 ○ • 수다 × → 소설책 ×	대우 ⇒ 명제	• 국어 성적 ↓ → 소설책 × • 국어 성적 ↑→ 이과 × • 수다 ×→ 문과 × • 소설책 ○ → 수다 ○

네 번째 명제의 대우는 '수다 떠는 것을 좋아하지 않는 학생은 문과에 가지 않는다'인데, 모든 학생들은 문과 또는 이과에 간다고 하였으므로 문과에 가지 않은 학생은 이과에 간 학생들이 된다. 따라서 '수다 떠는 것을 좋아하지 않는 학생은 이과에 간다'는 참이다.

17

| 정답 | ③

| 해설 | 두 번째 명제와 세 번째 명제의 대우 '국어 시험 성적이 높으면 이과에 가지 않은 학생이다'의 삼단논법에 의해 '소설책 읽는 것을 좋아하는 학생은 이과에 가지 않는다'가 성립한다. 첫 번째 명제에 따라 이과에 가지 않으면 문과에 간 것이므로, '소설책 읽는 것을 좋아하는 학생은 문과에 간다'가 성립한다. 그런데 문제에 제시된 문장은 성립된 문장의 역에 해당하므로, 참 · 거짓 여부를 알 수 없다.

18

| 정답 | ①

| 해설 | 세 번째 명제의 대우에 의해 '국어 성적이 높은 학생은 이과에 가지 않는다'가 성립하는데, 첫 번째 명제에 따라 이들은 모두 문과를 간 학생들이 된다. 이 명제와 네 번째 명제의 삼단논법에 의해 '국어 시험 성적이 높은 학생은 수다 떠는 것을 좋아한다'는 참이 된다.

19

| 정답 | ③

| 해설 | 지연이가 소연이보다 먼저 일어나기는 했으나 도착에 대한 정보는 없어 먼저 학교에 도착했는지에 대해서는 알 수 없다.

20

| 정답 | ③

| 해설 | 지연이가 소연이보다 30분 먼저 일어났음에도 지각을 했지만, 소연이의 지각에 대한 정보 없이 소연이도 지각을 했다고 단정할 수 없으므로 소연이가 지각을 했는지에 대해서는 알 수 없다.

1회 공간지각력

문제 107쪽

01	③	02	②	03	①	04	②	05	②
06	③	07	③	08	③	09	③	10	④
11	②	12	②	13	①	14	③	15	④
16	④	17	④	18	③	19	③	20	①

01

| 정답 | ③

| 해설 | 전개도를 접었을 때 서로 만나는 변을 표시하면 다음과 같다.

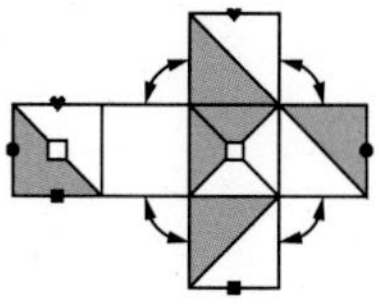

| 오답풀이 |

① 윗면이 가 되어야 한다.

② 오른쪽 면이 가 되어야 한다.

④ 오른쪽 면이 가 되어야 한다.

02

| 정답 | ②

| 해설 | 전개도를 접었을 때 나타나는 입체도형의 형태가 정팔면체이므로, 각 삼각형의 면 중 특징 있는 모양의 면을 기준으로 삼아 그 주변으로 인접하게 되는 면의 모양을 생각해본다. 전개도를 접었을 때 서로 만나는 변을 표시하면 다음과 같다.

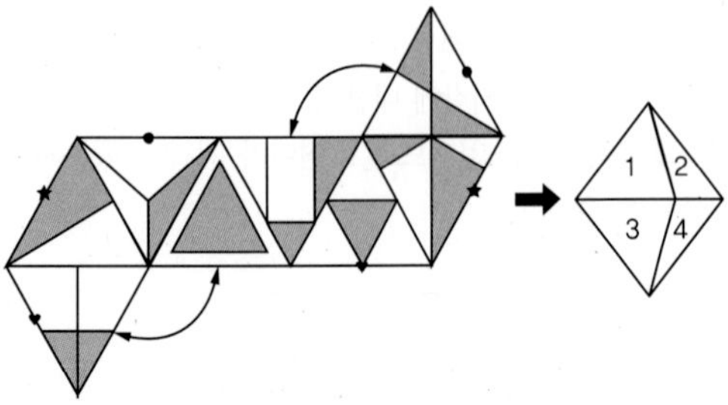

| 오답풀이 |

① 4면이 가 되어야 한다.

③ 2면이 가 되어야 한다.

④ 3면이 가 되어야 한다.

03

| 정답 | ①

| 해설 | 전개도를 접었을 때 서로 만나는 변을 기호로 표시하면 다음과 같다.

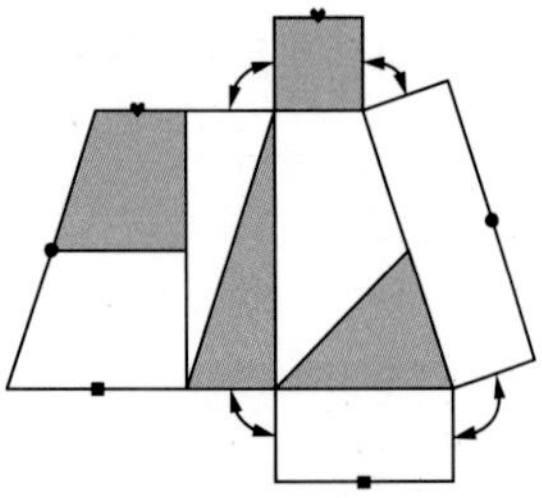

| 오답풀이 |

② 윗면이 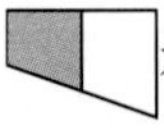가 되어야 한다.

③ 윗면이 , 옆면이 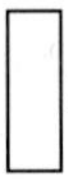가 되어야 한다.

④ 앞면이 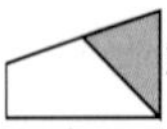가 되어야 한다.

04

| 정답 | ②

| 해설 | 전개도를 접어 입체도형을 만들 때, 도형의 가운데 면을 중심으로 주변에 오는 도형을 잘 살펴본다.

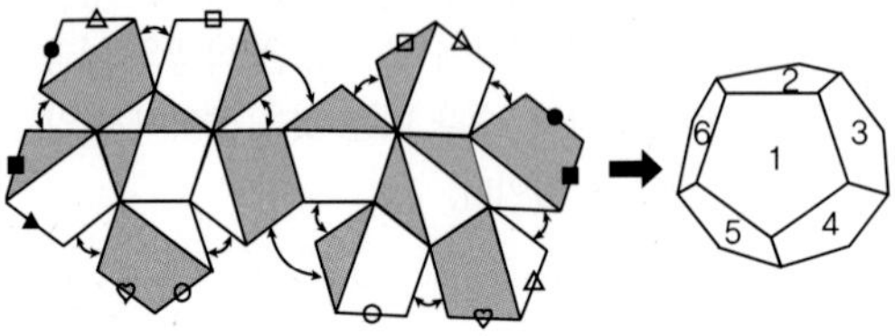

| 오답풀이 |

① 3면과 5면이 각각 와 이 되어야 한다.

③ 3면이 이 되어야 한다.

④ 5면이 이 되어야 한다.

05

| 정답 | ②

| 해설 | 전개도를 접었을 때 서로 만나는 변을 표시하면 다음과 같다.

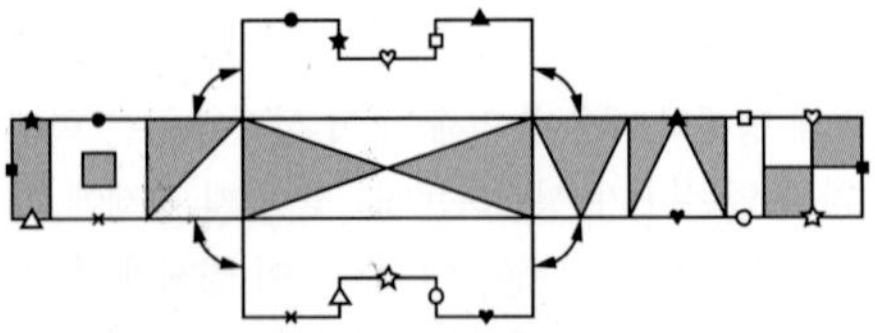

| 오답풀이 |

① 옆면이 이 아니라 이 되어야 한다.

③ 윗면이 이 아니라 이 되어야 한다.

④ 옆면이 이 아니라 이 되어야 한다.

06

| 정답 | ③

| 해설 | 전개도를 접어 입체도형을 만들 때, 도형의 첫 번째 면을 중심으로 주변에 오는 도형을 잘 살펴본다.

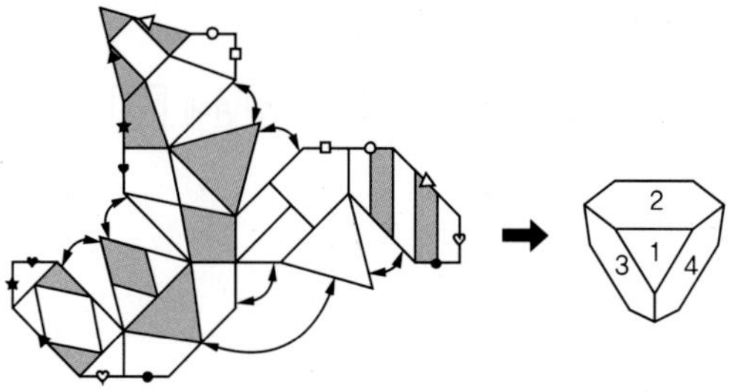

| 오답풀이 |

① 2면이 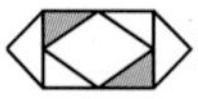가 아니라 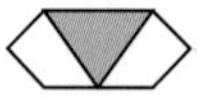가 되어야 한다.

② 3면이 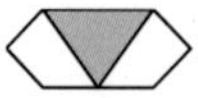가 아니라 가 되어야 한다.

④ 4면이 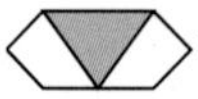가 아니라 가 되어야 한다.

07

| 정답 | ③

| 해설 | 전개도를 접었을 때 서로 만나는 변을 표시하면 다음과 같다.

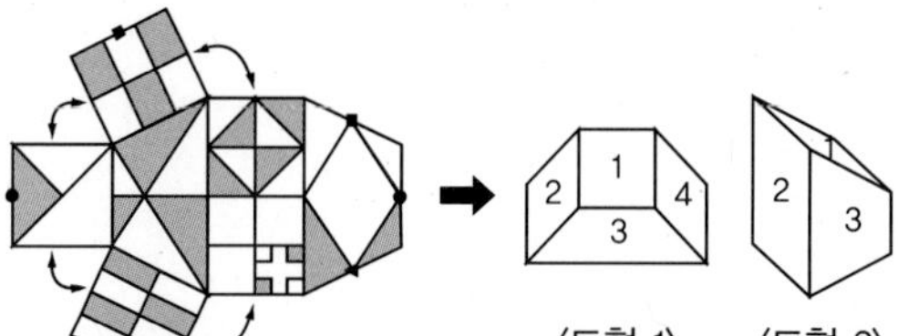

〈도형 1〉 〈도형 2〉

| 오답풀이 |

① 〈도형 1〉에 따라 1면은 이 되어야 한다.

② 〈도형 1〉에 따라 4면은 이 되어야 한다.

④ 〈도형 2〉에 따라 1면은 이, 3면은 이 되어야 한다.

08

| 정답 | ③

| 해설 | 전개도를 접었을 때 2개의 큰 다각형 면을 중심으로 서로 인접하게 되는 면의 모양을 생각해본다. 각각의 서로 만나는 변을 표시하면 다음과 같다.

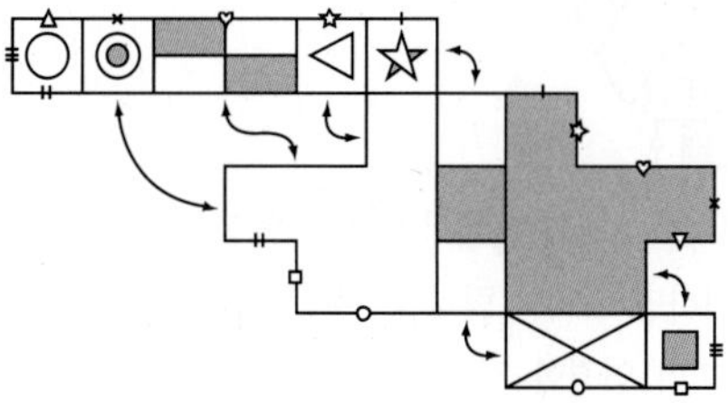

➡ 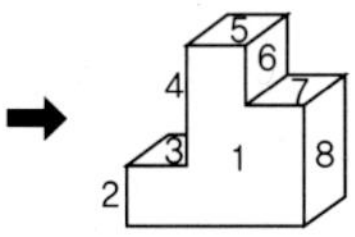

| 오답풀이 |

① 3면의 모양이 이 아니라 가 되어야 한다.

② 2면의 모양이 이 아니라 가 되어야 한다. 1면의 모양이 전개도상에서 돌릴 필요 없이 바로 보이므로 그 윗면(2면)의 모양이 잘못되었음을 쉽게 찾을 수 있다.

④ 4면의 모양이 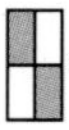이 아니라 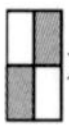가 되어야 한다.

09

| 정답 | ③

| 해설 | 전개도를 접었을 때 서로 만나는 변을 표시하면 다음과 같다.

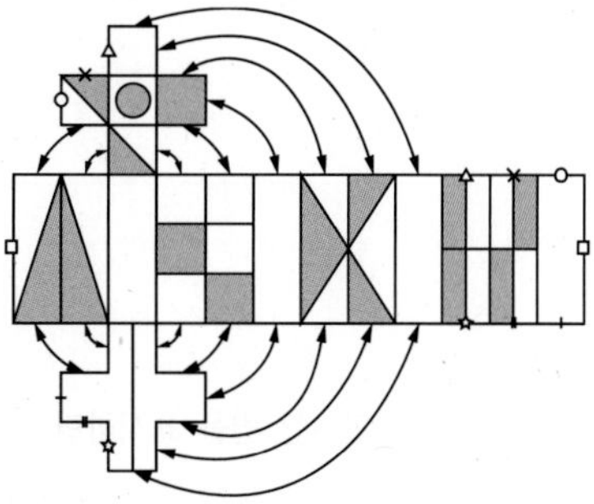

| 오답풀이 |

각 선택지의 윗면을 기준으로 살펴보면 ①의 정면 모양은 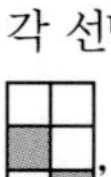, ②는 , ④는 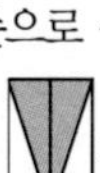가 와야 한다.

10

| 정답 | ④

| 해설 |

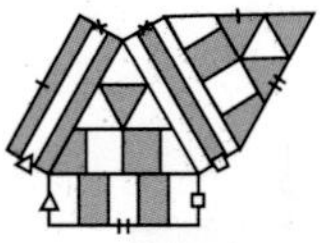

전개도에서 보이는 3개의 면에서 윗면을 중심으로 서로 만나는 변을 표시하면 위의 그림과 같으며, ④는 을 중심으로 −과 =끼리 연결한 것이다.

11

| 정답 | ②

| 해설 | 전개도를 접었을 때 서로 만나는 변을 표시하면 다음과 같다.

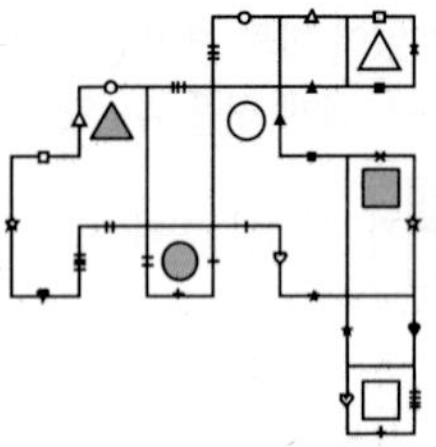

| 오답풀이 |

①, ③ 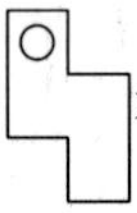가 앞면일 때 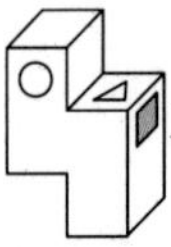모양이 옳다.

④ 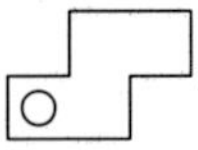가 앞면일 때 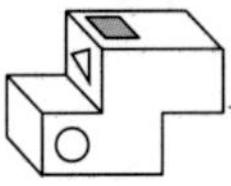모양이 옳다.

12

| 정답 | ②

| 해설 | 전개도를 접었을 때 서로 만나는 변을 표시하면 다음과 같다.

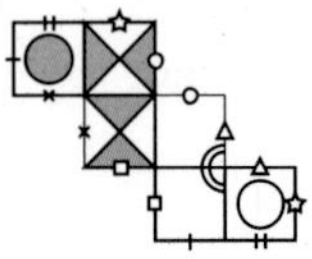

| 오답풀이 |

① 앞면과 옆면을 기준으로 했을 때, 윗면에 가 와야 한다.

③ 앞면과 윗면을 기준으로 했을 때, 옆면에 가 와야 한다.

④ 앞면과 윗면을 기준으로 했을 때, 옆면에 가 와야 한다.

13

| 정답 | ①

| 해설 |

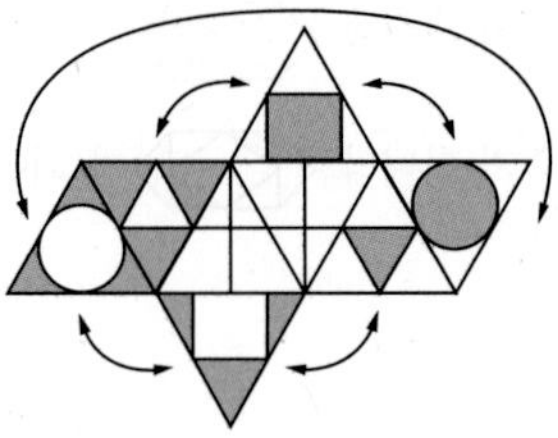

전개도를 접었을 때 서로 만나는 변을 표시하면 위와 같다. 선택지에서 보이는 4개의 면을 펼쳤을 때의 모양()을 생각하고 중심이 되는 도형을 기준으로 전개도에서 맞춰보면 쉽게 답을 찾을 수 있다.

14

| 정답 | ③

| 오답풀이 |

전개도를 접었을 때 나타날 수 있는 입체도형으로 고치면 다음과 같다.

①, ②

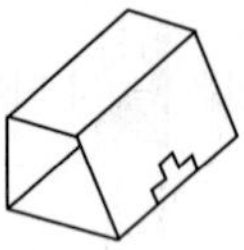

④

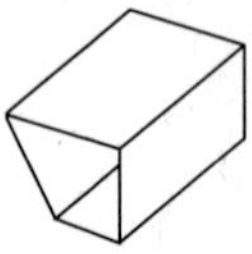

15

| 정답 | ④

| 오답풀이 |

① 왼쪽 면에 가 와야 한다.

② 오른쪽 면에 가 와야 한다.

③ 오른쪽 면에는 , 왼쪽 면에는 가 와야 한다.

16

| 정답 | ④

| 오답풀이 |

① 윗면이 잘못되었다.

② 우측면이 잘못되었다.

③ 우측면이 잘못되었다.

17

| 정답 | ④

| 해설 | 전개도를 접었을 때 서로 만나는 변을 표시하면 다음과 같다.

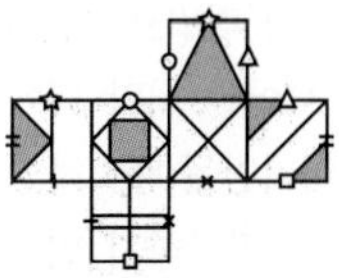

④는 전개도의 도면에서 을 중심으로 −끼리 연결한 모양이다.

| 오답풀이 |

① 과 의 삼각형의 꼭짓점은 만나지 않는다(만나는 변이 잘못됨). 3개의 면이 접하려면 윗면에 , 옆면에 이 되어야 한다.

② 는 전개도 상에 존재하지 않는다.

③ 을 중심으로 할 때 윗면이 가 되면 △연결에 의해 옆면은 가 되고 는 앞면의 왼쪽에 들어가야 한다.

18

| 정답 | ③

| 해설 | 윗면이나 아랫면을 중심으로 전개도를 접었을 때를 생각해보면 쉽게 답을 찾을 수 있다.

19

| 정답 | ③

| 해설 | 선택지에 보이는 3개의 면이 펼쳐진 모양을 생각하고 윗면을 중심으로 좌우에 어떤 그림이 오는지 살펴보면 쉽게 풀 수 있다.

20

| 정답 | ①

| 해설 |

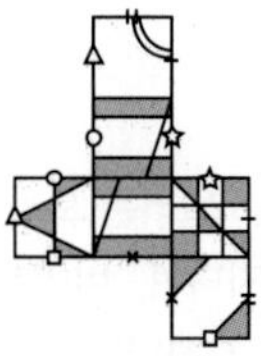

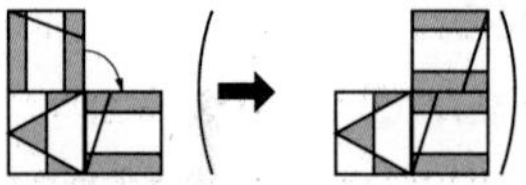

먼저 전개도를 접었을 때 서로 만나는 변을 표시하면 위 그림과 같으며, ①은 전개도의 도면에서 을 중심으로 ○끼리 연결한 것이다.

1회 판단력

문제 117쪽

01	④	02	③	03	③	04	②	05	③
06	⑤	07	②	08	④	09	③	10	②
11	②	12	①	13	②	14	③	15	⑤
16	④	17	⑤	18	③	19	②	20	①

01

| 정답 | ④

| 해설 | 제시된 글에서 경제와 환경은 상호 영향을 주고받는 불가분의 관계에 있으며 양자 간에 순환하는 구조를 갖고 있음을 설명하고 있다. 그러므로 경제활동에 공급되는 자연자원은 가급적 효율적으로 사용되어야 하며, 배출되는 잔여물의 재활용 기능을 강화한 자원순환형 경제 구조를 요구해야 한다고 하였다. 따라서 글의 제목으로 적절한 것은 '자원순환형 경제의 필요성'이다.

02

| 정답 | ③

| 해설 | 첫 번째 문단에 따르면 바이오시밀러는 오리지널 바이오의약품과 동등한 품목 · 품질을 지니며, 비임상 · 임상적 비교동등성이 입증된 의약품이라고 하였다.

03

| 정답 | ③

| 해설 | FDMA는 형성 전 단절 방식을, CDMA는 단절 전 형성 방식을 사용하는데, 핸드오버의 명령이 어느 방식에서 더 빠르게 이루어지는지와 어떤 방식의 연결이 더 간편한지에 대해서는 제시된 글을 통해 알 수 없다.

| 오답풀이 |

① 핸드오버는 이동단말기와 기지국 사이의 신호 세기가 특정값 이하로 떨어지면 명령되는데, 신호는 이동단말기와 기지국의 거리가 가까울수록 강해지고 멀수록 약해진다.

②, ④ CDMA에서 사용하는 단절 전 형성 방식은 각 기지국이 같은 주파수를 사용하고 있을 경우에 사용되는 방식으로, 이동단말기와 기존 기지국 간 통화 채널이 단절되기 전 새로운 기지국과 통화 채널을 형성하여 두 기지국과 동시에 통화 채널을 형성할 수 있다.

⑤ 이동단말기와 기지국 사이의 신호 세기가 특정값 이하로 떨어지게 되면 핸드오버가 명령된다고 하였으므로 신호의 세기가 특정값보다 높다면 핸드오버가 명령되지 않음을 알 수 있다.

04

| 정답 | ②

| 해설 | 이 글은 언어 현실과 어문 규범의 괴리를 줄이기 위한 방법으로 어문 규범을 없애고 언중의 자율에 맡기자는 주장과 어문 규범의 큰 틀만 유지하고 세부적인 것은 사전에 맡기자는 주장이 사회에 등장하고 있음을 설명하고 있다. 이를 통해 언어 현실과 어문 규범의 괴리를 해소하기 위한 방법을 모색하는 노력이 나타나고 있다는 글의 주제를 도출할 수 있다.

05

| 정답 | ③

| 해설 | 제시된 글에 따르면 사람들은 전염성 질병으로부터 스스로를 지키기 위하여 외형적 단서를 보이는 사람 외에도 낯선 병원균을 가지고 있을 수 있는 외지인을 배척하였음을 알 수 있다. 그리고 그러한 외지인을 판단하기 위한 단서로 다른 문화와 가치관을 들고 있으나, 이를 통해 지역 간의 교류가 더욱 단절되었다는 내용은 언급되지 않았다.

| 오답풀이 |

① '병원체가 몸 안으로 들어오고 난 다음에야 비로소 침입한 병원체를 제거하는 과정을 시작한다'는 부분을 통해 알 수 있다.

② '결과적으로 그 지역의 토착 병원균들을 다스리는 면역 능력을 비슷하게 가진 사람들이 한 곳에 모여 살게 되는 것이다'라는 부분을 통해 알 수 있다.

④ '외지인을 배척하고 같은 지역 사람들끼리 결속하는 성향은 전염성 질병으로부터 스스로를 보호하는 효율적인 장치였다'는 부분을 통해 알 수 있다.

⑤ '인류의 진화과정은 이러한 개체군의 번영을 훼방하는 비용을 치러야 할 상황을 미리 제거하거나 줄이는 방향으로 진행되었다'는 부분을 통해 알 수 있다.

06

| 정답 | ⑤

| 해설 | 세 번째 문단에서 인간이 생산적인 사회에서 살 수 있을 경우에만 사회로부터 지식 교환의 가치를 얻을 수 있다고 하였다. 따라서 인간이 지식 교환의 가치를 얻을 수 없는 사회는 생산적인 사회가 아님을 알 수 있다.

| 오답풀이 |

① 글에 나타나 있지 않은 내용이다.

② 첫 번째 문장에서 인간은 누구나 생산적인 사회에서 평화롭게 살기를 원한다고 하였다.

③ 두 번째 문단에서 물리적 힘의 사용이 허용되는 경우 개인의 권리가 침해당한다고 하였다.

④ 두 번째 문단에서 이성적인 수단의 예시인 토론과 설득을 언급했을 뿐, 토론과 설득 이외에 이성적인 수단이 있는지에 대해서는 알 수 없다.

07

| 정답 | ②

| 해설 | ㉡ 두 번째 문단에서 WLTP가 NEDC보다 조건이 까다롭다고 하였으므로, 허용이 더 수월한 것은 NEDC이다.

㉣ 인증을 받지 못해도 한국은 2018년 9월까지, 유럽은 2019년까지 판매가 허용된다고 나와 있으므로 바로 판매가 중단된다는 추론은 적절하지 않다.

| 오답풀이 |

㉠ 마지막 문단에서 WLTP를 적용하는 국가는 한국과 유럽, 일본이며, 미국은 WLTP를 도입하지 않는다고 하고 있다. 이를 통해 각 나라마다 배기가스를 측정하는 방식이 다르다는 사실을 추론할 수 있다.

㉢ 첫 번째 문단에서 내연기관이 연료 속의 탄소를 연소시킨다고 하였고, 그로 인해 생성되는 기체가 배기가스라고 나와 있다. 또한 2문단에서 '배기가스 허용 기준은 질소산화물배출량'이라고 하였으므로 배출되는 기체, 즉 배기가스에 질소산화물이 포함되어 있음을 추론할 수 있다.

08

| 정답 | ④

| 해설 | 두 번째 문단에서 글쓴이는 리더십을 단순히 강력한 통솔력이라 간주하는 일부 견해에 국한하지 않고, 자유 방임형이나 상담형 등 다양한 유형의 리더십이 형성될 수 있다고 하였다. 따라서 '리더십은 곧 강력한 통솔력'이라는 ④의 내용은 글쓴이의 견해와 일치하지 않는다.

09

| 정답 | ③

| 해설 | 마지막 문단에서 문제의 복잡성이 제한된 수준을 넘어서면 지도들은 혼자서 문제를 해결하지 못하고, 무의식 속 지도는 뒤로 물러나 느낌이 나선다고 서술하고 있다. 따라서 신경 지도자들이 연합한다는 설명은 적절하지 않다.

| 오답풀이 |

① 첫 번째 문단에서 다양한 신체 기관을 표상하는 지도가 필요하다고 하였고, 마지막 문단에서 이 지도를 신경 지도라고 칭하였으므로 뇌가 신체기능을 조율하기 위해서는 신경 지도가 필요함을 알 수 있다.

② 두 번째 문단의 마지막 문장에 제시되어 있다.

④ 첫 번째 문단에서 뇌가 신체의 각 부분에서 어떤 일이 일어나는지 아는 것은 신체의 특정 기능을 작동시키고 조절하기 위해 필수적이라 하였다. 이는 뇌가 신체 각 부분에서 발생하고 있는 현상들을 알아야 생명 조절 기능이 원활히 수행될 수 있음을 의미한다.

⑤ 마지막 문단에서 신경 지도는 문제의 복합성이 어느 정도를 넘어서면 혼자서 문제를 해결하지 못한다고 하였다.

10

| 정답 | ②

| 해설 | 이 글은 다도해의 문화적 특징에 대해 설명하면서, 다도해의 문화적 특징을 고립과 단절의 관점으로만 접근해서는 안 된다고 말한다. 따라서 ②가 주제로 가장 적절하다.

11

| 정답 | ②

| 해설 | 이 글은 이웃이 전보다 인접해 있으나 가까이 사귀지 못하는 도시의 생활 모습에 대하여 설명하고 있다. 따라서 글의 중심내용이 되는 ㉠에는 이로 인한 도시 생활의 문제점인 '가구의 고립화'가 들어가는 것이 적절하다.

| 오답풀이 |

⑤ 글에서는 도시가 전통적 이웃 형태에 비해 더 가깝고, 더 많은 이웃을 갖게 되었다고 언급하였을 뿐 전반적인 내용은 가구의 고립화에 초점이 맞추어져 있으므로 답이 될 수 없다.

12

| 정답 | ①

| 해설 | 이 글에서는 언어에 대한 작가의 책임이 막중함을 말하고 있는데, 이러한 주장에는 작가가 산출하는 문학 작품이 언어에 지대한 영향을 미친다는 사실이 전제되어 있다.

13

| 정답 | ②

| 해설 | 빈칸은 문단의 처음이므로 내용 전체를 이끌 수 있는 문장이 들어가야 한다. 빈칸 뒤의 문장을 살펴보면 중세시대에는 견고한 중세 지배체제로 인해 농민들의 저항이 이루어지지 못하였고, 산업사회에서는 시민이나 노동자들이 자신들의 안락한 생활을 위협받을 때에만 저항이 나타났다고 하였다. 이를 통해 살고 있는 시대와 처해진 상황에 따라 저항이 이루어질 수도, 그렇지 못할 수도 있으며 저항의 이유 또한 달라질 수 있음을 알 수 있다. 따라서 ②가 가장 적절하다.

14

| 정답 | ③

| 해설 | 이 글에서는 몸과 마음을 이원론적으로 분리하여 구분하면서, 신체로부터 독립되어 존재할 수 있는 것을 '능동적 지성', '비물질적인 지성', '비물질적 영혼'과 같은 단어로 표현하고 있다. '심신의 유기체'는 몸과 마음을 분리하지 않고 하나로 보는 표현으로 가리키는 것이 다르다.

15

| 정답 | ⑤

| 해설 | '산업안전보건법'은 사업자가 아닌 노동자의 '안전'과 '보건'이 유지 · 증진될 수 있도록 제도적으로 기준을 만든 법이다.

16

| 정답 | ④

| 해설 | 선택지에서 첫 번째 문장으로 (나)와 (라)를 제시하고 있으므로 이를 중심으로 살펴보도록 한다.

우선 (나)의 '쇠못으로 결합하는 방법'에 대한 설명은 (라)에서 '짜 맞춤 기법'과 더불어 제시된 목재 연결 기술의 하나이므로 (라)－(나)의 순서가 적합하다. 또한 (나)의 바로 뒤에는 짜 맞춤 기법에 대한 설명이 올 것을 예측할 수 있는데, (다)의 '그에 비해 짜 맞춤 기법은～'으로 보아 (나)－(다)의 순서가 자연스럽다. 그리고 (다)는 짜 맞춤 기법을 이용하면 많은 시간이 소요된다는 내용이므로, 튼튼하게 맞물린다는 강점을 제시하는 (가)가 (다)의 뒤에 올 수 있다. 그러면서 '이러한～'을 통해 짜 맞춤 기법에도 다양한 종류가 있음을 설명하는 (마)가 글의 마지막에 위치하게 된다.

따라서 (라)－(나)－(다)－(가)－(마) 순서가 적절하다.

17

| 정답 | ⑤

| 해설 | 우선 (나)에는 '이에 따라'라는 지시어가 나오므로, (나)는 '자기 자신의 아이덴티티를 형성한다'라는 글이 포함되는 (라) 뒤에 오게 된다. 또한, (라)에는 '그 문화적 풍토'라는 지시어가 있고, 이는 (마)의 '각각의 형태를 갖고 있다'와 연결되기 때문에 (마)－(라)－(나)가 된다.

그리고 (가)와 (바)는 가치의 상대성이 발생하는 함정'에 대해 논하고 있는데, (가)는 '그런데'라는 역접 관계의 접속사

로 시작하므로 (바) 뒤에 (가)가 올 수 없으므로 (가)-(바)가 되어야 한다.

그러므로 (마)-(라)-(나)-(가)-(바)-(다) 순이 적절하다. 마지막으로 '따라서'에 이어 결론을 제시하는 (다)가 온다.

18

| 정답 | ③

| 해설 | 접속어는 주로 문장과 문장을 연결하는 데 쓰이므로 '그럼에도 불구하고'로 시작하는 (다)와 '즉'으로 시작하는 (라)는 첫 문장이 될 수 없다. '그럼에도 불구하고'는 앞 문장과 뒤 문장을 역접의 관계로 연결하는 접속어이므로 과학과 기술이 제휴한다는 (다)의 내용과 상반되는 (나) 또는 (라) 뒤에 오게 된다. 반대로 '즉'은 앞 문장을 다시 한 번 설명하는 접속어이므로 문장의 내용이 서로 일치하는 (나)의 뒤에 오는 것이 바람직하다. 따라서 (나)-(라)-(다)의 순서가 되며, 문맥상 (가)는 가장 마지막에 오는 것이 적절하다.

19

| 정답 | ②

| 해설 | (나)에서 '그는'이라고 시작되므로 인물에 대해 이야기하는 (라)가 (나) 앞에 나와야 한다. (가)에서 자신의 이름을 따서 도시명을 정했다고 말하므로 (나)에 나온 도시건설에 대한 부연설명임을 알 수 있다. 그러므로 (라)-(나)-(가)의 순서대로 문단이 배치된다. 다음으로 (마)에서 '이 도시는'이 나오므로 상트페테르부르크에 대해 말하는 (가) 뒤에 배치된다. (마)에서 이후 발전 상황에 대해 이야기하고 있고 (다)는 이러한 위상이 지금까지 이어진다고 했으므로 (마)-(다)로 배치된다. 따라서 글의 순서는 (라)-(나)-(가)-(마)-(다)가 된다.

20

| 정답 | ①

| 해설 | (라)에서는 농촌의 고령화라는 화두를 던지며 나머지 문장이 언급할 논점의 방향을 제시한다. 고령화의 현상을 (가)에서 언급하며, 고령화가 지속되는 중요한 원인을 (나)에서 설명하고 있다. (다)에서는 앞의 내용에 반전을 이루며 농촌 청년들에 대한 고무적인 현상을 부각시키고 있다. 따라서 (라)-(가)-(나)-(다) 순서가 가장 적절하다.

1회 응용계산력

문제 133쪽

01	④	02	④	03	⑤	04	①	05	⑤
06	④	07	③	08	④	09	⑤	10	④
11	①	12	④	13	④	14	②	15	③
16	③	17	④	18	⑤	19	①	20	②

01

| 정답 | ④

| 해설 | 가습기의 정가를 x원, 서랍장의 정가를 y원이라고 하면, 다음과 같은 식이 성립한다.

$0.85x+0.75y=183{,}520$ ························ ㉠

$0.8(x+y)=183{,}520$ ···························· ㉡

이 식을 연립해서 풀면 다음과 같다.

$0.05x=0.05y$

$x=y$

$0.85x+0.75x=183{,}520$

$1.6x=183{,}520$

$x=114{,}700$

따라서 가습기의 정가는 114,700원이다.

02

| 정답 | ④

| 해설 | n명을 원형 탁자에 앉히는 경우의 수는 $(n-1)!$가지인데, 회의를 위해 모인 6명 중 A와 B가 서로 이웃하는 경우이므로 이 둘을 한 명으로 묶어서 5명의 자리를 배열해야 한다. 또한 서로 이웃한 A와 B 간의 순서가 2가지로 존재하므로 모든 경우의 수는 $(5-1)!\times 2=48$(가지)이다.

03

| 정답 | ⑤

| 해설 | 박스의 칸을 선택할 수 있는 모든 경우의 수는 25가지이고, 이 중 빈칸은 20개이므로 처음 선택 시 빈칸을 고를 확률은 $\frac{20}{25}$이다. 그리고 두 번째 선택에서 쿠폰이 있는 칸을 고를 확률은 처음 선택한 빈칸을 제외한 $\frac{5}{24}$가 된다.

따라서 두 번째 선택에서 쿠폰이 있는 칸을 고를 확률은 $\frac{20}{25}\times\frac{5}{24}=\frac{1}{6}$, 즉 16.666…%로 약 17%가 된다.

보충 플러스+

1. 동시에 일어나거나 '그리고'로 연결되는 경우는 확률을 곱한다.
2. '또는'으로 연결되는 경우는 확률을 더한다.
3. 어떠한 사건이 일어나지 않을 확률은 (1－사건이 일어날 확률)이다.

04

| 정답 | ①

| 해설 | 큰 활자가 들어가는 장 수를 x장, 작은 활자가 들어가는 장 수를 y장이라 하면,

$x+y=16$ ……………… ㉠

$1,200x+1,500y=21,000$ ……………… ㉡

이 식을 연립하여 풀면 다음과 같다.

$1,200(16-y)+1,500y=21,000$

$19,200-1,200y+1,500y=21,000$

$300y=1,800$

$y=6,\ x=10$

따라서 작은 활자를 사용한 종이는 총 6장이다.

05

| 정답 | ⑤

| 해설 | 혜정이가 백화점 상품권을 할인받아 구입한 가격은 100,000×0.85=85,000(원)이다. 그리고 상품권으로 구입한 구두의 할인된 가격은 120,000×0.6=72,000(원)이므로, 상품권으로 구매하고 돌려받은 잔액은 28,000원이다. 따라서 실제로 구두를 구입한 금액은 85,000－28,000＝57,000(원)이며 구두 구입 시 할인받은 금액은 120,000－57,000=63,000(원)이다.

구두의 최종 할인율은 $\frac{63,000}{120,000}\times 100 \fallingdotseq 53$, 즉 53%이며 이는 기존 할인율 40% 보다 약 13% 더 할인받은 가격이다.

06

| 정답 | ④

| 해설 | 작년 A 공장의 컴퓨터 생산량을 x대, B 공장의 컴퓨터 생산량을 y대라 하면 다음 두 식이 성립한다.

$x+y=2,500$ ……………… ㉠

$0.1x : 0.2y=1:3 \rightarrow y=1.5x$ ……… ㉡

㉡을 ㉠에 대입하여 계산하면

$x=1,000$(대), $y=1,500$(대)임을 알 수 있다.

따라서 작년 A 공장의 컴퓨터 생산량은 1,000대이므로 올해의 생산량은 1,000×1.1=1,100(대)이다.

07

| 정답 | ③

| 해설 | 각각의 평균을 식으로 나타내면 다음과 같다.

$\frac{A+B+C+D}{4}=18 \qquad A+B+C+D=72$ ……… ㉠

$\frac{B+C}{2}=17 \qquad B+C=34$ ……………… ㉡

$\frac{B+C+D}{3}=20 \qquad B+C+D=60$ ……………… ㉢

㉠, ㉡, ㉢을 연립하여 풀면 $A=12$, $D=26$이다.

따라서 A와 D의 평균은 $\frac{12+26}{2}=19$이다.

08

| 정답 | ④

| 해설 | 2022년도의 원가를 x원이라 하면

$0.4x=5,000,\ x=12,500$(원)

2022년의 판매 가격은 원가의 20%를 추가하여 책정한 것이므로 판매한 물건의 개당 이익은 12,500×0.2=2,500(원)이다. 따라서 2022년도 A 회사의 이익은 2,500×75=187,500(원)이다.

09

| 정답 | ⑤

| 해설 | 터널의 길이를 xm, 새마을호의 속력을 ym/s라 할 때, 열차가 터널을 통과하는 시간은 열차의 끝부분까지 터널을 모두 빠져 나오는 시간이므로 다음과 같은 식이 성립한다.

$x+150$(터널+새마을호 길이)$=y\times 20$ ······················ ㉠

$x+320$(터널+KTX 길이)$=2y\times 11$ ······················ ㉡

㉠, ㉡을 연립하여 풀면

$x=1{,}550,\ y=85$

따라서 터널의 길이는 1,550m이다.

10

| 정답 | ④

| 해설 | 연수원에 있는 방의 수를 x개라 하면 다음과 같은 식이 성립한다.

$6x+4=(8x-3)-6$

$\therefore x=17$

따라서 신입사원의 수는 6×17+4=106(명)이 된다.

11

| 정답 | ①

| 해설 | 현재 최 대리의 나이를 x살이라 하면, 김 부장의 나이는 $(x+12)$살이 된다. 주어진 조건을 식으로 정리하면 다음과 같다.

$3(x-4)=2(x+12-4)$

$3x-12=2x+16$

$x=28$

따라서 현재 최 대리의 나이는 28살이다.

12

| 정답 | ④

| 해설 | 전체 일의 양을 1이라 하고 갑, 을, 병이 1일 동안 하는 일의 양을 각각 a, b, c라 하면 다음과 같은 식이 성립한다.

$a+b=\frac{1}{5}$ ······················ ㉠

$b+c=\frac{1}{10}$ ······················ ㉡

$a+c=\frac{1}{8}$ ······················ ㉢

이 식을 연립해서 풀면 다음과 같다.

$2a+2b+2c=\frac{17}{40}$

$a+b+c=\frac{17}{80}$ ················ ㉣

$c=\frac{17}{80}-\frac{1}{5}=\frac{1}{80}$

따라서 병 사원이 혼자 프로젝트를 진행한다면 완료하는 데 80일이 걸린다.

13

| 정답 | ④

| 해설 | 현 지점에서 A 지점까지 왕복하는 데 3시간 이내의 시간이 걸려야 하므로, 먼저 현 지점에서 A 지점까지 가는 데 걸린 시간을 구해 3시간에서 빼면 A 지점에서 현 지점으로 돌아오는 데 필요한 최대 시간을 얻어 최소 속력을 구할 수 있다.

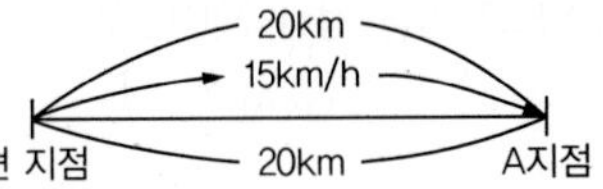

우선 현 지점에서 A 지점까지 가는 데 걸린 시간은 $\frac{20}{15}=\frac{4}{3}$, 즉 1시간 20분이다. 따라서 A 지점에서 현 지점까지 돌아오는 데 필요한 최대 시간은 1시간 40분이며, 1시간 40분은 $\frac{5}{3}$(시간)이므로 최소 $20\div\frac{5}{3}=12$(km/h)의 속력으로 돌아와야 한다.

14

| 정답 | ②

| 해설 | 유정이는 15일간 일을 하였으므로 유정이가 일한 양은 $\frac{1}{A}\times 15=\frac{15}{A}$이며, 세영이가 일한 양은 전체에서 유정이가 일한 만큼을 뺀 $1-\frac{15}{A}=\frac{A-15}{A}$가 된다. 따라서 세영이가 일한 날짜 수는 $\frac{A-15}{A}\div\frac{1}{B}=\frac{B(A-15)}{A}$(일)이고 일을 하지 않은 날짜 수는 $\left\{15-\frac{B(A-15)}{A}\right\}$일이다.

15

| 정답 | ③

| 해설 | 첨가된 12% 소금물의 양을 xg이라 하면 소금의 양에 대한 다음과 같은 식이 성립한다.

$\frac{8}{100}\times(400-x)+\frac{12}{100}x=\frac{7}{100}\times 600$

$3{,}200-8x+12x=4{,}200$

$4x=1{,}000$

$x=250$

따라서 12% 소금물은 250g이다.

16

| 정답 | ③

| 해설 | 주어진 문제에 따라 식을 세우면 A−1=B+1, 2(C−4)=B+4이므로 이를 정리하면 다음과 같다.

A=B+2 ………………………… ㉠

C=$\frac{B+12}{2}$ …………………… ㉡

A, B, C의 구슬의 평균 개수가 6개라고 하였으므로 $\frac{A+B+C}{3}=6$이고, 이 식에 ㉠과 ㉡을 대입하면

$\frac{(B+2)+B+\left(\frac{B+12}{2}\right)}{3}=6$

$2B+2+\frac{B+12}{2}=18$

따라서 B=4(개)이다. 이때 C가 갖고 있는 구슬의 개수가 $\frac{B+12}{2}$이므로, 모두 8개임을 알 수 있다.

17

| 정답 | ④

| 해설 | 정사면체를 두 번 던졌을 때 바닥에 깔리는 두 숫자의 합이 0이 될 수 있는 숫자 조합의 경우는 (1, −1), (−1, 1), (0, 0) 세 가지이다.

- (1, −1)이 될 확률 : $\frac{2}{4}\times\frac{1}{4}=\frac{1}{8}$
- (−1, 1)이 될 확률 : $\frac{1}{4}\times\frac{2}{4}=\frac{1}{8}$
- (0, 0)이 될 확률 : $\frac{1}{4}\times\frac{1}{4}=\frac{1}{16}$

따라서 바닥에 깔리는 두 숫자의 합이 0이 될 확률은 $\frac{1}{8}+\frac{1}{8}+\frac{1}{16}=\frac{5}{16}$이다.

18

| 정답 | ⑤

| 해설 | 정가를 x원이라 하면, 정가에서 20% 할인된 가격은 $0.8x$원이 되므로

$0.8x=5{,}000\times 1.1$

$x=6{,}875$(원)

정가 6,875원은 원가 5,000원에 1,875원의 이익을 더한 가격이므로 인형의 본래 가격은 원가에 $\frac{1{,}875}{5{,}000}\times 100=37.5$(%)의 이익을 더한 가격이다.

19

| 정답 | ①

| 해설 | 최종적으로 만들어진 소금물의 양은 300−220+20=100(g)이다. 처음 소금물의 농도를 x%라 하면, 나중

소금물의 농도는 Ax%이므로 소금물 안에 들어 있는 소금의 양을 기준으로 식을 세워 보면 다음과 같다.

$$\left(\frac{x}{100}\times 300\right)+20=\frac{Ax}{100}\times 100$$

$$3x+20=Ax,\ (A-3)x=20$$

$$\therefore x=\frac{20}{A-3}$$

따라서 처음 소금물의 농도는 $\frac{20}{A-3}$%이다.

20

| 정답 | ②

| 해설 | 집에서 공원까지의 거리를 $x$km라 하면 집에서 영화관까지의 거리는 $2x$km가 된다. 이를 토대로 시간에 대한 식을 세우면 다음과 같다.

$\frac{x}{A}+\frac{x}{B}=\frac{15}{60}$(시간)이다.

$$Bx+Ax=\frac{AB}{4},\ (A+B)x=\frac{AB}{4}$$

$$x=\frac{AB}{4(A+B)}$$

따라서 집에서 영화관까지의 거리는 $\frac{AB}{2(A+B)}$km이다.

1회 수추리력

문제 138쪽

01	①	02	⑤	03	③	04	②	05	④
06	②	07	⑤	08	①	09	④	10	③
11	②	12	①	13	⑤	14	②	15	②
16	③	17	③	18	④	19	①	20	④

01

| 정답 | ①

| 해설 |

$$70 \xrightarrow[\times 2^1]{} 140 \xrightarrow[\div 2^2]{} 35 \xrightarrow[\times 2^3]{} 280 \xrightarrow[\div 2^4]{} ? \xrightarrow[\times 2^5]{} 560$$

따라서 ?에 들어갈 숫자는 17.5이다.

02

| 정답 | ⑤

| 해설 |

$$7 \xrightarrow[+1]{} 8 \xrightarrow[+4]{} 12 \xrightarrow[+7]{} 19 \xrightarrow[+10]{} ? \xrightarrow[+13]{} 42 \xrightarrow[+16]{} 58$$

$$+1 \xrightarrow[+3]{} +4 \xrightarrow[+3]{} +7 \xrightarrow[+3]{} +10 \xrightarrow[+3]{} +13 \xrightarrow[+3]{} +16$$

따라서 ?에 들어갈 숫자는 29이다.

03

| 정답 | ③

| 해설 |

$$? \xrightarrow{+3} 6 \xrightarrow{+1} 7 \xrightarrow{+5} 11 \xrightarrow{+1} 12 \xrightarrow{+7} 18 \xrightarrow{+1} 19 \xrightarrow{+9} 27 \xrightarrow{+1} 28$$

(윗줄: ? → 7 +3, 7 → 12 +5, 12 → 19 +7, 19 → 28 +9 / 아랫줄: 6 → 7 +1, 11 → 12 +1, 18 → 19 +1, 27 → 28 +1)

따라서 ?에 들어갈 숫자는 4이다.

04

| 정답 | ②

| 해설 |

$$-4\quad 11\quad -9\quad 6\quad -12\quad 3\quad ?\quad 2$$

(윗줄: −4 → −9 −5, −9 → −12 −3, −12 → ? −1 / 아랫줄: 11 → 6 −5, 6 → 3 −3, 3 → 2 −1)

따라서 ?에 들어갈 숫자는 −13이다.

05

| 정답 | ④

| 해설 |

$$37 \xrightarrow[-2^1]{} 35 \xrightarrow[+2^2]{} 39 \xrightarrow[-2^3]{} 31 \xrightarrow[+2^4]{} 47 \xrightarrow[-2^5]{} 15 \xrightarrow[+2^6]{} ?$$

따라서 ?에 들어갈 숫자는 79이다.

1회 기출유형
2회 기출유형
3회 기출유형

06

| 정답 | ②

| 해설 |

$$2 \xrightarrow[\times\frac{1}{2}]{} 1 \xrightarrow[+2]{} 3 \xrightarrow[\times\frac{1}{2}]{} \frac{3}{2} \xrightarrow[+2]{} \frac{7}{2} \xrightarrow[\times\frac{1}{2}]{} \frac{7}{4} \xrightarrow[+2]{} \frac{15}{4} \xrightarrow[\times\frac{1}{2}]{} ?$$

따라서 ?에 들어갈 숫자는 $\frac{15}{8}$이다.

07

| 정답 | ⑤

| 해설 |

$$4 \xrightarrow[\times2-1]{} 7 \xrightarrow[\times2-2]{} 12 \xrightarrow[\times2-3]{} 21 \xrightarrow[\times2-4]{} ? \xrightarrow[\times2-5]{} 71 \xrightarrow[\times2-6]{} 136$$

따라서 ?에 들어갈 숫자는 38이다.

08

| 정답 | ①

| 해설 |

$$7 \xrightarrow[+3]{} 10 \xrightarrow[+2]{} 12 \xrightarrow[+4]{} 16 \xrightarrow[+1]{} 17 \xrightarrow[+5]{} 22 \xrightarrow[+0]{} ?$$

$$+3 \xrightarrow[-1]{} +2 \xrightarrow[+2]{} +4 \xrightarrow[-3]{} +1 \xrightarrow[+4]{} +5 \xrightarrow[-5]{} +0$$

따라서 ?에 들어갈 숫자는 22이다.

09

| 정답 | ④

| 해설 |

2^0 ↓		2^1 ↓		2^2 ↓		2^3 ↓		2^4 ↓
1	1	2	4	4	9	8	16	?
	↑ 1^2		↑ 2^2		↑ 3^2		↑ 4^2	

따라서 ?에 들어갈 숫자는 16이다.

10

| 정답 | ③

| 해설 |

$$\frac{5+3\times0}{9\times2^0} \rightarrow \frac{5+3\times1}{9\times2^1} \rightarrow \frac{5+3\times2}{9\times2^2} \rightarrow ? \rightarrow \frac{5+3\times4}{9\times2^4}$$

$$?=\frac{5+3\times3}{9\times2^3}$$

따라서 ?에 들어갈 숫자는 $\frac{14}{72}$이다.

11

| 정답 | ②

| 해설 |

1 1 2 3 5 8 13 21 ? 55 89 144

1+1=2, 1+2=3, 3+5=8, 5+8=13, 13+21=?, 21+?=55, 55+89=144

따라서 ?에 들어갈 숫자는 34이다.

보충 플러스+

피보나치 수열

n번째 수가 $(n-2)$번째 수와 n수를 더한 값으로 이루어지는 수열

12

| 정답 | ①

| 해설 |

$$11 \xrightarrow[\times3]{} 33 \xrightarrow[+3]{} 36 \xrightarrow[\div3]{} 12 \xrightarrow[\times4]{} 48 \xrightarrow[+4]{} ? \xrightarrow[\div4]{} 13 \xrightarrow[\times5]{} 65 \xrightarrow[+5]{} 70 \xrightarrow[\div5]{} 14$$

따라서 ?에 들어갈 숫자는 52이다.

13

| 정답 | ⑤

| 해설 |

16 12 17 15 22 ? 31 33 44

$$16 \xrightarrow[+1]{} 17 \xrightarrow[+5]{} 22 \xrightarrow[+9]{} 31 \xrightarrow[+13]{} 44$$

$$12 \xrightarrow[+3]{} 15 \xrightarrow[+7]{} ? \xrightarrow[+11]{} 33$$

따라서 ?에 들어갈 숫자는 22이다.

14

| 정답 | ②

| 해설 |

$$\frac{4}{9} \xrightarrow[\times\frac{2}{3}]{} ? \xrightarrow[\times\frac{3}{2}]{} \frac{24}{54} \xrightarrow[\times\frac{2}{3}]{} \frac{48}{162} \xrightarrow[\times\frac{3}{2}]{} \frac{144}{324}$$

따라서 ?에 들어갈 숫자는 $\frac{8}{27}$이다.

15

| 정답 | ②

$$? \xrightarrow[\times2+0.5]{} 9.5 \xrightarrow[\times2+0.5]{} 19.5 \xrightarrow[\times2+0.5]{} 39.5 \xrightarrow[\times2+0.5]{} 79.5$$

따라서 ?에 들어갈 숫자는 4.5이다.

16

| 정답 | ③

| 해설 |

15 4 25 15 35 26 45 ?

(15, 4): −11 → (25, 15): −10 → (35, 26): −9 → (45, ?): −8 (+1씩)

(4, 25): +21 → (15, 35): +20 → (26, 45): +19 (−1씩)

따라서 ?에 들어갈 숫자는 37이다.

17

| 정답 | ③

| 해설 | 각 자리의 숫자를 더한 값만큼씩 숫자가 증가한다.

$$78 \xrightarrow[(=7+8)]{+15} 93 \xrightarrow[(=9+3)]{+12} 105 \xrightarrow[(=1+5)]{+6} 111 \xrightarrow[(=1+1+1)]{+3} 114$$

$$\xrightarrow[(=1+1+4)]{+6} 120 \xrightarrow[(=1+2)]{+3} 123 \xrightarrow[(=1+2+3)]{+6} 129 \xrightarrow[(=1+2+9)]{+12} ?$$

따라서 ?에 들어갈 숫자는 141이다.

18

| 정답 | ④

| 해설 |

$$\frac{2}{7} \xrightarrow[\times\frac{1}{2}]{} \frac{2}{14}=\frac{1}{7} \xrightarrow[\times\frac{2}{3}]{} \frac{2}{21} \xrightarrow[\times\frac{3}{4}]{} \frac{6}{84}=\frac{1}{14}$$

$$\xrightarrow[\times\frac{4}{5}]{} \frac{4}{70}=\frac{2}{35} \xrightarrow[\times\frac{5}{6}]{} \frac{10}{210}=\frac{1}{21} \xrightarrow[\times\frac{6}{7}]{} ? \xrightarrow[\times\frac{7}{8}]{}$$

$$\frac{14}{392}=\frac{1}{28}$$

따라서 ?에 들어갈 숫자는 $\frac{2}{49}$이다.

19

| 정답 | ①

| 해설 | 첫 번째 수는 두 번째 수와 세 번째 수의 곱에 1을 더한 값이다.

13 4 3 → $4\times3+1=13$

22 7 3 → $7\times3+1=22$

16 5 ? → $5\times?+1=16$

$5\times?=15$

$?=3$

20

| 정답 | ④

| 해설 | 네 번째 수는 첫 번째 수와 두 번째 수의 곱에 세 번째 수를 더한 값이다.

3 2 6 12 → $(3\times2)+6=12$

2 2 5 9 → $(2\times2)+5=9$

12 3 10 ? → $(12\times3)+10=?$

따라서 ?에 들어갈 숫자는 46이다.

2회 지각정확력

문제 144쪽

01	②	02	②	03	①	04	①	05	④
06	③	07	①	08	②	09	④	10	④
11	①	12	③	13	①	14	②	15	③
16	③	17	④	18	⑤	19	②	20	④
21	④	22	③	23	③	24	③	25	④
26	⑤	27	②	28	⑤	29	⑤	30	①

01

| 정답 | ②

| 해설 |

IS IG IE JS IC IH IQ IV JU IS IP IZ IS IT IB IK IS
JE IU IV IZ IN IE IF IG IR IO IP IA IB IK JE EI IP
IW IT IK IL IE IZ IK IQ ID IB IA IF IC IS IU IZ IJ

02

| 정답 | ②

| 해설 |

A R F K L F H O V E H G N D D I W T H C N E
Y T O Q X N V U D N R K Z F H R M Z X H G
M X J

F S D F K L J G J E B V U H Z X R M N L C G
H R Q H I O I D V B C U H G N X Z U H T U W G
Z O I

03

| 정답 | ①

| 해설 |

WUY VWU UWW WUW VWW UVW WVU UUV VUW
YUY WYU UWU VUV WUW WUY WUV VWW WYV
WVU WYV VUV YUY UWV UVW YWY WUW VUV

04

| 정답 | ①

| 해설 |

낿 갧 덻 겗 곏 젧 댉 벫 졟 낿 덻 덽 겙 갧 댋
덻 젧 졝 갧 넯 덹 텗 캛 갧 첽 멟 벫 댍 캛 텕
겗 탩 콃 캙 댋 낽 벭 넯 댉 젥 겙 갥 냁 덻 낿

05

| 정답 | ④

| 해설 |

fi2 k2j hu1 do9 a2u hu2 1ai sk1 z2n hu1
1if k2h ai1 o2b c7k hu1 hf4 a8i ho1 d3k
ju1 fo3 hu1 9ak a7k 3hu k8a u2h 1uf hu8

06

| 정답 | ③

| 해설 |

옐 앰 엡 옐 엘 앨 앰 얩 얠 얩 열 옘 얄 엘 얩
앨 옐 옙 얕 엽 앱 열 엘 얄 얕 앨 옘 얍 알 옘
압 옐 엽 얕 얠 엽 얠 얄 얠 옐 앱 얍 옐 예 얠

07

| 정답 | ①

| 해설 |

動 瞳 罿 重 覲 動 陲 動 覲 覲 重 瞳 陲 瞳 動
勤 重 覲 動 陲 動 覲 覲 瞳 陲 瞳 重 動 動 瞳
覲 瞳 覲 重 勤 動 陲 瞳 陲 重 重 勤 動 覲 瞳

08

| 정답 | ②

| 해설 |

○ ¥ ∽ □ Σ ℉ ▷ ♡ ♨ ∮ $ @ ♥ ♭ € ▣ ▽ ※ ☎ ⊃ ▽ ≠ ∵ ⇔
£ ∈ ∧ ⊆ ∃ ∏ ∂ × ▤ ∬ ◉ ♬

≒ ∞ ∴ ≫ ▼ ℉ ♤ ♣ ♪ ! # ‰ ∫ ± ⇒ ◑ ㉿ ∏ ∨ ∬ ∵ ≥ ♂ ≪ ∈
∀ ▲ ← ≒ ◁ ¡ ＼ ◆ ∵ ▷ ¿

09

| 정답 | ④

| 해설 |

ঔ র ঠ ও ৯ দ ক খ ষ স হ খ ঞ এ চ গ খ এ ক খ ঔ

ঠ ও ৯ দ ক খ হ ভ র ঠ ও ঞ এ চ খ ঔ ঙ গ হ অ ও

ই গ ঝ ৯ দ ক খ ঞ এ ঔ ট গ ই ৎ ঢ় ঙ্ক চ ঙ খ এ ঠ

10

| 정답 | ④

| 해설 |

▤ ▨ ▥ ▤ ▤ ▧ ▤ ▥ ▧ ▤ ▧ ▨

▥ ▧ ▨ ▨ ▧ ▨ ▥ ▧ ▧ ▧ ▤ ▧

▨ ▤ ▥ ▧ ▨ ▥ ▧ ▤ ▧ ▨ ▥ ▤

▨ ▧ ▤ ▥ ▤ ▧ ▨ ▧ ▤ ▨ ▤ ▨

11

| 정답 | ①

| 해설 |

℃ % A # @ $! Å ¥ $ % # Å ! @ $
& ℃ ¥ $ @ ¥ & # @ ℃ ! Å % & $
# @ ! ¥ ℃ & ! Å ¥ % $ A @ # ! %

12

| 정답 | ③

| 해설 |

ⓥ ⓖ ⓚ ⓤ ⓜ ⓒ ⓨ ⓝ ⓞ ⓦ ⓧ ⓙ ⓑ ⓤ ⓣ ⓔ ⓕ ⓟ ⓠ

ⓡ ⓓ ⓗ ⓘ ⓢ ⓐ ⓥ ⓖ ⓚ ⓛ ⓜ ⓒ ⓨ ⓝ ⓞ ⓚ ⓧ ⓙ ⓑ

ⓤ ⓣ ⓔ ⓕ ⓝ ⓠ ⓡ ⓓ ⓗ ⓘ ⓢ ⓐ ⓓ ⓙ ⓜ ⓦ ⓢ ⓝ ⓞ

ⓟ ⓤ ⓥ ⓕ ⓑ ⓖ ⓙ ⓨ ⓝ ⓩ ⓟ ⓣ ⓠ ⓒ ⓐ ⓖ ⓙ ⓞ ⓤ

13

| 정답 | ①

| 해설 |

◩ ◈ ◨ ◕ ◓ ◈ ▣ ◫ ▣ ◩ ◐ ◈ ◪ ◑ ◉ ▣ ◩
◉ ◑

◢ ◒ ◫ ◉ ▣ ◒ ◭ ◪ ◈ ◉ ◧ ◉ ◨ ▣ ◇ ◎ ▣
○ ◥

◉ ◪ ◬ ◨ ◐ ◩ ◳ ◎ ◒ ◘ ◭ ◕ ◐ ◈ ◍ ◑ ◶
◭ ◧

14

| 정답 | ②

| 해설 |

912 915 955 971 991 901 972 963 945 955 965

948 987 962 960 918 977 969 951 982 945 999

915 923 921 972 907 989 928 975 912 918 965

934 935 902 919 939 925 939 925 973 909 922

15

| 정답 | ③

| 해설 |

314 325 327 394 311 313 315 316 351 354 351 375

395 311 319 351 315 345 365 355 318 313 319 353

351 317 359 385 313 312 375 345 315 351 316 318

16

| 정답 | ③

| 해설 |

ㄹㅈ ㅲ ㅬ ㅻ ㅥ ㅇㅅ ㅫ ㅶ ㅺ ㅭ ㅾ ㅷ

ㅷ ㅯ ㅾ ㅧ ㅪ ㅮ ㆀ ㅦ ㅴ ㅥ ㅲ ㅰ

ㆅ ㅶ ㅪ ㅭ ㅽ ㄹㅈ ㅳ ㅇㅿ ㅬ ㅵ ㅨ ㅫ

17

| 정답 | ④

| 해설 |

ず け ぢ だ し ぢ ゆ び **ぜ** く い つ ね ぬ め ぺ ぼ ど
づ さ ゃ わ ゑ め **で** づ

け つ で げ き ぷ ぽ **を** ろ ぜ に べ す じ け ぉ ぞ ひ
ぎ ぢ も を し よ ぢ ぎ

へ ど く ぱ ら せ ぐ け ぉ **ゐ** ゎ し ぁ な て そ ど も
ふ す け ゅ む び れ た

18

| 정답 | ⑤

| 해설 |

끗 끝 꽁 끕 끌 끗 끅 끝 끚 끔 끈 꽁 끌 **꿓**
끜 꿓 끝 끘 끔

끈 꽁 끌 꿓 끜 끚 **끞** 꿓 꽁 끕 끚 끋 끅 끗
끔 끈 꽁 끌 꿓

끜 끝 끘 끞 꿓 끕 끚 끅 끘 **뀪** 끝 끔 끈 꽁
끌 꿓 끜 끝 끚

끔 끈 끕 끚 끋 끅 꿓 끜 끚 끅 끘 뀪 꿓 끔
끈 꽁 끌 꿓 끜

꿓 끞 끘 끔 끈 꽁 끌 꿓 끝 끜 끚 꿓 꽁 끕
끚 끋 끅 끗 끔

19

| 정답 | ②

| 해설 |

و سـ ص ق **س** ج خ ل ض **ق** ص ش ض **ص** و ج ش

ض ذ ق ب ش و س ب ت ض ش ز ب ت ش ق ص

ح خ د ض ق ص **ن** م و ض ق ص ش ت ب ض ش

20

| 정답 | ④

| 해설 |

伽 儺 多 喇 摩 乍 亞 仔 且 他 坡 下
佳 娜 茶 懶 瑪 事 俄 刺 **侘** 咤 婆 何
假 懦 癩 痲 些 兒 **咨** 借 唾 巴 厦 亞
仔 且 他 瑪 事 俄 娜 茶 懶 瑪 些 兒

21

| 정답 | ④

| 해설 |

あ き ち し び **み** わ お と そ さ は ほ ぽ ぷ **な** ず
ぐ そ す こ え ん わ を **ね** が さ を は ま ぎ じ さ
は け げ ね ぜ ぺ **め** れ ゐ る う く こ ぞ と が ざ

22

| 정답 | ③

| 해설 |

콹 숱 휡 찱 겧 튥 닭 뷸 **굵** 젤 훍 즘 뱕 츎
겱 웕 몁 **뚧** 쳴 큵 쬚 핪 퓲 **꺎** 땕 줆 **쌟** 꿝
뺅 퍪 흙 쌟 숡 맶 줅 쓟 꺾 맔 봃 듊 캵 꼶

23

| 정답 | ③

| 해설 |

♧ ☆ ◐ Σ **∮** ▥ **£** ♡ ▣ ▦ £ ¥ ◈ ♥
▧ ℃ ☎ ♣

♤ ◑ ▩ ▶ ⊠ ☸ ◁ ♀ ▨ ▶ ♬ ▤ **♭** ◉
⇒ Ⅷ ⏀ ¢

☍ ✪ ∮ ◱ ⊛ ◭ **☊** ☮ ☈ ◒ ◩ ㉿ ◶ ∋
㉾ ⇔ ⁉ @

24

| 정답 | ③

| 해설 |

▣ ◪ **◫** ▣ **◲** ▥ ▨ ◪ ▧ ◱ ▥ ▨ ◪ ◫
▦ ◱ ◇ ◰ ◪ ▣

▨ ▥ **◪** ◈ ▦ ◱ ◰ ◪ ▦ ◫ ▣ ◈ ◇ ◲
◳ ▣ ◨ ◰ ▩ ▨

◇ ◲ ▣ ▨ ▣ ◨ ▩ ▥ ▣ ▨ ◨ ◰ ▧ ◫
▦ ◨ ◪ ▣ ▧ ▦

25

| 정답 | ④

| 해설 |

╡ **╢** ╖ ╕ ╣ ║ ╨ ╤ ╥ **╙** **╘** ╒ ╓ ╫
║ ╝ ╜ ╛ ╞ ╟ ╝ ╜ ╛ ╞ ╟ ╚ ╔ ╘
╒ ╓ ╫ **╠** ═ ╬ ╧ ╚ ╔ ╠ ═ ╬ ╡ ╢
╖ ╕ ╣ ╧ ╨ ╤ ╥ ╙ ╞ ╟ ╝ ╣ ║ ╨

26

| 정답 | ⑤

| 해설 |

⠄ **⠕** ⠠ ⡚ ⠸ ⠵ ⡅ **⡃** ⠖ ⠻ ⠶
⡪ ⡦ ⡄ ⡂ ⠧ ⠺ ⠵ ⡘ ⢃ **⠲** ⡖
⠁ ⢨ ⡳ ⠥ **⠐** ⠀ ⠼ ⡙ ⡖ ⠴ ⡖

27

| 정답 | ②

| 해설 |

❊ ✫ ✼ ❁ ✯ ❃ ✳ ✰ ✲ **✥** ✤ ❃ ✘ ✜ ❊
✶ **❄** ✷ ✼ ❃ ✿ ✺ ❉ ✦ ✷ ✺ ❁ ❖ ✠ ✗
❀ ✼ ❂ **✹** ❉ **✪** ✱ ✭ ❏ ❂ ❀ ✼ ❃ ✲ ✳

28

| 정답 | ⑤

| 해설 |

Ⓔ Ⓩ Ⓗ Ⓓ Ⓖ Ⓘ Ⓐ Ⓠ Ⓕ Ⓜ Ⓛ Ⓒ
Ⓚ Ⓞ Ⓢ **Ⓙ** Ⓟ Ⓦ **Ⓤ** Ⓛ Ⓡ **Ⓑ** **Ⓥ** Ⓗ
Ⓖ Ⓣ Ⓨ Ⓜ Ⓕ Ⓢ Ⓡ Ⓘ Ⓚ Ⓟ Ⓓ Ⓧ

29

| 정답 | ⑤

| 해설 |

Ա Բ Գ Դ Ե Զ Է Ը Թ Ժ Ի Լ **Խ** Ծ Կ Հ Ձ Ղ **Ճ** Մ
Յ Ն Շ Ձ Պ Ջ Ռ
Ս Տ **Ց** Ի Փ Ք Օ Հ Ր Ո Լ Ժ Թ Ե Ա Բ Գ Ճ Մ Յ
Ք Ջ Թ Ի Թ Ժ Ի
Օ Ք Փ Ի Ց Ր Վ Ռ Ձ Շ Ն Մ Ճ Հ Կ Ի Թ Ը Դ Գ
Բ Տ Յ Ժ Խ Ծ **ա**

30

| 정답 | ①

| 해설 |

503972483021541**121**547269
5789410254**632**08641557495
58**743**02545631579143**201**8

2회 언어유추력

문제 154쪽

01	③	02	④	03	④	04	③	05	①
06	②	07	④	08	②	09	③	10	②
11	A : ③, B : ③	12	A : ④, B : ④						
13	A : ①, B : ③	14	A : ④, B : ①						
15	A : ②, B : ④	16	A : ②, B : ④						
17	A : ③, B : ②	18	A : ②, B : ④						
19	A : ③, B : ②	20	A : ④, B : ③						

01

| 정답 | ③

| 해설 | 높새와 하늬는 '바람'을 붙여 각각 높새바람, 하늬바람이라는 바람과 관련된 순우리말을 만들 수 있다. 이와 마찬가지로 여우와 이슬은 옆에 '비'를 붙여 각각 여우비, 이슬비라는 비와 관련된 순우리말을 만들 수 있다.

• 높새바람 : 북동풍(北東風)
• 하늬바람 : 서풍(西風)
• 여우비 : 맑은 날 잠깐 내렸다 그치는 비
• 이슬비 : 아주 가늘게 내리는 비

02

| 정답 | ④

| 해설 | '절실'은 매우 시급하고 긴요하다는 뜻으로 매우 중요하다는 뜻의 '긴요'와 유의어 관계이다. 따라서 많은 가운데서 골라 뽑는다는 뜻의 '선발'과 유의어 관계인 것은 필요하거나 중요한 부분을 가려 뽑는다는 뜻을 지닌 '발췌'이다.

03

| 정답 | ④

| 해설 | '넉넉하다'는 수량이나 크기가 기준에 차고 남음이 있다는 뜻이고, '푼푼하다'는 모자람이 없이 넉넉하다는 뜻이므로 서로 유의어 관계이다. 따라서 환하고 맑게 깨끗하다는 뜻을 지닌 '말끔하다'와 유의어 관계인 것은 '단정하다'이다.

| 오답풀이 |
① 고상하다 : 품위나 몸가짐의 수준이 높고 훌륭하다.
② 숭고하다 : 뜻이 높고 고상하다.
③ 상스럽다 : 말이나 행동이 교양이 없고 천하다.
⑤ 또렷하다 : 엉클어지거나 흐리지 않고 분명하다.

04

| 정답 | ③

| 해설 | 도토리로는 묵을 만들 수 있고, 쌀로는 송편을 만들 수 있다.

05

| 정답 | ①

| 해설 | 용도 및 쓰임새와 도구를 연결하는 것으로, 포스터는 광고나 홍보를 위해 사용하는 그림이나 문구이고, 주사는 아픈 사람을 치료하기 위해 사용하는 기구이다.

06

| 정답 | ②

| 해설 | 음식과 주재료를 연결하는 것으로 수정과는 생강 · 계피 등을 넣고 끓인 물에 설탕이나 꿀을 섞어 마시는 음료이고, 식해(食醢)는 토막을 친 생선을 소금에 버무려 발효시킨 음식이다

07

| 정답 | ④

| 해설 | 양서는 서적에 속하고, 냉장고는 가전제품에 속한다.

08

| 정답 | ②

| 해설 | 시력이 나빠지면 안경을 쓰고, 청력이 나빠지면 보청기를 껴야 한다.

09

| 정답 | ③

| 해설 | '달보드레하다'는 캐러멜과 같이 연하고 달콤한 맛을 나타내는 형용사이다. '알근알근'은 매워서 입 안이 매우 알알한 느낌을 나타내는 형용사로, 선택지 중 '알근알근'에 가장 가까운 단어는 매운탕이다.

10

| 정답 | ②

| 해설 | 오동나무로 가야금을 만들고 흙으로 뚝배기를 만든다.

| 오답풀이 |

①, ④, ⑤ 서까래, 책, 연필의 재료는 나무이다.

③ 거울의 재료는 유리이다.

11

| 정답 | A : ③, B : ③

| 해설 | 소나티네는 규모가 작은 소나타로 악곡의 한 형식이며, 수채화는 회화의 한 양식이다.

12

| 정답 | A : ④, B : ④

| 해설 | 베이컨은 돼지고기의 일정 부위를 소금에 절여 훈제한 식품으로 육류에 속하고, 설탕은 천연 감미료로 조미료에 속한다.

13

| 정답 | A : ①, B : ③

| 해설 | 검사는 법원에 공소를 제기하고, 소방대원은 화재 현장에서 불을 끈다(진화, 소화).

14

| 정답 | A : ④, B : ①

| 해설 | 시작(始作)과 개시(開始)는 행동이나 일 따위를 시작한다는 뜻으로, 서로 유의어 관계이다. 또한 해금(解禁)은 금지하던 것을 풂을 의미하고, 해방(解放)은 구속이나 억압에서 풀어놓음을 의미하므로 유의어 관계이다.

15

| 정답 | A : ②, B : ④

| 해설 | 반의어 관계를 찾는 것으로, 멸시의 반의어는 존경이고, 미개의 반의어는 문명이다.

16

| 정답 | A : ②, B : ④

| 해설 | 토로는 마음에 있는 것을 모두 드러내 말한다는 뜻이고, 피력은 생각한 바를 털어내 말한다는 뜻으로 유의어 관계이다. 어버이는 부모를 달리 이르는 말이다.

17

| 정답 | A : ③, B : ②

| 해설 | 한자성어의 뜻과 관련된 동물을 연결하는 문제이다. 숙호충비(宿虎衝鼻)는 잠자는 호랑이의 코를 찌른다는 뜻이며, 달팽이가 나오는 한자성어로는 달팽이 뿔 위에서의 다툼을 뜻하는 와각지쟁(蝸角之爭)이 있다.

- 숙호충비(宿虎衝鼻) : 자는 호랑이의 코를 찌른다는 뜻으로, 가만히 있는 사람을 공연히 건드려서 화를 입거나 일을 불리하게 만듦을 이르는 말
- 와각지쟁(蝸角之爭) : 달팽이의 더듬이 위에서 싸운다는 뜻으로, 하찮은 일로 벌이는 싸움을 이르는 말. 또는 작은 나라끼리의 싸움을 비유적으로 이르는 말

| 오답풀이 |

① 연목구어(緣木求魚) : 나무에 올라가서 물고기를 구한다는 뜻으로, 도저히 불가능한 일을 굳이 하려 함을 비유적으로 이르는 말

③ 묘두현령(猫頭縣鈴) : 쥐가 고양이 목에 방울을 단다는 뜻으로, 실행할 수 없는 헛된 논의를 이르는 말

④ 성호사서(城狐社鼠) : 성 안의 여우와 사당에 사는 쥐라는 뜻으로, 임금의 곁에 있는 간신의 무리나 관청의 세력에 기대어 사는 무리를 이르는 말

⑤ 마부정제(馬不停蹄) : 달리는 말은 말굽을 멈추지 않는다는 뜻으로, 지난 성과에 안주하지 않고 발전하고 정진하자는 말

18

| 정답 | A : ②, B : ④

| 해설 | 현실과 이상은 서로 반의어 관계이다. 사실과 반대되는 단어는 허위이다.

19

| 정답 | A : ③, B : ②

| 해설 | '감봉'은 징계의 하나로 봉급을 깎는 것을 의미하며, 유의어로는 '월봉', '월록' 등이 있다. '가령'은 '예를 들면'의 의미를 가진다.

20

| 정답 | A : ④, B : ③

| 해설 | 포함 관계를 찾는 것으로, 달은 지구의 위성이고, 금성은 태양계에 속한 행성 중 하나이다.

- 위성(衛星) : 인력에 의해 행성의 주위를 도는 천체
- 행성(行星) : 스스로 빛을 내는 별(태양)을 중심으로 인력에 의해 타원 궤도를 그리며 도는 태양계 내의 천체
- 항성(恒星) : 행성 · 위성 · 소행성 · 혜성 따위를 제외한 핵융합반응을 통해 스스로 빛을 내는 별

2회 언어추리력

문제 159쪽

01	①	02	①	03	②	04	③	05	①
06	②	07	①	08	②	09	③	10	②
11	①	12	①	13	①	14	②	15	①
16	②	17	②	18	②	19	①	20	①

01

| 정답 | ①

| 해설 | 다섯 번째 조건에 따라 동창회장에 도착한 순서를 나타내 보면 '시인－D(변호사)－의사' 또는 '의사－D(변호사)－시인'임을 알 수 있는데, '시인－D(변호사)－의사'의 경우 A(교사)가 시인보다 빨리 도착하면 1등이 되므로 네 번째 조건과 맞지 않는다. 따라서 도착한 순서는 '의사－A(교사)－D(변호사)－시인'이나 '의사－D(변호사)－A(교사)－시인'이 되는데, B가 가장 늦게 도착하였다는 마지막 조건을 통해 둘 중 어느 경우에든 시인은 B, 의사는 C이다.

02

| 정답 | ①

| 해설 | 1. 악어가 C관에서 살 경우

사슴은 A 또는 D관에서 살 수 있다. 그런데 치타와 독수리는 B 또는 D관에서 살 수 있으므로 사슴은 A관에서 살아야 한다.

2. 악어가 D관에서 살 경우

치타, 독수리는 B 또는 D관에서 살아야 하므로 조건에 어긋난다.

따라서 사슴은 A관에서 살고 있음을 알 수 있다.

03

| 정답 | ②

| 해설 | 각 자리를 A, B, C, D로 두고 위치를 정리하면 다음과 같다.

<table>
<tr><th colspan="2">칠판</th></tr>
<tr><td>A
(파란색 가방)</td><td>B
(하얀색 가방)</td></tr>
<tr><td>C
(검은색 가방)</td><td>D
(빨간색 가방)</td></tr>
</table>

세 번째 조건에서 을은 A나 B, 정은 C나 D에 앉음을 알 수 있다. 또한 네 번째 조건과 다섯 번째 조건에 따라 갑이 C에, 병이 B에 앉는 것을 알 수 있다. 이어서 앞의 추론에 따라 정이 D에 앉고, 을이 A에 앉게 된다. 따라서 갑의 가방은 검은색, 을의 가방은 파란색, 정의 가방은 빨간색이고, 병의 가방은 하얀색임을 알 수 있으므로 주어진 문장은 거짓이다.

04

| 정답 | ③

| 해설 | 제시된 조건에 따라 정리하면 다음과 같다.

<table>
<tr><th>A</th><th>B</th><th>C</th><th>D</th><th>E</th></tr>
<tr><td>색종이</td><td>한지
철사
찰흙</td><td rowspan="2">한지
철사</td><td rowspan="2">물감</td><td rowspan="2">한지
철사
찰흙</td></tr>
<tr><td>한지
철사
찰흙</td><td>색종이</td></tr>
</table>

따라서 E가 한지를 가져올 수도, 철사나 찰흙을 가져올 수도 있으므로 문제의 내용을 알 수 없다.

05

| 정답 | ①

| 해설 | 첫 번째, 두 번째, 세 번째 명제는 단순 삼단논법으로 연결되어 1호선 → 2호선 → 5호선 → ~ 3호선의 관계가 성립된다. 따라서 '1호선을 타 본 사람은 3호선을 타 보지 않았다(1호선 → ~ 3호선)'의 대우 명제인 '3호선을 타 본 사람은 1호선을 타 보지 않았다(3호선 → ~ 1호선)'는 참이다.

06

| 정답 | ②

| 해설 | 첫 번째 명제의 대우 명제인 '2호선을 타 보지 않은 사람은 1호선도 타 보지 않았다(~ 2호선 → ~ 1호선)'가 참이므로 '2호선을 타 보지 않은 사람은 1호선을 타 보았다(~ 2호선 → 1호선)'는 거짓이다.

07

| 정답 | ①

| 해설 | 명제를 정리하면 '감≤사과≤배, 귤≤감≤배'이므로, '귤≤감≤사과≤배'의 순서가 되어 귤은 사과보다 비싸지 않다.

08

| 정답 | ②

| 해설 | 세 번째 명제의 대우 '감자를 기르는 농가는 당근을 기른다'와 첫 번째 명제의 대우 '당근을 기르는 농가는 배추를 기르지 않는다'를 통해 '감자를 기르는 농가는 배추를 기르지 않는다'는 것을 알 수 있다. 따라서 문제의 명제는 거짓이다.

09

| 정답 | ③

| 해설 | 두 번째 명제의 대우를 통해 '당근을 기르는 농가에서 상추를 기른다'는 참임을 알 수 있다. 그런데 '당근을 기르는 농가는 감자를 기른다'는 세 번째 명제의 이에 해당하는 것으로, 반드시 참이지는 않으므로 문제 내용의 참 · 거짓 여부를 알 수 없다.

10

| 정답 | ②

| 해설 | A의 점수는 B의 점수+20이고, A의 점수는 C의 점수+10이므로 B의 점수+20은 C의 점수+10이다. 따라서 B와 C의 점수 차이는 10점이며, 영어 시험 점수 순으로 정리하면 A>C>B가 된다.

11

| 정답 | ①

| 해설 | 네 번째 조건에 따라 A는 노란색을 입지 않고 파란색 상의를 입고 있지 않으므로 빨간색 상의를 입고 있다. 다섯 번째 조건에 따라 B가 노란색 하의를 입은 1명이므로 A는 파란색 하의를 입고 있음을 알 수 있다. 또한 A가 빨간색 상의를 입은 1명이므로 B는 파란색 상의를 입고 있으며, C와 D의 상의 색깔이 같음에 따라 둘은 노란색 상의를, E는 파란색 상의와 빨간색 하의를 입고 있음을 알 수 있다. 이를 표로 정리하면 다음과 같다.

	A	B	C	D	E
상의	빨간색	파란색	노란색	노란색	파란색
하의	파란색	노란색	파랑 / 빨강	빨강 / 파랑	빨간색

12

| 정답 | ①

| 해설 | **11**에 따라 문제의 내용은 참이다.

13

| 정답 | ①

| 해설 | 먼저 A가 유죄일 경우, 유죄는 한 명 더 존재하므로 함께 유죄 또는 무죄인 B와 C는 반드시 무죄여야 한다. 따라서 D가 유죄인 경우와 E가 유죄인 경우를 나누어 생각해 본다.

- D가 유죄인 경우 : 다섯 번째 조건에 따라 E 또한 유죄가 된다. 따라서 A, D, E가 유죄이고 다섯 명 중 유죄는 두 명이라는 두 번째 조건에 맞지 않는다.
- E가 유죄인 경우 : 다섯 명 중 유죄는 두 명이라는 두 번째 조건에 의해 D는 무죄가 되며 마지막 조건과도 어긋나지 않는다.

따라서 A, E가 유죄이며 B, C, D가 무죄라는 결론을 도출할 수 있고 'D는 무죄이다'는 참이다.

14

| 정답 | ②

| 해설 | **13**에 따라 유죄는 A와 E 두 명이므로 '유죄는 B와 C 두 명이다'는 거짓이다.

15

| 정답 | ①

| 해설 | 카페라테 버튼은 D이고, A 버튼의 음료는 D 버튼의 음료보다 달다고 했으므로 A는 카페모카가 된다. 아메리카노 버튼은 카페모카 버튼과 이웃해 있으므로 B가 아메리카노 버튼이 되고, 남은 C 버튼의 음료는 카푸치노가 된다. 이를 표로 정리하면 다음과 같다.

A 버튼	B 버튼	C 버튼	D 버튼
카페모카	아메리카노	카푸치노	카페라테

따라서 '아메리카노 버튼과 카푸치노 버튼은 서로 이웃해 있다'는 참이다.

16

| 정답 | ②

| 해설 | **15**에 따라 카페모카의 버튼은 A이므로 'B, C 버튼 중 하나를 누르면 카페모카가 나온다'는 거짓이다.

17

| 정답 | ②

| 해설 | **15**에 따라 A부터 D까지 음료의 순서는 카페모카, 아메리카노, 카푸치노, 카페라테이다. 음료의 당도는 카페모카, 카페라테, 카푸치노, 아메리카노 순서로 높으므로 '음료의 당도가 높은 순서대로 A부터 D까지 위치되어 있다'는 거짓이다.

18

| 정답 | ②

| 해설 | C와 D는 함께 있고 도서관에 있는 사람은 1명뿐이므로 D는 도서관에 있을 수 없다. 따라서 문제의 내용은 거짓이다.

19

| 정답 | ①

| 해설 | 제시문에 따라 A와 B의 위치는 각각 운동장과 집이다. 집에는 2명, 도서관에는 1명이 있다고 했으므로 함께 있는 C와 D는 집에도 도서관에도 있을 수 없어 운동장에 있음을 알 수 있다. 남은 E와 F는 집 또는 도서관에 있게 되며 제시된 조건을 통해서는 누가 어느 곳에 있는지 정확히 알 수 없다. 지금까지의 추론을 표로 정리하면 다음과 같다.

운동장	집(2명)	도서관(1명)
A, C, D	B, E or F	E or F

따라서 E가 도서관에 있다는 조건이 추가되면 F는 집에 있게 되므로 문제의 내용은 참이다.

20

| 정답 | ①

| 해설 | **19**에 따라 문제의 내용은 참이다.

2회 공간지각력

문제 167쪽

01	①	02	④	03	③	04	④	05	①
06	④	07	④	08	②	09	②	10	④
11	④	12	③	13	②	14	②	15	①
16	④	17	①	18	③	19	②	20	①

01

| 정답 | ①

| 해설 | 선택지에서 오른쪽 면을 기준으로 윗면과 왼쪽 면에 어떤 무늬가 올지 생각한다.

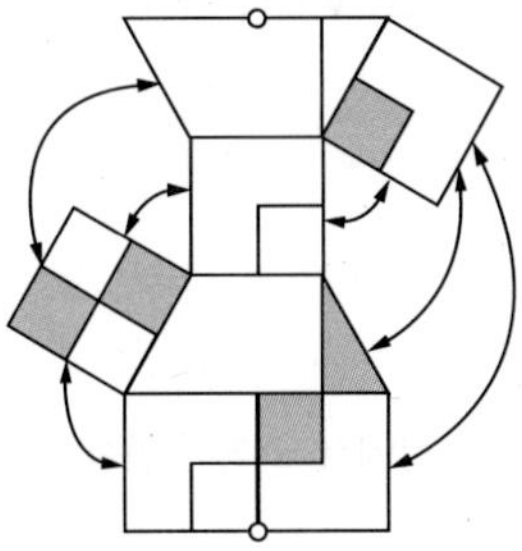

| 오답풀이 |

② 오른쪽 면이 가 와야 한다.

③, ④ 왼쪽 면이 , 윗면이 가 와야 한다.

02

| 정답 | ④

| 해설 | 전개도를 접어 입체도형을 만들었을 때 서로 만나는 변을 표시하면 다음과 같다.

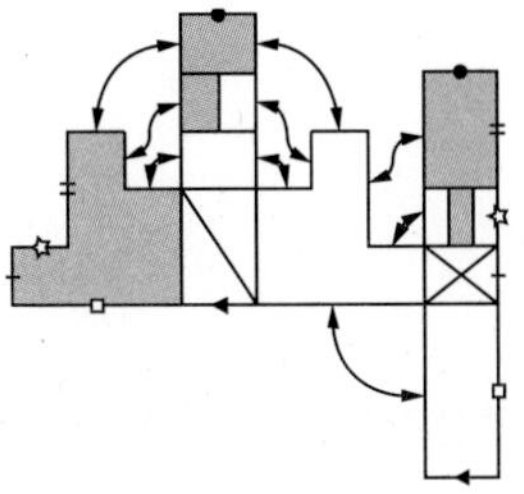

| 오답풀이 |

① 와 의 면의 위치가 바뀌었다.

②, ③ 가 아니라 가 되어야 한다.

03

| 정답 | ③

| 해설 | 전개도를 접었을 때 서로 만나는 변을 표시하면 다음과 같다.

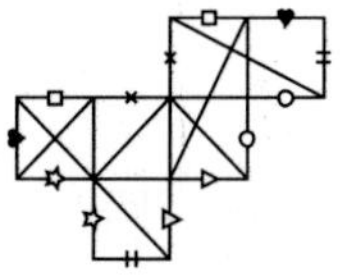

③ 전개도의 도면에서 을 중심으로 ♥끼리 연결한 모양이다.

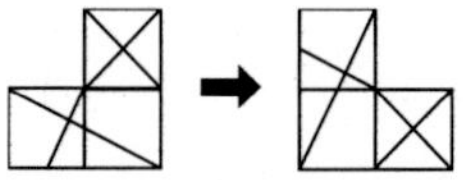

| 오답풀이 |

① 이 옆면으로 오려면 전개도 상에서 ○끼리 연결되어 앞면이 , 윗면이 가 된다.

② 전개도에서 한 면에 하나의 대각선이 존재하는 면은 두 개뿐이므로 답이 될 수 없다.

④ 을 앞면으로 할 경우에는 윗면이 □로 연결되어 로 되고, 옆면은 이 된다. 이 경우 윗면을 살펴보지 않아도 옆면이 잘못되었음을 쉽게 찾을 수 있다.

04

| 정답 | ④

| 해설 | 전개도를 접었을 때 서로 만나는 변을 표시하면 다음과 같다.

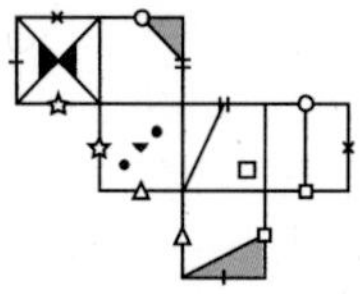

④ 전개도의 도면에서 을 중심으로 ‖, ○끼리 연결시킨 모양이다.

| 오답풀이 |

① 을 윗면으로 할 때 옆면은 가 맞지만, 앞면은 가 되어야 한다.

② 을 앞면으로 할 때 윗면은 이고, 옆면은 이다.

③ 을 윗면으로 할 때 옆면은 가 맞지만, 앞면은 가 되어야 한다.

05

| 정답 | ①

| 해설 | 전개도에 서로 맞닿는 변을 표시하고 선택지에 보이는 3개의 면을 펼쳤을 때의 모양을 생각하면 쉽게 답을 찾을 수 있다.

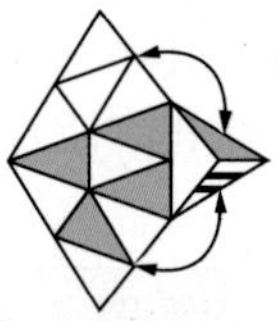

| 오답풀이 |

② 아랫면이 이 되어야 한다.

③ 아랫면이 이 되어야 한다.

④ 아랫면이 이 되어야 한다.

06

| 정답 | ④

| 오답풀이 |

①, ② 각도만 바뀌었을 뿐 같은 형태의 입체 도형으로, 전개도 상 이 세 개 면인데 두 개밖에 들어가 있지 않으므로 답이 될 수 없다.

③ 전개도 상 형태의 면이 존재하지 않으므로 답이 될 수 없다.

07

| 정답 | ④

| 해설 | 전개도를 접었을 때 서로 만나는 변을 표시하면 다음과 같다.

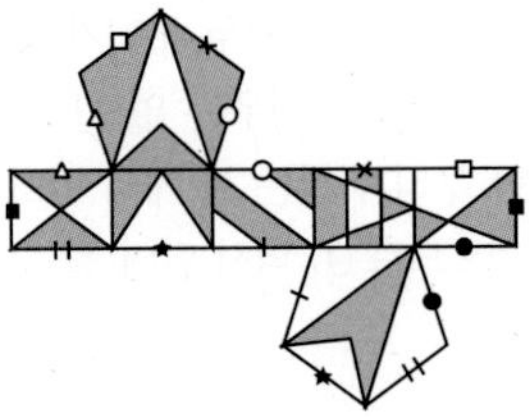

| 오답풀이 |

① 을 중심으로 할 때, 왼쪽 옆면은 이 되어야 한다.

② 을 중심으로 할 때, 왼쪽 옆면은 이 되어야 한다.

③ 을 중심으로 할 때, 오른쪽 옆면은 이 되어야 한다.

08

| 정답 | ②

| 해설 | 전개도를 접었을 때 서로 만나는 변을 표시하면 다음과 같다.

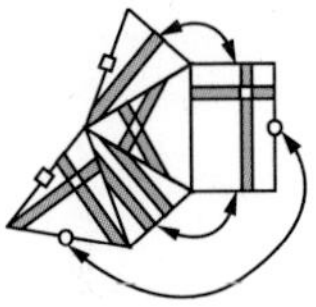

| 오답풀이 |

① 왼쪽 측면의 모양이  가 아닌  가 되어야 한다.

③ 오른쪽 측면의 모양이  가 아닌  가 되어야 한다.

④ 아래쪽 바닥면의 모양이 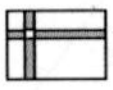 가 아닌 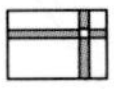 가 되어야 한다.

09

| 정답 | ②

| 해설 | 전개도를 접었을 때 서로 만나는 변을 표시하면 다음과 같다.

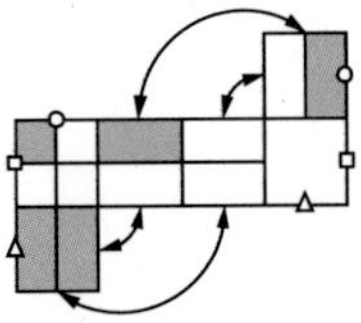

| 오답풀이 |

① 오른쪽 면의 아래 칸만 색칠되어야 한다.

③ 윗면의 색이 반전되어야 한다.

④ 오른쪽 면이 전부 색칠되어야 한다.

10

| 정답 | ④

| 해설 | 전개도를 접었을 때 서로 만나는 변을 표시하면 다음과 같다.

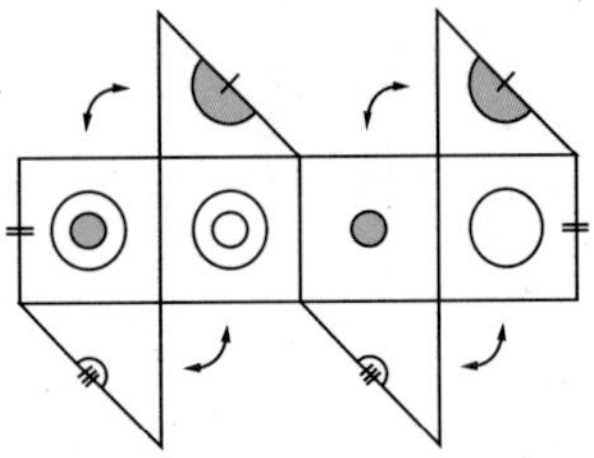

| 오답풀이 |

① 윗면에  가 오거나 옆면에  가 와야 한다.

② 윗면에  가 오거나 옆면에  가 와야 한다.

③ 윗면에  가 와야 한다.

11

| 정답 | ④

| 해설 | 전개도를 접었을 때 서로 만나는 변을 표시하면 다음과 같다.

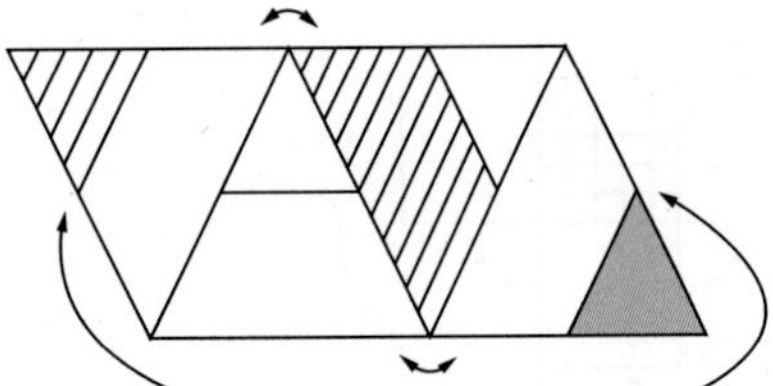

| 오답풀이 |

① 왼쪽에 이 와야 한다.

② 왼쪽에 이 와야 한다.

③ 왼쪽에 가 와야 한다.

12

| 정답 | ③

| 해설 | 전개도를 접었을 때 서로 만나는 변을 표시하면 다음과 같다.

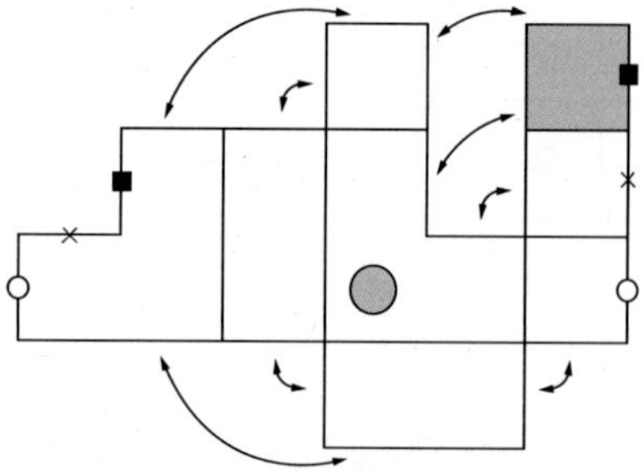

가장 넓은 면을 중심으로 가 어디에 오는지 생각해보면 쉽게 답을 찾을 수 있다.

13

| 정답 | ②

| 해설 | 전개도를 접었을 때 서로 만나는 변을 표시하면 다음과 같다.

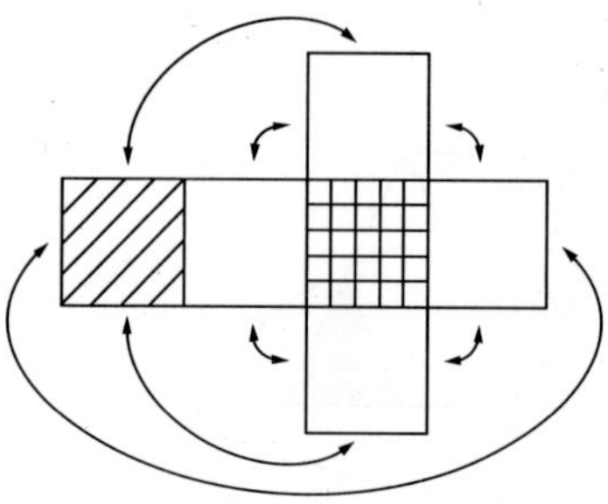

이때, 무늬가 있는 면과 맞닿아 있는 면은 모두 무늬가 없다. 즉, 무늬가 있는 두 면이 붙어 있는 경우는 없으므로 ①, ③은 답이 될 수 없다. 또한 무늬가 없는 세 개의 면이 한 모서리에서 만나는 경우는 없으므로 ④ 역시 답이 될 수 없다.

14

| 정답 | ②

| 해설 |

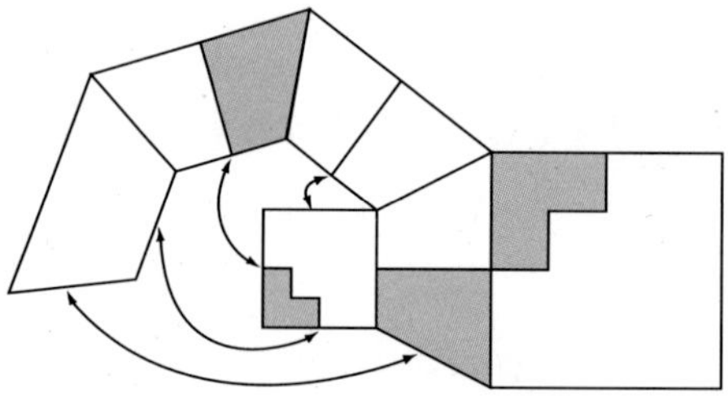

선택지에서 밑면은 보이지 않으므로 윗면의 무늬를 기준으로 양쪽에 어떤 면이 오게 될지 생각해보면 쉽게 답을 찾을 수 있다.

15

| 정답 | ①

| 해설 |

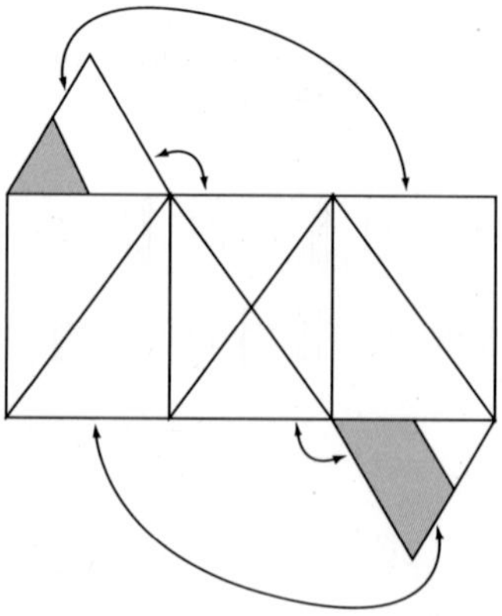

윗면을 기준으로 양쪽에 어떤 면이 올지 생각한다.

16

| 정답 | ④

| 해설 | 전개도에서 보이지 않는 형태의 면을 가진 도형을 제외하면 쉽게 답을 찾을 수 있다.

17

| 정답 | ①

| 해설 | 전개도에서 보이지 않는 형태의 면을 가진 도형을 제외하면 쉽게 답을 찾을 수 있다.

18

| 정답 | ③

| 해설 | 전개도에서 보이지 않는 형태의 면을 가진 도형을 제외하면 쉽게 답을 찾을 수 있다.

19

| 정답 | ②

| 해설 | 전개도에서 보이지 않는 형태의 면을 가진 도형을 제외하면 쉽게 답을 찾을 수 있다.

20

| 정답 | ①

| 해설 | 전개도에서 보이지 않는 형태의 면을 가진 도형을 제외하면 쉽게 답을 찾을 수 있다.

2회 판단력

문제 178쪽

01	⑤	02	④	03	⑤	04	②	05	⑤
06	②	07	③	08	③	09	④	10	②
11	②	12	①	13	④	14	④	15	④
16	②	17	③	18	⑤	19	③	20	⑤

01

| 정답 | ⑤

| 해설 | 마지막 문단에서 내용을 찾을 수 있으며, 두 번째, 네 번째 문단에서도 확인할 수 있다.

| 오답풀이 |

① 구실 만들기 전략은 일이 잘못됐을 때 자기반성은 하지 않고 남의 탓으로 돌리는 행위이다.

② 이기적 편향을 나타내는 적절한 말로 두 번째 문단에서 언급하고 있다.

③ 구실 만들기 전략은 타인이 아닌 자신의 자존심을 위한 행위이다.

④ 이기적 편향은 긍정적인 행동의 이유에 대해서는 내부적 요소로 부정적 행동의 이유에 대해서는 외부적 요소로 돌리는 행위이다.

02

| 정답 | ④

| 해설 | MBTI는 융의 심리유형론을 근거로 캐서린 쿡 브릭스와 이사벨 브릭스 마이어스가 고안한 자기보고서 성격유형 자료이다.

03

| 정답 | ⑤

| 해설 | 빈칸은 전체 내용의 결론에 해당되는 부분이므로, 글의 흐름을 통해 결론을 찾아내야 한다. 먼저 첫 번째 문단은 죽음의 편재성에 대해 설명하면서 우리는 보통 그것을 회피대상으로 인식하고 있다는 결론을 내린다. 그러나

역접 접속어인 '그런데'로 시작하는 두 번째 문단은 첫 번째 문단과 달리 죽음의 공포를 무릅쓰는 스카이다이버들을 사례로 들어 죽음의 공포가 반드시 회피대상은 아니라는 것을 설명한다. 따라서 빈칸에는 죽음의 편재성이 죽음의 공포를 불러일으킨다고 하여 그것을 반드시 회피대상이라고 볼 수 없다는 결론을 이끌어 낼 수 있다. 따라서 ⑤가 가장 적절하다.

04

| 정답 | ②

| 해설 | 제시된 글에서, 빈칸의 전에는 보는 놀이가 주체적이고 능동적인 생각을 촉진시키지 않음을 말하고 있다. 그리고 빈칸 이후에는 책의 문화가 읽는 일과 직결되며, 이는 생각하는 사회를 만드는 지름길이라고 언급한다. 따라서 그 사이에는 읽는 문화가 사라지면 생각 없는 사회가 될 수 있다는 우려를 나타내는 내용이 들어가는 것이 자연스럽다.

05

| 정답 | ⑤

| 해설 | 진화 초기 단계에서는 산소가 많은 육지로 올라오기 이전 단계이므로 산소 농도가 낮아 물갈퀴가 존재했을 것이라고 추론하는 것이 적절하다.

06

| 정답 | ②

| 해설 | 첫 번째 문단, 두 번째 문단에서는 기술의 양면성에 관해 언급하고 있고, 세 번째 문단에서는 사회 구조를 바람직하게 하려면 비판적이고 균형있는 철학과 사상이 필요하다고 주장하고 있으므로, 글쓴이가 말하고자 하는 핵심은 세 번째 문단에 드러나 있다. 따라서 기술의 양면성을 철학과 사상이 아닌 또 다른 새로운 기술로 보완해야 한다는 ②가 반박 내용으로 적절하다.

| 오답풀이 |

① 첫 번째 문단의 마지막 문장내용을 반박할 수 있지만, 이는 글쓴이의 주요 논리가 아니므로 적절하지 않다.

③ 글쓴이는 통제할 수 없는 기술이 존재한다고 보았다. 이는 인간이 강제적으로 기술의 순기능만을 발전시킬 수 없다는 사실을 암묵적으로 전제하고 있는 것이다. 따라서 글쓴이의 입장과 반대되는 내용은 맞지만, ①과 마찬가지로 글쓴이의 주요한 주장에 대한 반박이 아니다.

07

| 정답 | ③

| 해설 | 첫 번째 문단에 따르면 관객은 영화가 현실의 복잡성을 똑같이 모방하기를 원하지 않고, 영화 역시 그러기 위해 애쓰지 않는다고 하였다. 즉, 사실적이라는 평가를 받는 영화란 영화적 관습에 의해 관객들이 영화 속 내용을 현실처럼 보는 데에 동의했기 때문이지 현실을 그대로 모방해서가 아니다.

08

| 정답 | ③

| 해설 | (가)에 나오는 '보이지 않는 손과 시장의 균형, 완전한 합리성 등 신고전 경제학(주류 경제학)'에 대한 내용을 (나)에서 보다 구체적으로, 즉 부연 설명하고 있다.

09

| 정답 | ④

| 해설 | 마지막 문단에서 존재양식의 삶을 살 때도 위험은 있다고 하였다.

| 오답풀이 |

① 첫 번째 문단에서 더 많이 소유하려는 욕망 때문에 방어적이게 되고 경직되며 의심이 많아지고 외로워진다고 하였다.

② 소유하고 있는 것은 잃어버릴 수 있기 때문에 필연적으로 가지고 있는 것을 잃어버릴까 봐 항상 걱정하게 된다고 하였다. 즉, 소유양식의 삶에는 상실의 위험이 늘 있다고 볼 수 있다.

③ 존재양식의 삶에서 '나'는 '존재하는 나'이며, 나의 중심은 나 자신 안에 있으며, 나의 존재 능력과 나의 기본적 힘의 발현 능력은 내 성격 구조의 일부로서 나에 근거하

고 있다고 하였다. 이를 통하여 볼 때 존재양식의 삶은 소유양식의 삶보다 주체성이 있다고 볼 수 있다.

⑤ 존재양식의 삶에서 쓰는 것은 잃어버리는 것이 아니고 반대로 보관하는 것이 잃어버리는 것이라고 본다.

10

| 정답 | ②

| 해설 | 두 번째 문단에서 상민은 독자적인 신분 결정 요인으로 구별된 것이 아니라 양인 중에서 다른 계층을 제하고 남은 사람들을 가리키는 말이었음을 서술하고 있다.

| 오답풀이 |

① 첫 번째 문단에 따르면 양인 남자에게만 부과되는 국역 성격의 역과 달리 천인에게는 남녀 모두에게 징벌 의미의 신역이 부과된 것으로 보아, 천인에게 역에 대한 부담이 더 컸음을 알 수 있다.

③, ④ 세 번째 문단에 따르면 상민은 법적으로 양반과 동등한 권리를 가지고 있었고 관학의 교육과 과거 응시가 가능하였으나 현실적으로 피지배 신분의 위치였다.

⑤ 마지막 문단에 따르면 양천제가 실시되었음에도 상민은 양인으로서의 권리를 누리지 못하였다.

11

| 정답 | ②

| 해설 | 활의 사거리와 관통력을 결정하는 것은 복원력으로, 복원력은 물리학적 에너지 전환 과정, 즉 위치 에너지가 운동 에너지로 전환되는 힘이라 볼 수 있다.

| 오답풀이 |

① 고려 시대 때 한 가지 재료만으로 활을 제작했는지는 알 수 없다.

③ 활대가 많이 휘면 휠수록 복원력이 커지는 것은 맞지만 그로 인해 가격이 비싸지는 것은 제시된 글을 통해 추론할 수 없다.

④ 다양한 재료의 조합으로 만들어진 각궁이 탄력이 좋아서 시위를 풀었을 때 활이 반대 방향으로 굽는 것은 옳으나 이는 각궁의 재료에서 기인한 특징이지 설계된 모양 때문은 아니다.

⑤ 시위를 당길 때 발생하는 것은 위치 에너지이다.

12

| 정답 | ①

| 해설 | ㉠ 이후 문장에서 '소득 불평등 해소를 위한 구체적 정책 방향을 모색해야 한다'고 하였으므로 ㉠이 포함된 문장에서는 구체적이지 않은 이해 수준에서 벗어나야 한다고 언급하는 것이 가장 매끄럽다. 따라서 '구체적'과 가장 반대되는 뜻인 '관념적'이 적절하다.

13

| 정답 | ④

| 해설 | 제시된 기사의 내용은 미국의 청소년 흡연율이 높은 수치를 기록하며, 높은 청소년 흡연율과 낮은 담배 구입 연령 제한이 연관이 있다는 연구 결과가 나와 미국의 여러 주가 담배 구입 연령 제한을 상향했다는 것이다. 따라서 '미국, 심각한 청소년 흡연율에 다수의 주들 담배 구입 연령 21세로 상향 조정'이 제목으로 적절하다.

14

| 정답 | ④

| 해설 | 마지막 문단에서 화이트박스 암호도 변조 행위나 역공학에 의한 공격을 받는다면 노출될 가능성이 있다고 언급하고 있다.

15

| 정답 | ④

| 해설 | 이 글은 본인 혼자만이 느끼는 감각을 하나의 용어로 칭하여 사용할 수 없음에 대해 이야기하고 있다. 그러므로 혼자만의 감각을 통해 생성된 용어는 무의미하다는 ④가 결론으로 적절하다.

16

| 정답 | ②

| 해설 | 선택지에 따라 가장 앞에 제시된 (나)와 (다)를 살펴보면, (다)의 1960년대 이후 급속한 근대화에 따라 농촌에서 도시로 이주하는 사람이 급격히 증가하였다는 것은 (나)에 제시된 한국 사회의 근대화 과정에 대한 내용이므로 (다)가 (나)의 뒤에 오는 것이 적절하다. 이어서 (마)에서는 (다)에 설명된 과정 속에서 가족주의가 강조되었음을 언급하고, 그 이유에 대해 (가)에서는 가족이 매우 중요한 역할을 담당했기 때문이며, (라)에서는 가족이 담당한 중요한 역할이 노동력의 재생산 비용이라고 부연 설명하고 있다. 따라서 (나)－(다)－(마)－(가)－(라) 순서가 적절하다.

17

| 정답 | ③

| 해설 | (나)를 제외한 문장들은 '예를 들어', '이', '그럼에도 불구하고', '마찬가지로'로 시작하고 있으므로 (나)를 제일 첫 문장으로 놓고 이어지는 문장들을 살펴본다. (가)는 (나)에서 설명하는 '도박사의 오류'의 예시에 해당하며, (마)의 '마찬가지로' 다음에 이어지는 내용은 (가)의 내용과 유사하므로 (나)－(가)－(마)의 순서가 된다. 또한 (라)의 '그럼에도 불구하고'에서 '그럼'이 가리키는 것이 (가)－(마)의 내용이고, (다)의 '이 오류'에서 '이'가 가리키는 것이 (라)의 내용이다. 따라서 (나)－(가)－(마)－(라)－(다) 순서가 적절하다.

18

| 정답 | ⑤

| 해설 | 선택지가 (가) 또는 (라)로 시작하고 있으므로 이를 먼저 살펴보면, (가)는 (라)의 본질에 대한 질문의 답변에 해당되므로 (라) 뒤에 이어지는 것이 적절하다. 그리고 (나)는 책상을 예로 들어 본질적 기능에 대해 설명하는데, 이는 본질주의자가 사물의 핵심적인 측면을 중시한다는 (가)의 예시에 해당하므로 (라)－(가)－(나)의 순서임을 알 수 있다. 또한 (다)도 책상을 예로 들고 있는데, 본질은 인간의 경험을 통해 결정된 것이라는 설명을 하고 있어 사물의 본질이란 사후적으로 구성된 것이라는 (마)의 뒤에 오는 것이 적절하다. 따라서 (라)－(가)－(나)－(마)－(다) 순서가 적절하다.

19

| 정답 | ③

| 해설 | 이 글은 김치의 향신료인 고추의 역사에 대한 내용으로, 먼저 고추가 생각만큼 오랜 역사를 지니지 않았음을 언급하는 (다)가 첫 문장으로 오고, 고추가 어떻게 전래되어 김치에 쓰이게 되었는지를 설명하는 (가)가 그 뒤를 잇는다. 그리고 조선 전기의 향신료에 대해 설명하면서, 19세기에 고추가 향신료로서 우위를 차지하게 되어 다른 향신료들의 대우나 쓰임이 변하게 되었다는 내용의 (마)－(나)－(라)가 순서대로 연결되는 것이 자연스럽다. 따라서 (다)－(가)－(마)－(나)－(라) 순서가 적절하다.

20

| 정답 | ⑤

| 해설 | (가)부터 살펴보면 여러 감각기관을 통해 입력된 감각 정보의 대부분은 대뇌피질에서 인식된다고 하였는데, (마)의 인식된 일부 정보가 (가)의 감각 정보에 해당하므로 (마)는 (가) 뒤에 이어지게 된다. 또한 (마)에서 단기기억의 저장에 대해 설명하고 있는데, (나)는 그 단기기억이 장기기억으로 저장되는 과정을 설명하고 있으므로 (마) 뒤에 연결되는 것이 자연스럽다. 그런데 (다)에서는 (가)에서 언급되는 감각 정보의 극히 일부분만이 단기·장기간으로 기억이 저장된다고 말하고 있고, (라)는 그렇게 저장되는 기억이 (가)에서 언급되는 대뇌피질에 저장된다고 설명하고 있으므로 (가) 앞에 위치하는 것이 적절하다. 즉, (다)가 맨 첫 문장으로 감각 정보의 저장이라는 글의 내용을 제시하고, 이어서 기억의 저장 장소인 대뇌피질에서의 기억 저장 과정에 대해 설명하는 (라)－(가)－(마)－(나) 순으로 이어진다. 따라서 (다)－(라)－(가)－(마)－(나) 순서가 적절하다.

2회 응용계산력

문제 193쪽

01	①	02	①	03	⑤	04	③	05	②
06	⑤	07	③	08	②	09	②	10	⑤
11	③	12	②	13	④	14	③	15	④
16	④	17	②	18	⑤	19	⑤	20	②

01

| 정답 | ①

| 해설 | '소금의 양(g)$=\frac{\text{소금물의 농도}}{100}\times$소금물의 양'이므로, A%의 소금물 200g에는 2Ag의 소금이 녹아 있다. 이 소금물을 B%로 만들기 위해 첨가해야 할 물의 양을 Xg이라 하면,

$\frac{2A}{200+X}\times100=B$

$2A\times100=B(200+X)$

$200A=200B+XB$

$\therefore X=\frac{200A-200B}{B}$

따라서 $\frac{200(A-B)}{B}$g의 물을 더 넣어야 한다.

02

| 정답 | ①

| 해설 | 현재 아버지의 나이를 x세라 하면, 현재 어머니의 나이는 $\frac{4}{5}x$세이다.

2년 후의 조건으로 식을 세우면 다음과 같다.

$\frac{4}{5}x+2+\left\{\frac{1}{3}(x+2)\right\}=65$

$12x+30+5x+10=975$

$17x=935,\ x=55$

따라서 아버지의 나이는 55세, 어머니와 아들의 나이는 각각 44세와 17세로, 이들 3명의 나이를 모두 합하면 55+44+17=116(세)가 된다.

03

| 정답 | ⑤

| 해설 | 역에서 유적지까지 갈 수 있는 최대한의 거리를 x(km)라고 하면, 주영이가 역에서 유적지까지 가는 데 걸리는 시간은 $\frac{x}{3}$(시간), 유적지에서 역까지 돌아오는 데 걸리는 시간은 $\frac{x}{2}$(시간)이다. 그런데 구경하는 시간을 제외하고 3시간 안에 유적지를 갔다가 돌아와야 하므로 다녀올 수 있는 최대한의 거리는 $\frac{x}{3}+\frac{x}{2}\le3,\ x\le3.6$ 즉, 최대 3.6km 떨어진 유적지까지 다녀올 수 있다.

04

| 정답 | ③

| 해설 | 전체 작업량을 1이라 하면, A 복사기가 1분 동안 하는 일의 양은 $\frac{1}{12}$, B 복사기가 1분 동안 하는 일의 양은 $\frac{1}{8}$이다. 따라서 2분간 A 복사기의 작업량은 $\frac{1}{12}\times2=\frac{2}{12}$이고, 남은 작업량은 $1-\frac{2}{12}=\frac{10}{12}$이다. 남은 작업량을 마치는 데 걸리는 시간을 x분이라 하면

$\left(\frac{1}{12}+\frac{1}{8}\right)\times x=\frac{10}{12}$

$x=4$

따라서 4분이며 총 걸린 시간은 2+4=6(분)이다.

05

| 정답 | ②

| 해설 | 각 톱니바퀴의 톱니는 동일하게 회전하므로, 서로 다른 톱니 수를 가진 A, B, C는 처음 회전을 시작한 지점으로 각각 24의 배수, 54의 배수, 36의 배수만큼 움직이다가 동일한 공배수에서 만나게 된다. 따라서 세 톱니바퀴의 최소공배수는 216이고, 세 톱니바퀴는 톱니바퀴 A가 216÷24=9(번) 회전한 후 처음 위치로 돌아오게 된다.

06

| 정답 | ⑤

| 해설 | • 주사위 2개를 던지는 모든 경우의 수는 $6\times6=36$이고, 주사위 2개를 던져서 나온 수의 합이 10 이상일 경우는 (4, 6) (5, 5) (6, 4) (5, 6) (6, 5) (6, 6)으로, 총 6가지이므로 확률은 $\frac{6}{36}$이다. 따라서 그 기댓값은 $\frac{1}{6}\times300=50$(원)이며, 이를 20번 반복했을 때의 기댓값은 $50\times20=1,000$(원)이다.

• 두 사람이 가위바위보를 하는 모든 경우의 수는 $3\times3=9$이고, 민수가 가위바위보를 해서 이기거나 비길 확률은 민수와 영수가 각각 (가위, 가위) (바위, 바위) (보, 보) (가위, 보) (바위, 가위) (보, 바위)를 낸 경우로, 총 6가지이므로 확률은 $\frac{6}{9}$이다. 따라서 그 기댓값은 $\frac{2}{3}\times120=80$(원)이며, 이를 20번 반복했을 때의 기댓값은 $80\times20=1,600$(원)이다.

따라서 두 기댓값의 차이는 $1,600-1,000=600$(원)이다.

07

| 정답 | ③

| 해설 |

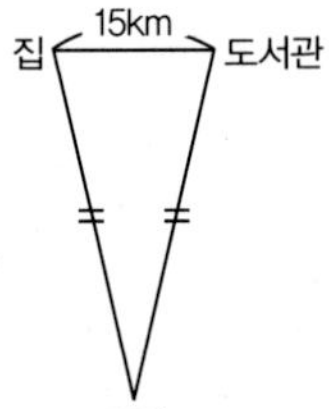

거리=시간×속력이고, 20분은 $\frac{1}{3}$시간이므로 집에서 도서관까지 지하철을 타고 갈 때의 속력을 $a$km/h라 하면

$15=\frac{1}{3}\times a$, $a=45$(km/h)

남은 $\frac{7}{6}$시간(70분) 동안 같은 속력으로 공원에 들러 집에 갔으므로 그 거리를 $x$km라 하면

$x=\frac{7}{6}\times45$, $x=52.5$(km)

따라서 공원에서부터 집과 도서관까지 가는 거리가 각각 같다고 하였으므로, 공원에서부터 집까지의 거리는 $52.5\div2=26.25$(km)이다.

08

| 정답 | ②

| 해설 | 적어도 한 명이 합격하는 확률을 구하기 위해서, 전체 확률 1에서 모두 합격하지 못할 확률을 뺀다. 먼저 승아, 재연, 윤수가 합격하지 못할 확률은 각각 $\frac{2}{3}$, $\frac{3}{4}$, $\frac{5}{6}$이고, 전체확률 1에서 모두 합격하지 못할 확률을 빼야 하므로 다음과 같이 계산된다.

$$1-\left(\frac{2}{3}\times\frac{3}{4}\times\frac{5}{6}\right)=\frac{7}{12}$$

따라서 적어도 한 명이 합격할 확률은 $\frac{7}{12}$이다.

09

| 정답 | ②

| 해설 | 갑 씨의 현재 나이를 x세라 하면 A년 후의 남편의 나이는 (43+A)세, 갑 씨의 나이는 (x+A)세, 3명의 아이의 나이는 (8+A)세, (6+A)세, (4+A)세이다. 따라서 조건에 따른 식을 세우면 다음과 같다.

• $(43+A)+(x+A)=2\{(8+A)+(6+A)+(4+A)\}$

$43+x+2A=2(3A+18)$

$x=4A-7$

• $43+A=\{(8+A)+(6+A)+(4+A)\}+1=3A+19$

$\therefore$ A=12(년)

따라서 갑 씨의 현재 나이는 $4\times12-7=41$(세)이다.

10

| 정답 | ⑤

| 해설 | 순서와 상관없이 7명 중 3명을 뽑는 것이므로 조합을 이용해서 풀 수 있다. 따라서 가능한 경우의 수는

${}_7C_3=\frac{7\times6\times5}{3\times2}=35$(가지)이다.

11

| 정답 | ③

| 해설 | 원래의 가격을 x원이라 하면

$1.5x \times 0.8 = A$(원)이 된다.

$1.2x = A$

$x = \frac{10}{12}A$

따라서 원래의 가격은 $\frac{5}{6}A$원이다.

12

| 정답 | ②

| 해설 | 두 명이 순서대로 각각 과일을 한 개씩 꺼내는 여러 가지 경우 중 수지가 배를 꺼내게 될 때를 생각해 본다. 은솔이가 사과를 꺼내고 수지가 배를 꺼낼 확률은 $\frac{3}{10} \times \frac{7}{9} = \frac{7}{30}$이고, 은솔이가 배를 꺼내고 수지도 배를 꺼낼 확률은 $\frac{7}{10} \times \frac{6}{9} = \frac{7}{15}$이다. 따라서 수지가 배를 꺼낼 확률은 $\frac{7}{30} + \frac{7}{15} = \frac{21}{30} = \frac{7}{10}$ 이다.

13

| 정답 | ④

| 해설 | 1번 관을 사용하여 1시간 동안 넣는 물의 양은 xg, 2번 관을 사용하여 1시간 동안 넣는 물의 양은 yg이라 하면

$ax + by = 100$ ………………… ㉠

$bx + ay = 98$ ………………… ㉡

문제에서는 2번 관만을 사용한다고 하였으므로

㉠, ㉡을 y에 관해 풀면 $y = \frac{100b - 98a}{b^2 - a^2}$이 된다.

따라서 $(50b - 49a) \div \left(\frac{100b - 98a}{b^2 - a^2}\right)$

$= (50b - 49a) \times \frac{b^2 - a^2}{100b - 98a} = \frac{b^2 - a^2}{2}$

따라서 2번 관만 사용하여 물을 가득 채우기까지는 $\frac{b^2 - a^2}{2}$시간이 걸린다.

14

| 정답 | ③

| 해설 | 호수 둘레의 길이를 xm라 하면 다음과 같은 식이 성립한다.

$\frac{x}{10} - \frac{x}{15} = 5$

$3x - 2x = 150$

$x = 150$

따라서 호수 둘레의 길이가 150m이므로 25m 간격으로 나무를 심는다면 $\frac{150}{25} = 6$(그루)를 심을 수 있다.

15

| 정답 | ④

| 해설 | 사원 Y명의 월급 총합은 XY원이며, 이 회사에 다니는 모든 사람의 수는 $(Y+1)$명이다.

따라서 $\frac{\text{모든 사람의 월급 총합}}{\text{모든 사람의 수}} = \frac{XY+3X}{Y+1}$이므로

이를 정리하면 $\frac{X(Y+3)}{Y+1}$원이다.

16

| 정답 | ④

| 해설 | 3과 4의 최소공배수는 12이므로 주차장의 차는 12분 경과할 때마다 3대 나가고 8대가 들어온다. 즉, 12분이 지날 때마다 5대만큼 늘어난다. 따라서 48분 후에는 $5 \times 4 = 20$(대)가 늘어나 오후 2시 48분에는 $78 + 20 = 98$(대)가 되고, 3분 후에는 2대 늘어나 100대가 되므로 주차장은 2시 51분에 만차가 된다.

17

| 정답 | ②

| 해설 | A 차가 회사에서 워크숍 장소까지 가는 데 걸린 시간은 x시간이고, B 차가 회사에서 워크숍 장소까지 가는 데 걸린 시간은 $\left(x+\frac{1}{4}\right)$시간이다. 따라서 다음 식이 성립한다.

$80x = 70\left(x+\frac{1}{4}\right)$, $10x = \frac{70}{4}$

$x = \frac{7}{4}$

따라서 회사에서 워크숍 장소까지의 거리는 $80 \times \frac{7}{4} = 140$(km)이다.

18

| 정답 | ⑤

| 해설 | 광고 시간이 20초인 것을 x개, 25초인 것을 y개라 하고, 상품별 다음 광고로 바뀔 때마다 1초의 간격이 있다고 했으므로 11개의 상품 광고 사이에 10초가 추가됨에 유의하여 식을 세우면 다음과 같다.

$x+y=11$ ·········· ㉠

$20x+25y+10=270$　　$4x+5y=52$ ·········· ㉡

㉠, ㉡을 연립하여 풀면, $x=3$, $y=8$

따라서 25초로 광고할 수 있는 상품은 8개이다.

19

| 정답 | ⑤

| 해설 | A는 16일 모두 일한 것이므로 일한 양은 $\frac{1}{18} \times 16$이고, B가 일한 양은 $\left\{1-\left(\frac{1}{18}\times 16\right)\right\} \div \frac{1}{27} = 3$이다. 따라서 B가 일한 기간은 3일이므로, 일에 참여하지 않은 날은 $16-3=13$(일)이다.

20

| 정답 | ②

| 해설 | 사용금액을 x원이라 하면,

$x+0.04x=54,080$

$1.04x=54,080$

$x=52,000$

따라서 이자는 청구금액에서 사용금액을 제한 $54,080-52,000=2,080$(원)이다.

2회 수추리력

문제 198쪽

01	③	02	①	03	④	04	②	05	②
06	④	07	③	08	②	09	④	10	①
11	④	12	④	13	④	14	②	15	③
16	①	17	⑤	18	③	19	③	20	③

01

| 정답 | ③

| 해설 |

$100 \xrightarrow{+2^1} 102 \xrightarrow{-3^1} 99 \xrightarrow{+2^2} 103 \xrightarrow{-3^2} ? \xrightarrow{+2^3} 102 \xrightarrow{-3^3} 75$

따라서 ?에 들어갈 숫자는 94이다.

02

| 정답 | ①

| 해설 |

72　74　61　64　52　55　45　?

(위쪽 화살표: 74 → 64: −10, 64 → 55: −9, 55 → ?: −8)

(아래쪽 화살표: 72 → 61: −11, 61 → 52: −9, 52 → 45: −7)

따라서 ?에 들어갈 숫자는 47이다.

03

| 정답 | ④

| 해설 |

$$8 \xrightarrow[\times2-3]{} 13 \xrightarrow[\times2-6]{} 20 \xrightarrow[\times2-9]{} 31 \xrightarrow[\times2-12]{} 50 \xrightarrow[\times2-15]{} ? \xrightarrow[\times2-18]{} 152$$

따라서 ?에 들어갈 숫자는 85이다.

04

| 정답 | ②

| 해설 |

$$\frac{1}{2} \xrightarrow[\frac{1+(3\times1)}{2+1}]{} \frac{4}{3} \xrightarrow[\frac{4+(3\times2)}{3+2}]{} \frac{10}{5} \xrightarrow[\frac{10+(3\times3)}{5+3}]{} \frac{19}{8} \xrightarrow[\frac{19+(3\times4)}{8+4}]{} \frac{31}{12} \xrightarrow[\frac{31+(3\times5)}{12+5}]{} ?$$

따라서 ?에 들어갈 숫자는 $\frac{46}{17}$이다.

05

| 정답 | ②

| 해설 |

$$\frac{2\times1}{3^2} \rightarrow \frac{2\times2}{6^2} \rightarrow \frac{2\times3}{9^2} \rightarrow \frac{2\times4}{12^2} \rightarrow ? \rightarrow \frac{2\times6}{18^2}$$

따라서 ?에 들어갈 숫자는 $\frac{10}{255}$이다.

06

| 정답 | ④

| 해설 | 숫자를 세 개씩 묶어 보면 연관성이 나타난다.

(5 7 9) (6 14 12) (7 28 15) (8 ? 18)

각 항의 첫 번째 숫자들은 1씩 더한 값이다.

$$(5 \xrightarrow[+1]{} 6 \xrightarrow[+1]{} 7 \xrightarrow[+1]{} 8)$$

각 항의 두 번째 숫자들은 2씩 곱한 값이다.

$$(7 \xrightarrow[\times2]{} 14 \xrightarrow[\times2]{} 28 \xrightarrow[\times2]{} ?)$$

각 항의 세 번째 숫자들은 3씩 더한 값이다.

$$(9 \xrightarrow[+3]{} 12 \xrightarrow[+3]{} 15 \xrightarrow[+3]{} 18)$$

따라서 ?에 들어갈 숫자는 56이다.

07

| 정답 | ③

| 해설 |

$$\frac{1}{3} \xrightarrow[+\frac{1}{2}]{} \frac{5}{6} \xrightarrow[+\frac{1}{2}]{} \frac{8}{6}=\frac{4}{3} \xrightarrow[+\frac{1}{2}]{} \frac{11}{6} \xrightarrow[+\frac{1}{2}]{} \frac{14}{6}=\frac{7}{3} \xrightarrow[+\frac{1}{2}]{} ?$$

따라서 ?에 들어갈 숫자는 $\frac{17}{6}$이다.

08

| 정답 | ②

| 해설 |

$$4.5 \xrightarrow[\times1]{} 4.5 \xrightarrow[\times1.5]{} 6.75 \xrightarrow[\times2]{} 13.5 \xrightarrow[\times2.5]{} ? \xrightarrow[\times3]{} 101.25$$

따라서 ?에 들어갈 숫자는 33.75이다.

09

| 정답 | ④

| 해설 | 각 자리의 숫자를 더한 값만큼 증가한다.

$$311 \xrightarrow[\substack{+5\\(=3+1+1)}]{} 316 \xrightarrow[\substack{+10\\(=3+1+6)}]{} 326 \xrightarrow[\substack{+11\\(=3+2+6)}]{} 337 \xrightarrow[\substack{+13\\(=3+3+7)}]{} 350 \xrightarrow[\substack{+8\\(=3+5+0)}]{} 358 \xrightarrow[\substack{+16\\(=3+5+8)}]{} 374 \xrightarrow[\substack{+14\\(=3+7+4)}]{} ?$$

따라서 ?에 들어갈 숫자는 388이다.

10

| 정답 | ①

| 해설 |

$$? \xrightarrow[\times(-3)-2]{} -17 \xrightarrow[\times(-3)-2]{} 49 \xrightarrow[\times(-3)-2]{} -149 \xrightarrow[\times(-3)-2]{} 445$$

따라서 ?에 들어갈 숫자는 5이다.

11

| 정답 | ④

| 해설 |

$4 \xrightarrow[+(3\times2^0)]{} 7 \xrightarrow[+(3\times2^1)]{} 13 \xrightarrow[+(3\times2^2)]{} 25 \xrightarrow[+(3\times2^3)]{} 49 \xrightarrow[+(3\times2^4)]{} ? \xrightarrow[+(3\times2^5)]{} 193$

따라서 ?에 들어갈 숫자는 97이다.

12

| 정답 | ④

| 해설 |

$1 \xrightarrow[+1]{} 2 \xrightarrow[+2]{} 4 \xrightarrow[+5]{} 9 \xrightarrow[+10]{} 19 \xrightarrow[+17]{} 36 \xrightarrow[+26]{} ?$

(+1, +2, +5, +10, +17, +26의 차: +1, +3, +5, +7, +9)

따라서 ?에 들어갈 숫자는 62이다.

13

| 정답 | ④

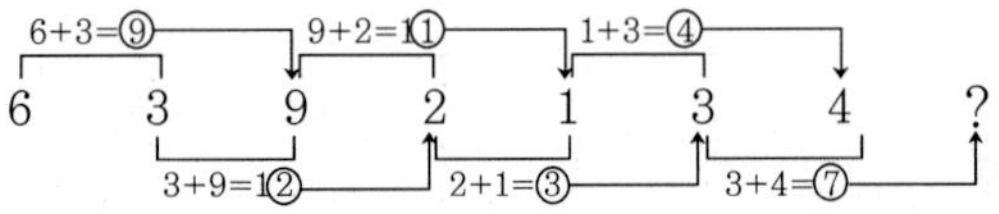

따라서 ?에 들어갈 숫자는 7이다.

14

| 정답 | ②

| 해설 |

$1 \xrightarrow[+(1^2+2^2)]{} 6 \xrightarrow[-(2^2+3^2)]{} -7 \xrightarrow[+(3^2+4^2)]{} 18 \xrightarrow[-(4^2+5^2)]{} -23$

$\xrightarrow[+(5^2+6^2)]{} 38 \xrightarrow[-(6^2+7^2)]{} ?$

따라서 빈칸에 들어갈 숫자는 $38-(6^2+7^2)=-47$이다.

15

| 정답 | ③

| 해설 |

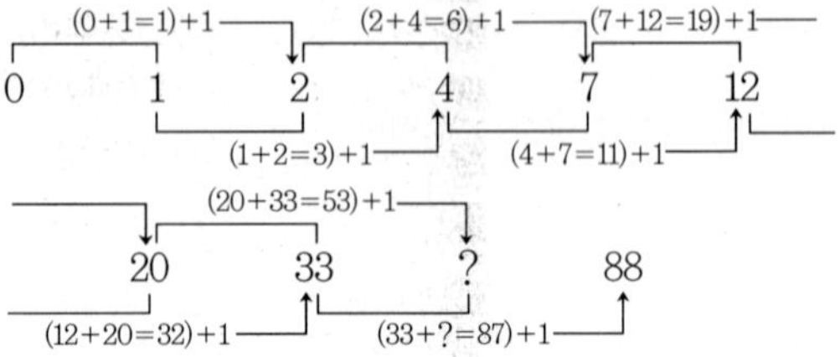

따라서 ?에 들어갈 숫자는 54이다.

16

| 정답 | ①

| 해설 |

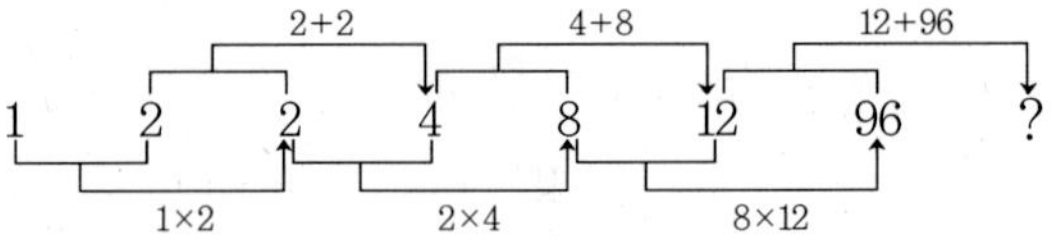

따라서 ?에 들어갈 숫자는 108이다.

17

| 정답 | ⑤

| 해설 |

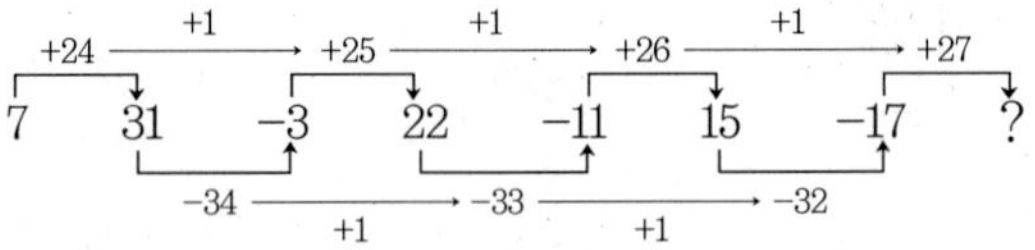

따라서 ?에 들어갈 숫자는 10이다.

18

| 정답 | ③

| 해설 |

$2 \xrightarrow[+2^2]{} 6 \xrightarrow[+2^3]{} 14 \xrightarrow[+2^4]{} 30 \xrightarrow[+2^5]{} 62 \xrightarrow[+2^6]{} ?$

따라서 ?에 들어갈 숫자는 $62+2^6=126$이다.

19

| 정답 | ③

| 해설 | 세 번째 수는 첫 번째 수와 두 번째 수를 곱한 뒤 2로 나눈 값이다.

6　13　39 → 6×13÷2=39

3　16　24 → 3×16÷2=24

9　12　? → 9×12÷2=54

따라서 ?에 들어갈 숫자는 54이다.

20

| 정답 | ③

| 해설 | 세 번째 수는 첫 번째 수에서 두 번째 수를 뺀 뒤에 3을 곱한 값이다.

8　6　6 → (8−6)×3=6

4　1　9 → (4−1)×3=9

3　2　? → (3−2)×3=3

따라서 ?에 들어갈 숫자는 3이다.

3회 지각정확력

문제 204쪽

01	⑤	02	②	03	③	04	②	05	③
06	②	07	②	08	④	09	⑤	10	①
11	④	12	③	13	③	14	①	15	②
16	③	17	⑤	18	⑤	19	②	20	⑤
21	④	22	③	23	④	24	④	25	②
26	④	27	④	28	①	29	①	30	③

01

| 정답 | ⑤

| 해설 |

聞 閒 **間** 開 聞 閏 問 開 **間** 問 閒 **間** 閏 **間** 闡 閒 閏 闡

閒 問 闡 閒 聞 問 開 閏 闡 問 **間** 問 開 闡 閏 閒 閏 聞

闡 問 **間** 閒 聞 問 開 閏 聞 闡 開 **間** 聞 閏 問 **間** 問 閒

02

| 정답 | ②

| 해설 |

추 쿠 투 꾸 수 **주** 뿌 누 루 무 쿠 구

우 푸 쭈 두 추 수 무 구 **주** 쭈 부 뚜

누 쑤 후 무 루 푸 두 쿠 뿌 수 추 투

03

| 정답 | ③

| 해설 |

υ ζ λ ψ ς **β** ΰ ρ σ η λ ο ς γ **β** ζ ω ό ι γ

σ ό ω Ϋ ί π ί ω φ ύ ψ γ **β** Ϊ ί λ **β** ρ λ κ

η ε ζ σ ψ ν ρ ς δ η ï ψ μ ξ π **β** Φ θ ψ χ

04

| 정답 | ②

| 해설 |

販賣 味昧 賣買 煤塵 賣上 每常 賣出 出力 加擊
價格 加擊 商權 買上 昧爽 枚陳 煤塵 賣盡 價格
賣買 販賣 昧爽 商權 每常 賣出 每常 賣上 塵煤

05

| 정답 | ③

| 해설 |

Г Т з Ъ Ц Т в ь ж л Щ Х д Ф з Р р ю м з Ф С ц э
д ы з т Я К Н к Ф а Г ж т з Ч г з х щ с Д И М г к
У н Г Н Б Ч з д Ъ Ф й х з в Ё К О Ю л й с д з Т Д

06

| 정답 | ②

| 해설 |

ᚠ ᚣ ᚢ ᛊ ᛆ ᛁ ᛃ ᛦ ᛠ ᛡ ᛤ ᚹ ᚻ ᛡ ᛏ ᛞ ᛟ ᛯ ᛭ ᛰ
ᚼ ᛃ ᛄ ᚦ ᚢ ᚢ ᚢ

ᚢ ᚦ ᚨ ᚽ ᚼ ᚻ ᚹ ᚱ ᛦ ᛯ ᛞ ᚷ ᛩ ᛋ ᛓ ᛖ ᛗ ᛟ ᚠ ᛏ
ᛟ ᛡ ᚢ ᚢ ᚨ ᛡ ᚹ

ᚦ ᚨ ᚽ ᛏ ᛒ ᚴ ᛒ ᚠ ᚢ ᛚ ᛯ ᛭ ᛤ ᛞ ᛁ ᚠ ᚨ ᚽ ᚪ ᚠ
ᛃ ᛄ ᛠ ᛰ ᛚ ᚠ ᛚ

07

| 정답 | ②

| 해설 |

അ ഇ ഋ എ ഏ ഞ ജ ഝ ഢ ല ഥ ദ
ണ വ ഷ ന ഈ ആ ഋ ഛ എ അ സ ഒ
ഏ ഡ ണ ഢ ങ ഝ എ ഷ ദ ഇ ആ ണ

08

| 정답 | ④

| 해설 |

◨ ◩ ◧ ◩ □ ◩ ▣ ◧ ◩ ◨ ◫ ■
▣ ◨ ■ ◩ ◩ ◫ ◧ ◨ ▣ ◩ □ ◨
◧ □ ◩ ◧ ◫ ◨ □ ■ ◫ ◧ ◩ ▣

09

| 정답 | ⑤

| 해설 |

843348124856487231321548424556245452523241233241463455513435

925212214332412332412326545224554455433455134325133452134521

10

| 정답 | ①

| 해설 |

950 935 553 359 933 395 363 963 853 973
395 973 539 988 863 932 953 992 553 933
963 853 936 383 935 539 972 936 863 359

11

| 정답 | ④

| 해설 |

★ ○ ◎ ◆ ▽ ♥ ♣ ○ ◎ ◆ ▲ □ ◁ ♤
♥ ♧ ☆ ● ◇ ■ ▲ ◁ ▷ ♤ ◆ ▲ □ ◁
♤ ♥ ♧ ☆ ● ◀ ◇ ♠ ■ ♡ ▲ ◁ ▷ ■

12

| 정답 | ③

| 해설 |

★ ○ ◎ ◆ ▽ ♥ ♣ ○ ◎ ◆ ▲ □ ◁ ♤
♥ ♧ ☆ ● ◇ ■ ▲ ◁ ▷ ♤ ◆ ▲ □ ◁
♤ ♥ ♧ ☆ ● ◀ ◇ ♠ ■ ♡ ▲ ◁ ▷ ■

13

| 정답 | ③

| 해설 |

加 可 **歌** 各 肝 艮 江 羌 介 拒 加 可 **歌** 乞
炅 古 呱 赤 科 句 剋 各 肝 艮 江 肝 艮 古
呱 赤 可 **歌** 乞 赤 科 句 剋 各 艮 江 肝 艮

14

| 정답 | ①

| 해설 |

加 可 歌 各 肝 艮 江 羌 **介** 拒 加 可 歌 乞
炅 古 呱 赤 科 句 剋 各 肝 艮 江 肝 艮 古
呱 赤 可 歌 乞 赤 科 句 剋 各 艮 江 肝 艮

15

| 정답 | ②

| 해설 |

加 可 歌 各 肝 艮 江 羌 介 拒 加 可 歌 **乞**
炅 古 呱 赤 科 句 剋 各 肝 艮 江 肝 艮 古
呱 赤 可 歌 **乞** 赤 科 句 剋 各 艮 江 肝 艮

16

| 정답 | ③

| 해설 | I **sa**w the film, 'Super**ma**n'. I really enjo**ye**d the film. People said that the movie had impressive **sp**ecial effects.

17

| 정답 | ⑤

| 해설 |

ㄴㄹㅎ ㄷㅇㄹ ㅎㄴㅋ ㅊㅍㅈ ㄱㅍㅃ ㄷㅋㄹ ㅈㅋㅋ
ㅂㅋㅍ ㅈㅊㅍ
ㄷㄹㅂ ㅋㄹㅈ ㅂㅅㅍ ㅊㅍㄴ ㅊㄹㅋ ㅋㅃㅉ ㄱㅎㅅ
ㅂㅊㅁ ㅌㅊㅅ
ㅊㅅㅁ ㅂㄷㅁ ㅌㄱㄹ **ㄹㅁㅈ** ㄷㅍㅋ ㅈㅍㅋ ㄷㅍㄷ
ㄱㅂㅈ **ㄷㄹㄱ**
ㄷㄱㅈ ㅇㅁㅍ ㄹㅋㅈ ㄷㅁㅋ ㅅㄴㄴ **ㅋㅍㅊ** ㅈㅊㅌ
ㅊㅎㅅ ㄷㅍㅌ

18

| 정답 | ⑤

| 해설 |

JK BE HU FO PZ LQ NC ER QD GF TK **MP**
MB KS IW OX CE **RM** VP UI JY YZ **HN** DF
ET **PT** GH TJ NG FK UE WX AL OR SN LV

19

| 정답 | ②

| 해설 |

댢 얂 픅 딣 냆 숇 즓 쬶 픅 맪 쬖 뜮 쌻 **뺈**
쎪 홍 꿻 뚡 **팙** 쪵 뻘 퓲 캙 **툕** 츪 냽 탊 훞
칪 **핿** 톮 갿 퓍 윩 뗊 뺆 쌸 먌 틣 춻 꼽 쳈

20

| 정답 | ⑤

| 해설 |

K9 d3 F5 ZD VB **4A** KV NM 2L PO AW 4N
CF ER C5 J9 OO J7 VF WS 2B H7 **5K** U2
QJ 3V **X7** ZA BN RP 5Z A6 Y1 2S F4 DO

21

| 정답 | ④

| 해설 |

걍 람 잣 당 **샅** 막 납 앚 착 낲 컁 밪
맙 낙 **탄** 갖 맏 퐞 랕 갚 **박** 쟝 앞 닥
삭 **닺** 발 압 캉 낫 탖 팢 맡 랑 갓 산

22

| 정답 | ③

| 해설 |

달 행 살 봉 솥 잔 둥 밤 얍 술 좁 골
취 밥 농 물 힌 삽 돌 갈 풍 친 볍 박
홍 댈 핍 녕 흰 랍 악 딜 룩 할 돚 숑
각 장 캡 퓨 줍 멸 팔 동 빈 울 남 런

23

| 정답 | ④

| 해설 |

冒且月目具旦月日目具旦百目且目目目目百目旦目日
亘具且百月且亘目百旦月旦具旦目日具亘目且月目百
目亘且百具月具目亘臼旦白且百目月目日目旦百亘百

24

| 정답 | ④

| 해설 |

소원 지연 조출 주축 진화 연소 바람 유기 시험 수준 전설
현실 임금 진입 순방 현안 정치 수사 단정 변신 사탕 친구
만세 호두 절반 조리 흥행 연금 국민 기업 제공 융합 편익

25

| 정답 | ②

| 해설 |

♔♟ ♔♕ ♔♕ ♛♜ ♘♙ ♜♝ ♟♞ ♟♔ ♗♛ ♟♛ ♕♖
♝♞ ♟♔ ♗♛ ♞♚ ♛♔ ♘♙ ♚♞ ♝♗ ♚♕ ♖♜ ♝♞
♟♕ ♕♖ ♔♖ ♜♜ ♚♝ ♞♚ ♙♚ ♘♕ ♗♜ ♗♘ ♙♛
♗♕ ♖♔ ♘♙ ♞♖ ♗♛ ♖♜ ♝♞ ♟♘ ♙♚ ♘♙ ♝♘

26

| 정답 | ④

| 해설 |

☧ ♘ ◆ ☒ ♑ ♡ ☼ ☍ ☂ ♈ ☸ ♝ # ☿ ☀ ☩ ☮ ☏
♖ ♓ ♁ ♨ ♗ ♥ ☄ ☉ ☬ ♇ ◆ ♅ ☭ ♮ ♐ ☆ ☥ ♎
♑ ♉ ☎ ☓ ☣ ♀ ♃ ♆ ♒ ♍ ☯ ♟ ♢ ☡ ☽ ☤ ♂ ♕

27

| 정답 | ④

| 해설 |

Ƃ Ʀ Đ Ţ Σ Ƨ Ƥ Ɋ Ɣ Ʒ Ƽ Ǥ ǂ ƀ ƈ ȡ Ǝ Ʒ ƻ Ǟ Ȣ Ǥ
ꞵ
ɩ Ʊ Ǒ Ǖ Ǵ Ƕ Ǻ Ɲ Ɵ Ǣ Ǿ ß ƒ Ɠ Ɣ Ʊ Ƴ Ǣ Ƒ Ʊ Ɓ
ƻ ƀ ǻ Ƒ ǁ ƕ Ɨ ƛ Ƈ Ǝ Ɵ Œ Ş ƴ Ǔ Ǯ Ƕ Ǽ Ǿ ɋ ɋ Ǣ ɩ

28

| 정답 | ①

| 해설 |

◴◶ ◒◷ ⦷◎ ◐◵ ◒◵ ●○ ◶⦷ ◐○ ◷⦷
◎● ◶◓
◵◔ ◶◕ ◵◕ ○◌ ◐⦷ ◎◐ ◐◒ ◓◷ ◴◷
◐◌ ◴◉
◔● ⦷○ ◷◐ ○⦷ ◓◎ ◉◒ ◎◐ ◕○ ◎⦷
◑◓ ●○

29

| 정답 | ①

| 해설 |

≦ ≮ ≯ ⊄ ⊅ ⊈ ⋣ ⋦ ⋧ ⊉ ⊊
⊋ ⊏ ≧ ≨ ≩ ≮ ≯ ≩ ≸ ≹ <
> ≺ ≻ ≾ ≿ ⊐ ⊀ ⊁ ⋢ ⊉ ≰

30

| 정답 | ③

| 해설 |

615 751 349 316 805 673 832 572 948 241 152 520
486 348 289 506 317 980 523 148 232 677 973 126
239 416 796 852 592 975 182 394 162 288 574 349

3회 언어유추력

문제 214쪽

01	⑤	02	④	03	②	04	④	05	③
06	①	07	④	08	⑤	09	②	10	⑤
11	A : ①, B : ③	12	A : ②, B : ①						
13	A : ②, B : ④	14	A : ③, B : ④						
15	A : ④, B : ①	16	A : ②, B : ③						
17	A : ③, B : ②	18	A : ②, B : ③						
19	A : ④, B : ①	20	A : ④, B : ②						

01

| 정답 | ⑤

| 해설 | 반 고흐가 그린 작품 중 하나가 '해바라기'이므로, 예술가와 작품 간의 관계임을 유추할 수 있다. '마술피리'는 모차르트가 만든 음악이다.

02

| 정답 | ④

| 해설 | '위법'과 '합법'은 반의 관계이다. 전문적인 지식이 없거나 관계가 없는 사람을 뜻하는 '문외한'의 반의어는 '전문가'이다.

03

| 정답 | ②

| 해설 | '치밀'과 '세밀'은 모두 '자세하고 꼼꼼하다'의 의미를 지니는 유의어이다. '어떤 대상을 이루는 낱낱을 모두 합친 것'의 의미를 지니는 '전부'와 유의어는 '개개 또는 부분의 집합으로 구성된 것을 몰아서 하나의 대상으로 삼는 경우에 바로 그 대상'의 뜻을 지니는 '전체'이다.

04

| 정답 | ④

| 해설 | '계산기'와 '계산'은 '도구'와 '목적'의 관계이다. 그리고 '피아노'의 목적은 '연주'이다

05

| 정답 | ③

| 해설 | '오른쪽'과 '왼쪽'은 반의 관계를 갖는다. '의리, 도의, 정의 따위에 어긋남'의 의미를 지니는 '불의'와 반의 관계를 가지는 단어는 '진리에 맞는 올바른 도리'의 의미를 지니는 '정의'이다.

06

| 정답 | ①

| 해설 | '장미꽃'과 '식물'은 상하 관계를 갖는다. 하의어 '호랑이'의 의미를 포함하는 상의어는 '동물'이다.

07

| 정답 | ④

| 해설 | '인쇄기'와 '인쇄'는 도구와 목적의 관계이다. '색연필'을 도구로 이룰 수 있는 목적은 '그림 따위에 색을 칠하다'의 의미를 지니는 ④ '채색'이다.

08

| 정답 | ⑤

| 해설 | '양'과 '동물'은 상하 관계를 갖는다. 하의어 '개미'를 포함하는 상의어는 ⑤ '곤충'이다.

09

| 정답 | ②

| 해설 | '절약'과 '절감'은 각각 '함부로 쓰지 아니하고 꼭 필요한 데에만 써서 아낌'과 '아끼어 줄임'을 의미하는 유의어이다. '요구나 필요에 따라 물품 따위를 제공함'의 의미를 가진 '공급'과 유의어는 '무엇을 내주거나 갖다 바침'의 의미를 가진 ② '제공'이다.

10

| 정답 | ⑤

| 해설 | '찬성'과 '반대'는 반의 관계이다. '자부심'은 '자기 자신 또는 자기와 관련되어 있는 것에 대하여 스스로 그 가치나 능력을 믿고 당당히 여기는 마음'이라는 뜻으로, 반의 관계는 '스스로 부끄러워하는 마음'의 의미를 지니는 ⑤ '자괴감'이다.

11

| 정답 | A : ①, B : ③

| 해설 | 재능이 뛰어난 사람을 가리키는 사자성어인 군계일학(群鷄一鶴)과 낭중지추(囊中之錐)의 관계를 생각해보면 알 수 있다.

- 군계일학(群鷄一鶴) : 닭의 무리 가운데에서 한 마리의 학이란 뜻으로, 많은 사람 가운데서 뛰어난 인물을 이르는 말
- 낭중지추(囊中之錐) : 주머니 속의 송곳이라는 뜻으로, 재능이 뛰어난 사람은 숨어 있어도 저절로 사람들에게 알려짐을 이르는 말

12

| 정답 | A : ②, B : ①

| 해설 | 유의어를 찾는 것으로, 매나니는 아무 도구도 가지지 아니하고 맨손뿐인 것을 말하며, 글마루는 글의 본문을 뜻한다.

13

| 정답 | A : ②, B : ④

| 해설 | 수주대토(守株待兎)와 각주구검(刻舟求劍) 모두 융통성이 없고 어리석음을 가리키는 한자성어로, 유의 관계이다. 그리고 남의 말을 귀담아 듣지 않는다는 뜻을 가진 마이동풍(馬耳東風)과 우이독경(牛耳讀經) 또한 유의 관계이다.

| 오답풀이 |

① 감탄고토(甘呑苦吐) : 달면 삼키고 쓰면 뱉는다는 뜻으로, 자신의 비위에 따라서 사리의 옳고 그름을 판단함을 이르는 말
우공이산(愚公移山) : 어리석은 사람이 산을 옮긴다는 뜻으로, 어떤 일이든 끊임없이 노력하면 반드시 이루어짐을 이르는 말

② 다기망양(多岐亡羊) : 갈림길이 많아 잃어버린 양을 찾지 못한다는 뜻으로, 두루 섭렵하기만 하고 전공하는 바가 없어 끝내 성취하지 못함을 이르는 말

③ 조령모개(朝令暮改) : 아침에 명령을 내렸다가 저녁에 다시 고친다는 뜻으로, 법령을 자꾸 고쳐서 갈피를 잡기가 어려움을 이르는 말
한출첨배(汗出沾背) : 몹시 부끄럽거나 무서워서 흐르는 땀이 등을 적심

④ 주마간산(走馬看山) : 말을 타고 달리며 산천을 구경한다는 뜻으로, 자세히 살피지 아니하고 대충대충 보고 지나감을 이르는 말

⑤ 구곡간장(九曲肝腸) : 굽이굽이 서린 창자라는 뜻으로, 깊은 마음속 또는 시름이 쌓인 마음속을 비유적으로 이르는 말
오매불망(寤寐不忘) : 자나 깨나 잊지 못함.

14

| 정답 | A : ③, B : ④

| 해설 | 서로 긴밀하지 않은 관계를 찾는 문제로, 물과 기름은 섞이지 않으며, '개와 원숭이의 사이'라는 뜻으로 서로 사이가 좋지 않음을 의미하는 견원지간(犬猿之間)이라는 한자성어를 생각하면 B의 답을 찾을 수 있다.

15

| 정답 | A : ④, B : ①

| 해설 | 포함 관계를 찾는 것으로, 프랑스어는 언어의 한 종류이며, 파스타는 음식에 속한다.

16

| 정답 | A : ②, B : ③

| 해설 | 단어의 성질이나 상태를 나타내는 형용사와 어울리는 단어를 찾는 것으로, '분위기가 무겁다'는 분위기가 어둡고 침울하다는 의미이고, '인심이 후하다'는 마음 씀씀이가 관대하고 넉넉하다는 의미이다.

17

| 정답 | A : ③, B : ②

| 해설 | 아몬드는 마그네슘, 비타민 E, 칼슘 등이 풍부한 식품이고, 우유는 칼슘, 단백질, 비타민 등의 성분이 풍부한 식품이다.

18

| 정답 | A : ②, B : ③

| 해설 | 포함 관계를 찾는 것으로, 물고기는 어류에 속하고, 백로는 24절기 중 열다섯 번째 절기로 이슬이 내리기 시작하는 때를 말한다.

19

| 정답 | A : ④, B : ①

| 해설 | 등대는 밤에 빛을 비추어 배가 길을 찾을 수 있도록 도와주는 역할을 하며, 자동차가 길을 찾을 수 있도록 도와주는 것은 표지판이다.

20

| 정답 | A : ④, B : ②

| 해설 | '호랑이는 죽어서 가죽을 남기고, 사람은 죽어서 이름을 남긴다'는 속담을 통해서 알 수 있다.

3회 언어추리력

문제 219쪽

01	③	02	①	03	①	04	①	05	③
06	②	07	①	08	①	09	③	10	①
11	③	12	①	13	①	14	②	15	①
16	①	17	③	18	②	19	①	20	①

01

| 정답 | ③

| 해설 | 두 번째 조건의 대우를 통해 '배구를 못하면 농구를 못한다'는 것을 알 수 있다. 이를 '농구를 못하면 탁구를 못한다'는 세 번째 조건과, '탁구를 못하면 달리기를 못한다'는 첫 번째 조건의 대우에 따라 추론하면 '배구를 못하면 달리기를 못한다'는 사실을 알 수 있다. 그런데 주어진 문장의 '배구를 못하면 테니스를 못한다'가 참이 되기 위해서는 '달리기를 못하면 테니스를 못한다'가 성립되어야 하는데, 네 번째 조건의 이로써 참일 수도, 거짓일 수도 있으므로 '배구를 못하면 테니스를 못한다'는 문장은 참 · 거짓을 알 수 없다.

02

| 정답 | ①

| 해설 | 도쿄는 워싱턴 바로 다음으로 가고, 베이징은 파리보다 먼저 가는데 같은 대륙에 속하는 출장지는 연속으로 가야 하므로, 워싱턴 → 도쿄 → 베이징 → 파리 or 런던 순서가 되므로 제시된 문장은 참이다.

03

| 정답 | ①

| 해설 | 주어진 내용을 정리하면 다음과 같다.

• A<C<D

• B<C, E

• A, C<E<D

∴ (?)<C(30만 원)<E(40만 원)<D(50만 원)

└→ A<B 또는 B<A

따라서 가장 월급이 많은 D가 50만 원, E가 40만 원, C가 30만 원의 월급을 받는다는 것을 알 수 있다. 그런데 A와 B 둘 중 어느 쪽의 월급이 10만 원 혹은 20만 원인지는 위의 사실만으로 확인할 수 없다. 그러나 그 합이 30만 원인 것은 사실이므로 A와 B의 월급을 합하면 C의 월급과 같다는 것은 참이다.

04

| 정답 | ①

| 해설 | 내용을 정리하면 '미국>스위스, 프랑스>홍콩, 프랑스>미국'이 된다. 따라서 스위스의 물가는 미국보다 싸고 프랑스의 물가는 미국보다 비싸므로 '스위스의 물가가 프랑스보다 싸다'는 참이다.

05

| 정답 | ③

| 해설 | 〈제시문〉에 따라 가격을 비교해 보면 딸기>복숭아, 참외>복숭아이므로 참외와 딸기의 가격은 비교할 수 없다. 따라서 제시된 문장의 참 · 거짓은 알 수 없다.

06

| 정답 | ②

| 해설 | 삼단논법에 따라, 나는 줄넘기를 잘하므로 나는 등산을 잘한다가 성립하고, 나는 등산을 잘하므로 나는 농부이다가 성립한다.

따라서 제시된 문장은 거짓이다.

07

| 정답 | ①

| 해설 | 일주일에 비가 온 날은 3일이고 빨래를 한 날은 4일인데, 비가 온 날에는 빨래를 하지 않았으므로 비가 오지 않은 4일 동안 반드시 빨래를 했음을 알 수 있다.

08

| 정답 | ①

| 해설 | E는 두 번째로 출근했고, D는 A가 출근하기 바로 직전에 출근했으므로 D와 A는 세 번째-네 번째, 혹은 네 번째-다섯 번째로 출근했음을 알 수 있다. 또한 B도 E보다 늦게 출근했으므로 가장 일찍 출근한 사람은 C가 된다. 이를 표로 정리하면,

첫 번째	두 번째	세 번째	네 번째	다섯 번째
C	E	B	D	A

or

첫 번째	두 번째	세 번째	네 번째	다섯 번째
C	E	D	A	B

따라서 제시된 문장은 참이다.

09

| 정답 | ③

| 해설 | 다섯 번째 조건에서 영수와 치원 둘 중에서 한 명이 연필을 가지고 있다고 하였으므로 영수가 컵을 가지게 되면 치원이가 연필을 가지게 되지만, 영희와 보래 중 누가 거울을 갖고 있는지는 알 수 없다.

10

| 정답 | ①

| 해설 | 영희가 거울을 가지지 않고 보래가 볼펜을 가진다면, 영희는 컵을 갖게 되고 영수와 치원은 각각 거울 또는 연필을 갖게 된다.

11

| 정답 | ③

| 해설 | 먼저 다섯 번째 조건에 따라 E가 102호에서 자면, A와 C는 침대에서만 잘 수 있으므로 101호 또는 103호에서 자게 된다.

1. A가 101호에서 잘 경우 : C는 103호에, B는 C의 바로 옆방에서 잘 수 없기 때문에 105호에서 자게 되고, D가 104호에서 자게 된다.
2. C가 101호에서 잘 경우 : A는 103호에, B와 D는 104호 또는 105호에서 자게 된다.

따라서 주어진 내용만으로는 101호에서 자는 사람을 알 수 없다.

12

| 정답 | ①

| 해설 | **11**의 해설에 따라 C가 103호에서 잘 경우 D는 104호에서 자게 된다.

13

| 정답 | ①

| 해설 | A는 중앙에 앉아 있고 E는 A를 기준으로 오른편에 앉아 있으므로 왼쪽에서 4번째 또는 5번째에 앉게 된다. 이에 따라 E와 붙어 앉아야 하는 B도 5번째 또는 4번째 자리에 앉게 된다. 따라서 한쪽 끝에 앉아 있는 C는 왼쪽 끝자리에 앉고, 남은 자리인 왼쪽에서 2번째 자리에 D가 앉게 된다. 이를 정리하면 아래와 같은 자리 배열이 가능하다.

C	D	A	E(B)	B(E)

따라서 D는 A 옆에 앉아 있으므로 참이다.

14

| 정답 | ②

| 해설 | **13**의 해설을 참고하면 E는 C를 기준으로 오른쪽에 있으므로 거짓이다.

15

| 정답 | ①

| 해설 | 어떤 바나나는 노란색이고, 노란색인 과일은 잘 익은 과일이므로 어떤 바나나는 잘 익었다는 내용은 참이다.

16

| 정답 | ①

| 해설 | 두 번째 명제 '모든 딸기는 빨간색이다'가 참이므로 이 명제의 대우 명제인 '빨간색이 아니면 딸기가 아니다'도 참이다.

17

| 정답 | ③

| 해설 | 어머니께서 사 오신 과일은 노란색이고, 어떤 바나나는 노란색이지만 노란색인 과일이 모두 바나나인 것은 아니므로 문제의 내용에 대해서는 알 수 없다.

18

| 정답 | ②

| 해설 | 다섯 번째 명제의 대우인 '산을 좋아하지 않는 사람은 동물원을 좋아한다'와 첫 번째 예문인 '동물원을 좋아하는 사람은 공원을 좋아하지 않는다'를 연결하면 '산을 좋아하지 않는 사람은 공원을 좋아하지 않는다'가 성립하므로 거짓이다.

19

| 정답 | ①

| 해설 | 두 번째 명제인 '공원을 좋아하는 사람은 계곡을 좋아하지 않는다'와 네 번째 명제인 '계곡을 좋아하지 않는 사람은 꽃을 좋아한다'를 연결하면 '공원을 좋아하는 사람은 꽃을 좋아한다'가 성립하므로 참이다.

20

| 정답 | ①

| 해설 | 두 번째 명제의 대우인 '계곡을 좋아하는 사람은 공원을 좋아하지 않는다'와 세 번째 명제의 대우인 '공원을 좋아하지 않는 사람은 산을 좋아하지 않는다'와 다섯 번째 명제의 대우 '산을 좋아하지 않는 사람은 동물원을 좋아한다'를 연결하면 '계곡을 좋아하는 사람은 동물원을 좋아한다'가 성립하므로 참이다.

3회 공간지각력

문제 227쪽

01	①	02	①	03	③	04	④	05	③
06	③	07	②	08	①	09	④	10	①
11	②	12	②	13	④	14	③	15	①
16	④	17	③	18	②	19	①	20	③

01

| 정답 | ①

| 해설 | 전개도와 입체도형이 생소한 형태를 띠고 있어 어려워 보일 수 있으나 한 면씩 살펴보면 ②, ③, ④는 전개도 상에 존재하지 않는 모양의 면이 존재하는 것을 알 수 있다.

02

| 정답 | ①

| 해설 | 밑면의 모양과 밑면의 각 변에 맞닿는 세 면의 무늬가 어떻게 배치되어야 하는지 생각해본다.

03

| 정답 | ③

| 해설 | 전개도를 접었을 때 만나는 변을 표시하면 다음과 같다.

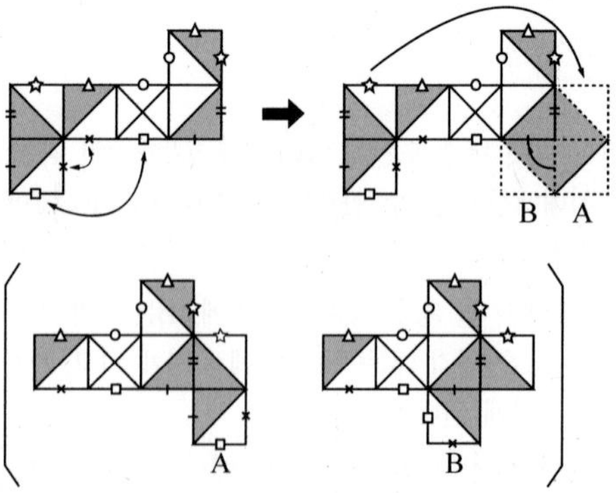

③의 보이는 3개 면의 전개도를 펼쳐 오른쪽으로 90° 회전시켜보면 위의 변형한 전개도 B와 일치한다.

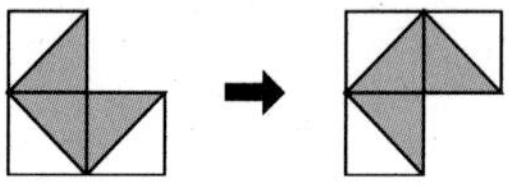

04

| 정답 | ④

| 해설 | 전개도를 접었을 때 만나는 변을 표시하면 다음과 같다.

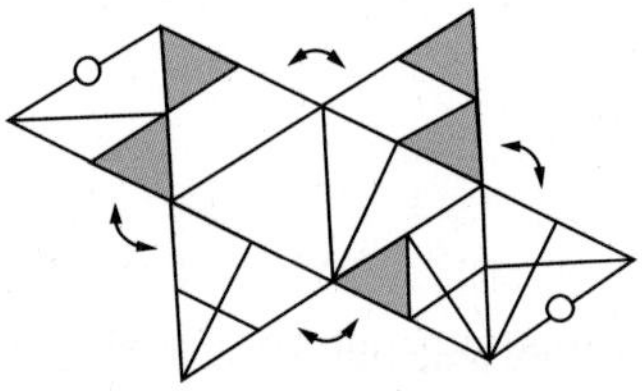

| 오답풀이 |

①, ③ 전개도 상에 존재하지 않는 면이 있다.

② 좌측 상단 면과 우측 하단 면이 바뀌었다.

05

| 정답 | ③

| 오답풀이 |

① 윗면이 이어야 한다.

② 윗면이 이어야 한다.

④ 앞면이 이어야 한다.

06

| 정답 | ③

| 해설 | 전개도를 접었을 때 만나는 변을 표시하면 다음과 같다.

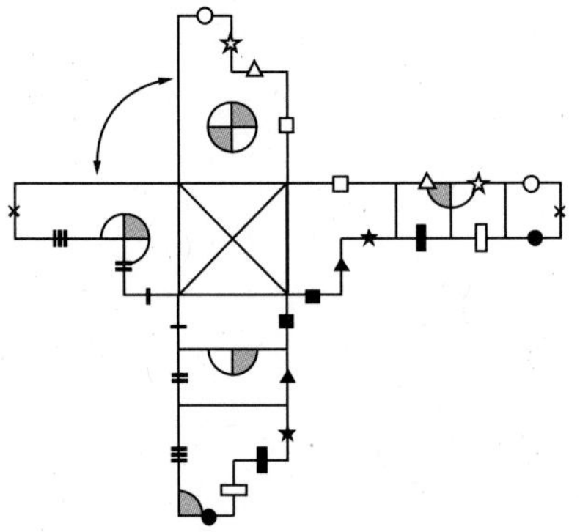

전개도 상 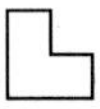면을 중심으로 연결된 면을 생각해보면 답을 알 수 있다.

| 오답풀이 |

①, ④ 는 전개도 상에 존재하지 않는다.

07

| 정답 | ②

| 오답풀이 |

①, ③ 가 아니라 가 와야 한다.

④ 가 아니라 가 와야 한다.

08

| 정답 | ①

| 해설 | 맨 아래 정삼각형을 기준으로 서로 만나는 면을 살펴본다.

| 오답풀이 |

② 아랫면이 이어야 한다.

③ 오른쪽 면이 이어야 한다.

④ 전개도 상에 존재하지 않는 면(아랫면)이 있다.

09

| 정답 | ④

| 오답풀이 |

① 윗면에 가 와야 한다.

② 윗면에 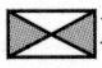가 와야 한다.

③ 옆면에 가 와야 한다.

10

| 정답 | ①

| 해설 | 선택지 ①, ②와 ③, ④의 형태가 다르므로 전개도를 접었을 때 어떤 입체도형이 될 지 찾아야 한다.

입체도형을 만들 때 맞닿는 변을 전개도 상에서 연결해 보면 ①, ②의 형태가 됨을 알 수 있고, 검은색으로 표시된 무늬의 위치에 따라 ①이 답이 된다.

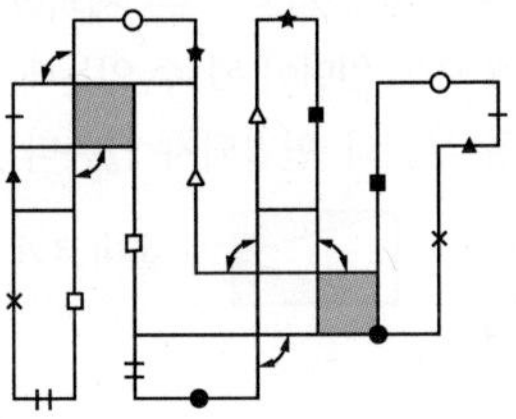

11

| 정답 | ②

| 해설 | 다른 면의 무늬는 무시하고 입체도형에 보이는 세 면의 모양만 살펴보면 쉽게 답을 구할 수 있다.

12

| 정답 | ②

| 해설 | 도형을 다음과 같은 전개도 모양으로 펼쳤을 때 도형의 인접한 세 변의 위치를 표시한다. 을 중심으로 ┃끼리 연결되는 형태이다.

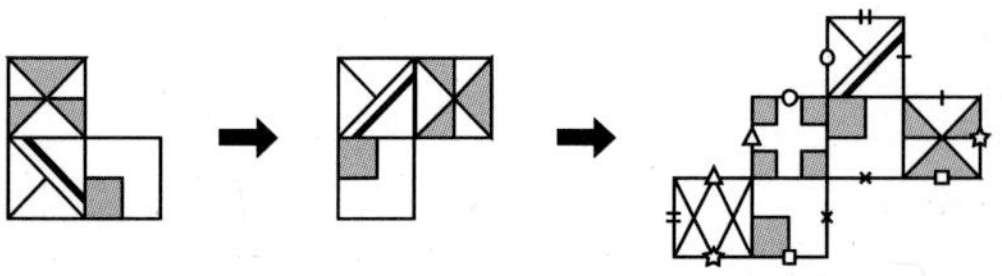

보충 플러스+

도형의 3면 중 하나를 기준으로 연결되는 면을 찾도록 하고, 인접하여 연결되는 면이 있으면 그것을 중심으로 찾으면 된다. 여기에서는 도형의 모양을 오른쪽 옆면 → 앞면, 윗면 → 윗면, 앞면 → 왼쪽 옆면으로 돌려놓고 ┘ 형태로 펼친 후 돌린 모양으로 생각하면 쉽다.

13

| 정답 | ④

| 해설 | 기둥의 윗면이 되는  을 기준으로 입체도형에서 보이는 2개의 면을 올바르게 배치한 전개도를 찾으면 된다. 우선 삼각형의 무늬가 올바르지 않게 표시된 ③은 제외한다. ①의 전개도는 삼각형 두 개 모두 윗면이 될 수 있는데, 두 경우 모두 올바른 직사각형 무늬와 연결되지 않는다. ②, ④의 전개도 중  과 맞닿은 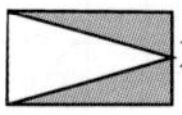 가 올바르게 연결된 것은 ④이다.

14

| 정답 | ③

| 해설 | 입체도형을 평면상에 펼친 모양을 생각할 때, 밑면의 모양 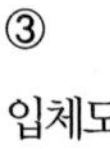 을 기준으로 하면 색칠된 부분의 위쪽으로 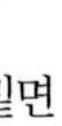 와 접하고 오른쪽으로 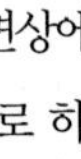 와 접하는 전개도를 찾으면 된다.

15

| 정답 | ①

| 해설 | 도형을 다음과 같은 전개도 모양으로 펼쳤을 때 도형의 인접한 세 변의 위치를 표시한다. 윗면을 기준으로, 옆면은 인접하여 있고 앞면은 ×로 연결되는 형태이다.

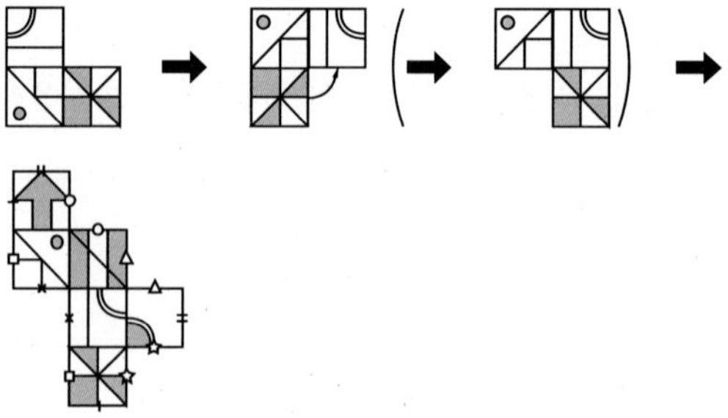

16

| 정답 | ④

| 해설 |

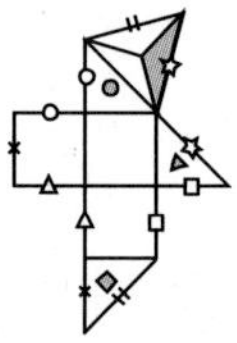

입체도형에서 보이는 면들을 펼쳤을 때의 모양을 생각하고  면을 중심으로 인접하게 되는 면의 무늬와 그 방향을 따져본다.

17

| 정답 | ③

| 해설 | 앞면을 기준으로 두고 이를 회전해 가면서 접었을 때의 인접면을 살펴보면 쉽게 답을 구할 수 있다.

①은 원의 위치, ②는 줄무늬 색깔, ④는 원의 색깔이 잘못되었다.

18

| 정답 | ②

| 해설 | 전개도에서 보이지 않는 형태의 면을 가진 도형을 제외하면 쉽게 답을 찾을 수 있다.

19

| 정답 | ①

| 해설 | 전개도에서 보이지 않는 형태의 면을 가진 도형을 제외하면 쉽게 답을 찾을 수 있다.

20

| 정답 | ③

| 해설 | 전개도에서 보이지 않는 형태의 면을 가진 도형을 제외하면 쉽게 답을 찾을 수 있다.

3회 판단력

문제 239쪽

01	⑤	02	①	03	②	04	②	05	②
06	⑤	07	①	08	④	09	①	10	④
11	③	12	⑤	13	④	14	④	15	③
16	③	17	④	18	⑤	19	①	20	③

01

| 정답 | ⑤

| 해설 | 첫 번째 문단에서는 현재 하나의 사건이나 이슈에 대해 수많은 뉴스 생산 주체들이 다르게 보도하고 있음을 말한다. 이후 두 번째 문단에서는 미디어 환경 및 뉴스 산업 구조로 인해 뉴스 생산환경이 급속하게 변화했으며 기자, 블로거, 시민기자, 팟캐스터 등 다양한 사람들이 뉴스 생산에 기여한다고 이야기하고 있다. 그리고 마지막 문장에서는 '뉴스를 바르게 이해하기 위해서는 뉴스 생산자의 역할과 임무에 대한 이해가 선행되어야 한다'고 말하고 있다.

이를 모두 종합하면 올바른 뉴스를 소비하기 위해서는 뉴스 생산자의 역할과 임무에 대해 소비자가 능동적으로 판단하고 이해해야 한다는 것을 알 수 있다.

02

| 정답 | ①

| 해설 | 제시된 글은 열린 문장으로 말하면 저항이 적어져 마음이 열리게 되고, 질문에 대해 스스로 생각하여 내린 결론을 거부감 없이 받아들일 수 있게 됨을 설명하고 있다. 따라서 글의 주제로 ①이 적절하다.

03

| 정답 | ②

| 해설 | '수인의 딜레마'는 의사 결정을 할 때 '개인의 합리성'과 '사회적 도덕성' 간에 갈등이 생기는 문제 상황임을 설명하고 있다. 따라서 ㉠에 들어갈 가장 적절한 단어는 '도덕성'이다.

04

| 정답 | ②

| 해설 | 두 번째 문단에서 '살아 있는 동안만이 내가 의식하는 삶의 전부'라고 언급한 바와 같이 내세(來世)에 대한 가치를 추구하는 것은 에피쿠로스가 지향하는 행복에 맞지 않는다.

| 오답풀이 |

① 물질적, 육체적 쾌락이 아닌 정신적 쾌락을 추구하는 방법으로서 우정을 행복의 요소로 볼 수 있다.

③, ④ 마음의 근심과 고통 등을 덜어 내고 깨달음의 자세로 마음의 편안함을 추구하는 것은 에피쿠로스가 지향하는 행복의 핵심적인 내용이다.

⑤ 에피쿠로스는 생리적이고 자연스러운 욕구는 헛된 욕구라고 보지 않았다. 헛된 욕구에 해당하는 것은 과도하게 물질적인 것을 추구하는 사치욕이나 정복욕으로서 피해야 할 것으로 보았다.

05

| 정답 | ②

| 해설 | 이 글은 이분법적 사고와 부분만을 보고 전체를 판단하는 것의 위험성을 예시를 들어 설명하고 있다. 특히 세 번째 문단에서는 '으스댔다', '우겼다', '푸념했다', '넋두리했다', '뇌까렸다', '잡아뗐다', '말해서 빈축을 사고 있다' 등의 서술어를 열거해 주관적 서술로 감정적 심리 반응을 유발하는 것이 극단적인 이분법적 사고로 이어질 수 있음을 강조하고 있다.

06

| 정답 | ⑤

| 해설 | 개성적인 인간과 두뇌 개발 간의 연관성은 제시된 글에서 찾아볼 수 없다.

| 오답풀이 |

① 인간은 평생 뇌의 극히 일부분만을 사용하고 있다는 것이 중심 내용이며, 이는 무엇이 인간의 두뇌를 다 사용하지 못하게 하는지에 대한 연구와 관련성이 있다.

② 두뇌 활용도를 어린이나 학생으로 한정하고 있는 것이 아니므로 뒤이어 나올 수 있다는 내용이다.

③ 재능을 발휘하는 것은 그만큼 두뇌 개발이 이루어졌다는 의미이므로 관계가 있다.

④ 인간의 두뇌 활용도를 높이기 위한 방법으로 두뇌 개발 촉진 프로그램 개발을 제안할 수 있으므로 이어지는 내용으로 적절하다.

07

| 정답 | ①

| 해설 | 세 번째 문장에서 소비자는 같은 제품이라도 겉모습이 화려한 것을 구입하려고 한다고 제시되어 있다.

| 오답풀이 |

② 마지막 문장에서 자본주의 사회에서는 인간까지 상품미를 추구하는 대상으로 보고 있다는 내용이 나오지만, 그것이 비난받을 일이라는 언급은 나와 있지 않다.

③ 지문에 제시되어 있지 않다.

④ 두 번째 문장에서 상품미는 이윤을 얻기 위한 것임을 알 수 있으므로, 이익과 관련이 없다는 설명은 잘못되었다.

⑤ 네 번째 문장에서 우리가 주위에서 보는 거의 모든 상품은 상품미를 추구하고 있다고 하였으므로, 보기 어렵다는 설명은 잘못되었다.

08

| 정답 | ④

| 해설 | 향신료가 음식에 향미를 더해 주거나 생선만 먹을 때의 단조로움을 없애주는 등의 역할을 하였음을 알 수 있으나 음식 자체를 대신하였다는 언급은 없다.

09

| 정답 | ①

| 해설 | 마지막 문장에서 비용 절감을 위해 모노 방식의 카메라를 고수한다고 하였으므로 스테레오 방식의 카메라는 가격이 비싸다는 것을 알 수 있다. 또한 스테레오 방식을 사용하면서 영상신호데이터 처리 속도를 높이기 위한 칩을 사용한다 했으므로 스테레오 방식의 카메라는 처리해야 할 데이터 양이 많아 속도가 느리다는 것을 알 수 있다. 따라서 ⓐ, ⓓ가 답이다.

10

| 정답 | ④

| 해설 | 인간이 생각하고 말을 할 수 있는 복잡한 생물임에도 가지고 있는 의미 있는 유전자 수는 단순한 동물들의 유전자 수와 크게 다르지 않으며, 심지어 식물이 가진 유전자보다 그 수가 적다는 것이 확인되었으므로 복잡한 생물일수록 보유 유전자 수가 많다는 내용은 적절하지 않다.

| 오답풀이 |

① 생명공학 기술의 발달로 기존에 15년으로 예상되었던 인간 게놈 프로젝트가 13년 만에 완료되었다.

② 염기서열의 수가 워낙 방대하여 세계 각국의 유전자 센터와 대학 등에서 나누어 실시되었다.

③ 침팬지와 사람의 유전자가 99% 일치함에 따라 침팬지 기원설에도 확신을 얻게 되었다.

⑤ 염기서열이 모두 밝혀지는 것의 단점으로 태아의 염기서열에서 유전병 요인이 발견될 경우 아이를 포기하는 일이 생길 수 있다는 문장에서 추론할 수 있다.

11

| 정답 | ③

| 해설 | 두 번째 문단에서 식수가 분변으로 오염되어 있다면 분변에 있는 병원체 수와 비례하여 존재하는 비병원성 세균을 지표생물로 이용한다고 하면서, 이에 대표적인 것은 대장균이라고 하였다. 따라서 채취된 시료 속의 총대장균군의 세균 수와 병원체 수는 비례하여 존재한다는 것을 알 수 있다.

| 오답풀이 |

① 세 번째 문단에서 총대장균군에 포함된 세균이 모두 온혈동물의 분변에서 기원한 것은 아니라고 하였다.

② 세 번째 문단에서 총대장균군은 염소 소독과 같은 수질 정화과정에서도 병원체와 유사한 저항성을 가진다고 하였다.

④ 첫 번째 문단에서 병원성 세균, 바이러스, 원생동물, 기생체 소낭 등과 같은 병원체를 직접 검출하는 것은 비싸고 시간이 많이 걸릴 뿐 아니라 숙달된 기술을 요구하지만 지표생물을 이용하면 이러한 문제를 많이 해결할 수 있다고 하였다.

⑤ 세 번째 문단에서 분변성 연쇄상구균군은 잔류성이 높고 장 밖에서는 증식하지 않기 때문에 시료에서도 그 수가 일정하게 유지되어 좋은 상수소독 처리지표로 활용된다고 하였다.

12

| 정답 | ⑤

| 해설 | 제시된 글에서는 지원금 액수가 증가하였음에도 불구하고 출산율이 오르지 않았다는 것을 강조하고 있다. 따라서 단순한 지원금 증액보다 출산을 유도하기 위한 근본적인 대책이 필요하다는 문제 제기가 글의 주된 내용이므로 ⑤는 적절하지 않다.

13

| 정답 | ④

| 해설 | (라)는 무조건적으로 비트코인 거래소를 폐쇄하는 등 불확실한 시장을 미리 방어하는 대응에 대한 회의적인 태도를 제시하고 있다. 따라서 (라)의 중심내용은 '불확실한 시장에 대한 방어 대책의 불확실성'이 적절하다.

14

| 정답 | ④

| 해설 | 〈보기〉의 '일어난 일에 대한 묘사는 본 사람이 무엇을 중요하게 판단하고, 무엇에 흥미를 가졌느냐에 따라 크게 다르다'는 내용의 예시가 (라) 뒤에 있으므로 (라)에 들어가는 것이 적절하다.

15

| 정답 | ③

| 해설 | 빈칸의 뒤에서 옷차림새나 말투 등으로 느낌이 형성될 수 있음을 이야기하고 있으므로, 빈칸에는 겉모습의 중요성에 대해 언급한 ③이 가장 적절하다.

16

| 정답 | ③

| 해설 | 우선 (나)에서 Z세대의 특징으로 화두를 던지며 글의 중심소재인 '하이퍼텍스트'를 언급한다. 이어 (가)에서는 하이퍼텍스트에 대해 정의하며 구체적으로 설명하고 있다. 다음으로 (라)가 이어져 하이퍼텍스트와 일반적인 문서의 차이를 제시하고 있으며, 마지막으로 (다)에서는 하이퍼텍스트가 등장함에 따라 생길 변화에 대해 설명하고 있다. 따라서 (나)-(가)-(라)-(다) 순서가 적절하다.

17

| 정답 | ④

| 해설 | 모든 선택지가 (라)로 시작하고 있으므로 (라)의 내용을 먼저 살펴보면 19세기 일부 인류학자들의 주장에 대한 설명임을 알 수 있다. (마)에서는 '그들'이라는 단어로 19세기 일부 인류학자들을 포괄하며 (라)의 주장에 대해 구체적으로 설명하고 있다. 따라서 (라)－(마)로 이어짐을 알 수 있다. (다)에서는 역접의 접속사 '그러나'를 사용하여 (라), (마)에서 언급한 일부 인류학자의 주장이 비판을 받게 되었다고 내용을 전환하고 있으며, (가)에서는 비판을 받은 이유를, (나)에서는 비판을 받은 이후 20세기 인류학자들의 변화에 대해 설명하고 있으므로 (다)－(가)－(나)로 이어지게 된다. 따라서 (라)－(마)－(다)－(가)－(나) 순이 적절하다.

18

| 정답 | ⑤

| 해설 | 각 문장의 첫 어절을 먼저 살펴본다. ㉤은 '먼저'라는 부사로 시작하므로 가장 첫 문장으로 배치한다. 또한, ㉢은 '마지막으로'라고 시작하여 내용을 종결한다는 뜻을 드러내므로 마지막 문장으로 배치되어야 적절하다. 나머지 ㉠, ㉡, ㉣은 모두 다큐멘터리 등 교양 프로그램에 대한 내용을 담고 있는데, 이 중 상위 범주의 내용을 전달하는 ㉡을 먼저 배치하는 것이 적절하다. 이어서 ㉠과 ㉣은 세부적인 정보를 제시하고 있으므로 '예컨대'라는 표지로 시작한 다음 '또한'으로 이어지는 것이 자연스럽다. 따라서 ㉤－㉡－㉠－㉣－㉢ 순이 적절하다.

19

| 정답 | ①

| 해설 | 선택지의 맨 앞에 (나)와 (마)가 있으므로 이들 문장을 먼저 살펴보면 (나)에서 환자와 의사의 관계 및 의사소통은 중요한 진료수단이 된다고 하였고, (마)는 그 중요성을 단적으로 보여 주는 사실에 대해 말하고 있으므로 (나)－(마)의 순서가 되는 것이 자연스럽다. 이어서 (바)에서는 (마)에서 언급한 의사소통의 새로운 변화인 통신 매체에 대해 언급하며 원격진료의 등장을 소개하고 있다. 나머지 문장들의 접속어 또는 지시어의 관계를 파악해 보면, (라)에서는 역접의 접속사인 '그러나'를 사용하여 원격진료의 한계를 지적하며 흐름을 반전하고 있다. 이어 (다)에서는 '이는'이라는 지시어로 (라)에서 언급한 원격진료의 한계를 부연해 설명하고 있으며, 마지막으로 (가)에서는 또다시 역접의 접속사 '하지만'을 사용하여 앞에서 언급한 원격진료의 한계를 해결해 줄 수 있는 화상통화의 등장에 대해 제시하고 있다. 따라서 (나)－(마)－(바)－(라)－(다)－(가) 순이 적절하다.

20

| 정답 | ③

| 해설 | 〈보기〉는 지구온난화로 인한 지구의 기온 상승에 대해 이야기하고 있다. 〈보기〉에서 지구온난화로 인해 기온 상승이 일어나고 있으며 이러한 변화는 인간생활에 큰 영향을 미칠 것이라고 이야기하고 있으므로 다음에는 지구온난화의 원인이 나와야 한다. 따라서 원인을 제시하고 있는 (라)가 맨 먼저 나오게 된다. (라)에서는 CO_2와 다른 기체들의 농도 증가에 대해 설명하고 있으므로 이후에는 CO_2에 대한 설명과 CO_2의 농도 평형이 파괴되기 시작했다는 (가)가 제시되어야 한다. 다음은 CO_2의 농도 평형의 원인에 대해 설명하고 있는 (다)가 제시되어야 하며 (나)를 통해 부연설명과 결론을 제시해야 한다. 마지막으로 (마)로 기온 상승뿐만 아니라 생태계 파괴까지 불러일으킬 수 있다며 글을 마무리해야 한다. 따라서 (라)－(가)－(다)－(나)－(마) 순이 적절하다.

3회 응용계산력

문제 254쪽

01	⑤	02	③	03	③	04	③	05	④
06	①	07	③	08	⑤	09	①	10	②
11	②	12	②	13	②	14	②	15	③
16	③	17	④	18	①	19	③	20	⑤

01

| 정답 | ⑤

| 해설 | B 기업이 A 기업의 누적 생산량을 추월하는 데 x개월이 걸린다고 하면 다음과 같은 식이 성립한다.

$600+100x>800+80x$

$20x>200$

$x>10$

따라서 B 기업이 A 기업의 누적 생산량을 추월하는 데는 11개월이 걸린다.

02

| 정답 | ③

| 해설 | 20, 30, 45의 최소공배수는 180이므로 180분 동안 A, B, C가 심는 나무의 수를 구한다.

A가 심는 나무 수의 비율은 20 : 3=180 : 27

B가 심는 나무 수의 비율은 30 : 4=180 : 24

C가 심는 나무 수의 비율은 45 : 5=180 : 20

따라서 일정 시간 동안 A, B, C가 심는 나무 수의 비율은 27 : 24 : 20이다.

03

| 정답 | ③

| 해설 | 갑, 을, 병에게 각자 똑같이 할당된 풍선의 개수를 x개라고 하면, 3명의 작업속도는 비례하므로 갑이 작업을 마쳤을 때 을의 작업량은 $(x-30)$개, 병의 작업량은 $(x-42)$개이다.

을이 30개를 다 불었을 때 병의 작업량은 42−18=24(개)이므로, 을의 작업량과 병의 작업량의 비율은 다음과 같다.

$(x-30):(x-42)=30:24$

$(x-30):(x-42)=5:4$

$5(x-42)=4(x-30)$

$5x-210=4x-120$

$x=210-120=90$

따라서 풍선의 개수는 90×3=270(개)이다.

04

| 정답 | ③

| 해설 | 두 상품의 정상 · 할인판매 시의 매출은 다음과 같다.

• 정상판매 시

A 상품의 매출 : 35,000×30=1,050,000(원)

B 상품의 매출 : 55,000×20=1,100,000(원)

전체 매출=2,150,000(원)

• 할인판매 시

A 상품의 매출 : 80,000×12=960,000(원)

B 상품의 매출 : 80,000×12=960,000(원)

전체 매출=1,920,000(원)

따라서 매출액의 차이는 2,150,000−1,920,000=230,000(원)이다.

05

| 정답 | ④

| 해설 | 인터넷 사이트 접속 시간을 x초, 파일 다운로드 시간을 y초라 하고 식을 세우면 다음과 같다.

$x+y=75$ ························ ㉠

$y=4x$ ···························· ㉡

두 식을 연립해서 풀면,

$5x=75$

$x=15,\ y=60$

따라서 다운로드 속도는 초당 600KB이므로 A가 다운받은 파일의 크기는 60×600=36,000(KB)이다.

06

| 정답 | ①

| 해설 | 하루에 최대 3명까지 10명을 4일로 나누는 방법은 (3명, 3명, 3명, 1명) 또는 (3명, 3명, 2명, 2명)으로 두 가지이다. 날짜가 4개이므로 첫 번째 방법을 날짜별로 배치하는 경우의 수는 ${}_4C_1=4$(가지), 두 번째 방법은 ${}_4C_2=6$(가지)이다. 따라서 전체 경우의 수는 4+6=10(가지)이다.

07

| 정답 | ③

| 해설 | 10초짜리 광고를 a개, 30초짜리 광고를 b개라고 하면 식은 다음과 같다.

$10a+30b=200$ ················ ㉠

$a+b=10$ ·························· ㉡

㉠, ㉡을 연립하여 풀면, $a=5$, $b=5$

따라서 10초짜리 광고는 5개, 30초짜리 광고도 5개이다.

08

| 정답 | ⑤

| 해설 | 책 전체 페이지 수를 x장이라 하면 다음과 같은 식을 세울 수 있다.

$$\left(x\times\frac{1}{3}\right)+\left(x\times\frac{1}{4}\right)+100+200=x$$

$$\frac{7}{12}x+300=x$$

$$7x+3,600=12x$$

$\therefore x=720$(장)

09

| 정답 | ①

| 해설 | 1회 : x(점), 2회 : y(점), 3회 : z(점)라 하면 다음과 같은 식이 성립한다.

$y=x+A$ ························ ㉠

$z=y-B$ ························ ㉡

$x+z=7(A+B)$ ··········· ㉢

㉡을 ㉢에 대입하면

$x+y-B=7(A+B)$, $x+y=7A+8B$

이를 ㉠과 연립하여 풀면 다음과 같다.

$\therefore y=4(A+B)$(점), $x=3A+4B$(점), $z=4A+3B$(점)

10

| 정답 | ②

| 해설 | 일반식의 가격은 2,500원, 특식의 가격은 5,000원이다. 특식을 먹은 사람 수를 x명이라 하면 특식의 매출액은 $5,000x$, 보통식의 매출액은 $2,500(100-x)$이므로, 점심 총 매출액(특식+일반식)은 $250,000+2,500x$(원)이다.

점심 총 매출액이 특식 매출액보다 45,000원 많으므로,

$$250,000+2,500x-5,000x=45,000$$

$$2,500x=205,000$$

$x=82$(명)

따라서 특식을 먹은 사람 82명에 대한 판매액은 5,000×82=410,000(원)이다.

11

| 정답 | ②

| 해설 | 10% 소금물의 양을 xg이라 하면 다음과 같은 식이 성립한다.

$$x\times\frac{10}{100}+400\times\frac{4}{100}+19\times\frac{5}{100}=(x+419)\times\frac{5.01}{100}$$

$$10x+1,600+95=5.01x+2,099.19$$

$$4.99x=404.19$$

$x=81$(g)

따라서 10% 소금물의 양은 81g이다.

12

| 정답 | ②

| 해설 | 처음에 들어 있던 사탕의 개수를 x개, 초콜릿의 개수를 y개라 하면 총 개수가 30개이므로, 다음과 같은 식이

나온다.

$x+y=30$ ············ ㉠

사탕의 $\frac{1}{2}$과 초콜릿의 $\frac{1}{4}$을 먹었으므로 봉지에는 사탕의 $\frac{1}{2}$과 초콜릿의 $\frac{3}{4}$이 남아 있는데 그 무게가 285g이므로,

$15\times\frac{1}{2}\times x+20\times\frac{3}{4}\times y=285$

$\frac{15}{2}x+15y=285$

$x+2y=38$ ············ ㉡

㉠과 ㉡을 연립해 풀면,

$x=22,\ y=8$이다.

따라서 처음 들어 있던 초콜릿은 8개이다.

13

| 정답 | ②

| 해설 | 십의 자리의 수를 x, 일의 자리의 수를 y라 하면 다음과 같은 식이 나온다.

$x+y=7$ ············ ㉠

$10y+x=2(10x+y)+2$ ············ ㉡

㉠, ㉡을 연립하여 풀면, $x=2,\ y=5$이다.

따라서 처음 수는 $10\times2+5=25$이다.

14

| 정답 | ②

| 해설 | 전체 일의 양을 1이라고 하면, A가 1분간 할 수 있는 작업량은 $\frac{1}{30}$, B가 1분간 할 수 있는 작업량은 $\frac{1}{45}$이다. A 혼자 데이터를 입력한 시간을 x분이라 하면 B 혼자 데이터를 입력한 시간은 $(x-15)$분이므로 다음과 같은 식이 성립한다.

$\frac{x}{30}+\frac{x-15}{45}=1$

$5x-30=90$

$5x=120$

$x=24$(분)

따라서 A는 24분, B는 9분간 데이터를 입력한 것이므로, 총 33분이 걸렸다.

15

| 정답 | ③

| 해설 | 오늘 비가 오지 않았는데 내일 비가 올 확률은 $\frac{2}{7}$이고, 내일 비가 왔을 때 모레 비가 오지 않을 확률은 $1-\frac{3}{5}=\frac{2}{5}$이다. 따라서 오늘은 비가 오지 않았는데 내일 비가 오고, 모레 다시 비가 오지 않을 확률은 $\frac{2}{7}\times\frac{2}{5}=\frac{4}{35}$이다.

16

| 정답 | ③

| 해설 | 동전을 세 번 던졌을 때 나올 수 있는 모든 경우의 수는 (앞, 앞, 앞,), (앞, 앞, 뒤), (앞, 뒤, 앞), (앞, 뒤, 뒤), (뒤, 앞, 앞), (뒤, 앞, 뒤), (뒤, 뒤, 앞), (뒤, 뒤, 뒤)로 총 8가지이다. 동전의 앞면이 나오면 앞으로 두 칸, 뒷면이 나오면 뒤로 한 칸 움직인다 했으므로 주사위가 출발점으로 돌아오려면 동전의 앞면이 한 번, 뒷면이 두 번 나와야 한다. 따라서 (앞, 뒤, 뒤), (뒤, 뒤, 앞), (뒤, 앞, 뒤) 3가지의 경우가 되므로 $\frac{3}{8}$의 확률이 나온다.

17

| 정답 | ④

| 해설 | B 회사의 판매 비율을 구하면 국내는 $100-25-20-15=40$(%), 해외는 $100-32-17-9=42$(%)이다. 해외 판매량은 국내 판매량의 5배이므로 B 회사의 전체 제품 판매량 대비 국내 판매량의 비율은 $\frac{40}{40+42\times5}\times100=16$(%)이다.

18

| 정답 | ①

| 해설 | 1m/s=3.6km/h임을 이용해 다섯 사원의 두 센서 사이에서의 평균 속력을 구하면 다음과 같다.

- A : $\frac{60}{2.5}=24(\text{m/s})=86.4\text{km/h}$
- B : $\frac{60}{2}=30(\text{m/s})=108\text{km/h}$
- C : $\frac{60}{3}=20(\text{m/s})=72\text{km/h}$
- D : $\frac{60}{2.7}=22.222\cdots(\text{m/s})=80\text{km/h}$
- E : $\frac{60}{2.4}=25(\text{m/s})=90\text{km/h}$

제한속도인 80km/h보다 15% 더 높은 속력은 80×1.15=92km/h이므로 이를 넘긴 사람은 B 한 명뿐이다. 따라서 부담해야 할 총 범칙금은 3만 원이다.

19

| 정답 | ③

| 해설 | • 20% 소금물 50g에 포함된 소금의 양(y) :

$$\frac{y}{50}\times 100=20$$

$$y=10(\text{g})$$

- x% 소금물 25g에 포함된 소금의 양(z) :

$$\frac{z}{25}\times 100=x$$

$$z=\frac{x}{4}(\text{g})$$

두 소금물을 합친 후 물 25g을 더 넣었더니 소금물의 농도가 25%가 되었으므로 식은 다음과 같다.

$$\frac{10+\frac{x}{4}}{50+25+25}\times 100=25$$

$$\frac{10+\frac{x}{4}}{100}\times 100=25$$

$$10+\frac{x}{4}=25$$

$$\frac{x}{4}=15$$

$$\therefore x=60(\%)$$

20

| 정답 | ⑤

| 해설 | 맞힌 문제의 개수를 x, 틀린 문제의 개수를 y라 하면, 전체 문제 개수가 25개이며 맞혔을 때 4점, 틀렸을 때 −2점이므로 다음 두 식이 성립한다.

$x+y=25$ ························ ㉠

$4x-2y=58$ ···················· ㉡

㉠과 ㉡을 연립하면 $x=18$, $y=7$이 됨을 알 수 있다. 따라서 맞힌 문제는 모두 18개이다.

3회 수추리력

문제 260쪽

01	③	02	①	03	③	04	①	05	⑤
06	②	07	②	08	⑤	09	②	10	④
11	③	12	②	13	①	14	③	15	④
16	④	17	④	18	②	19	③	20	④

01

| 정답 | ③

| 해설 |

$$15 \xrightarrow{+2^1} 17 \xrightarrow{+2^2} 21 \xrightarrow{+2^3} 29 \xrightarrow{+2^4} 45 \xrightarrow{+2^5} ?$$

따라서 ?에 들어갈 숫자는 77이다.

02

| 정답 | ①

| 해설 |

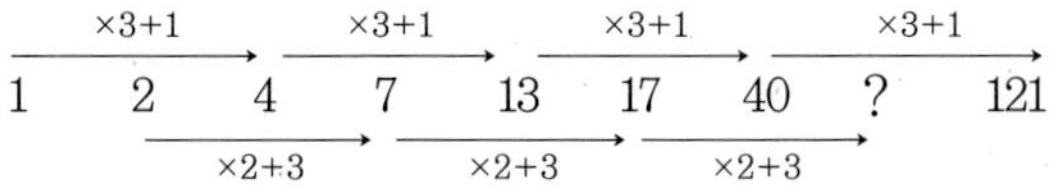

따라서 ?에 들어갈 숫자는 37이다.

03

| 정답 | ③

| 해설 |

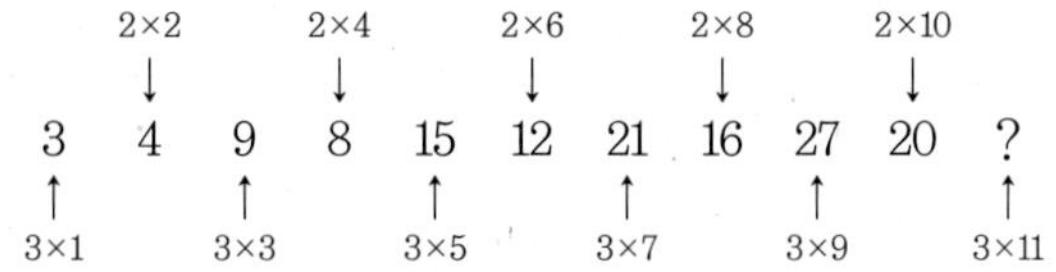

따라서 ?에 들어갈 숫자는 33이다.

04

| 정답 | ①

| 해설 | 2부터 시작하여 점점 큰 소수를 더하고 있다.

2 →(+2) 4 →(+3) 7 →(+5) 12 →(+7) 19 →(+11) 30 →(+13) ?

따라서 ?에 들어갈 숫자는 43이다.

05

| 정답 | ⑤

| 해설 |

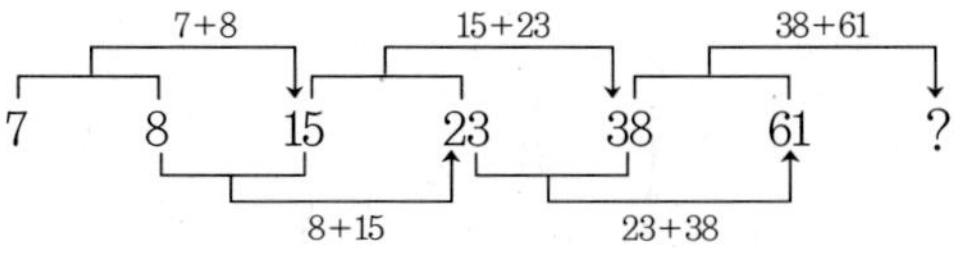

따라서 ?에 들어갈 숫자는 99이다.

06

| 정답 | ②

| 해설 |

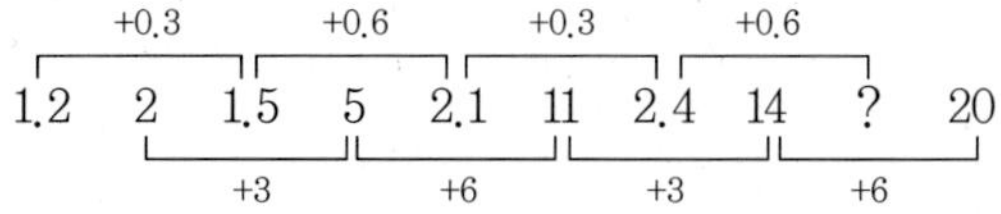

따라서 ?에 들어갈 숫자는 3이다.

07

| 정답 | ②

| 해설 |

2.3 →(+1.6) 3.9 →(+2.8) 6.7 →(+4) 10.7 →(+5.2) 15.9 →(+6.4) ?

+1.6 →(+1.2) 2.8 →(+1.2) +4 →(+1.2) +5.2 →(+1.2) +6.4

따라서 ?에 들어갈 숫자는 22.3이다.

08

| 정답 | ⑤

| 해설 |

0.14 →(+0.07) 0.21 →(+0.07) 0.28 →(+0.07) ?

따라서 ?에 들어갈 숫자는 0.35이다.

09

| 정답 | ②

| 해설 |

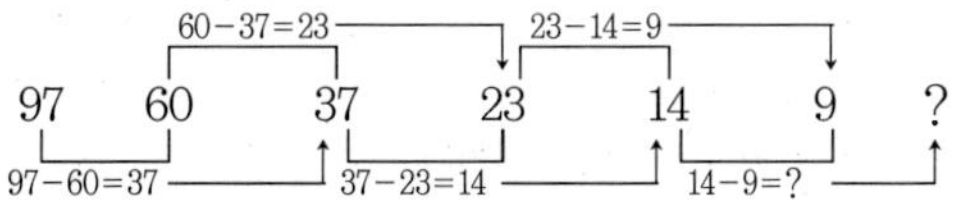

따라서 ?에 들어갈 숫자는 5이다.

10

| 정답 | ④

| 해설 |

×2 (3, 30), +3 (6, 6), ×2 (9, 5 → 18), +3 (1 → ?)

3 30 6 6 9 5 18 1 ?

÷5 (30 → 6), −1 (6 → 5), ÷5 (5 → 1)

따라서 ?에 들어갈 숫자는 21이다.

11

| 정답 | ③

| 해설 |

$$2 \xrightarrow[\times2-1]{} 3 \xrightarrow[\times2+1]{} 7 \xrightarrow[\times2-1]{} 13 \xrightarrow[\times2+1]{} 27 \xrightarrow[\times2-1]{} ? \xrightarrow[\times2+1]{} 107 \xrightarrow[\times2-1]{} 213$$

따라서 ?에 들어갈 숫자는 53이다.

12

| 정답 | ②

| 해설 |

$$0.8 \xrightarrow[-0.21]{} 0.59 \xrightarrow[-0.21]{} 0.38 \xrightarrow[-0.21]{} ? \xrightarrow[-0.21]{} -0.04$$

따라서 ?에 들어갈 숫자는 0.17이다.

13

| 정답 | ①

| 해설 |

$$3 \xrightarrow[+2]{} 5 \xrightarrow[+3]{} 8 \xrightarrow[+5]{} 13 \xrightarrow[+8]{} 21 \xrightarrow[+12]{} ? \xrightarrow[+17]{} 50$$

$$+2 \xrightarrow[+1]{} +3 \xrightarrow[+2]{} +5 \xrightarrow[+3]{} +8 \xrightarrow[+4]{} +12 \xrightarrow[+5]{} +17$$

따라서 ?에 들어갈 숫자는 33이다.

14

| 정답 | ③

| 해설 |

$$1 \xrightarrow[+4]{} 5 \xrightarrow[\times4]{} 20 \xrightarrow[-4]{} 16 \xrightarrow[+3]{} 19 \xrightarrow[\times3]{} 57 \xrightarrow[-3]{} 54 \xrightarrow[+2]{} 56 \xrightarrow[\times2]{} ? \xrightarrow[-2]{} 110$$

따라서 ?에 들어갈 숫자는 112이다.

15

| 정답 | ④

| 해설 |

$$2 \xrightarrow{\times(+1)} 2,\quad 2 \xrightarrow{\times(+2)} 4,\quad 4 \xrightarrow{\times(+3)} 12$$

2 −1 2 1 4 −2 12 ?

$$-1 \xrightarrow[\times(-1)]{} 1,\quad 1 \xrightarrow[\times(-2)]{} -2,\quad -2 \xrightarrow[\times(-3)]{} ?$$

따라서 ?에 들어갈 숫자는 6이다.

16

| 정답 | ④

| 해설 |

$$\frac{5}{10} \xrightarrow[\frac{5\times2-1}{10\times3-1}]{} ? \xrightarrow[\frac{9\times2-1}{29\times3-1}]{} \frac{17}{86} \xrightarrow[\frac{17\times2-1}{86\times3-1}]{} \frac{33}{257} \xrightarrow[\frac{33\times2-1}{257\times3-1}]{} \frac{65}{770}$$

따라서 ?에 들어갈 숫자는 $\frac{9}{29}$이다.

17

| 정답 | ④

| 해설 |

×1 (1 → 1), ×2 (1 → 2), ×3 (2 → 6)

1 −1 1 1 2 −2 6 ?

×(−1) (−1 → 1), ×(−2) (1 → −2), ×(−3) (−2 → ?)

따라서 ?에 들어갈 숫자는 6이다.

18

| 정답 | ②

| 해설 | 홀수 항에는 소수가 2부터 나열되어 있고, 짝수 항은 짝수가 2부터 나열되어 있다.

2　2　3　4　5　6　7　8　11　?

(2 → 4: +2, 4 → 6: +2, 6 → 8: +2, 8 → ?: +2)

따라서 ?에 들어갈 숫자는 10이다.

19

| 정답 | ③

| 해설 | 세 번째 수는 첫 번째와 두 번째 수를 곱하고 3을 더한 값이다.

6　4　27 → $6\times4+3=27$

5　?　33 → $5\times?+3=33$

5　5　28 → $5\times5+3=28$

따라서 ?에 들어갈 숫자는 6이다.

20

| 정답 | ④

| 해설 | 네 번째 수는 첫 번째 수와 두 번째 수의 합을 제곱한 뒤 세 번째 수를 곱한 값이다.

2　1　2　18　→ $(2+1)^2\times2=18$

2　3　10　250　→ $(2+3)^2\times10=250$

3　4　5　?　→ $(3+4)^2\times5=?$

따라서 ?에 들어갈 숫자는 245이다.

고시넷 대기업

효성그룹 인적성검사 최신 기출유형 모의고사

3회

gosinet
(주)고시넷